चिना ह

चिना हराएको मान्छे

हरिवंश आचार्य

FP

प्रकाशक : फाइनप्रिन्ट बुक्स
कर्पोरेट तथा सम्पादकीय कार्यालय
फाइनप्रिन्ट प्रा. लि.
विशालनगर, काठमाडौँ
पोस्ट बक्स : १९०४१
फोन : ०१-४४४३२६३
इमेल : fineprint@wlink.com.np
वेबसाइट : www.fineprint.com.np

फाइनप्रिन्टद्वारा प्रथम पटक प्रकाशित, **वैशाख २०७०**

ISBN : 978-9937-8666-4-4

CHINA HARAYEKO MANCHHE BY HARI BANSHA ACHARYA

मीरा आचार्य

एउटा सुन्दर गाउँमा, बस्थे हरिमीरा

हरि यहीँ छुटिगयो, तारा भइन् मीरा

आकाशमा मीरा देख्छ हरि, छुन सक्तैन

मीरा जस्तै हरि तारा हुन सकेन

हरिलाई केही पर्दा, व्याकुल हुन्थिन् मीरा

आकाशबाट हरि हेर्दै, दुःखी होलिन् मीरा

मानिसको चोला फेरि आकाशको तारा

हरि जहाँ पुग्छ त्यहीँ टल्किरन्छिन् मीरा

हरिलाई भनेपछि प्राणै दिन्थिन् मीरा

त्यही प्राण उडिगयो, तारा भइन् मीरा !

(यो पुस्तक मेरी पत्नी मीरा आचार्यलाई समर्पण गर्दछु)

जन्मेपछि टेन्सनै टेन्सन

मलाई सानामा सबैभन्दा मन नपर्ने चिज पुस्तक थियो । किताब देख्यो कि रिस उठिहाल्थ्यो । दिदी, आमाको करले आँखा अक्षरमा अडाए पनि ध्यान लट्टाइँचङ्गा, खोपी र साथीहरूसँग लिन बाँकी गुच्चामा हराइरहेको हुन्थ्यो । जो मान्छेलाई किताब हेर्ने मन लाग्दैन थियो, आज उसैले किताब लेखेको छ– चिना हराएको मान्छे ।

खास मलाई यो संसारमा जन्मिन मनै थिएन । मेरो इच्छा नहुँदा नहुँदै म बुबाआमाको इन्ट्रेस्टमा जन्मिएँ । बेलाबेला लाग्छ, म नजन्मेकै भए हुन्थ्यो । त्यसमाथि पनि चेतनशील भएपछि यो संसारमा जिउन झन् गाह्रो छ । जन्मिँदा जन्मिएकामा पीर, हुर्कंदै गएपछि पढ्न नसकेकोमा पीर, एसएलसी दिने बेला पास नभइएला भन्ने पीर, प्रेममा पर्न थालेपछि बिहे नहुँदै प्रेमिकाले छोड्ली भन्ने पीर, विवाह भएपछि छोराछोरी जन्मिएनन् भन्ने पीर, जन्मिएपछि जन्मिएकामा पीर । सधैं पीरैपीर । मेरा बाबुआमाले मलाई जन्म दिएकोमा म जति खुसी छु, नजन्माइदिएको भए अझ कृतज्ञ हुने थिएँ ।

त्यसैले मलाई लाग्छ, मानिसभन्दा त चेतना नभएको पशु हुनै वेश रहेछ ।

तर, सम्झिल्याउँदा पशुलाई पनि कहाँ सजिलो छ र !

मृग भनेको अबोध प्राणी हो । त्यसले कसैको केही बिगार्दैन । त्यो भेजिटेरियन हो । अरू कुनै जनावरको केही बिगार्दैन । घाँस खान्छ ।

उफ्रिहिँड्छ । नबिराउनू नडराउनू भन्छन् । तर, मृगले केही नबिगारे पनि बाघले त्यसैलाई झम्टिन्छ, स्यालले पनि त्यसैलाई झम्टिन्छ ।

फेरि बाघ त जङ्गलको राजा हो । उसलाई केको टेन्सन भन्ठान्यो । उसको रामकहानी उसैलाई थाहा छ । बुढेसकालमा उसलाई जति टेन्सन कसैलाई हुँदैन । जवान छँदासम्म ऊ जङ्गल थर्काएर बस्छ । बूढो भएपछि दाँत कीरा लागेर झर्छ । आँखामा मोतिबिन्दु हुन्छ । सिकार खोजेर ल्याउने बल हुँदैन । उसको जतिको कारुणिक मृत्यु कसैको हुँदैन । हामी जसले आफूलाई बाघ ठान्ने गरेका छौं, हाम्रा नेताहरू जो आफूलाई बाघ ठान्नुहुन्छ, उहाँहरूको भोलि त्यस्तै बूढो बाघको हालत हुन्छ ।

जङ्गल छोडौं । पानीमुनिका माछालाई आनन्द सोच्यो । त्यहाँ पनि गोही, अक्टोपसले माछा खाइदेला भन्ने पीर । अर्को माछाले आहारा बनाउला भन्ने पीर । आकाशका चरा स्वतन्त्र छन् भन्ठान्यो । तिनीहरूलाई पनि चिल आएर ठुङिदेला भन्ने पीर । गुलेलीले हान्ला भन्ने पीर । अरूको सिकार भइएला भन्ने डर । आखिर शान्ति कहाँ छ ! टेन्सन कहाँ कसलाई छैन !

मैले मेरी धर्मपत्नी मीरालाई गुमाएपछि, म कोहीसँग रिसाउन पाइनँ । डाक्टरसँग किन रिसाउनु ? उनीहरूले त आफ्नो तर्फबाट मीरालाई बचाउन धेरै कोसिस गरेका हुन् । आफूसँग पनि म रिसाइनँ किनभने मैले पनि त सकेको गरेकै थिएँ । भगवानसँग रिसाउन सजिलो हुन्छ, जत्ति रिसाए पनि उनले प्रतिक्रिया दिँदैनन् । मलाई जीवनमा कति सङ्कट आइपऱ्यो, त्यसको दोषी मैले भगवानलाई देखें । मेरी मीरालाई केके रोग लगाइदिएका थिए, मलाई सानोदेखिन् केके दुःख दिएका थिए; त्यसको बदला लिन मैले एउटा कविता लेखें जुन कविता आज यहाँ पढ्न मन लाग्यो :

अर्को जन्ममा म देवता हुन्छु

अर्को जन्ममा म देवता हुन्छु
देवताहरूलाई मान्छे बनाउँछु

तिमीहरूको चिना म आफैं लेख्छु
भएजति दशा तिमीहरूलाई खन्याउँछु
सानो छँदै टुहुरो बनाउँछु
जन्मस्थलबाट उठिबास लगाउँछु
मेरो मन्दिर घुम्न लगाउँछु
भजनकीर्तन गर्न लगाउँछु
मेरा खुट्टा ढोग्न लगाउँछु
खुट्टा पखाली जल खुवाउँछु
धुपदीप बाल्न लगाउँछु
दानदक्षिणा गर्न लगाउँछु
यति धेरै चाकडी गराउँछु
वर दिनुको साटो बरबाद बनाउँछु

अर्को जन्ममा म देवता हुन्छु
देवताहरूलाई मान्छे बनाउँछु
तिमीहरूको पनि म प्रेसर बढाउँछु
मुटु चलाउन यन्त्र जडाउँछु
पाठेघरमा ट्युमर रोप्छु
पित्तको थैलीमा ढुङ्गा ठोक्छु
एकएक दिनको हिसाब गर्छु
मिर्गौलामा पनि रोग थप्छु
देवताहरू हो,

अर्को जन्ममा म देवता हुन्छु
तिमीहरूलाई म मान्छे बनाउँछु ।

(आफ्नो पुस्तक विमोचनमा हरिवंश आचार्यले दिएको मन्तव्यको अंश)

पाइलापाइलामा हरिवंश

एक दिन छोरा यमनले मलाई सोध्यो– "ड्याडी ! हजुर एक्लै कतै गइरहँदा बीचबाटोमा हजुरलाई कुनै ठूलो समस्या आइपऱ्यो भने सबभन्दा पहिले कसलाई सम्झनु हुन्छ ?"

मैले सहज रूपमा उत्तर दिएँ– "तेरै हरि अङ्कललाई ।"

मेरी छोरी सराना अलि सानै थिइन् । मैले उनलाई सोधें– "छोरी, केही गरी हामी ममीड्याडी दुवै जना मऱ्यौं भने तँ के गर्छेस् ?"

छोरीले पनि सहज रूपमा जबाफ दिएकी थिइन्– "हरि अङ्कल छँदै छ नि ।"

मेरी श्रीमती यशोदा पनि उस्तै छिन् । मलाई केही गाह्रोसाह्रो परेर 'यशोदा, मलाई यस्तो अप्ठ्यारो भइराछ, के गरूँ हँ' भनेर सोधें भने उनी पनि सहजै भन्छिन्– "हरिसँग एकपल्ट सल्लाह गर्नुस् न ।"

घरमा परिवारको लिस्ट तयार पार्दा सबभन्दा अगाडि हरिवंशकै नाम लेखिन्छ । मेरा आफन्त, नातेदार वा साथीहरूले भोज, पार्टीमा बोलाउँदा हरिवंशलाई बोलाएकै हुन्छन् । कुनै सङ्घसंस्था वा सामाजिक कार्यहरूमा संलग्न गराउँदा पनि एक जनालाई मात्र नभई दुवैलाई कुनै न कुनै किसिमले संलग्न गराएकै हुन्छ ।

कुनै भोज वा पार्टीमा एक्लै पहिला पुगें भने एकछिन त हैरानै हुन्छु म । सबैले एउटै कुरा सोधिरहेका हुन्छन्– हरिवंशजी खै नि ? हरि दाइ

खै त ? एक्लै आउनुभा ? त्यसरी एक्लैएक्लै आउने हो ? सँगै आउनु पर्दैन ?

हरिवंश नआउन्जेल 'हरि आउँदै छ, हरि आउँदै होला, आइपुग्नै लाग्यो, आज दुईतिर उस्तैउस्तै काम पऱ्यो, त्यसैले काम बाँडेर हरि उता गयो, मचाहिँ यता आको' भनेर जबाफ दिएको हुन्छु ।

एकपल्ट अरू कुनै साथी र म सँगै हिँडिरहँदा बाटोमा आइरहेको एक जना व्यक्तिले मलाई चिनेर, 'ओहो मदनकृष्ण दाइ नमस्ते, अनि हरिवंश दाइ खोइ नि ?' भनेर सोधे । मैले पनि "उः के त हरिवंश" भनेर सँगै हिँडिरहेको साथीलाई देखाइदिएँ । ती बटुवाले मेरो कुरा पत्याएर त्यही साथीलाई पो 'ओहो हरिवंश दाइ नमस्ते, हरि दाइ र मदन दाइसँगै बसेर एउटा फोटो खिचौं न' भनेर त्यो साथी र मेरोबीचमा उभिएर तीनओटा फोटो खिचेर दङ्ग परेर गए । त्यस्तै एकपल्ट हरिवंशसँग हिँडिरहेको अरू कुनै व्यक्तिलाई म भन्ठानेर 'ओहो मदन दाइ, नमस्ते' भनेर मज्जाले कुरा गरेर गयो रे ।

यसरी पाइलापाइलामा हरिवंश, कुराकुरामा हरिवंश, सुखदुःखमा हरिवंश; कस्तो मान्छे एक जना जन्मेको होला त यो पृथ्वीमा, जसको नाम हरिवंश राखिएको छ । जसका कारण मेरो जिन्दगी नै हरिवंशमय भएको छ । मलाई लाग्छ, हरिवंशको हराएको चिनामा कतै न कतै मेरो नाम पक्कै लेखिएकै हुनुपर्छ । नेपालमा जोडी हाम्रो मात्र होइन नि, आलु र प्याजको जोडी पनि त छ, जो सबैले चिनेको, हामीभन्दा धेरै पुरानो, असल र मीठो । यसै गरी चम्सुर र पालुङ्गोको जोडी छ, लसुन र अदुवाको जोडी, गुन्द्रुक र ढिंडोको जोडी, दूध र भातको जोडी, टिभी र रिमोटको जोडी, मकै र भटमासको जोडी, नङ र मासुको जोडी, सखरखण्ड र पिँडालुको जोडी, ढक र तराजुको जोडी, कति हो कति जोडीहरू... ।

ती जोडीहरूलाई चाहिँ कसैले केही नसोध्ने, हामीलाई मात्र किन अनेक प्रश्न ! उनीहरूलाई पनि त 'ओहो आलु ! प्याज खोइ नि ?' भनेर सोधे हुन्थ्यो नि... । सायद यी सबै जोडीहरूले हामीलाई मात्र होइन, बच्चादेखि बूढा, व्यापारी, उद्योगपति, वैज्ञानिक, विद्यार्थी, विभिन्न पेसाकर्मी, नेपालका व्यक्तिवादी चरित्र भएका राजनीतिज्ञलगायत सम्पूर्ण मानवजातिलाई नै मिलेर काम गर्ने हो, मिलेर काम गर्न सिक, दूध अर्कै जातको हो त भात अर्कै

जातको, तर जातीय एकता हुँदा दूधभात कति मीठो हुन्छ, सर्वप्रिय । मासु अर्को वर्गको त नङ अर्कै वर्गको, वर्गीय एकता राम्रो र शोभनीय हुन्छ । वर्गीय हकहितको नाउँमा मासु र नङ छुट्दा अत्यन्त पीडादायी हुन्छ । सखरखण्ड एउटा पार्टीको त पिँडालु अर्कै पार्टीको तर पार्टीपार्टी मिलेर स्वाद बढाउने काम गऱ्यो भने कति राम्रो र मीठो हुन्छ !

तर केही गरी आलुले सदाका लागि आफूले मात्र सत्ता कब्जा गर्ने नियत गरेर सय वर्षसम्म बिहानै-बेलुकै आलुकै भात, आलुकै तरकारी, आलुकै दाल, आलुकै अचार, आलुकै सुप, आलुकै रोटी, कोठाभरि पनि आलु नै, आलुको तस्बिर, टेलिभिजनहरूमा पनि आलु, आलुको टेलिफिल्म, रेडियो एफएमहरूमा आलु नै आलुको समाचार, पत्रपत्रिकाहरूमा आलु, होर्डिङ बोर्डमा, भित्ताभित्तामा आलु, पसलपसलमा आलु, आलु... आलु... आलु... ! छि...छि...छि...छि... ! कल्पना मात्र गर्दा पनि उकुसमुकुस भएर वाकवाक लागेर आउँछ मलाई त ।

त्यसैले मेरो सल्लाहलाई आफ्नो अन्तरआत्माको सल्लाह मान्ने हो भने कुनै पनि आलु, प्याज, ढक, तराजु, दूध, भात अथवा जोसुकै होस्, कसैले पनि भान्छादेखि लिएर सिङ्गै देश, सिङ्गै संसार एक्लैले कब्जा गर्ने मूर्ख सोचाइ कदापि नलिऊन् र लिएका पनि छैनन् होला । किनभने मानवशरीरमै हेऱ्यौं भने पनि जोडीजोडी मिलेर काम गरिरहेका उदाहरण टन्नै छन् । जस्तै– दुइटा आँखा, दुइटा कान, नाकका दुइटा प्वाल, दुइटा किड्नी, दुइटा हात, दुइटा खुट्टा इत्यादि ।

यी दुईदुईओटा अङ्गमध्ये एकएकओटा अङ्गले धोका दिए भने कति नमज्जा हुन्छ– जिउनै पनि गाह्रो र अप्ठ्यारो । वास्तवमा प्रकृतिले हामीलाई 'दुई अथवा दुईभन्दा बढी मिलेरै काम गर, जसमा सबैको भलाइ छ' भनेर सिकाइरहेको छ । तर कोहीकोहीले आँखा, कान, हात, गोडा, दुईदुईओटा भए पनि मुख त एउटै मात्र छ नि भन्लान् फेरि । ठीक छ, प्रकृतिले सब कुरा मिलाएको छ । मुख एउटै मात्र हुनुपर्छ । आँखा, कान, हात, गोडा सबैले मिलेर सोचेका कुराहरूलाई एउटै मुखले बोल्नुपर्छ । दुइटा मुख भयो भने त खराब नेता भइहाल्यो नि । बन्नुपऱ्या छैन हामीलाई नेतासेता । हामी मनपरीतन्त्र होइन, पूर्ण लोकतन्त्रप्रति विश्वास गर्छौं ।

शासन व्यक्तिको होइन, विधिको हुनुपर्छ । देशमा कानुनी राज्य बन्नुपर्छ, जनताको नाउँमा नेताले मनपरीतन्त्र गरेर होइन, जनताका नाउँमा जनताले अनुशासित भएर देश चलाएको हेर्न चाहन्छौं । देशमा राजनीतिक अस्थिरता, विधिको शासन र कानुनी राज्यमा अडचन, रूढिवादी, अन्धविश्वास जस्ता सामाजिक विकृति रहुन्जेल तथा हामीलाई आफ्नो स्वास्थ्य र मस्तिष्कले साथ दिउन्जेल सँगै मिलेर अगि बढिरहनेछौं । बरू कहिलेकाहीँ आलु प्याज, चम्सुर पालुङ्गो, ढक तराजुका जोडीहरूलाई एक्लाएक्लै काम गर्न रहर लाग्ला तर मदनकृष्ण र हरिवंशबाट बनेको 'महजोडी' लाई चाहिँ परिस्थितिवश एक्लाएक्लै बसेर काम गर्नुपर्दा अत्यन्त लाज र अप्ठ्यारो महसुस हुन्छ ।

सँगै मिलेर सल्लाह गरीगरी काम गर्‍यो भने दुवैलाई स्वतन्त्रता महसुस हुन्छ र संसारै सुनौलो तथा रङ्गीन लाग्छ । यी नै हुन् हाम्रो लामो 'महयात्रा' का कारण । महयात्राले सधैं गति लियोस्, निरन्तरता पाओस् । सबै नेपाली दाजुभाइ, दिदीबहिनीहरूबाट अमूल्य माया र आशीर्वाद पाइरहूँ ।

सबैलाई साधुवाद ! 'चिना हराएको मान्छे' भाइ हरिवंशलाई हार्दिक बधाई र शुभकामना !

दाइ मदनकृष्ण

सबैको साझा मान्छे

हरिवंश आचार्य अभिनय क्षेत्रका अतुलनीय व्यक्तित्व हुन् । सबै वर्ग, जाति, क्षेत्र, समूह, तह र तप्काका नेपालीको मन-मस्तिष्कमा हरेक अभिनयबाट अमिट छाप पार्न सफल हरिवंश हास्यव्यङ्ग्यका पर्याय बनेका छन् । हलिउड, बलिउड वा संसारका अन्य अभिनेतासँग तुलना गर्दा पनि हरिवंश दाइ सग्लो र अग्लो देखिन्छन् । प्रायः सबै कलाकार (चार्ली च्याप्लिनदेखि मिस्टर बिन हुन् वा बलिउडका सुपर स्टारहरू) को अभिनयको एउटा ब्रान्ड स्थापित भएको छ र हाम्रा आँखामा त्यही ब्रान्ड उपस्थित हुन्छ । तर हरिवंश आचार्य त्यस्तो दुर्लभ कलाकार हुन्, जसको स्मरण गर्दा हाम्रो आँखामा एउटा मात्र ब्रान्ड आउँदैन । उनका हरेक टेलिचलचित्र, चलचित्र, नाटक, प्रहसन, विज्ञापन आदिमा कथाको विषयअनुरूप छुट्टाछुट्टै जीवन्त तस्बिर हाम्रासामु देखा पर्छ । बूढी आमाको भूमिका होस् वा अल्लारे तन्नेरी, पीडितको भूमिका होस् वा पीडकको, शिक्षित सहरियाको भूमिका होस् अथवा अन्जान गाउँलेको । हरेक पात्र र चरित्रको दुरूस्त अभिनय गर्न सक्ने अद्भुत क्षमता छ हरिवंश दाइमा ।

यसबाहेक उनले लेखेका, सङ्गीत गरेका तथा गाएका गीतहरू पनि जनजिब्रोमा उत्तिकै भिजेका छन् । यस्तो बहुआयामिकता एउटै कलाकारमा हुनु अत्यन्त दुर्लभ उदाहरण हो । भौगोलिक र राजनीतिक आधारमा देश, भाषा र पहुँचको घेरा नभएको भए हरिवंश दाइ विश्वकै उत्कृष्ट एवम् लोकप्रिय कलाकारका रूपमा क्षितिज बन्ने थिए । तर हाम्रो सौभाग्य, हामीले उनलाई

नेपाली कलाकारको रूपमा गर्व गर्न पायौं । हाम्रै भाषा-संस्कृति र माटोमा देख्न र सुन्न पायौं ।

कलाकारितासँगै महजोडीको देश र जनताप्रतिको जिम्मेवारीपन अर्को उदाहरणीय पक्ष हो । देशमा चलेका हरेक परिवर्तनगामी आन्दोलन होऊन् वा जनतामा चेतना भर्ने अभियान– महजोडीको भूमिका सधैं अग्रस्थानमा र हिआएको छ । पञ्चायतविरूद्धको आन्दोलन, निरङ्कुश राजशाहीविरूद्धको आन्दोलन, कुनै पार्टीले सत्तारोहणका लागि जनतालाई बन्दी बनाउने प्रवृत्तिविरूद्धको आन्दोलन तथा समाजका जल्दाबल्दा समस्या समाधानमा समर्पित भूमिकामार्फत् न्यायप्रेमी जनताको अविभावकत्वसमेत ग्रहण गरेका छन् उनीहरूले । नागरिक सरोकारका अभियानहरूमा सधैं जिम्मेवार महजोडी ठूला कलाकार भएर पनि व्यावसायिक मात्र छैनन् । विगतको जनआन्दोलनमा उपचार कोष स्थापना गरेर हजारौं घाइते तथा अपाङ्गलाई सेवा पुऱ्याए जस्तै समाजका विविध उकालीओरालीमा आफ्नो कलाकारिता एवम् लोकप्रियतामार्फत समाजसेवामा समर्पित महजोडी राष्ट्रकै गहना हुन् ।

मीरा भाउजूको जीवन ब्याट्रीले चलिरहेको अवस्थामा समेत आफ्ना पीडा लुकाएर समाजलाई सधैं हँसाउने हरिवंश दाइले मीरा भाउजूको निधनपछि रमिला भाउजूसँग बिहे नगरेका भए उनको यो कलायात्रा र समाजसेवी अभियानले पूर्णविराम लिने पक्का थियो । हरिवंश दाइको जीवन उनको नितान्त निजी मात्र होइन । सामाजिक जीवन र जिम्मेवारी भएको व्यक्ति एकल अवस्थामा सधैं रोएर, निराश भएर वा काम गर्न नसक्ने स्थितिमा बसेको भए हाम्रा निम्ति त्यो ठूलो क्षतिको विषय हुन्थ्यो ।

रमिला भाउजूको आगमन दाइको क्रियाशीलताको अर्को घुम्ती बन्यो । आफ्नी पत्नी मीरा आचार्यको अकल्पनीय निधनपश्चात् एकल भएका हरिवंश दाइले आफू जस्तै समान पीडा भोगेकी महिलासँग बिहे गर्नु समाजशास्त्रीय दृष्टिले ठूलो क्रान्ति हो । यो क्रान्तिका कारण निराशाजनक रूपमा एकल जीवन बिताइरहेकाहरूसमेत आफ्नो परिवेशअनुरूपको एकल व्यक्तिसँग विवाह गर्न प्रेरित भएका छन् ।

समाज परिवर्तन युद्ध र आन्दोलनले मात्र हुँदैन । समाजका अगुवाहरू स्वयम् उदाहरण बन्न सक्नुपर्छ ।

कालो बादलमा चाँदीको घेरा पनि हुन्छ । **चिना हराएको मान्छे** त्यही कालो बादल मडारिएको अवस्थामा लेख्न सुरू भएको कृति हो । रमिला भाउजूको प्रकाशसँगै लेखन गति अगि बढेको प्रस्तुत कृति जुन रूपमा तयार भएको छ, अब यो हरिवंश दाइको मात्र रहेन । यो कृति हामी सबै र हाम्रा सबैको भयो । हरिवंश दाइको जन्मदेखि आजसम्मका अविस्मरणीय घटना, अनुभव र अनुभूति रहेको प्रस्तुत पुस्तकसँग समेत साइनो जोडिएकोमा मैले आफूलाई भाग्यमानी सम्झेको छु । इतिहासमा विरलै जन्मिने यस्ता महान् व्यक्तित्वको जीवनयात्रा सबैका लागि रोचक मात्र होइन, प्रेरक पनि हुनेछ ।

डा. रवीन्द्र समीर

rabinsameer@gmail.com

मन्तव्यदेखि गन्तव्यसम्म

दुःख भनेको अँध्यारो, सुख भनेको उज्यालो हुन्छ भन्छन् । तर अँध्यारो र उज्यालो नभई दिन बन्दैन । म ती दुःखका दिनहरूसँग कृतज्ञ छु । ती दिन मेरो जीवनमा नआएका भए म सङ्घर्ष गर्नै सक्ने थिइनँ । मलाई जीवनमा जजसले दुःख दिए, तिनीहरूसँग अब मेरो केही गुनासो छैन । तिनले दुःख नदिएका भए म जीवन बुझ्नै सक्ने थिइनँ । एक किसिमले म तिनलाई धन्यवाद दिन्छु, जसलाई म मेरा शत्रु ठान्थें ।

यो पुस्तक लेख्न मैले पछाडिबाट सुरू गरें । मेरी पत्नी मीरालाई मैले भौतिक रूपमा गुमाएँ । ती दिनहरूमा मसँग आँसुबाहेक अरू केही थिएन । म उनैलाई सम्झेर यादहरू लेख्न थालें । लेख्तालेख्तै कागजमा आँसु तपतप खसेर अक्षरहरू फुल्थे । यी मेरा व्यक्तिगत पीडा हुन्, यी पीडाले पाठकलाई नछुन पनि सक्छन् । त्यसैले मैले पानामा आँसु खसालेर लेखेका सबै कुरा पुस्तकमा समावेश गर्नु आवश्यक देखिनँ ।

सधैं काममा व्यस्त हुनुपरेकाले अरूले लेखेका सबै साहित्य पढ्ने फुर्सद भएन । वियोगको एक वर्षसम्म मैले आफ्ना रचनात्मक काम पनि गर्न सकिनँ । केही पुस्तक पढेर दिन कटाउन थालें, आफ्नै अतीत सम्झेर कागजमा टिप्न थालें । कुनै नौलो कुरो सोच्नु नपर्ने, आफैले भोगेका र देखेका कुराले पाना भर्न पाइने भएकाले आफ्नै भोगाइले पुस्तकको आकार लियो ।

मदनकृष्ण दाइ र म मिलेर धेरैओटा हास्यव्यङ्ग्य लेखेका छौं, धेरैओटा टेलिफिल्म लेखेका छौं। मञ्चन र प्रसारण गरेका छौं र म आफूले मात्रै पनि केही लेखेको छु। ती लेखनहरूमा विषय गहिरो भए पनि गहन साहित्यिक शब्दलाई भन्दा बोलीचालीको भाषालाई बढी जोड दिइन्छ। त्यसैले मेरो लेख्ने शैली पनि बोलीचालीकै भाषामा गयो।

यस पुस्तकमा समेटिएका मेरा व्यक्तिगत घटनाको लेखक मात्र म हुँ। मदनकृष्ण दाइसँग भएको मेरो झन्डै पैंतिस वर्ष लामो सहयात्रामा घटेका र भोगेका घटना पुस्तकमा समावेश नगरी मेरो जीवनीलेखन पूर्ण हुँदैन। त्यसैले यसमा लेखिएका महजोडीसँग सम्बन्धित घटना र भोगाइ हामी दुवैका हुन्। म त केवल माध्यम र सङ्कलक हुँ।

कहिलेकाहीँ म आफूले लेखेको अक्षर आफै बुझ्दिनँ। महसञ्चारका मुख्य सहायक निर्देशक प्रदीप भट्टराईलाई 'भाइ, मैले यो के अक्षर लेखेको, हँ ?' भनी सोधेपछि उनी 'यो लेखेको' भनेर ठ्याक्कै भनिदिन्छन्। मैले पानामा कन्याङकुरूङ गरेर लेखेका अक्षर पढ्दै कम्प्युटरभित्र छिराउन धेरै मद्दत गरेका छन् प्रदीपले। अनि यो लेख राम्रो, यो ठीकै भनी प्रतिक्रिया पनि दिएका छन्।

मैले लेखेका कन्याङकुरूङ अक्षर पनि झर्को नमानी किरण अधिकारी र महसञ्चारका चलचित्र सम्पादक गणेश कँडेलले टाइप गरिदिए। महसञ्चारका व्यवस्थापक नरेन्द्र कंसाकारले पुस्तक तयार पार्ने कामका लागि कार्यालयका सम्पूर्ण भौतिक सुविधा उपलब्ध गराइदिए। म उनीहरू सबैसँग आभारी छु।

मलाई जहाँ भेटे पनि 'दाइ, तपाईं आफ्नो जीवनी लेख्नुहोस्' भनी सधैं हौसला, आँट दिई पुस्तकको लेखन अवधिदेखि प्रकाशन गर्ने कामसम्म मलाई बौद्धिक, साहित्यिक र पाण्डुलिपि व्यवस्थापन गर्न सहयोग गर्ने साहित्यकार भाइ डा. रवीन्द्र समीरप्रति म आभारी छु।

नेपाली साहित्यमा चम्किलो तारा भएर उदाएका साहित्यकार अमर न्यौपानेले यस पुस्तकका लागि धेरै समय दिनुभएको छ, सिङ्गो पाण्डुलिपिको जोड, घटाउ, गुणन, भागा गरिदिनुभएको छ। म उहाँसँग कृतज्ञ छु।

आजको प्रकाशन भोलिको अभिलेख हो भने शुद्धता प्रकाशनको प्राण हो । त्यसैले भाषा शुद्ध हुनु भनेको पुस्तकको सबैभन्दा ठूलो इज्जत हो । भाषिक र व्याकरणगत शुद्धतामा होम भट्टराई र सन्तोष शर्माले सहयोग गरिदिनुभएको छ, म उहाहरूँसँग पनि कृतज्ञ छु ।

पुस्तकको सबैभन्दा पहिले देखिने भाग हो आवरण । यस पुस्तकको आवरण तयार पारिदिने किशोर कायस्थप्रति पनि आभार व्यक्त गर्दछु ।

पुस्तक प्रकाशनको जिम्मा लिनुहुने नीरज भारी, अजित बराल तथा फाइनप्रिन्ट परिवारप्रति आभारी छु ।

दुःखसुखकी साथी श्रीमती रमिला, छोरा त्रिलोक, बुहारी जोई लेवेन्स्की र छोरा मोहितले पुस्तक लेख्न राम्रो पारिवारिक वातावरण बनाइदिए । मेरो उनीहरूप्रति प्रेम छ ।

महजोडीले जगदम्बाश्री पुरस्कार पायो । म हरिवंशले चाहिँ मदनकृष्ण श्रेष्ठसँग सहकार्य गरेर मदनकृष्ण पुरस्कार पनि पाएको छु । मदन दाइसँग पनि कृतज्ञ छु, जसले मसँग सहकार्य गरेर जीवनका यत्रा घटनाहरूमा साथ दिनुभयो ।

हरिवंश आचार्य
haribamshaacharya@gmail.com

विषयसूची

छोरो तोते बाउ थोते

म जन्मनेबित्तिकै मेरो अनुहार हेरिएन रे । 'छोरो हो कि छोरी' भनेर मेरो कम्मरमुनि हेरियो, मेरो शरीरको केन्द्रमा । त्यस पटक मेरी आमा विशिष्ट श्रेणीमा सुत्केरी परीक्षा पास हुनुभयो ।

बिचरी मेरी आमा, बर्सेनि जस्तै गर्भवती बन्नुहुन्थ्यो, सन्तान जन्माउने परीक्षा दिनुहुन्थ्यो तर सधैं फेल । कि गर्भ तुहिएर जान्थ्यो कि त छोरीले जन्म लिन्थे । त्यस बखत तुहिनु र छोरी जन्मनु दुवैलाई त्यति नै नम्बर दिइन्थ्यो– फेल हुने नम्बर ।

म जन्मिएर आमाले विशिष्ट श्रेणी पुग्ने नम्बर पाउँदा मैले पनि पाए जस्तै भयो । तर मैले औपचारिक शिक्षा पढेर जीवनमा कहिल्यै विशिष्ट श्रेणी ल्याउन सकिनँ ।

मभन्दा माथि मेरी आमाले पाँचओटी छोरी जन्माउनुभएको थियो । अब मेरी आमाले 'छोरो जन्माउन सकिन' भनेर कसैको भनाइ खानु नपर्ने भयो । सायद मेरी आमाले आफ्नो जिन्दगी सार्थक भएको महसुस गर्नुभयो होला– मैले देश बनाउन सकें भनेर होइन, समाज परिवर्तन गर्न सकें भनेर होइन, यति सम्पत्ति गरिबगुरूवालाई दान गर्न सकें भनेर पनि होइन, मात्र छोरा जन्माउन सकें भनेर ।

म जन्मेको खुसीमा मेरा त्रिहत्तर वर्षीय बा आँगनमा लट्ठी टेकेर तीन खुट्टाले नाच्नुभयो रे । अहिलेको जस्तो इन्टरनेट भएको भए कतिलाई इमेल

लेख्नुहुन्थ्यो होला, मोबाइल भएको भए म्यासेज गर्नुहुन्थ्यो होला, फेसबुक भएको भए थाङ्नाले बेरेको मेरो फोटो अपलोड गर्नुहुन्थ्यो होला, पत्रपत्रिकामा बधाई पनि छापिन्थ्यो होला ।

छोरो चाहे गँजडी होस्, चाहे एक नम्बरको घुस्याहा होस्, चाहे तस्कर होस्, चाहे आतङ्ककारी नै किन नहोस्– 'छोरो भनेको छोरै हो ।'

छोरो पाउनेको ठूलो इज्जत छ आजको दिनसम्म पनि हाम्रो समाजमा । त्यतिखेर अहिले जस्तो यातायातको सुविधा पनि थिएन । कति ठाउँमा बा लौरो टेकीटेकी आफै जानुभयो रे, सुत्केरो सुनाउन । कति ठाउँमा अरूलाई पठाउनुभयो रे, आफू छोराको बा भएको सुनाउन । छोरीको बाबु त मेरो बा धेरै पटक हुनुभयो तर म जन्मदा छोराको बा हुन पाउनुभयो । छोराको बा हुनु भनेको इज्जतै अर्कै थियो ।

म जन्मदा मेरा बा बूढो भइसक्नुभएको थियो । मान्छेहरू मैले तोते बोली बोलेको सुनेर 'छोरो तोते बाउ थोते' भनी जिस्क्याउँथे । नेवार समुदायका छिमेकीहरू 'बुढेसकालको पुता (छोरा) यता न उता' पनि भन्थे मलाई ।

मेरी आमा गणेशकुमारी मेरा बा होमञ्जय आचार्यकी तेस्री श्रीमती । एउटी श्रीमती हुँदाहुँदै बाले अरू दुइटी श्रीमती थप्नुभएको होइन । जेठी आमा एउटा छोरो जन्माएर बितेपछि माइली आमा बिहे गर्नुभएछ । माइली आमा पनि एउटी छोरी जन्माएर बित्नुभएछ ।

जेठी आमाका छोरा टीकादर्पण दाइको विवाह कौशल्यादेवीसँग सोह्र-सत्र वर्षकै उमेरमा भएछ । छोरो मुरारी शर्मा कौशल्या भाउजूको गर्भमै छँदा दाइको पनि स्वर्गवास भएछ । मेरी भाउजू पन्ध्र-सोह्र वर्षमै विधवा बन्नुभयो । त्रिपन्न वर्षका मेरा बाको घरमा अब विधवा बुहारी र एउटा काखेनाति मात्र थिए ।

अहिले त उमेरमै छोरो बित्यो भने बुहारीलाई छोरी बनाएर बिहे गरेर पठाइदिएको समाचार पनि बेलाबेला पढ्न पाइन्छ । तर त्यस बखत त्यस्तो सोच्नु पनि महापाप हुन्थ्यो । आफूलाई प्रकृतिले दिएको प्रेम, वासना, रहर आदि सबै चपाएर बस्नुपर्ने बाध्यता हामीकहाँ अझ पनि छँदै छ । बरू सती जाँदा केही बेर पोल्छ तर एक्लो भएर जीवनभर बाँच्नुपर्दा आफ्नै इच्छा र उमेरले सधैंभरि पोल्छ ।

रङ्गीन जीवनलाई संस्कारका नाममा रङ्गहीन आवरणले छोपेर उराठ र सौन्दर्यहीन बनाइन्छ । उसको जीवनमा बाह्रै महिना कृत्रिम 'शिशिर' आउँछ र हिउँ पर्छ । उसलाई जीवनमा बाँच्न चाहिने तापक्रम मात्र दिइन्थ्यो, हाँस्न चाहिने होइन । त्यसैले त्यो जीवनले फुल्ने-फल्ने कल्पना मात्र गर्न सक्थ्यो तर साँच्चै फुल्न-फल्न भने होइन ।

मध्यम वर्गीय पण्डित मेरो बा, छोरी दिनेको कुनै कमी थिएन । त्यसैले तेह्रवर्षे पौडेल थरकी ब्राह्मणी कन्यासँग उहाँको तेस्रो विवाह भयो । त्यो जमानामा आफूभन्दा हुनेखाने देखे भने आँखा चिम्लेर छोरी दिइहाल्थे । नबुझेका, नपढेका छोरीहरू प्रतिवाद गर्न सक्तैनथे । बूढो भइसकेको वरसँग बालिका वधू खुरूखुरू जानुपर्थ्यो, डोली चढेर । कस्तो अनौठो ! सायद मेरी आमा पनि त्यसरी नै डोली चढेर होइन, चढाइएर मेरा बासँग आउनुभयो, रूँदैरूँदै ।

मेरा बाआमाको बिहे नै 'अनमेल' हो । अहिले भएको भए गैरकानुनी हुन्थ्यो । त्यस बेला 'वृद्ध मान्छेलाई बालिका छोरी बिहे गरेर दियो भने पुण्य हुन्छ' भनी सम्झन्थे । स्वस्थानी व्रतकथामा सात वर्षकी गोमाको विवाह उनका बाआमाले महादेवले वृद्ध रूप धारण गरेका सत्तरी वर्षका शिव शर्मासँग गरिदिन्छन् । मेरा वृद्ध बालाई बालिका आमा कन्यादान दिने मावलीका हजुरबा, हजुरआमालाई पनि यसकै प्रभाव परेको हुन सक्छ । पहिलेपहिलेका छोराछोरीले बाआमाको इच्छामा डोली चढ्नुपर्थ्यो ।

घरमा पालेका बाख्राका पाठालाई डोरीले तानेर बेच्न लैजाँदा जसरी त्यो पाठो लुखुरलुखुर जान बाध्य हुन्छ, त्यसरी नै लगनगाँठोको डोरीले बाँधेर मान्छेका छोरीलाई पनि तानेर लैजान्थे । त्यो कुचलनको छिटपुट अवशेष कतैकतै पिछडिएका गाउँबस्तीहरूमा अझै देखिन्छ ।

अरू घरमा सासूले बुहारी भित्र्याउँछन् तर हाम्रो घरमा मेरी विधवा भाउजूले आफ्नी कान्छी सासू अर्थात् मेरी आमालाई भित्र्याउनुभयो रे । उमेरले मेरी आमा सोह्र-सत्र वर्षकी बुहारीभन्दा पाँच-सात वर्ष कान्छी हुनुहुन्थ्यो ।

सासूबुहारी साथी जस्तै भए रे । घुवाइँकासा र तेलकासा लुकामारी खेल्दै, घरधन्दा गर्दै दिन बित्न थालेछ ।

हरिवंश

मेरी आमाको कोखबाट गायत्री, गीता, सप्तरूपा गरी लगातार मेरा तीन दिदीहरू जन्मिए । अहिले जस्तो भएको भए पेटको अल्ट्रासाउन्ड गरेर 'छोरो भए पाल्ने, छोरी भए फाल्ने' विकृतिको अनुसरण गर्नुहुन्थ्यो होला मेरी आमा पनि ।

पेटमा आइसकेपछि त्यो बेला फाल्न गाह्रो हुन्थ्यो । देवीदेवताको मन्दिरमा गएर 'हे परमेश्वर ! छोरै होस्' भनेर ढोग्नेबाहेक अरू केही उपाय थिएन । दिनको सयौंले आएर केके माग्छन्, सबैको कुरो सुनेर माग पूरा गर्न के साध्य देवतालाई ? पेटमा जे बनेको हुन्छ, त्यही निस्कने हो ।

त्यसपछि फेरि मेरी दुई दिदी जानदेवी र बिन्दुको जन्म भयो । भाउजूको छोरो भनेपछि मेरो भतिजो, उसको पनि विवाह भयो रे । अनि ऊबाट पनि दुइटी छोरी रन्जु र मन्जुको जन्म भयो । नातामा म उनीहरूको हजुरबा हुन्छु, आफ्नो बाको काका भएपछि । नातिनीहरू जन्मिसके म हजुरबा अझै जन्मेको थिइनँ ।

घरमा मेरी भाउजूलाई धेरै गाह्रो हुन्थ्यो होला– सासू पनि सुत्केरी हुने, आफ्नी बुहारी पनि सुत्केरी हुने ।

मेरो बा आफू पनि पण्डित, अनि अरूले पनि भनेछन्– 'हरिवंश पुराण लगाउनुस्, छोरो जन्मन्छ ।' त्यस बेलाको रूढिवादी समाज, 'एउटा छोरो भयो

भने स्वर्गको ढोका खुल्छ' भन्ने धारणा । कसैकसैले प्याच्च भने पनि होलान्—
'एउटा छोरो पनि जन्माउन सकेन यो बूढाले !'

हाम्रो बा हरिवंश पुराण लगाएर भए पनि छोरो जन्माउन कसिनुभएछ ।
धन्य, पुराणको इज्जत जोगिएछ । संयोगले २०१४ कात्तिक २७ गते बिहान
मेरो जन्म भयो । हरिवंश पुराण लगाएर जन्मेको हुनाले मेरो नामै हरिवंश
रहन गयो ।

म जन्मेको एघार दिनपछि मेरो नाति मुकुन्द पनि जन्मियो । दुवै जना
हरिवंश पुराणकै वरदान हो भन्ने ठानियो । मभन्दा पहिले मुकुन्द जन्मेको भए
उसको नाम हरिवंश हुन्थ्यो होला । तर, म एघार दिन पहिले जन्मेको हुनाले
'फस्ट कम फस्ट' भने जस्तो मेरो नाम हरिवंश भयो ।

आमाले बा पनि हुनुपर्‍यो

त्रिहत्तर वर्षको उमेरमा मलाई जन्माएर सात वर्षपछि अर्थात् असी वर्षमा बा हामीलाई छाडेर जानुभयो । बाले हामीलाई कर्तव्यको जिम्मा लगाउनुको साटो भाग्यको जिम्मा लगाएर जानुभयो ।

घरको सारा बोझ, छोराछोरीको लालनपालन, बिहे-व्रतबन्ध, शिक्षादीक्षा मेरी विधवा आमाको काँधमा आइपर्‍यो । मेरी आमाले पाँच छोरी र एक छोराकी आमा मात्र होइन, बाको पनि भूमिका निभाउनुपर्‍यो ।

नारीलाई प्रकृतिले दिएको सबैभन्दा ठूलो वरदान हो– ममता र सहनशीलता । मेरी आमा धरती हुनुभयो । हामी त्यही धरतीमा जन्म्यौं, हुर्कियौं, बढ्यौं, फुल्यौं, फल्यौं ।

मान्छेमा मात्र होइन, पोथी पशुपन्छीमा पनि यो गुण हुन्छ । कुखुरीले उसका चल्ला कसैले छुन गयो भने हामी जस्तो मान्छेलाई पनि पखेटा फिँजाएर ठुङ्न तम्सन्छे । कुकुर्नीले उसका छाउराछाउरी छोयो भने सिधै आएर झम्टन्छे । भाले पशुपन्छी कहाँ हुन्छन् कहाँ । सायद त्यो बेलामा अर्कै पोथीको खोजीमा हुन्छन् । संसारका जुनसुकै पोथी प्राणीले आफ्नो सन्तानलाई पुरूषले भन्दा बढी माया र संरक्षण गर्छन् ।

यही पोथी जातिको मायाले संसार अडेको छ, चलेको छ । हुन त कहीँकहीँ जलेको पनि छ ।

भालेले सबैभन्दा धेरै माया पोथीलाई गर्छ । त्यसमा मान्छे, जनावर, चराचुरूङ्गी, कीराफट्याङ्ग्रा सबै पर्छन् । तर पोथीले सबैभन्दा बढी माया आफ्ना छोराछोरीलाई गर्छे । त्यसमा पनि मान्छे, जनावर, चराचुरूङ्गी, कीराफट्याग्रा सबै पर्छन् । सन्तान भनेको आमाको आफ्नै शरीरको रस रसाएर बनेको सजीव मांसपिण्ड हो, जो आमाको शरीरबाट दस महिनापछि छुट्टिएर अलग हुन्छ ।

पत्नीले पतिलाई किन माया गर्छे त ? नारीमा त्यसै पनि करूणाभावको मात्रा धेरै हुन्छ । नारीले पुरूषको तुलनामा जगत्लाई नै धेरै माया गर्छे । त्यसमाथि पति भनेको उसको जीवनसाथी हो, प्रेमी हो ।

धेरै देखिरहेपछि नचिनेको मान्छेको त माया लाग्छ । सधैं सँगै उठ्ने, सुत्ने, खाने, हिँड्ने, जीवनका हरइच्छा एकसाथ मिलेर पूरा गर्ने अनि आफूलाई माया गर्नेको माया लाग्नु स्वाभाविक हो ।

त्यसमाथि पति भनेको नारीको गहना भनिन्छ, इज्जत र सुरक्षा मानिन्छ । 'पति भएन भने म दुःख पाउँछु, मेरा सन्तानले दुःख पाउँछन्' भन्ने एउटा सानो स्वार्थ पनि रहेको हुन्छ त्यहाँ । त्यसैले कति नारीहरू पतिको थिचोमिचो, हेपाइ सहेर पनि बस्न बाध्य हुन्छन् । सन्तानका लागि ऊ सम्झौता गर्न बाध्य हुन्छे । उमेरमै पतिसँग वियोग भए पनि ऊ सन्तानकै लागि सबै इच्छा, आकाङ्क्षा र जवानी त्यागेर समर्पित भएर बस्छे ।

हाम्री आमाले पनि कुखुरीले चल्लालाई पखेटाले छोपेर राखे जस्तै गरी ममताले छोपेर राख्नुभयो । पहाडमा अलिअलि खेती थियो, त्यही अन्न ल्याउँथ्यौं ।

बा पण्डित भएकाले आमा पनि पण्डित्नी हुनुभयो । आमा जजमानहरूकहाँ मलाई पनि सँगै लिएर जानुहुन्थ्यो । चाडबाडमा अलिअलि दानदक्षिणा, सिधा, बकस जम्मा गर्नुहुन्थ्यो । त्यसैबाट हाम्रो भरणपोषण चल्थ्यो ।

बा पण्डित भएकैले होला, मलाई पनि ठूलो पण्डित बनाउने सपना थियो मेरा आमाबाको । म जन्मेपछि बा भन्नुहुन्थ्यो रे– 'मेरो छोरालाई ठूलो पण्डित बनाउनुपर्छ, विद्वान् बनाउनुपर्छ ।' अझ भन्ने गर्नुहुन्थ्यो रे– 'मेरो छोरालाई राजपण्डित बनाउनुपर्छ ।'

मान्छेभित्र ईर्ष्या, डाहा र अहम् हुन्छ नै । ऊ कुनै पनि कुरामा आफूलाई अरूले जितेको हेर्न चाहँदैन । दाजुभाइ, दिदीबहिनी, काका, मामा, साथी कोही पनि आफूभन्दा माथि नपुगोस्, आफूभन्दा विद्वान् नबनोस्, सबैभन्दा माथि मै हुनुपर्छ भन्ने प्रत्येक मान्छेको मनमा रहेकै हुन्छ ।

तर, छोराछोरीसँग मात्रै मान्छे तल बस्न रूचाउँछ । आफ्ना छोराछोरी आफूभन्दा विद्वान्, बलवान्, धनवान् होऊन् भन्ने इच्छा हरेक बाबुआमाको हुन्छ । ऊ आफ्ना छोराछोरीले जितेको सहन सक्छ, अरू कसैले जितेको सहन सक्तैन । आफ्ना छोराछोरीले आफूलाई जितून् भनेर आमाबा अनेक कोसिस गरिरहेका हुन्छन् ।

त्यस्तै मेरा बाले पनि छोरो संसारकै सबैभन्दा ठूलो पण्डित होस्, आफूभन्दा पनि ठूलो होस् भन्ने कामना गर्नुभएको थियो होला । देशका ठूलठूला मान्छेलाई मेरो मुखबाट गायत्री मन्त्र सुनाओस्, मेरै नेतृत्वमा देशमा ठूलठूला यज्ञ, हवन, पुराणादि कार्य होऊन् भन्ने सोच्नुभएको थियो होला ।

बा बितेपछि आठ वर्षमा मेरो व्रतबन्ध भयो । आमा लसुन, प्याज, गोलभेँडा केही पनि घरमा भित्र्याउनु हुन्नथ्यो । लसुन, प्याज खानु परे दिदीहरू घरबाहिर बारीमा लगी पकाएर खुवाउँथे । बिहानै उठेर नुहाइधुवाइ, जपतप, पूजापाठ गर्नुपर्थ्यो । चण्डीको एक अध्याय नपढी भात खान पाइन्नथ्यो । भात खाँदा बोल्नु हुँदैनथ्यो, धोती फेरेर खानुपर्थ्यो । इसारा गरेर दाल, भात, तरकारी माग्नुपर्थ्यो । झुक्किएर बोली निस्क्यो भने खाँदाखाँदैको भात छोड्नुपर्थ्यो ।

खाना खाँदा मुख नबोले पनि मन बोलिरहेको हुन्थ्यो । मीठो भयो भने उज्यालो अनुहार बनाएर आमाको मुखमा हेर्थें, नमीठो भयो भने अँध्यारो अनुहारले थालतिर हेर्थें । भात थप्नुपरे ट्वाकट्वाक थाल बजाउँथें, दाल थप्न परे कचौरा ।

महिनाको एक पटक दुई पाउ मात्र खसीको मासु किन्न सक्ने हाम्रो हैसियत थियो । कुखुरा त बाहुनले छुनु पनि हुँदैनथ्यो । केही गरेर कुखुरा छोइयो भने नुहाउनुपर्थ्यो ।

मलाई अलिअलि सम्झना छ– हाम्रो घरमा एउटा काले कुकुर थियो । त्यो कुकुरले टोलका कुखुरा मारेर ल्याइदिन्थ्यो । बिहे नगरेका दिदीहरू,

नातिनीहरू त्यो कुखुरा बारीमा लगेर पकाएर खान्थे र हड्डीचाहिँ त्यही कुकुरलाई दिन्थे ।

हड्डी खान पाइने आसले होला, काले कुकुर दिनहुँ जस्तो कुखुरा ल्याउन थाल्यो । पछि एक दिन त त्यसरी कुखुरा ल्याउने कुकुर सडकमा मरिरहेको भेटियो । कसैले खाने कुरामा बिख हालेर कुकुर मारेको थियो ।

सालको पातमा बेरेर बेसार दलेको खसीको मासु ल्याएको दिन हामी चुलेंसीले त्यो मासु ससाना टुक्रा पारेदेखि पित्तलको कसौंडीमा ओइरिएको र भुटेको, झोल हालेको सारा विधि हेर्थ्यौं । दाउरा बालेर जिरा, धनिया, अदुवा, दालचिनी, ल्वाङ, सुकमेल, मसला हाली पित्तलको कसौंडीमा पकाउँदा आउने मासुको बास्ना पनि हामी खेर जान दिँदैनथ्यौं । हिजोआज 'अनुलोमविलोम' गरे जस्तै गरी लामोलामो सास तानेर बास्ना लिन थाल्थ्यौं ।

यसरी लसुन, प्याज केही नहाली पकाएको मासुलाई 'बाहुनले खाने मासु' भनिन्थ्यो । त्यो मासु यति स्वादिलो लाग्थ्यो कि भातसँग मुछेर सप्प्राकसप्प्राक खाँदा कुइनाबाट चुहिन लागेको झोल कुइनासम्मै जिब्रो पुर्‍याएर चाट्थ्यौं ।

आमाचाहिँ मासु खानु हुन्नथ्यो । पति बितेपछि पत्नीले एउटा मीठो कुरा छोड्नुपर्थ्यो रे । बा बितेपछि मेरी आमाले मासु खान छोड्नुभयो । कस्तो अनौठो ! पति पनि छोड्नुपर्‍यो, सबैभन्दा मीठो लाग्ने खानेकुरा पनि छोड्नुपर्‍यो ।

आफूले नखाए पनि हामीलाई महिनाको एक पटक, कहिलेकाहीँ दुई पटक पनि मासु खुवाउनुहुन्थ्यो । हामी मासु खाने दिन गनेर बस्थ्यौं ।

आमा मलाई असाध्यै माया गर्नुहुन्थ्यो । म पनि आमाबिना एकछिन बस्न सक्तिनथें तर आमाले मलाई पण्डित बनाउन खोज्नुभएको पटक्कै मन पर्दैनथ्यो । बिहान उठ्नेबित्तिकै पूजापाठ, जपतप, चण्डी पढ्ने अनि नुहाउनै पर्ने नियम मलाई असाध्यै भारी लाग्थ्यो ।

पूजाकोठामा गएर १०८ पटक गायत्रीमन्त्र जप्थें अनि चण्डीपाठ सुरू हुन्थ्यो । प्रत्येक दिन पुस्तकको एकएक पाना च्यात्तै फाल्दै, च्यात्तै फाल्दै गर्दा त्यति मोटो चण्डीको पुस्तक दुब्लाएर मरन्च्याँसे भएको थियो, त्यो बेलाको म जस्तै । 'म यस्तो पाठसाठ गर्दिनँ' भन्न पनि डर लाग्थ्यो ।

एक दिन त आमाले चण्डीको पुस्तकको पाना च्यात्ताच्यात्तैको मलाई देख्नुभयो र किताब दुब्लाएको कारण पनि भेट्नुभयो । अनि मलाई गालै गालामा पिट्नुभयो ।

साथीहरू कोही सरकारी विद्यालयमा पढ्थे, कोही मन्टेसोरीमा, कोही चेत भवन ल्याब्रोटरी स्कुलमा पढ्थे । मलाई चाहिँ आमाले ठमेलका तर्कराज आचार्य गुरूकहाँ संस्कृत पढ्न भर्ना गरिदिनुभयो ।

बिन्दु दिदी महेन्द्र भवन विद्यालयमा पढ्थिन् । उनले पढेको गणित, अङ्ग्रेजी, विज्ञानका किताब हेर्थें अनि आफ्ना वेद, कौमुदी, रूद्री आदि पुस्तक देखेर मनमनै आमालाई गाली गर्थें । तर्कराज गुरू मलाई असाध्यै माया गर्थे । उनले पनि 'यो मान्छे ठूलो पण्डित बन्छ' भनेर धेरै आशा गरेका थिए । किनभने म मन नलागीनलागी पनि रूद्री, चण्डी, वेद कण्ठ पार्थें । मेरो स्वरमा रूद्री पढ्दा राम्रो सुनिन्थ्यो रे ।

मयलपोस सुरूवाल, पटुका, टोपी विद्यालयको ड्रेस थियो । मलाई त्यस्तो ड्रेस लगाएर हिंड्न पटक्कै मन लाग्दैनथ्यो । झन् साथीहरू 'ए बाहुन' भनेर बोलाउँथे, कोहीकोही 'ए काठा' पनि भन्थे । कसैले जिस्क्याएर टुप्पी तानिदिन्थे । टुप्पी काट्यो भने आमाले गाली गरिहाल्नुहुन्थ्यो । त्यसैले टुप्पीको रौं भने बिस्तारैबिस्तारै उखेलेर पातलो बनाएको थिएँ ।

टोलका साथीहरूको नाम राजेन्द्र, राज, आदित्य, मोहन आदि थियो । आफ्नो नामचाहिँ हरिवंश ! नाम पनि मन पर्दैनथ्यो मलाई । आफ्नो नामै बूढो मान्छेको जस्तो लाग्थ्यो । आमाले गाली नगर्ने भए अर्कै नाम राख्न पाए पनि हुन्थ्यो जस्तो लाग्थ्यो ।

हुन त संस्कृत पढेर मलाई धेरै फाइदा भएको अहिले महसुस गरेको छु । बोलीमा स्पष्टता, चाँडै कुरा बुझ्ने, पाप गर्नु हुँदैन भन्ने इत्यादि कुरा मैले संस्कृत पढेर आर्जन गरेको ज्ञान जस्तो लाग्छ ।

वेद-वेदाङ्ग विद्यालयमा पढ्दा गुरूजीकै छोराहरू शरद् आचार्य, कृष्ण आचार्य र भूपहरि पौडेल, मन पौडेल, कृष्ण खतिवडा, माधव, रन्तीदेवी मेरा मिल्ने साथी थिए । गुरूका छोरा ज्ञानचन्द्र आचार्य (हाल संयुक्त राष्ट्रसङ्घमा नेपालका प्रतिनिधि, उपमहासचिव) हामीभन्दा साना थिए ।

हामी सबै साथीहरू पढ्नमा तेज थियौं । माधवचाहिँ अति उटुङ्ग्याहा स्वभावको थियो । ऊ हाँडीगाउँमा बस्थ्यो, म टङ्गाल गैरीधारामा बस्थें । विद्यालय हामी सँगै आउजाउ गर्थ्यौं । गैरीधाराबाट ठमेलसम्म जाँदाआउँदा ऊ यति हँसाउँथ्यो कि मुख त हाँसेर खुलेको खुल्यै ।

बाटोमा हिँड्ने नचिनेका मान्छेलाई पनि चिने जस्तै गरी कुरा गर्थ्यो । कसैकसैसँग त पाँच-दस पैसा पनि फुत्काउँथ्यो । बाटोमा हिँड्ने टुरिस्टहरूसँग नेपाली भाषामा अङ्ग्रेजी जस्तै लवज निकालेर कुरा गर्थ्यो । टुरिस्टहरू अक्कनबक्क भएर सुनिरहन्थे र 'ह्वाट' भन्थे । ऊ भने 'भोक लागेर आन्द्राभुँडी प्वाट, गिभ मि वान रूपिज' भन्थ्यो । कसैकसैले दिन्थे पनि । उसको हाउभाउ देखेर म मरीमरी हाँस्थें । माधवको त्यो गुण बिस्तारैबिस्तारै ममा पनि सर्न थाल्यो । म पनि ऊसँगसँगै लागेर उटुङ्गी गर्न थालें ।

संवत् २०२२ तिरको कुरा हो । ठमेलमा अहिले काठमाडौं गेस्ट हाउस भएतिर हामीसँगै पढ्ने साथी मननाथ पौडेलको घर थियो । त्यहाँ ठूलो पाल टाँगेर महायज्ञ लगाइएको थियो । त्यस बेला मलाई पनि वेद पढ्ने वटुक बनाई त्यसै मण्डपमा राखिएको थियो– सात दिनसम्म त्यहीँ खानेबस्ने व्यवस्थासहित । राजा महेन्द्र पनि महायज्ञमा आएका थिए ।

कहिले राजाको सवारीमा सडकमा बसेर वेद पढ्नुपर्ने, कहिले राजाको जन्मदिनमा टुँडिखेलमा वेद पढ्नुपर्ने । मलाई साथीहरूले टुँडिखेलमा वेद पढेको देख्लान् कि भन्ने बडो डर लाग्थ्यो ।

माधवको सङ्गतचाहिँ साह्रै उपलब्धिपूर्ण रह्यो मेरा लागि । ऊसँग सिकेको त्यही उटपट्याङ पछि आएर कलामा परिणत भयो ।

त्यस बेला गाई भएको पित्तलको दस पैसा, सिलाबरको पाँच पैसा, गुराँस भएको सिलाबरको एक पैसा निस्केका थिए ।

माधव पैसासमेत बनाउन जान्दथ्यो । ऊ माटेभाँडाका खबटाका टुक्रालाई गोलो पारेर घोट्थ्यो । चुरोटको बट्टाभित्र भएको अल्मोनियमको झिलझिले कागजमा साँच्चिकैको पैसा बेर्थ्यो । पैसा बेरेर घोटेपछि त्यसको हुबहु छाप आल्मोनियमको झिलमिले कागजमा आउँथ्यो अनि त्यो झिलझिले कागज झिकेर गोलो बनाएको खबटामा टाँसिदिन्थ्यो । त्यसपछि हुलमुल भएको पसलमा गएर चकलेट, बिस्कुट किनेर ल्याउँथ्यो ।

एक दिन एउटा पसलेले थाहा पाएर हामी दुवैलाई समातेर दुई घण्टा पसलबाहिर उभ्याएर माफी माग्न लगायो र छाडिदियो ।

माधव र म दुवै जना घरबाट लगाएर गएको मयलपोस, सुरूवाल, पटुका, टोपी झोलामा हाल्थ्यौं र सर्ट, पाइन्ट लगाएर विद्यालय नगई दिनभरि कहिले टुँडिखेल, कहिले सिनेमा हलहरू चहार्दै हिँड्थ्यौं । कहिलेकाहीँ माधवले घरबाट एक मोहर, एक रूपैयाँ चोरेर ल्याउँथ्यो । कहिले म घरबाट पुराना चाँदीका मोहर, रूपैयाँ चोरेर लान्थें । पुराना पैसा साट्ने ठाउँमा चाँदीको एक रूपैयाँको पाँच रूपैयाँभन्दा बढी आउँथ्यो ।

एक पटक तामाको दस पैसाको ढ्याक मुखभित्र हालेर हिँडिरहेको थिएँ, अकस्मात् त्यो ढ्याक निलेछु । म आत्तिएँ । केही बेरपछि सर्दैसर्दै छातीनेरको खानानलीमा पुगेर अड्किएछ क्यारे, छाती बेस्कन दुख्न थाल्यो । 'गाली गर्नुहोला' भनेर मैले त्यो कुरा आमालाई पनि भनिनँ । बेलुकी खाना खान पनि सकिनँ ।

शरीर तातो भयो । सबैभन्दा तातो भयो निधार । ज्वरो आएछ । आमाले एक गिलास दूध दिनुभयो । दूध मात्र खाएर सुतें । छाती चर्किरहेको थियो । कुन बेला निदाएछु, थाहै पाइनँ ।

भोलिपल्ट ब्युँझिएँ र पैसा निलेको सम्झेँ । छाती दुख्न छोडेको थियो । पेटभित्र अड्केको दस पैसाको ढ्याकलाई कसरी निकाल्ने होला भन्ने चिन्ता पऱ्यो । दिसा गर्न जाँदा दस पैसा हराउला भनेर ट्वाइलेट नगई खुला ठाउँमा बारी र कान्लातिर जान थालें । हरेक पटक बसेपछि लट्ठीले चलाएर हेर्थें ।

तीन दिनपछि पैसा निस्कियो । लट्ठीले तानेर नजिकै ल्याएँ र ट्वाकमा पानी ल्याई दुई-तीन पटक पखालेर टिपें । पेटभित्रबाट निस्केको तामाको दस पैसे ढ्याक टिलिक्क टल्कियो । मैले चरी अमिलो, चुक अमिलोले तामाका पूजाभाँडा माझेको देखेको थिएँ । अमिलोले माझ्दा तामाका भाँडा टिलिक्क टल्कन्छन् । सायद मेरो पेटभित्र भएको एसिडको झोलले त्यो दस पैसाको ढ्याकलाई पेटभित्रै माझेर टलक्क टल्काइदिएछ ।

मेरो पेटभित्र यात्रा गरेर आएको त्यो दस पैसालाई मैले एकछिन पनि राखिनँ, दुइटा पुष्टकारी किनेर खाइदिहालें ।

कान्छी दिदी बिन्दुको हात भाँचिएर प्लास्टर गरेको थियो । आमा प्लास्टर काट्न दिदीलाई लिएर वीर अस्पताल जानुभएको रहेछ । रत्नपार्कमा आमाछोराको अचानक आँखा जुधिहाल्यो । घरबाट मयलपोस, सुरूवाल, टोपी, पटुका लगाएर विद्यालय गएको छोरो रत्नपार्कमा सर्ट, पाइन्ट लगाएर हिँडिरहेको भेट्दा आमालाई कस्तो भयो होला ?

भोलिपल्ट गुरूले म एक महिनादेखि विद्यालय नआएको कुरा आमालाई सुनाइदिएछन् । घरमा गएर आमा रून थाल्नुभयो । आमा रोएको देखेर मलाई ज्यादै ग्लानि भयो । म पनि बेस्कन रोएँ र भनें– "आमा, अबदेखि विद्यालय जान्छु ।"

वेद-वेदाङ्ग विद्यालय जानै छाडें । दरबार हाइस्कुलमा गएर आफै भर्ना भएँ, नाम पनि अर्कै राखें– राजन आचार्य । दरबार हाइस्कुलमा अलिअलि अङ्ग्रेजी पनि पढ्न पाइन्थ्यो तर स्कुलबाट भाग्ने बानी लागेकाले त्यहाँबाट पनि भाग्न थालें । विद्यालयको कक्षामा बस्दा त्यति पैसा चाहिँदैनथ्यो तर कक्षामा नबसेर भाग्दा धेरै पैसा लाग्थ्यो । दिनभरि घाममा हिँड्दा गर्मी हुन्थ्यो, गुच्चा भएको सोडा खान मन पर्थ्यो अनि खुवा बरफ खान पनि मलाई खुब मन लाग्थ्यो ।

हरिबोल नाम गरेको साथी दिनहुँ पैसा लिएर आउँथ्यो, आफूसँग चाहिँ पैसो नहुने । कुरैकुरामा त्यो साथीले एक दिन बचन लगायो–

"सधैं मेरो पैसामा मात्र कति खान्छस्, यसो तँ पनि पैसा लिएर आइज न ।"

"मसँग पैसै हुँदैन, के गर्ने ?"

"पैसा नभए यसो सामान भए पनि ल्यान, म बेचिहाल्छु नि ।"

अब म पनि घरको बुइँगलमा राखेको काठको बाकसभित्र थैलोमा भएका पुराना चाँदीका मोहर दिनको एकएकओटा झिकेर लान थालें । हरिबोल र म भएर काठमाडौं गणेशस्थाननिरको पसलमा बेच्थ्यौं । एक मोहरको चार मोहर अर्थात् दुई रूपैयाँ दिन्थ्यो । दुई रूपैयाँ भयो भने त एक दिनलाई छेलोखेलो भइहाल्थ्यो । केही दिनपछि चाँदीको पैसा राखेको थैलो खाली भयो अनि मैले पैसा लान सकिनँ ।

हरिबोलले फेरि भन्यो– "पैसा नभए यसो भाँडाकुँडा ल्यान, म बेचिहाल्छु नि ।"

एक दिन भान्छाबाट काँसको कचौरा लगेर बारीमा लुकाएँ । अनि स्कुल जाने बेलामा खल्तीमा हालेर हिँडें । घरबाट अलि पर पुगेपछि असाध्यै आत्मग्लानि भयो– 'तैंले त्यत्रो चाँदीका मोहरको थैलो सकिस्, त्यतिले नपुगेर अब कचौरा पनि चोर्न थालिस् ?' भनेर मनले मेरो हातलाई गाली गर्न थाल्यो । मेरा हातखुट्टा लल्याकलुलुक भए । म त्यस दिन स्कुलै गइनँ । त्यो कचौरा भान्छामै लगेर राखें । त्यस दिनदेखि मैले हरिबोलको सङ्गतै छोडिदिएँ, तैपनि घरको चानचुन पैसाचाहिँ भेट्यो कि उडाइदिन्थें ।

मेरो ठूलो भिनाजु कलकत्तामा व्यापार गर्नुहुन्थ्यो । उहाँले नै मलाई कलकत्ताबाट एउटा माउथ हार्मोनियम ल्याइदिनुभएको थियो । आमाले 'छोरो वेद पढ्न छाडेर बाजा बजाउन सिक्ला' भनेर त्यो माउथ हार्मोनियम बेपत्ता पारिदिनुभयो ।

म अहिले मेरो कलाक्षेत्रको हरेक सफलतामा आमालाई सम्झन्छु । उहाँ बाँच्नुभएको भए उहाँको छोरोलाई नेपालीले माया गरेको देखेर कति खुसी हुनुहुन्थ्यो होला । मलाई लाग्छ, म कर्मकाण्डमा पोख्त पण्डित हुन नसके पनि आफ्नो क्षेत्रको भने पण्डितै हुन सकें हुँला ।

त्यस बखत छुवाछुत र जातीय भेदभावको चलन प्रशस्तै थियो । मेरा बुबाआमा पनि जातभात, छुवाछुतमा चुर्लुम्मै डुबेका थिए । म मेरा बुबाआमाको एउटै छोरो, त्यो पनि बाबु त्रिहत्तर वर्ष हुँदा हरिवंश पुराण लगाएर जन्मेको । म सानैमा मर्ला भन्ने उहाँहरूलाई ठूलो डर थियो । त्यस बखत 'आफूभन्दा तथाकथित तल्लो जातलाई पैसा लिएर छोराछोरी बेच्यो भने अकालमा मर्दैनन्' भन्ने चलन रहेछ । अनि मलाई चार पैसा लिएर मेरा आमाबुबाले दमिनी आमालाई बेचेको रे । त्यसपछि म दमिनी आमाको पनि छोरो भएछु । तिनै दमिनी आमाको छोरो हुन पाएको हुनाले होला, ममा नाचगान गर्ने, बाजा बजाउने, अभिनय गर्ने क्षमता पसेको । चार पैसामा मलाई किनेकी दमिनी आमाको ग्रहले मलाई धुरन्धर कर्मकाण्डको पण्डित बनाउने मेरा बुबाआमाको सपनालाई जितेछ र म कलाकार हुन पाएँ । मलाई सानैमा दिदीहरूले 'तँ

दमिनी आमाको छोरो होस्' भन्दा दु:ख लाग्थ्यो । अचेल भने दमिनी आमाको पनि छोरो हुन पाएकोमा गर्व लाग्छ ।

जीवनका मेरा आफ्नै घटनाबाट मलाई के महसुस हुन्छ भने हरेक मान्छेलाई प्रकृतिले नै केही न केही सीप दिएर पठाएको हुन्छ । तल्लीन भएर लाग्ने हो भने आफ्नो काममा निपुण भइन्छ ।

कसैले अलिकति सिक्यो कि हिसाबमा निपुण हुन्छ । कोही मान्छेलाई गीत गाउन सिकाउनै पर्दैन, आफै गुनगुनाउन थाल्छ, आफै सुरताल समाउन थाल्छ । कोहीलाई सङ्गीत बजेको सुन्नै हुँदैन, कम्मर हल्लाउन थालिहाल्छ । कोही सानैदेखि कविता लेख्न थाल्छ । कोही सानैदेखि नाफानोक्सानको ख्याल राख्न सक्ने हुन्छ । कोहीकोही आफै राजनीतिमा चासो राखेर हिँड्न थाल्छ । प्रकृतिले दिएको लक्षण आफूले बुझेर त्यसलाई अभ्यास गरेर माझ्नुपर्छ ।

हरेक बाआमा आफ्ना छोराछोरीलाई 'यो बनाउने वा त्यो बनाउने' भनेर कल्पना गर्छन् । ममता र अपनत्वमा त्यो स्वाभाविक पनि हो तर व्यवहारतः उपयुक्त होइन । बाआमाले छोराछोरीलाई उच्च शिक्षा दिलाउने सपना राख्नुपर्छ तर उसलाई प्रकृतिले दिएको प्रतिभाभन्दा फरक होइन । उसको झुकाव कतातिर छ, त्यो छान्ने अधिकार छोराछोरीलाई नै दिनुपर्छ ।

मेरा बाआमाले मलाई ठूलो कर्मकाण्डी पण्डित बनाउने विचार गर्नुभएको थियो । त्यो गुण मलाई प्रकृतिले दिँदै दिएको रहेनछ । त्यो पेसा मैले बाध्य भएर स्विकार्नुपर्ने भएको भए पनि म सफल हुन सक्ने थिइन होला ।

मैले संस्कृत शिक्षालाई अनादर गरेको होइन । म संस्कृतका विद्वान्हरूलाई आदर गर्छु । उनीहरूले संस्कृत शिक्षालाई माथि उठाउन धेरै गुन लगाएका छन् । म मेरा गुरू तीर्थराज आचार्यलाई दण्डवत् गर्छु । मैले संस्कृत शिक्षा आर्जन गर्न सकिनँ । तैपनि तपाईं जस्ता निस्वार्थी गुरूको भगौडा भए पनि विद्यार्थी हुन पाएकोमा गर्व गर्छु ।

आमा बाउन्न वर्ष मात्रै हुनुभएको थियो, बिरामी पर्न थाल्नुभयो । मेरी आमाको पेट ठूलो भएर वीर अस्पतालमा भर्ना गरिएको थियो । आन्द्रामा प्वाल परेको रहेछ । पानी र खाएको झोल कुरा आन्द्राभन्दा बाहिर आउँदो रहेछ । यो रोगलाई नेपालीमा जलग्रह भने पनि अङ्ग्रेजीमा इन्टेस्टाइनल क्यान्सर (आन्द्राको अर्बुद) भनिन्छ ।

डाक्टरहरू सिरिन्ज छिराएर पेटमा भरिएको पानी बाहिर निकाल्थे । दुई दिनपछि फेरि पेटमा पानी भरिन्थ्यो । मैले डाक्टर अञ्जनीकुमारको नाम सुनेको थिएँ । उनले मेरी आमाको पेटको अप्रेसन गरेर आन्द्रामा प्वाल परेको भाग काटे ।

भाउजू अनि मेरा दिदीहरूले आमाको सेवा गर्नसम्म गरे । आमाले दिदीहरूसँग मलाई अस्पतालमा नल्याओ भन्नुभएको रहेछ । सायद उहाँलाई मेरो धेरै माया लाग्थ्यो होला र मलाई देख्ता उहाँलाई अझ गाह्रो हुन्थ्यो होला । म कहिलेकाहीँ मात्रै अस्पताल जान पाउँथें । मेरी आमालाई हामी ससाना छोराछोरीलाई छोडेर मर्न मन थिएन होला । उहाँ हाम्रा लागि बाँच्ने इच्छा प्रकट गर्नुहुन्थ्यो रे । आमालाई आफ्नो रोगको भन्दा पनि हाम्रो भविष्यको चिन्ता थियो ।

महिनौं बिरामी हुँदा नातागत भयो होला । के गरेर तागत आउँछ, के गरेर बाँच्न सक्छु, जे गरेर भए पनि मेरा छोराछोरी टुहुराटुहुरी नबनून् भनेर छटपटाउनुहुन्थ्यो रे आमा ।

मासु खायो भने बाँचिन्छ कि, तागत पुग्छ कि भनेर बा बितेपछि छोडेको मासु पनि आमाले फेरि खानुभयो रे । तर उहाँको बाँच्ने इच्छा पूरा भएन । उहाँले खाएको मासु आर्यघाटले धुवाँ उडाएर खायो ।

हाम्रो भाग्यमा टुहुराटुहुरी हुन लेखेकै रहेछ ।

एक तोला सुन

म सानो छँदा महिलालाई सुत्केरी व्यथा लाग्दा अस्पताल वा स्वास्थ्यचौकी लैजाने चलन थिएन । किनभने त्यतिखेर नजिकै अस्पताल र स्वास्थ्यचौकी नै थिएनन्, मानिसमा चेतना पनि थिएन । कोहीकोही घरमै सुँडेनी बोलाएर सुत्केरी गराउँथे । सुँडेनी पनि भनेको बेला उपलब्ध हुँदैनथे । गाउँघरका जान्ने र अनुभवी महिलाहरूले सुत्केरी गराउँथे । हिजोआज त धेरैजसो गाउँघरमा पनि स्वास्थ्यचौकी र अस्पतालमा लगेर सुत्केरी गराउने सुविधा छ ।

हिजोआज पहुँचवाला ज्योतिषीको सल्लाहअनुसार यति बजेर यति मिनेट जाँदा बच्चा जन्मायो भने राजयोग र भाग्यमानी हुन्छ भनेर पेट चिरेर बच्चा झिक्ने पनि गर्छन् । तर त्यस्ता बच्चा पनि नपढ्ने, बदमास, धुन्धुकारी भएर निस्किएका छन् ।

चिना बिग्रिएकाले पनि ग्रहशान्ति गरेर आफ्नो भाग्य सुधार्ने प्रयास गर्छन् । तर जे हुनु छ, भएरै छोड्दो रहेछ । जीवन त नमिलेकै हुँदो रहेछ । मानिसले एकातिरबाट मिलाउन खोज्छ तर जीवन अर्कोतिरबाट बिग्रिरहेको हुँदो रहेछ ।

जीवन भोग्दै जाने क्रममा मानिस कहिले अति भौतिकवादी र कहिले अति अध्यात्मवादी हुँदो रहेछ । जीवन बाँच्न मानिसले विज्ञानको मात्र होइन, रहस्यवादको पनि सहारा लिँदो रहेछ ।

त्यसैले होला, हाम्रो देशका वामपन्थी नेताहरू लुकीलुकी मन्दिर गएको, ग्रहशान्ति गरेको, घरमा लुकाएर देवीदेवताको पूजा गरेको समाचार बेलाबेला आउने गर्छ । सायद उनीहरूलाई भौतिकवादी विचारले मात्र सुखशान्ति दिएन होला र त त्यसो गरे होलान् ।

जीवन भौतिकवाद र रहस्यवादको बीच बाटोबाट हिँड्दो रहेछ । हिँड्दै जाँदा कहिले भौतिकवादको बाटोतिर चिप्लिएर पुगिँदो रहेछ, कहिले रहस्यवादको बाटोतिर ।

बाआमाले पहिल्यै मेरो चिना बनाएर राख्नुभएको थियो । भगवान्ले रक्षा गरून् भनेर उहाँहरूले चिनामा एक तोला सुनमा भगवान्को प्रतिमा कुँदेर राख्नुभएको रहेछ । आमा बितेपछि कसैले 'चिनामा सुन छ' भन्ने थाहा पाएर सुन चोर्दा चिनासमेत चोरेर लगेछ । त्यसैले ज्योतिषीसँग 'मेरो भविष्य कस्तो छ ?' भनेर कहिल्यै सोध्न पाइनँ ।

मेरो मात्र होइन, संसारमा जति मान्छे छन्, सबैको चिना हराएको छ । ज्योतिषीले बनाएको चिना भएर पनि भविष्य रहस्यमय छ । भोलि के हुन्छ ? कतिखेर कोसँग मिलन हुन्छ र कतिखेर कोसँग बिछोड, केही थाहा हुँदैन । यहाँ चिना हुने मान्छेहरूको पनि चिना हराएको छ ।

आमा बित्नुहुँदा, ओहो ! कत्ति मान्छे भेट्न आएका । कोही मिश्री ल्याउँथे, कोही फलफूल ल्याउँथे, कोही घिउ ल्याउँथे ।

बच्चाहरूलाई आफ्नो घरमा पाहुना आएको असाध्यै मन पर्छ । मलाई पनि रमाइलो लाग्यो, आमा बितेको । म रून त परै जाओस् फुर्किएँछु, लाडिएँछु । तर, जब तेह्र दिनको काम सकियो, बिस्तारैबिस्तारै मान्छेहरू घट्दै गए । पछि त मान्छे आउनै छाडे, कोही पनि आएनन् । त्यसपछि पो थाहा भयो मेरी आमा मर्नुभएछ । तेह्र दिनपछि भने म आमा सम्झेर रून थालें ।

मान्छे आउन छाडे । आफन्त पनि टाढिए । माया गर्नेले गाली गर्न थाले, हेप्न थाले । आमा नभएको चोरले पनि थाहा पाउँदो रहेछ – 'यो घरको मान्छे मरेकाले यहाँ बच्चाहरू मात्रै बस्छन्' भनेर ।

गायत्री, गीता, सप्तरूपा तिनोटी दिदीको बिहे भइसकेको थियो । भाउजूहरूको परिवार पनि ठूलो भइसकेको थियो । हामी सबै एउटै घरमा

अटाउँदैनथ्यौं । भाउजूहरू नजिकै अर्को घर किनेर सरेका थिए । अब घरमा हामी तीन जना मात्र हुन पुग्यौं– दिदीहरू जानदेवी, बिन्दु अनि म ।

घर पुरानो भएर ठाउँठाउँमा चर्किसकेको थियो । त्यसमाथि भाउजूहरूको पनि भाग दिनुपर्थ्यो । अब घर कि बनाउनुपर्ने भयो कि बेच्नुपर्ने । घर बनाउन हामीसँग पैसा थिएन । भाउजूहरूको पनि ठूलो परिवार, अभावैअभाव थियो । हामीलाई गरिबीले तातो पानीमा चोपल्दै निकाल्दै गर्थ्यो– न आमा, न बा, न आयस्रोत, केही पनि थिएन । भत्किनै लागेको पुरानो, सानो घरको भुइँतलामा राडीपाखी बुन्ने एउटा तामाङपरिवार बहालमा बस्थ्यो– महिनाको तीस-चालीस रूपैयाँमा भाडा आउँथ्यो ।

संवत् २०२९ तिरको काठमाडौं सहर अलि शून्य थियो । पाँच-छ बजेपछि मान्छे हिँड्दैनथे बाटामा । हामी तीन जना दिदीभाइ एउटै पलङमा सुत्थ्यौं । चर्पी टाढा बारीमा थियो । राति त्यहाँ जाने आँट आउँदैनथ्यो । म केटो भएकाले झ्यालबाट पिसाब फेर्थें । दिदीहरू मटानको कोपरामा पिसाब फेरेर झ्यालबाट मिल्काउँथे ।

मटानको कोठा सल्लाको काठले बारेको थियो । एउटा बिजुलीको चिम झुन्ड्यायो भने कोठामा पनि उज्यालो हुन्थ्यो । मटान, भऱ्याङ पनि उज्यालो हुन्छ भनेर काठको बारमा माथितिर बिजुलीको बल्ब झुन्ड्याउने एउटा प्वाल राखिएको थियो कोठाभित्र । त्यसको ठीक मुनि पित्तलको कोपरा ।

एक रात मेरो पेट बेस्कन दुख्यो । दिसा गर्न जान मन लाग्यो । दिदीहरू सुतिरहेका थिए । भुइँमा कोपरा थियो, त्यसैमा बसें । त्यसको ठीक माथि कठबारको बिजुली बत्ती झुन्ड्याउने प्वाल र ठीक अगाडि कोठामा ड्रेसिङ टेबल राखिएको थियो ।

घरमा चोर पसेको रहेछ । कोठामा खत्र्याकखुत्रुक गरेको, टुकी बालेको देखेर चोरले कठबारको प्वालबाट भित्र हेर्दो रहेछ । मैले अगाडि भएको ड्रेसिङ टेबलको ऐनामा मुखमा आधी रातो, आधी कालो रङ लगाएको मान्छे देखें । 'त्यो मान्छे हो कि भूत ?' छुट्ट्याउन गाह्रो भयो मलाई ।

म आत्तिएर कराएँ । मेरा दिदीहरू पनि उठे । आखिर त्यो चोर नै रहेछ । मटानको झ्यालबाट चोर हामफालेर भाग्यो । हामीले करायौँ– "चोर आयो, चोर आयो !"

भोलिपल्ट बिहान त्यहाँ एउटा चोर समातेको छ रे भन्ने सुनियो । म पनि हेर्न गएँ । जाँदा त त्यही मुखमा आधी रातो, आधी कालो रङ लगाएको, हाम्रो घरको कठबारको प्वालबाट चिहाउने चोर पो रहेछ । त्यतिखेरै मैले भनिहालेँ– "यो चोर त हिजो राति हाम्रो घरमा पनि आएको थियो ।"

त्यसका हातखुट्टा बाँधिएका थिए डोरीले । 'उसो भए तिमी पनि दुई लात हान यसलाई' भने सबैले । मैले पनि बडो फुर्तीसँग हातखुट्टा बाँधिएको चोरलाई दुई लात हानेँ । चोरले पनि भन्यो– "पख्लास् ! मैले तँलाई चिन्या छु । तँलाई म के गर्छु हेर्दै जा ।" मेरो सातोपुत्लो उड्यो ।

हरेक दिन साँझ पर्‍यो कि मलाई डर लाग्थ्यो– त्यो चोर मलाई पिट्न आउँछ कि भनेर । भर्‍याङ उक्लँदा पनि भर्‍याङमुनि त्यो चोर लुकेको छ कि, त्यसले मेरो खुट्टा च्याप्प समात्छ कि भनेर दुई-तीन खुड्किला एकै पटकमा उफ्रेर भाग्थेँ । तर, त्यो चोर मलाई कुट्न कहिल्यै आएन ।

घर ज्यादै पुरानो भइसकेको थियो । पानी पर्दा पनि 'घर ढल्ला कि' भनेर हामी रातभरि सुत्दैनथ्यौँ । त्यस बेला हाम्रो सहारा भनेकै हाम्री साहिँली सानिमा हुनुहुन्थ्यो । हामी डराउँछौँ भनेर सानिमाका छोराहरू हरिहर ढकाल, विष्णु ढकाल पालैपालो हाम्रो घरमा राति सुतिदिन बालुवाटारदेखि आउँथे ।

दसैँमा सबैले नयाँनयाँ लुगा सिलाउँथे । हामीसँग चाहिँ पैसा थिएन ।

गैरीधारामा माधवशमशेरको घरमा दसैँ-तिहारमा जुवाको ठूलो खाल जम्थ्यो । कीर्तिनिधि विष्ट पनि त्यहाँ जुवा खेल्न आउनेमा प्रमुख थिए । हामी कसैले जित्यो भने जितौरी पाइन्छ कि भनेर खालवरिपरि झुम्मिएर बस्थ्यौँ र कसैको कौडाको दाउ पर्‍यो कि जितौरी माग्थ्यौँ । दुई-चार रूपैयाँ पाउँथ्यौँ ।

कीर्तिनिधि विष्टले लगातार दाउ पारे । जसले दाउ पार्छ उसले चुरोट, रक्सी आदि किनिदिनुपर्ने रहेछ । त्यस बखत गैरीधारामा ५५५ चुरोट किन्न पाइँदैनथ्यो, नक्साल पुग्नुपर्थ्यो । 'नक्साल गएर चुरोट किनेर कसले ल्याउँछ ?' भनेर सोधे । 'म ल्याउँछु' भनेर मैले हात उठाएँ ।

'५५५ चुरोट अनि अरू पनि केके सामान किनेर ल्याउनू' भनेर तीन सय रूपैयाँ दिए । तर पैसा पाएपछि चुरोट किन्न नक्साल जाँदै गइनँ । घरमै दुई-तीन दिन लुकेर बसें र दसैंमा मजाले लुगा किनें त्यो पैसाले । दिदीहरूले 'पैसा कहाँबाट ल्याइस्' भनेर केरकार गरे । मैले सत्य कुरा भन्दै भनिनँ । 'बाटोमा पाएको' भनेर टार्न खोजें तर पत्याएनन् ।

हामीलाई पाल्ने सङ्खु

काभ्रे जिल्लाको सङ्खु हाम्रो पुर्ख्यौली थलो । हाम्रा बाहरू त्यहाँबाट काठमाडौं बसाइँ सर्नुभएको हो । त्यहाँ अहिलेसम्म पनि हाम्रो खेतबारी छ । अहिलेसम्म पनि हामी त्यहीँकै चामलको भात खान्छौं ।

हाम्रो बाँच्ने आधार त्यही सङ्खुको जग्गाजमिनबाहेक अरू केही थिएन । सबै जग्गा मोहीलाई कमाउन दिइएको थियो । दिदीहरू जानुदेवी र बिन्दु अनि म बनेपासम्म बसमा जान्थ्यौं । त्यहाँबाट खड्पु हुँदै एक घण्टा चौकोटको उकालो चढेर फेरि ओरालो झर्दै करिब तीन घण्टा पैदल हिंडेर हामी सङ्खु पुग्थ्यौं ।

बनेपादेखि सङ्खु जाँदा खड्पुमा त्यहाँका स्थानीय बासिन्दाले धान भुटेर चिउरा कुटिरहेका हुन्थे । भर्खर कुटेको चिउराको मगमग बास्ना सुँघ्दै, बाटामा भुट्दै बेचेको बदाम खाँदै हामी चौकोटको उकालो चढ्थ्यौं । चौकोटको उकालो उक्लेपछि मुख सुकेर प्याकप्याक हुन्थ्यो । बाटोमा सुन्तला किनेर छोडाउँदै, खाँदै जाँदा हामीलाई साँच्चिकै आनन्द लाग्थ्यो ।

अहिलेसम्म मैले आधा पृथ्वी घुमें हुँला तर त्यो वर्षको एक पटक खड्पुदेखि सङ्खुसम्म जाँदाको यात्रा मेरा लागि कतै नभएको रोमाञ्चक र स्मरणीय यात्रामा पर्छ ।

जग्गाजमिन त थियो तर सबै मोहीलाई कुत तोकिएको थियो । मोहीको परिवारमा अंशबन्डा हुँदा हाम्रो जमिन पनि अंशबन्डा हुँदो रहेछ । उनीहरूले

कमाएको हाम्रो जमिन पनि बाँडिदो रहेछ । पन्ध्र-सोह्र जना मोहीसँग कुत उठाउनुपर्थ्यो ।

त्यहाँको चामल र मकै नभएको भए हामीले कि त मागेर खानुपर्थ्यो कि त बालश्रमिक भएर खानुपर्थ्यो । मोहीहरू प्रायः सबै नेवार भए पनि कोहीकोही असाध्यै गाह्रा थिए । कुत उठाउन रून्नु पर्थ्यो । तर धेरैजसो चाहिँ 'टुहुरा बाहुनहरूको कुत दिनुपर्छ' भनेर दिन्थे ।

काठमाडौंसम्म सङ्खुदेखिको चामल थोरै ज्यालामा ल्याइदिन्थे पनि । मनमा धर्म भएका मोहीहरूलाई 'पाप गर्नु हुँदैन, कुत तिरेनौं भने यिनीहरू भोकै मर्छन्' भन्ने थाहा थियो ।

पुर्ख्यौली थलो सङ्खुसँग त्यसै पनि म ऋणी छु । हाम्रा आफन्तहरूले त्यो पुर्ख्यौली ठाउँको जग्गाजमिन आफ्नै कारणले बेचे । तर जस्तै दुःख परे पनि मैले त्यो ठाउँको माटो बेचिनँ । म मेरा छोराहरूलाई पनि भन्छु– 'त्यो ठाउँको माटो कहिल्यै नबेच्नू !'

सङ्खुले मलाई ठूलो गुन लगाएको छ– पेट भरिदिएर । तर मैले सङ्खुलाई केही गुन लगाउन सकेको छैन । तैपनि पनौतीदेखि नमोबुद्धसम्म र दायाँबायाँसमेत गरी करिब सत्र किलोमिटर बाटो हामी त्यस क्षेत्रका बासिन्दा मिलेर बनायौं ।

त्यस बेला मलाई बाटोको अगुवा बनाएका थिए । अहिले त्यही हामीले कोरेको बाटोको पूर्वाधारले सङ्खु करिबकरिब सुगम भइसकेको छ । त्यति गर्न पाउँदा पनि मलाई आत्मसन्तुष्टि भएको छ । हामी सानो हुँदा हामीलाई कुत बुझाएर पेट भरिदिने मोहीहरूका छोराछोरी गाडी चढेर सङ्खुमा गुडेको देख्ता मन आनन्दित हुन्छ ।

जनजागृति निम्न माध्यमिक विद्यालयको एउटै कोठामा चारओटा कक्षाका विद्यार्थी पढ्थे । पढाउने शिक्षक पनि एउटै हुन्थे । शिक्षक बीचमा बसेर चारओटा कक्षाका विद्यार्थीलाई एकै पटक पढाउँथे ।

साथी सुमन श्रेष्ठले जापानी दाताको सहयोग जुटाइदिएका थिए । विद्यालयमा पाँच कोठा निर्माण गर्न पाइयो र इन्जिनियर राजु मानन्धरको सहयोगले भूकम्पले भत्काएको विद्यालय भवन बनाउन पाइयो । त्यो सम्झदा मन केही आनन्द हुन्छ ।

साहिँली सानीमाका छोरा मधुसुधन दाइको सहयोगले जानदेवी दिदीको पनि विवाह भयो । अब बाँकी दुई जना रह्यौं । बिन्दु दिदी मभन्दा दुई वर्ष मात्र जेठी हुन्– मेरो सहारा उनी अनि उनको सहारा म । मेरो सहारा दिदीको त आत्मबल बलियो थियो तर म दिदीको सहारा कमजोर थिएँ ।

सानोमा अलि बढी चञ्चल र उट्ुङ्ग्याहा थिएँ म । आफूभन्दा दुई वर्ष मात्र जेठी अभिभावक भएको हुनाले म फरक स्वभावको हुन थालें । कसैलाई नटेर्ने, भनेको नमान्ने, स्कुलबाट भाग्ने आदिले गर्दा मेरी दिदीलाई मैले धेरै दुःख दिएँ ।

म चौध वर्षजतिको थिएँ । ठूलो भिनाजुले मलाई साइकलको अगाडि राखेर डिल्लीबजार लिएर गए । पाइन्ट, कमिज किनिदिए । हलुवाई पसलमा लगेर लालमोहन र बर्फी खान दिए र भने– "हेर हरि, तिम्री दिदी रोगी छिन् । उनलाई स्याहार्न पनि एउटा मान्छे चाहिन्छ । मान्छे राखौं भने के भरोसा हुन्छ र काम गर्नेको ! त्यसैले मैले तिम्री दिदी स्याहार्न एउटी अर्की पनि दिदी ल्याउनुपर्‍यो ।"

लुगा किनिदिएको, मिठाई खान पाएको सुरमा मैले "भैहाल्छ नि त, ल्याउनुस् न" भनिदिएँ । मेरो कुरा खस्न पाएको थिएन, भिनाजुले भनिहाले– "तिमीले 'हुन्छ' भन्छौ भन्ने ठानेरै मैले हिजै बिहे गरिसकें ।"

घरमा जाँदा त दिदी रोइरहेकी रहिछन् । भिनाजुले दिदीलाई भनेछन्– "किन रून्छेस् ? मैले तेरो भाइले 'हुन्छ' भनेरै बिहे गरेको त हो नि ।"

बिहे गरेको हिजो, मलाई भनेको आज, अनि 'तेरो भाइले हुन्छ भनेर' बिहे गरेको भनेर कस्तो कुरा गर्न जान्ने भिनाजु !

केही वर्षपछि जेठी दिदी गायत्री बितिन् । भिनाजुले पछि बिहे गरेकी दिदी अहिले मेरी आफ्नै दिदीसरह छिन् । भान्जाहरूलाई आमाले गर्नुपर्ने माया गरिरहेकी छिन् । मैले लुगा र मिठाईको सुरमा गरेको कुरा ठीकै भएछ कि जस्तो लाग्छ ।

मलाई हिन्दी बोल्न समस्या थिएन, राम्रोसँग बोल्थें । हिन्दी भाषा मैले हिन्दी फिल्म हेरेरै सिकेको हुँ । काठमाडौंको कुनै पनि हलमा नयाँ फिल्म लाग्यो भने त्यो फिल्म 'फस्ट डे फस्ट सो' हेर्नै पर्थ्यो मलाई । टिकट पनि

काट्नु पर्दैनथ्यो । हुल गरेर पस्ने, पैसा नतिरी सिटमा बस्ने । सिट पाइएन भने उभिएर भए पनि फिल्म हेर्नै पर्थ्यो ।

हुल गरेर पस्दा कतिका जुत्ता फुस्कन्थे, कतिका चप्पल चुँडिन्थे, पर्बाह हुँदैनथ्यो । पछि सिनेमा छुटेर आउँदा आफ्नो फुस्केको जुत्ताचप्पल हल साहुले पेट्रोल वा मट्टीतेल छर्केर जलाइरहेको हुन्थ्यो । कतिले सद्दे पनि भेट्टाउँथे । कतिले आफ्ना दुई खुट्टामा फरकफरक जुत्ता पनि लगाउँथे ।

माइली दिदी गीता ढकालको प्रशस्त जग्गाजमिन थियो तर जति बढी जग्गाजमिन भयो, बुहारीलाई त्यति नै दुःख हुन्थ्यो । बुहारीले धान रोप्नुपर्थ्यो, काट्नुपर्थ्यो, चुट्नुपर्थ्यो, धान भित्र्याउनुपर्थ्यो । घरधन्दा पनि सबै एक्लै गर्नुपर्थ्यो । धन भएर पनि समस्या प्रशस्तै थिए ।

त्यतिखेर दिदी दुब्लाएर कङ्काल जस्ती भएकी थिइन् तर लुकीलुकी माइत आएर हामीलाई लुकाएरै कोसेली ल्याइदिन्थिन् । माइती पनि दुःखी, आफू पनि दुःखी । अहिले त दिदीलाई छोराछोरीले गरेको प्रगतिले आनन्द छ । सुखी र खुसी देख्छु ।

साहिँली दिदी सप्तरूपाको आमा हुँदै बाको आशौचको बेला क्षेत्रपाटी हाम्री कान्छी सानीमाको घरबाट बिहे गरेर पठाएको म अलिअलि सम्झन्छु । दिदीको घर सरगुजा (झारखण्ड, भारत) हो ।

हुन त भिनाजुका बा नेपाली नै हुन् । सरगुजाका राजाले आफ्नो दरबारमा पूजा गर्ने पुजारी नेपालबाट लगेका रे । त्यही नाताले म पनि एक पटक भिनाजुसँग पटना हुँदै सरगुजा गएको थिएँ । पटनाबाट ६ घण्टा बस चढेर जानुपर्थ्यो ।

पटनामा भिनाजुले एक जनाको अठार रूपैयाँ तिरेर बसको टिकट किन्नुभयो । तर हामी बसभित्र प्रवेश गर्दा जिल्ल पर्‍यौं । बसको सिटमा गद्दा नै थिएन । बस्यो भने फलामको सिटको फ्रेमबाट नितम्ब पूरै भित्र पस्थ्यो । भिनाजुले 'सिटका गद्दा कहाँ हे' भन्दा 'सिट के लिए एक आदमीका और अठार रूपैयाँ लगता हे' भन्यो बसवालाले । भिनाजुले ३६ रूपैयाँ तिरेपछि बसको छतबाट सिट ल्याएर हालिदियो ।

भिनाजु भारतमै जन्मनुभएकाले नेपाली बोल्न आउँदैनथ्यो । सप्तरूपा दिदी पनि मलाई भेट्न बेलाबेला नेपाल आउँथिन् । एक पटक दिदीभिनाजु नेपाल

आएका बेला भिनाजुले भने– 'हरवन्स् (भारतमा हरिवंशलाई हरवन्स् भन्ने चलन छ), चलो पिक्चर देख्ने जाएंगे ।'

मैले रञ्जना सिनेमाघरमा 'मनका मीत' भन्ने हिन्दी फिल्म देखाउन लगें । सिनेमा हेरियो । भिनाजुले भने– 'हरवन्स्, भुख लगा । चलो नास्ता खाने । मिटविट पानेके जगह ले चलो ।' (मासु पाइने ठाउँमा लिएर जाऊ ।)

मैले रञ्जना हलकै अगाडि भएको आरसी 'ममचा' रेस्टुराँमा लिएर गएँ । त्यस समयसम्म म वेद-वेदाङ्ग विद्यालयबाट आरसी रेस्टुराँ छिर्ने भइसकेको थिएँ । खुवाको लड्डु मात्र खाने मान्छेबाट राँगाको मासु हालेर मैदाको पिठोले बेरेको लड्डु खाने भइसकेको थिएँ । मेरा बाआमाको पण्डित बनाउने सपना ममचाको झोलमा डुबेर मरिसकेको थियो ।

ममचा रेस्टुराँभित्र ममचा, छोयला, कचिला, भुटन सबै खाइयो । भिनाजुलाई खुब मीठो लागेछ, पैसा तिर्नुभयो । साला-भिना खुरूखुरू न्युरोडबाट नक्साल हुँदै गैरीधारा जाँदै थियौं । नक्सालमा एउटा मासु बेच्ने पसलबाहिर राँगाको टाउको ठड्याएर राखेको थियो । भिनाजुले त्यो राँगाको टाउको देखेर सोधे– "हरवन्स्, यहाँ भैंस भी खाता हे ?"

मैले भनें– "हाँ, खाता हे ।"

भिनाजु केही नबोली हिंडे । अलि पर पुगेर फेरि सोधे– "तुम भी खाते हो ?"

मैले भनें– "हाँ, खाता हुँ ।"

भिनाजु केही नबोली हिंडे । अलि पर पुगेर फेरि सोधे– "कैसा होता है ?"

मैले भनें– "मीठा होता हे, अभि आपने भी खाया, वइतो हे ।"

भिनाजुले केही नबोली फटाफट घर गएर बान्ता गरे ।

म त्यस बेला राँगाको मासु खान्थें । मान्छेहरू 'कि मासु खाँदै नखानू, खाएपछि खान हुने जे पनि खानू' भन्थे, म पनि 'हो' भन्थें । तर हिजोआज म राँगाको मासु खान्नँ । नखानुको कारण कुनै ठूलो मासु, कुनै सानो मासु, कुनै महँगो मासु, कुनै सस्तो मासु आदिइत्यादि भने होइन ।

कान्तिपुर टेलिफिल्ममा एउटा प्रसङ्ग छ– यमराजको वाहन राँगो काठमाडौंमा हराउँछ । खोज्दै जाँदा यमराजको वाहन त एक ठाउँमा

काटिएको हुँदो रहेछ । त्यो दृश्य छायाङ्कन गर्दा साँच्चिकै राँगा काट्ने ठाउँमा गएर खिचियो । ज्यादै बीभत्स, ज्यादै फोहरी तरिकाले काटेको देखियो । सम्पादन गरेर प्रसारित त्यो दृश्यले धेरैले मासु खान छाडिदिए । अझ खिचेको जति सबै जस्ताको तस्तै देखाइदिएको भए आधा मानिसले मासु खान छोड्थे होला ।

मासु नखानुको कारण एउटा काटेको देखेरै हो ।

अनि अर्कोचाहिँ हाम्रो राजमार्गमा राँगाको नाकको प्वालबाट डोरी छिराएर ट्रकको छतमा बाँधेको हुन्छ । त्यत्रो लामो यात्रा, घण्टौंको जाममा त्यो पनि प्राणी हो, कसरी सहन्छ होला त्यसले ! हामी मान्छे चेतनशील प्राणी हौं । चेतनशील प्राणीले अर्को प्राणीलाई कतिसम्म अन्याय गर्छौं ! त्यसैले पनि मैले खान छोडें ।

नेपालमा मान्छेले मान्छेलाई जति अन्याय गर्छ, त्यसको लाख गुना बढी अन्याय अबोध प्राणीलाई गर्छ । सुँगुरको हातखुट्टा बाँधेर भीरले मुटुमा घोचेर घण्टौं लगाएर बीभत्स तरिकाले मार्छन् । मन्दिरमा लगेर बलिको निहुँमा अबोध प्राणीको छाला काढेर तिनलाई राक्षसको दर्जा दिएर रेटिन्छ । के यो मान्छेले गर्ने काम हो ? त्यसैले समयअनुसार, चेतनाको विकास भएअनुसार मान्छेले धर्मसंस्कृतिमा पनि परिमार्जन गर्नुपर्छ । बलिप्रथा बन्द गर्नुपर्छ । मासु संसारले खान्छ तर उसलाई कसरी सास्ती कम गरेर आफ्नो भुँडी भर्ने, त्यो सोच्नुपर्छ मान्छेले ।

एक पटक राजमार्गमा राँगाभैंसी राखेर काठमाडौंतिर आइरहेको ट्रक दुर्घटनामा परेछ । घाइते ड्राइभर र खलासीलाई तुरून्तै अस्पताल लगियो । 'घाइते राँगाभैंसी मरेर सिनो होला, मासु खेर जाला' भनेर तिनीहरूलाई चाहिँ तुरून्तै रेटेर मासु काठमाडौंतिर बेच्न लगिएछ । घाइते मान्छेलाई अस्पताल तर घाइते पशुलाई मासुपसल !

जन्मघरबाट बिदा

दिदीभिनाजुहरू आफूले सकेको माया गर्थे । सानीमा र दाइहरू पनि माया गर्थे तर दिनले हामीलाई माया गरेन, भाग्यले माया गरेन । घर जीर्ण बन्दै गयो । दलिन मक्काए, फेर्ने पैसा थिएन । इँटमा सोडा लागेर फुसफुस आउने भइसकेको थियो, फेर्ने सामर्थ्य थिएन । विकल्पमा घर बेच्नै पर्ने भयो ।

टङ्गाल गैरीधारामा एक रोपनी नौ आना जग्गा भएको घर बाउन्न हजार रूपैयाँमा २०३० सालतिर होला, बिक्री भयो । मेरो भागमा पैंतिस हजार रूपैयाँ पऱ्यो ।

जन्मघर बेचेको धेरै भएको थिएन । चौध-पन्ध्र वर्ष बिताएको घर, जहाँ म जन्मी, हुर्किएर किशोर भएर यौवनको सँघारमा उभिएको थिएँ । एक दिन दिनभरि घुमें । मनमा केके कुरा खेल्दै थियो, हिँड्दाहिँड्दै म त साँझ वास बस्न जन्मघरको आँगनमा पुगेछु । जब घरतिर आँखा लगाएर पस्न खोजें अनि पो झसङ्ग भएँ– यो घर त अरूलाई नै बेचिसकिएको हो । त्यसपछि म फरक्क फर्केर रूँदैरूँदै आफ्नो डेरातिर लागें ।

हाम्रो बा सङ्खुबाट काठमाडौं आएपछि 'जङ्ग थापा', 'शमशेर थापा' खलकको गुरू बन्नुभएछ । धेरै जङ्ग र शमशेर थापाहरूलाई गायत्री मन्त्र सुनाउनुभयो र उनीहरूको घरमा चाडवाड वा पूजाआजा हुँदा कर्मकाण्डको काम गर्नुभएछ ।

सानो छँदा मेरी आमासँग म पनि थापाहरूको घरमा जानेआउने गर्थें । मलाई सबैले माया गर्थे । गङ्गाजङ थापा, म र मेरो नाति मुकुन्द साथी

नै थियौं । लुलु थापा मेरी आफ्नै दिदी जस्तै थिइन् । मलाई गाली गरीगरी पढाउँथिन् । अरू थापाहरू पनि मलाई माया गर्थे ।

'आमाबाबु नभएको बिचरा' भन्थे । कसैले खर्च दिन्थे, कसैले लुगाकपडा किनिदिन्थे । तिनैमध्ये नक्सालमा बस्ने एक जना थापालाई पनि मेरो बाले नै गायत्रीमन्त्र सुनाउनुभएको रे । उनलाई घर बेचेको पैसा मसँग छ भन्ने थाहा रहेछ । उनले मलाई नक्साल चारढुङ्गे र भगवती बहालको बीचमा 'चार आना जग्गा बेच्छु' भने र बैना भयो । उनको घरको माथिल्लो तला एक जना प्रधान थरको मान्छेलाई बन्धकी दिएका रहेछन् । मसँग पैसा लिए र उनलाई हटाए । मलाई उनले आफ्नै घरको त्यही माथिल्लो तलामा लगेर राखे । हामी दिदीभाइ त्यहीँ बस्न थाल्यौं ।

उनका छोराछोरीसँग हाम्रो राम्रो सम्बन्ध हुँदै गयो– साथी वा दिदीभाइ जस्तै । 'जग्गा पास गरिदिबक्स्योस् न, घर बनाउनुपर्‍यो' भन्दा 'पखपख' भन्दै आलेटाले गर्दै गए । पछि 'जग्गा होइन, घरै लिऊ बाउन्न हजारमा' भन्ने कुरा गरे ।

त्यस बखत मेरो सबै अभिभारा जानदेवी दिदी र भिनाजुले लिइदिनुभएको थियो । मसँग भएको पैसा पैंतिस हजारमा अरू पैसा दिदीले थपेर त्यो घर किन्ने कुरा भयो । थप पैसा दिएर बाउन्न हजार पुर्‍यायौं । तर पूरै पैसा लिएपछि पनि उनी घर दिन आलटाल गर्दै गए । झर्कने, भेट्न नखोज्ने जस्ता व्यवहार प्रदर्शन गर्न थाले ।

घरमा बस्दै जाँदा थाहा हुँदै गयो, आफ्नो भागमा परेको तराईको एघार सय बिघा जमिन, अरू भएका जग्गाजमिन सबै बेचेर खाइसकेका रहेछन् । बिहानदेखि बेलुकीसम्म पैसा सापट दिएका मान्छेहरू आउँथे । बाबुबाजेको सम्पत्ति बेच्दै, खाँदै, सिकार खेल्दै, अत्तर छर्कंदै, गाडी फेर्दै, मोजमस्ती गर्दै हिँड्ने अनि आफूचाहिँ केही नगर्ने भएपछि जतिसुकै सम्पत्ति भए पनि टिक्तैन मान्छेको ।

हामीले पूरै पैसा दिएर 'घर पास गरिदिइबक्स्योस्' भन्यौं, वर्षौं कुर्‍यौं । कहिले 'तिमीहरूको पैसा फिर्ता गरिदिन्छु' भन्थे, कहिले कहाँकहाँ लगेर 'यो जग्गा तिमीहरूलाई किनिदिन्छु' भन्थे तर घर पास गरिदिएनन् ।

'अब हामी फस्यौं' भन्ने पक्का भयो र अदालतमा मुद्दा हाल्यौं । मुद्दा हालेपछि उनका छोराछोरीसँग हाम्रो दुस्मनी हुन थाल्यो । म पनि उग्र हुन थालें । डर, त्रास र धम्की मलाई केही जस्तो पनि भएन ।

हामीले तल भुइँतलामा भएको ट्वाइलेट प्रयोग गर्नुपर्थ्यो । उनीचाहिँ बीचको तलामा भएको ट्वाइलेट, बाथरूम प्रयोग गर्थे । तल सेफ्टी ट्याङ्क भरिएपछि सफा गरिदिँदैनथे । हामीले प्रयोग गर्ने ट्वाइलेट भरिएर भित्र छिर्न सकिँदैनथ्यो । बिन्दु दिदी ट्वाइलेट प्रयोग गर्न छिमेकीकहाँ जान्थिन् । मचाहिँ पत्रिकामा ट्वाइलेट गरेर माथिल्लो तलाबाट उनको झ्यालनिर खसालिदिन्थें । आधा रातमा माथि कोठाको भित्ता प्वाल पारेर पिसाब फेरिदिन्थें ।

एक पटक मध्यरातमा पलङ घ्वारार्र सार्दै थिएँ । पुलिसलाई रिपोर्ट गरेछन् । मलाई अञ्चलाधीश कार्यालय लगियो । अञ्चलाधीशले पनि मलाई झन्डैले थप्पड हानेको ! म अञ्चलाधीशसँग ठूलठूलो स्वरले बाझें । त्यस बेलाका अञ्चलाधीशसँग त्यसरी कराउने हिम्मत सितिमिति कसैको पनि हुँदैनथ्यो ।

अञ्चलाधीश सुन्दरप्रताप शाहका पीए मेरो साथी राजाराम पौडेलका काका राधेश्याम पौडेल थिए । उनलाई म ठगिएको विषयमा थाहा थियो । उनले पनि अञ्चलाधीशलाई सम्झाइदिए । त्यस्तो उग्र भएको अञ्चलाधीशले भने– "ए त्यस्तो मान्छे भइसकेछ हँ त्यो ? मैले पनि अलिअलि सुनेको थिएँ ।"

मलाई प्रहरीको खोरबाट मुक्त गरेर घर पठाइयो । थापाकाजीले मलाई घरबाट निकाल्न अरू धेरै तरिका अपनाए तर सकेनन् । म घर पुगेपछि मैले आफ्नो उग्र क्रियाकलाप जारी राखें । मलाई जसरी भए पनि मेरो पैसा फिर्ता लिनु थियो तर पैसा फिर्ता गरेनन् । उल्टो उनी त आफू बसेको घर भाडामा दिएर डेरामा पो बस्न गए ।

त्यस बखत मलाई पूरै नक्साल टोलकै साथ थियो । सबै नक्सालवासीलाई मेरो वेदना थाहा थियो । विषेश गरी मेरा साथीहरू राजु मानन्धर, राजु भुजू, रवीन्द्रदास श्रेष्ठ, सुरेन्द्रमान श्रेष्ठ, अशोक चालिसे, राजाराम पौडेल, प्रकाशपाणि गौतम, रमेश डङ्गोल, रत्न मानन्धर, मनोहर श्रेष्ठ आदिले मलाई सहयोग गरेका थिए ।

अदालतबाट आएको पुर्जी टाँस्न लानुपर्थ्यो, साक्षी बस्नुपर्थ्यो । यस्तो जटिल काममा उनीहरूले सधैं मलाई सघाए । यतिसम्म कि विपक्षीको छोराले

मलाई कुट्न मान्छे जम्मा गरेर ल्याउँदा यी साथीहरू मेरा लागि पिटाइ खानसमेत तयार भएर आए ।

एघार वर्षपछि मुद्दा फैसला भयो । म त्यही घरमा बसेको हुनाले पैसाको ब्याजचाहिँ नपाउने, सावाँ फिर्ता दिने भयो । २०३१ को बाउन्न हजार रूपैयाँ एघार वर्षपछि फिर्ता आउँदा पैसाको महत्त्व धेरै घटिसकेको थियो । अर्थात् मेरो पैसा खोस्टा भइसकेको थियो । विशेष गरी २०३६ सालपछि काठमाडौंमा जग्गाको भाउ उत्पात बढ्यो । एघार वर्षपछि त्यो मेरो भागमा परेको ३५ हजार रूपैयाँले त विकट ठाउँमा चार आना जग्गा पनि नपाइने भइसकेको थियो ।

उनले त्यो पैसा पनि फिर्ता गरेनन् । अब लिलामी गरेर असुलउपर गर्ने प्रक्रियामा लागें । लिलामीको चिठी नबुझ्ने, म्याद बक्यौती गर्ने अनेक उपाय हुँदो रहेछ ।

चन्द्रकुमार भट्टराई, अमृत शाक्य, जगत्पाल श्रेष्ठ दाइहरूले एउटा नाटक गरिदिए– त्यो नक्सालको घर दुई लाख पचास हजारमा किन्ने भनेर । थापा डेढ लाख पाए बेच्ने ग्राहक खोज्दै हिँडिरहेका थिए । दुई लाख पचास हजार दिन आउँदा आत्तिए । दाइहरू घर हेर्न आए जस्तो गर्दै, मलाई पनि नचिने जस्तो गरी आए ।

मैले भनें– "उहाँचाहिँ को नि ? यो घरमा मेरो मुद्दा छ, मेरो पैसा नतिरीकन हेरौं त कसले घर किन्दो रहेछ ! किन्नेलाई पनि काट्छु, बेच्नेलाई पनि काट्छु !"

मलाई सम्झाइयो, तिम्रो पैसा फिर्ता दिने भनेर । दाइहरूले पनि 'ल हामी पक्का किन्छौं तर यो भाइको पैसा फिर्ता दिएपछि मात्र' भने ।

मैले सुनेको– थापाको सालोले सुन बन्धक राखेर बाउन्न हजार झिक्यो रे । मलाई पैसा तिर्‍यो तर पनि म ठगिएँ । मलाई अत्याचार भयो । अन्ततः म त्यो घरबाट आजाद भएँ । अनि चन्द्रकुमार भट्टराई, अमृत शाक्य, जगत्पाल दाइहरूले पनि मेरो पैसा तिरिसकेपछि 'हामी घर किन्दैनौं । त्योभन्दा राम्रो घर अन्त पाइयो' भनिदिएछ । म चन्द्र दाइ, अमृत दाइ, जगत् दाइहरूप्रति जीवनभर आभारी रहन्छु ।

तर मैले नक्सालमा जग्गाजमिन किन्न सकिनँ । मैले जीवनमा धेरै थोक पाएको प्यारो नक्साल टोल र साथीभाइलाई छोडेर जानुपर्ने भयो ।

म कात्तिके

आमाको देहावसानपछि म पद्मोदय हाइस्कुलमा पाँच कक्षामा भर्ना भएँ ।

म पनि अब अरू साथीहरू जस्तै कमिज, पाइन्ट लगाएर स्कुल जान पाउने भएँ । टुप्पी पनि ऐना हेरेर आफैले काटें । टोपी लगाउनु नपर्ने भयो । साह्रै दुब्लो-पातलो, म एउटा उदाहरण नै थिएँ दुब्लाहरूको । मेरो अलि चञ्चल स्वभाव भएकाले कोही मान्छे भेट्यो कि एकैछिनपछि त्यसैको हाउभाउ गर्थें । मान्छे मरीमरी हाँस्थे ।

टङ्गाल गैरीधारामा बस्दा एक जना छिमेकी थिए । ती छिमेकीका लोग्नेस्वास्नी, छोराछोरी कसरी बोल्छन् भनेर साथीहरूको अगाडि सुनाउँथें । सबै हाँस्थे मजाले ।

बसाइँ सरेर म नक्साल आएपछि नै त्यहाँ नयाँनयाँ साथीहरू भेट भए । त्यसमध्ये राजाराम पौडेल, अशोक चालिसे पनि थिए । उनीहरू गीत गाउने, मादल बजाउने, नाटक गर्ने गर्थे । उनीहरूको सङ्गतले पनि म गाउन, बजाउनतिर आकर्षित हुन पुगें ।

पद्मोदय स्कुलमा म कक्षामा पढ्नभन्दा साथीहरूसँग रमाइलो गर्नपट्टि लाग्थें– सरहरूको, साथीहरूको क्यारिकेचर गर्ने, कुकुर कराउने, कुखुरा कराउने आदि ।

साँझ परेपछि म नक्साल टोलको जयनन्द लामाको डेराको कौसीमा बसेर कुकुर कराउँथें । टोलमा भएभरका कुकुरहरू भुक्न थाल्थे । दस-एघार बजे

राति छातीमा हातले भ्याटभ्याट हानेर भाले बास्थें । म बासेको सुनेर पहिले नजिकै छिमेकीको भाले बास्थ्यो, त्यो सुनेर अर्को घरको भाले पनि बास्थ्यो । त्यसरी नै टोलभरिका भाले बास्थे । अनि मचाहिँ सुत्न ओछ्यानमा जान्थें ।

टोलमा हिँड्ने जँड्याहाहरूलाई आफूले पनि रक्सी खाएको अभिनय गरेर झगडा गर्न गएझैँ गरी हैरान बनाउँथें । पछिपछि त जँड्याहाहरू मलाई देख्नेबित्तिकै ढलमलिँदै भाग्थे । कसैकसैले चाहिँ ढुङ्गा टिपेर हान्थे, म भाग्थें ।

म पद्मोदय स्कुलमा आठ कक्षामा पढ्दाताका भृकुटीमण्डपको बाटोमा थोरै मात्र गाडी गुड्थे । काठमाडौंमा गाडी नै कहाँ थिए र यति धेरै ।

धीरेन्द्र शाह त्यस बेलाका अधिराजकुमार, राजा वीरेन्द्रका भाइ, बेपत्तासँग गाडी कुदाएर आउँथे । पद्मकन्या, रत्नराज्य क्याम्पस पढ्ने केटीहरू त्यही बाटो हिँड्थे । उनी बिहान र दिउँसो गरी बीस-पच्चीस पटक त्यो बाटोमा गाडी कुदाउँथे र कुदाउँदाकुदाउँदै सडकमा फनन्क घुमाउँथे । ब्रेक लगाएको आवाज हाम्रो कक्षामा छिनछिनमा टड्कारो सुनिन्थ्यो ।

कयुरशमशेर राणा अर्थात् वीरेन्द्रकी छोरी श्रुतिका ससुरा पनि पद्मोदयअगाडि गाडी कुदाउँदै रत्नराज्य र पद्मकन्या क्याम्पसमा पढ्ने केटीहरूलाई जिस्क्याउन आउँथे । उनको ताल पनि करिबकरिब धीरेन्द्रकै जस्तो थियो ।

एक दिन म पद्मोदयबाहिर सडकमा थिएँ । कयुरशमशेरले गाडी चलाउँदै पद्मकन्या क्याम्पस जान हिँडिरहेकी केटीलाई कालो रङको गुलाफको फूलमा अत्तर छरेर गाडीबाटै हाने । मैले त्यो फूल च्याप्प समातें । गाडीभित्र भएका उनका सहयोगीहरूले मलाई झन्डै भकुरेका ! म कुदें विद्यालयभित्र ।

अर्को एक दिन धीरेन्द्र शाह बाटोमा गाडी कुदाउँदै थिए । हामी कक्षाकोठाको झ्यालबाट हेर्दै थियौं । सर आउनुभएको थिएन । हाम्रो एक जना साथी झ्यालबाट ठूलो स्वरमा 'ए साले धीरेन्द्रे' भनेर करायो । धीरेन्द्रले सुनेछन् । गाडी सडकमा चार फन्को लाग्ने गरी घुमाएर रोके र स्कुलभित्र छिरे । हामी सबैको सातो गइहाल्यो । हामी आआफ्नो बेन्चमा बस्यौं । धीरेन्द्र हातमा पेस्तोल लिएर कक्षामा आए । हाम्रा हेड सर ईश्वरराज अर्याल पनि पछिपछि आए । धीरेन्द्रले पेस्तोल देखाउँदै 'हु बास्टर प्रनाउन्स द्याट वर्ड टु मि ?' भनेर सानो स्वरमा सोधे । स्वर सानो भए पनि हातमा पेस्तोल र

अनुहारमा क्रोध थियो । पञ्चायती व्यवस्थाको चरम समय । राजाको भाइलाई त्यस्तो बोल्ने हिम्मत गर्नु भनेको ज्यादै डरलाग्दो थियो । हामी सबैलाई थाहा थियो, 'त्यो कसले भनेको हो' तर कसैले पनि त्यसले भनेको भनेनौं । हामी सबै चुपचाप लागिरह्यौं । हेड सरले पनि ठूलो स्वरले सोधे– "सरकारलाई त्यस्तो कसले भनेको ?"

हामी कोही पनि बोलेनौं । धीरेन्द्र फर्केर गएपछि हेड सर आएर सोधे– "कसले भनेको ?"

त्यो भन्ने साथीको नाम मैले बिर्सें । उसले आफैले भन्यो– "सर, मैले भनेको !"

सरले दुई थप्पड हाने । 'तँलाई विद्यालयबाट निकालिदिन्छु' भने तर निकालेनन् ।

त्यस बेला विद्यालयमा को आयो को आएन भनेर सोधखोज गर्ने चलन थिएन । हाजिर गरिन्थ्यो अनि विद्यालयबाट भागिन्थ्यो । बालरेलले फन्को मार्ने भृकुटीमण्डपको बीचमा एउटा पोखरी अहिले पनि छँदै छ । हामी त्यहाँ पौडी खेल्थ्यौं । एक पटक 'यी केटाहरूले पौडी नखेलून्' भनेर भृकुटीमण्डपका पालेले मरेको कुकुर ल्याएर पोखरीमा हालिदिएछन् । हामीले कुकुरको लास झिकेर किनारमा राख्यौं र फेरि पौडी खेल्न थाल्यौं ।

एक दिन हेड सरले पालेदाइलाई 'भृकुटीमण्डपमा पौडी खेल्ने विद्यार्थीलाई समातेर ल्याउनू' भनेर अह्राएछन् । पालेदाइ हामीलाई समात्न आए । जयसिंह शाहलगायत सबै साथीहरू भागे । नभागेकाले मलाई चाहिँ पालेले समातेर विद्यालयमा लिएर गए । अफिस कोठामा मलाई हेड सरले कमसेकम गालामा दस थप्पड हाने होलान् । सरले कुटेकोमा मलाई ज्यादै चित्त दुख्यो । मैले पनि हेड सरसँग बदला लिने निर्णय गरें ।

गैरीधारामै बस्ने हाम्रा हेड सर डबल साइलेन्सर भएको रातो होन्डा मोटरसाइकल चढेर हिँड्थे । गैरीधाराको गोमा-गणेशको मन्दिरबाहिर मोटरसाइकल रोकेर भित्र गई गोमा-गणेशलाई ढोग्ने र टीका लगाउने उनको रूटिन नै थियो । त्यसपछि मोटरसाइकल चढेर बिहान रत्नराज्य कलेजमा पढाउँथे, दस बजेपछि पद्मोदय आउँथे ।

म पनि त्यही टोलमा बसेको र उनकै विद्यालयमा पढेको हुनाले मलाई उनको रूटिन सबै थाहा थियो । मैले हेड सरसँग कसरी बदला लिने भनेर धेरै बेर सोचें । 'हेड सर गोमा-गणेश दर्शन गर्न आउँदा मन्दिरभित्रको ढोकापछाडि गएर लुक्छु । जब सर गणेशलाई ढोग्न निहुरिन्छन्, त्यही बेला सरलाई लात्तीले हान्छु' भन्ने दुस्साहस रचें ।

भोलिपल्ट बिहान गणेश मन्दिरमा त्यसै गरी गएँ र ढुकेर बसें । हेड सरलाई कुट्नुपर्ने, मुटु ढुकढुक भइरहेको थियो । परबाट हेड सरको मोटरसाइकलको आवाज आयो । मुटु झन्झन् उफ्रन थाल्यो । मन्दिरभित्रको ढोकापछाडि गएर लुकें । सर गणेशस्तोत्र जप्तै मन्दिरभित्र आए । मेरो मुटु अझ धड्कन थाल्यो । सर गणेशलाई ढोग्न निहुरिए । मैले खुट्टा उचाल्न लाग्दा मन्दिरको भुइँमा छापेको ढुङ्गामा मेरो छालाको जुत्ताको तलुवा रगडिएछ र आवाज आयो स्वाइ...अँ । सरले फरक्क फर्केर पछाडि हेरे– मलाई देखे । सरसँग आँखा जुधेपछि सरलाई आक्रमण गर्ने मेरो आँट त सल्याकसुलुक भयो । हेड सरले गणेशलाई ढोगेर उठे र भने– "तँ...?"

मैले लामोलामो सास तान्दै भनें– "सरले त मलाई हिजो खुब कुट्नुभयो नि ?"

हेड सरले 'तँलाई हिजो मात्रै होइन, आज पनि कुट्छु' भनेर मन्दिरभित्रै गालामा दुई थप्पड लगाएर गए । गाला सुमसुम्याउँदै मैले सर गएको हेरिरहें । त्यसपछि हेड सरसँग बदला लिने मेरो आँट कहिल्यै आएन । अनि आफू नै दोषी भएको निष्कर्षमा पुगें र मनमनै प्रायश्चित गर्दै हिँडें ।

त्यस वर्ष हाम्रो विद्यालयको रजतजयन्ती थियो । म कक्षा आठको विद्यार्थी तर रजतजयन्ती समारोहमा हामीभन्दा माथिल्लो कक्षाका विद्यार्थी मात्र सांस्कृतिक कार्यक्रम गर्न नाचगानको अभ्यास गर्दै थिए । मलाई पनि त्यो नाचगानमा भाग लिन मन लागेको थियो तर मौकै पाएको थिइनँ ।

त्यस समारोहमा एकलव्य नाटक देखाउने कार्यक्रम थियो । त्यस नाटकमा एकलव्यले धनुष हान्दा एउटा कुकुरलाई लागेर कुकुरको कुइँकुइँ आवाज आउनुपर्ने रहेछ । कुकुर कुइँकुइँ कराएको आवाज निकाल्न रिहर्सलको दिन एउटा साँच्चिकै कुकुरलाई डोरीले बाँधेर राखिएको रहेछ । जुन बेला त्यो

आवाज चाहिन्छ, त्यही बेला कुकुरलाई लट्ठीले हानेर क्वाइँक्वाइँ आवाज निकाल्नुपर्ने थियो ।

अहिले त 'कुकुरलाई कुट्नु हुँदैन' भन्ने प्राणीवादी सोच आएको छ । ऊ पनि प्राणी हो, कुकुर मान्छेको मित्र हो भन्ने सबैलाई चेतना हुँदै छ । त्यस बखत पनि कुकुरलाई कुट्नु हुँदैन भन्ने मन भएको साथी जयसिंह शाह रहेछ । उसले मैले बेलाबेला कुकुरको, कुखुराको आवाज निकालेको थाहा पाएको थियो । उसैले प्रस्ताव राखेछ– "कुकुरलाई नकुटौं । हरिवंशले ठ्याक्कै कुकुरको आवाज निकाल्छ । त्यसैलाई बोलाउँ ।"

ठूला साथीहरूले सोधे– "तँ कुकुरको आवाज निकाल्छस् रे, हो ?"

मैले भनें– "हो, निकाल्दिम् ?"

"ल ल, निकाल् त !"

मैले ठ्याक्कै निकालिदिएँ । उनीहरूले कुकुरलाई छोडिदिए र मलाई कुकुरको ठाउँमा राखे ।

भोलिपल्ट राष्ट्रिय सभागृहको रङ्गमञ्चभित्र पर्दापछाडि एउटा माइक राखिएको थियो । म त्यो माइकमा थिएँ, जुन बेला कुकुरको आवाज चाहियो, मलाई इसारा गरे । मैले कुकुरलाई दुख्ता निकाल्ने आवाज ठ्याक्कै निकालें ।

मुकुन्दराज सिटौला त्यस बेला पद्मोदय माध्यमिक विद्यालयका स्वतन्त्र विद्यार्थी युनियनका अध्यक्ष पनि थिए । उनले भने– "यसलाई पनि प्रमाणपत्र दिनुपर्छ, यस्तो राम्रोसँग कुकुर करायो ।"

मलाई पनि प्रमाणपत्र दिलाए । त्यो नै जीवनमा मैले पाएको पहिलो प्रमाणपत्र हो । त्यसमा 'कक्षा आठमा पढ्ने हरिवंश आचार्य नाटकमा कुकुर कराएकाले यो प्रशंसापत्र प्रदान गरिएको छ' लेखिएको थियो । पछि डेरा सर्दा जीवनकै पहिलो प्रमाणपत्र कता हरायो कता ।

कात्तिक महिनालाई कुकुरको महिना भनिन्छ । कात्तिकमा कुकुरतिहार पनि पर्छ । कात्तिकमा जन्मनेलाई कात्तिके पनि भनिन्छ । म पनि कात्तिकमै जन्मेको हुँ । रङ्गमञ्चमा पनि पहिलो पटक कुकुर कराएरै आएँ । पहिलो प्रमाणपत्र पनि कुकुर कराएरै पाएँ । कुकुर र मेरो अनौठो सम्बन्ध भयो ।

नेपालमा कुकुर दुई वर्गका छन्– एउटा वर्गको कुकुरले विदेशबाट आयात गरेको खाना खाँदै एयर कन्डिसन भएको गाडीमा मालिकमालिक्नीको मुख चाट्दै हिँड्न पाउँछ भने अर्को वर्गको कुकुर गल्लीगल्लीमा भौतारिँदै, लुतो कनाउँदै सडकको पेटीपेटीमा बेवारिसे भएर भोकभोकै हिँड्छ ।

म आफूलाई यी दुवै वर्गको कुकुरसँग तुलना गर्न चाहन्छु । मान्छेलाई म जस्तो भाग्यमानी भएर पनि जन्मन गाह्रो छ, म जस्तो अभागी भएर पनि जन्मन गाह्रो छ । मैले कुकुरले नपाएको दुःख पनि पाएँ, कुकुरले नपाएको जस्तो सुख पनि पाएँ ।

अहिले म 'काठमाडौं एनिमल ट्रिटमेन्ट सेन्टर' (क्याट) को अध्यक्ष पनि छु । यो संस्था बीसौं वर्षदेखि नेपालमा बसिरहेकी बेलायती महिला जेन साल्टरले चलाएको हो । उनले बेलायतमा काम गर्दा बँचाएको बीस लाख रूपैयाँको अक्षय कोषले यो संस्था खोलेकी हुन् । यो संस्थाले विशेष गरी सडकका कुकुरहरूको हेरचाह गर्छ । अहिले पनि नेपालका धेरै ठाउँमा सडकका कुकुरको सङ्ख्या घटाउन विष खुवाएर मारिन्छ । कुनै कुकुर चाँडै मर्छन्, कुनै तीन-चार दिनसम्म पनि छटपटाइरहन्छन् । यो पनि चरम प्राणी विरोधी काम हो ।

'क्याट' ले सडकका पोथी कुकुरलाई टोलटोलबाट समातेर ल्याउँछ र परिवार नियोजनको अप्रेसन गर्छ । घाउ निको भएपछि जुन टोलबाट समातेर ल्याएको हो, त्यहीँ लगेर छाडिदिन्छ ।

काठमाडौंमा भुस्याहा कुकुरको सङ्ख्या यसरी घटाइरहेको छ 'क्याट' ले । लुतो आएका, मोटरले हिर्काएका कुकुरहरूलाई पनि ल्याएर औषधिउपचार गर्छ । यस संस्थालाई नेपालभित्र र बाहिरका पशुप्रेमी मानिसले सघाएर पुण्य काम गरिरहेछन् । हुन त यो नगरपालिकाहरूले गर्ने काम हो तर उनीहरूले मलाई राम्रो सहयोग गरेनन् ।

पद्मोदय हाइस्कुलको रजतजयन्ती समारोह मेरा लागि एउटा ठूलो उपलब्धि भयो । मैले साथीहरूको अगाडि गर्ने छिमेकीको नक्कल, जनावरहरूको नक्कल त रङ्गमञ्चमा देखाउन हुने रहेछ भन्ने थाहा पाएँ । अब मेरा कोठे क्रियाकलाप रङ्गमञ्चमा प्रस्तुत हुन थाले । एकैपल्ट सयौं दर्शकमाझ आफूलाई प्रस्तुत गर्न थालें ।

त्यस बखत विशेष गरी नेवारी समुदायले टोलटोलमा सडकमा मञ्च बनाएर सांस्कृतिक कार्यक्रम (दबुप्याखँ) देखाउँथे । म दबुप्याखँ देखाउने ठाउँ खोजीखोजी जान्थें र मेरो पनि कार्यक्रम राखिदेऊ न भन्थें । छिमेकीका श्रीमान्श्रीमतीको आवाज, सरहरूले पढाउँदाखेरिको हाउभाउ, विभिन्न जनावरहरूको आवाज सुनाउँथें । मान्छे मरीमरी हाँस्थे । पहिलेपहिले 'मेरो प्रस्तुति राखिदेऊ' भन्न जानुपर्थ्यो । पछिपछि त मान्छेहरूले मलाई बोलाउन थाले ।

गायक जयनन्द लामा, नृत्यकार खेलबहादुर लामा, कृष्ण लामा पनि पद्मोदय हाइस्कुलमा भर्ना हुन आए । यी तीनै जना साथी भर्खर भैरवनृत्य दलबाट नेपाली सांस्कृतिक कार्यक्रम युरोपमा देखाएर फर्केका थिए । युरोपबाट फर्केका साथीहरूको अनुहार सफा, सेतो र तेजिलो भएको थियो ।

मैले उनीहरूसँग सङ्गत बढाएँ । 'मलाई पनि तिमीहरूको संस्थामा नाच्न राखिदेऊ न' भनें । उनीहरूले मलाई नृत्यकार भैरवबहादुर थापासँग भेटाइदिए र 'यो मान्छेले हँसाउन जानेको छ' भने । भैरवबहादुर थापाले भने– "यो यस्तो दुब्लो छ, टिङ्ग्रिङ्ग पऱ्या । के नाच सिकाउने ? यस्तोलाई त हँसाउन लगाउनुपर्छ ।"

मलाई झाँक्रीनाचमा बिरामीको रोल दिए । पद्मसम्भव नाचमा लावा फुक्ने काम पनि दिए ।

हामी जनकपुर धर्मशालामा करिब एक महिना बस्यौं । त्यही धर्मशालाको चौरमा जस्ताले घेरेर रङ्गमञ्च बनाइएको थियो । त्यहाँ हरेक साँझ नेपाली सांस्कृतिक कार्यक्रम प्रदर्शन गरिन्थ्यो । हामी त्यही धर्मशालानजिकको भोजनालयमा पाँच रूपैयाँमा आधा प्लेट खसीको मासु र भात खान्थ्यौं । भात थप्ता चोक्टा होइन, मासुको झोल मात्र थप्न पाइन्थ्यो । दुब्लो भए पनि मेरो आहार धेरै थियो । हामीले खसीको मासुको झोल थप्तै भात खाँदा केही दिनपछि साहुजीले भने– "तपाईंहरूलाई त म भरपेट खुवाउन सक्तिनँ, घाटा लाग्छ । प्लेट सिस्टममा मात्र खाना खुवाउन सक्छु ।"

धर्मशालाको भाडा, बिहानबेलुकी होटलमा भात खाएको पैसा तिर्न पुग्ने टिकट पनि बिक्री हुँदैनथ्यो । पैसा थुप्रो तिर्नुपर्ने भएपछि हामी राति नै बस

रिजर्भ गरेर राजविराजतिर भाग्यौं । जनकपुरको भोजनालयका साहुजी त हामी भागेको थाहा पाएर हामीभन्दा पहिले नै पैसा लिन राजविराज पुगिसकेका रहेछन् । 'भात खाएको पैसा नतिरी भागेको' भनेर हामीलाई बेस्कन कराए । त्यति बेलाका मधेसी मूलका अञ्चलाधीशले हाम्रो कुरा सुनेर जनकपुरमा भात खाएको पैसा राजविराजमा तिरिदिए ।

भैरवबहादुर थापा नेपाली नृत्यमा समर्पित अतुलनीय व्यक्ति हुन् । उनले आफू बस्ने घर बैङ्कमा धितो राखेर प्लेनको टिकट किनी नेपाली सांस्कृतिक टोली युरोप लिएर गए । तर आर्थिक उपलब्धि हुन सकेन । उनले बैङ्कको ऋण तिर्न सकेनन् । नेपालका विभिन्न ठाउँमा सांस्कृतिक कार्यक्रम प्रदर्शन गरी पैसा उठाएर ऋण तिर्ने सपना पनि पूरा हुन सकेन ।

उनी आर्थिक अभावमा चुर्लुम्म डुबिसकेका थिए । हामी कार्यक्रम प्रदर्शन गर्दै लहान पुगेका थियौं । दली थरका भैरवबहादुर थापाकै साथीले मद्दत गरेका थिए । दलीसँगै आएका एक जना ग्रामीण मधेसीले एउटा गाउँको नाम लिँदै भने– "त्यहाँ एक जनासँग नागमणि छ, किन्ने भए म पुऱ्याइदिन्छु ।"

भैरवबहादुर थापाले जोसिँदै भने– "ल, त्यो गाउँमा जाऔँ । नागमणि पाइयो भने करोडौं रूपैयाँमा बेच्न सकिन्छ ।"

रातको बेला, झमझम पानी पर्दै थियो । मधेसको लोकल ठर्रा खाएर दली, भैरवबहादुर थापा र म नागमणिको सूचना दिने व्यक्तिको पछि लाग्यौं । नागमणि खोज्न गएका हामीलाई गोमनले डस्ला भन्ने डर पनि भएन । पानीमा छप्ल्याङछुप्लुङ गर्दै डेढ घण्टा अँध्यारोमा टर्च बाल्दै हिँड्यौं ।

भैरवबहादुर थापा भन्दै थिए– "ल, अब हाम्रा दुःखका दिन गए जस्तो छ । जसरी भए पनि नागमणि फुस्काउनुपर्छ र करोडमा बेच्नुपर्छ । त्यसपछि बैङ्कको ऋण पनि तिर्छु र आनन्दसँग नयाँ घर बनाएर बस्छु । अहिले घर ढल्ने अवस्थामा पुगिसक्यो ।" मतिर हेर्दै उनले फेरि थपे– "तिमी टुहुरोको दिन पनि आउँछ । म तिम्लाई पनि पक्कै केही गरिदिन्छु ।"

अब मेरो मनमा पनि 'नागमणि पाइएला' भन्ने धेरै आशा पलायो । बर्खाको समय, रूझ्दैभिज्दै हिँड्दै जाँदा जुत्ताभित्र पानी पसेर खुट्टा ढाडिइसकेका थिए । बल्लतल्ल एउटा छाप्रे घरमा पुग्यौं र भिजेको जुत्ता फुकालेर पानी निथार्दै भित्र पस्यौं । नागमणिवालाले ढोका लगाएर बाकस खोले । हाम्रो मुटु ढुकढुक हुन थाल्यो । बाकसभित्रबाट एउटा लुगाको पोको झिके । पोकोभित्र

फेरि अर्को सानो पोको रहेछ । त्यो पोकोभित्र बिस्कुटको बट्टा रहेछ । त्यो बट्टाभित्रबाट कपडाले बेरेर राखेको नागमणि झिके ।

मैले 'नागमणि अँध्यारोमा पनि एकदम टल्किन्छ' भन्ने सुनेको थिएँ तर त्यो हेर्दा नीलोनीलो मात्र देखिन्थ्यो । भैरवबहादुरले नागमणिलाई नमस्कार गरे । दलीले त्यो सानोसानो डल्लो हातमा लिए, ओल्टाइपल्टाइ गरेर त्यो नागमणिको सूचकलाई स्थानीय भाषाबाट मुखै छोडेर गाली गरे । त्यो नागमणि भनिएको गेडो त भ्यागुताको फुल पो रहेछ ।

कहाँ नागमणि कहाँ भ्यागुताको फुल । करोडौंमा नागमणि बेचेर बैङ्कको ऋण तिर्ने, नयाँ घर बनाउने, मेरो पनि भविष्य बनाइदिने भैरवबहादुरको सपना भ्यागुताको फुल भयो ।

हामी फेरि त्यही अँध्यारो बाटोबाटै लुरूलुरू फर्कियौं । कसैको मुखबाट एक शब्द पनि निस्केन । जुन जोस जाँदाखेरि थियो, भ्यागुताको फुलले त्यो सबै खत्तम पारिदियो । आर्थिक हिसाबले भ्यागुताको फुल मात्रै दुईमहिने कलायात्रामा हात परे पनि रङ्गमञ्चको प्रशस्त अनुभव प्राप्त गरें मैले ।

मेरी दिदी बिन्दु नक्सालको झगडा परेको घरको माथिल्लो तलामा एक्लै बस्थिन् । त्यो कुरा सम्झेर मलाई ग्लानि हुन्थ्यो । बिचरी दिदी, यस्तो अप्ठ्यारो परिस्थितिमा पनि त्यस्तो भूत आउला जस्तो घरमा, प्रेत जस्ता घरपति भएको ठाउँमा कसरी एक्लै बसिन् होला ? त्यस बेला न फोनको चल्ती धेरै थियो न मोबाइलको । भाइ कहाँ छ, के छ केही अत्तोपत्तो हुँदैनथ्यो उनलाई ।

संवत् २०३३ मा नेपाल राजकीय प्रज्ञाप्रतिष्ठानले आयोजना गरेको गाईजात्रा महोत्सवको खुब चर्चा चल्यो । पत्रपत्रिकाहरूमा पनि खुब चर्चा हुन्थ्यो । हेरेर आउनेहरू खुब बयान गर्थे । मलाई पनि हेर्न जाने बडो उत्सुकता जाग्यो । टिकट काटेर प्रज्ञाभवनमा गएँ । त्यस बखत लक्ष्मण लोहनी, यादव खरेल, राजपाल हाडा, गोपालराज मैनाली, मदनकृष्ण श्रेष्ठ जस्ता कलाकारलाई देख्न पाएँ ।

मदनकृष्ण श्रेष्ठको बारेमा सुन्नचाहिँ धेरै सुनेको तर देखेको त्यही बेला हो । लक्ष्मण लोहनीको 'फुटबल हेर्न गएको क्यारिकेचर' र यादव खरेलको 'कविता' खुब चोटिलो लाग्यो । मदनकृष्ण श्रेष्ठले गाएको 'जागिरदारको गीत'

जोडदार लागेको थियो । प्रकाश र ध्वनिले सजिएको प्रज्ञाभवनको हलमा हेरेको व्यङ्ग्यले मेरो मन साह्रै छोयो । मैले मनमनै प्रण गरें– 'अर्को साल म पनि प्रतियोगितामा भाग लिन्छु ।'

मेरो घरको अवस्थाले गर्दा मलाई कतै जागिर नखाई नहुने भएको थियो । दिदी बिन्दु एसएलसी पास गरेर स्कुलमा पढाउँदै थिइन् । मैले पनि एसएलसी दिएको थिएँ । तत्कालीन राजाका संवाद सचिव चिरनशमशेर थापा थिए । उनको घरमा बिहान सयौं मान्छे आउँथे– संस्थानका जीएम, मन्त्री, सचिव, पत्रकारहरू...।

पञ्चायती व्यवस्था भएको हुनाले देशमा सम्पूर्ण काम दरबारबाट हुन्थ्यो । दरबारका सचिवहरू त्यस बेला निकै शक्तिशाली थिए । हामी चिरनशमशेर थापाका गुरू खलक भएकाले उनका बुबाआमा मलाई धेरै माया गर्थे । मेरी दिदी जानुदेवीले मलाई कतै जागिर मिलाइदिन चिरनशमशेरका बाबुआमालाई भनेकी थिइन् ।

चिरनशमशेरले मलाई 'एसएलसी पास गर्नू र टाइप सिक्नू' भनेका थिए । म टाइप सिक्न नक्साल भगवतीबहालमा भर्ना भएँ । उदितनारायण झा पनि म जस्तै टाइप सिक्न त्यहाँ भर्ना भएका रहेछन् । त्यस बखत उनीसँग मेरो चिनापर्ची थिएन । तर चार दिन टाइप गरेर झर्को लागेकाले मैले छोडिदिएँ ।

पद्मोदय हाइस्कुलका वरिष्ठ शिक्षक लक्ष्मीप्रसाद अधिकारीसँग मेरो राम्रो सम्बन्ध थियो । उनी बानेश्वरमा रत्नराज्य स्कुलको हेड मास्टर भएर गएका थिए । एक दिन मलाई बाटोमा भेटेर सोधे– "ए, तँ जागिर खान्छस् ?"

मैले भनें– "खान्छु ।"

मलाई रत्नराज्य स्कुलमा मुखियाको जागिर लगाइदिए, मेरो जीवनको पहिलो जागिर । म त्यहाँ फिस बुझ्ने काम गर्थें ।

महिनाको एक सय पैंतिस रूपैयाँ तलब आउँथ्यो । सय रूपैयाँ दिदीलाई दिन्थें, पैंतिस रूपैयाँ आफूलाई पकेट खर्च ।

खरिदार होमबहादुर खड्का पनि खुब हँसाउने कुरा गर्थे । भैरव नृत्यदलबाट सांस्कृतिक कार्यक्रम गर्न दुई महिनासम्म जिल्ला गएँ । विद्यालयमा बिदा लिएको थिइनँ । दुई महिनापछि आउँदा त जागिरै चट ।

चौथो डिभिजन

अहिले पनि एसएलसीलाई फलामे ढोका भनिन्छ । त्यतिखेर म जस्ता मध्यम वर्गका मान्छेको उद्देश्य एसएलसी पास गर्ने, नाइट अथवा मर्निङ कलेज पढ्ने अनि एउटा खरिदारको जागिर खाने हुन्थ्यो ।

त्यस बेलाका नेविसङ्घका अध्यक्ष बलबहादुर केसी नक्सालमा बस्थे । हामी उनलाई 'दाइ' भन्दै उनको डेरामा जानेआउने गर्थ्यौं । बेलाबेला पञ्चायतविरोधी काम गर्दा ढाडमा पुलिसले हानेको लट्ठीको सुम्लो देखाउँथे ।

हामीलाई एसएलसी पास गराउन उनले धेरै कोसिस गरे । मेरो एसएलसीको सेन्टर दरबार हाइस्कुलमा परेको थियो । उनी अङ्ग्रेजी, गणित, विज्ञानको जाँचमा पुलिसको आँखा छल्दै हामीलाई चिट दिन हलमै आउँथे । मलाई चिट दिन आउँदा उनलाई पुलिसले समातेर लट्ठी हान्दै लगेको थियो । उनको प्रयास खेर गयो । एसएलसीको रिजल्ट भयो । विज्ञान र गणितले माया मारेछ । चौथो डिभिजन आयो ।

एसएलसी अनुत्तीर्ण भएपछि उत्साह पनि जाँदो रहेछ । सबै साथीहरू कलेज जान थाले, आफूचाहिँ कहाँ जाने दिनभरि ?

एक दिन घरमै बसिरहेको थिएँ, साथी सुरेन्द्र पौडेलले भन्यो– "ब्याङ्कक जाने ?" म अचम्ममा परें । ब्याङ्कक जान पाउने कुरा सुनेर मलाई राम्रो नराम्रो केही मतलव थिएन । मैले कुरा खस्न नपाउँदै भनिहालें– "जाने... जाने...!"

त्यस बखत सरकारले भिटीगुन्टा नियम भनेर विदेश जाने नेपालीलाई तीन तोला सुन, तीन जोर लुगा, छाता, क्यामेरा, घडी आदि लिएर आउने छुट दिएको थियो । त्यस्तो व्यापार प्रायः मनाङबाट राजधानी आएर बसेकाहरूले गर्थे । उनीहरूलाई मनाङे भन्ने चलन थियो ।

परराष्ट्र मन्त्रालय गएर पासपोर्ट बनाएँ र सुरेन्द्र पौडेललाई दिएँ । उसको झोलामा बीस-तीसओटा पासपोर्ट थिए । उनीहरू थुप्रै मान्छे ब्याङ्कक लैजाने अनि तिनकै नाममा सामान ल्याएर बेच्ने गर्थे । साहुले नाफा पाउँथ्यो, जानेले ब्याङ्कक घुम्न पाउँथे ।

शाही नेपाल वायु सेवा निगमको जेट प्लेन हामी जस्तै केटाहरूले भरिएको थियो । तीमध्ये एउटा त मै थिएँ । जेटमा बसेका केटाहरूले प्लेनले हवाईमैदान छोडेर उड्नासाथै ताली बजाए गडगडी । मैले 'किन ताली पिटेको' भनेर सोधें । एउटाले भन्यो, 'जिन्दगीमा जेट चढ्न पाइयो भनेर ।' त्यसपछि मैले पनि मनमनै ताली पिटें— मैले पनि जेट चढ्ने पाएको थिएँ ।

उडिरहेको प्लेनको झ्यालबाट हेर्न थाल्यौं । कोही तल देखाएर 'इन्डिया इन्डिया' भन्थे, कसैले 'चीन चीन' भन्थे । कोहीकोही त तल देखाएर 'यो त अमेरिका हो' पनि भन्थे । म अलिअलि मात्र बुझ्दै थिएँ— हामी भारत, बङ्गलादेश, बर्मा हुँदै थाइल्यान्डको आकाशमा छिर्दै छौं । धेरैले जेटको ट्वाइलेटमा चुकुल लगाउन पनि जानेका थिएनन् । एउटा कमडमा बसेको हुन्थ्यो, अर्कोले ढोका खोल्थ्यो अनि 'सरी' भन्थ्यो ।

आरएनएसीको जहाजमा धूमपान गर्न पनि छुट थियो त्यस बखत । मद्यपान त झन् एयर होस्टेस आफैले खुवाउँथिन् नै । कसैले ह्विस्की खाए, कसैले बियर, कसैले वाइन । मैले पनि बियर खाएँ । हाम्रो साहु सोनाम मनाङे लवजमा भन्थ्यो— "ए, धेरै राक्सी नाखाऊ, भ्याङ्ककको एयरपोटमा गारो पार्छा ।

जेट थाइल्यान्डको राजधानी ब्याङ्ककमा ल्यान्ड गर्न तलतल ओर्लियो । हामीलाई रोटे पिङ खेल्दा तल खसेको जस्तो सिरिङ्ग भइरहेको थियो । साथीहरू तर्सेर मुख अँध्यारो पारिरहेका थिए । जेटको पाङ्ग्राले थाइल्यान्डको भुइँ छुँदा ढ्याङ्ग्याङ्ग गर्‍यो । सबैको सातो गयो । एक-दुई जनाले त मुखै छोडेर म्या..... भने । मचाहिँ त्यति धेरै तर्सिनँ किनभने त्यसभन्दा पहिले काठमाडौंबाट विराटनगर जाँदा एभ्रो चढिसकेको थिएँ ।

जेट ब्याङ्कककको एयरपोर्टमा गुड्न थालेपछि पहिले एउटाले ताली पिट्यो, अनि सबैले पिटे । मैले फेरि सोधें, 'किन ताली पिटेको ?' उही अगि जेट उड्दा 'जेट चढ्न पाइयो' भनेर ताली पिट्नेले भन्यो, 'ज्यान बाँच्यो भनेर ।'

हाम्रो मनाङे साहुले सबैलाई पासपोर्ट दिँदै भन्यो– "साबै एकै लाइनमा लाम बास्ने, बाहिर निस्केपाछि सबै एकै ठाउँमा उभिऊ, आफूखुसी नाहिँड ।" अनि सुरेन्द्र पौडेलतिर फर्केर भन्यो– "ए पोडेल, तिमीले भन सबैलाई ।" सुरेन्द्रले मलगायत सबै साथीहरूलाई 'लाइन बस्ने, कतै नजाने' अनुशासनका कुराहरू सिकायो ।

सात दिन थाइल्यान्ड बस्यौं । ब्याङ्कककको सडकमा मोटरसाइकल त झिँगाभन्दा धेरै । साइलेन्सर पाइप झिकेको मोटरसाइकल कोलाहल मच्चाउँदै गुड्थे सडकमा । कति व्यस्त जीवन त्यहाँको ! सानो सय सीसीको मोटरसाइकलमा मारेको बङ्गुर पछाडिपट्टि सिटमा बाँदेर बेतोडले कुदाउँथे ।

लोग्ने मान्छेभन्दा स्वास्नी मान्छे बेफुर्सदिला थिए । कोही खाना बेच्ने, कोही सामान बेच्ने, कोही शरीर बेच्ने । हामी बसेको होटलमा पनि केटीहरू स्याउँस्याउँती थिए । कतिलाई त लोग्नेले नै मोटरसाइकलमा ल्याएर त्यहाँ छोडेर जान्थे पैसा कमाउन । मैले पनि निर्वस्त्र आईमाई पहिलोपल्ट त्यहीं देखें ।

सात दिनमा मनाङे साहुले धेरै ठाउँमा घुमाउन पनि लग्यो । एकएक जोर लुगा पनि किनिदियो हामी सबैलाई । मलाई मनाङे साहु खुब मन पराउँथ्यो । मैले बोलायो कि साहु खुब हाँस्थ्यो अनि साँझतिर खुसुक्क खाऊ भनेर बियर दिन्थ्यो ।

काठमाडौं आउने दिन साहुले चारओटा कमिज, दुई जोर पाइन्ट लगाऊ भन्यो । ज्याकेट एकएकओटा लाउन दियो, लगायौं । अर्को एकएकओटा ज्याकेट पनि हातमा लिऊ भन्यो, सबैले हातमा एकएकओटा ज्याकेट बोक्यौं । ब्याङ्कककको गर्मीमा चारओटा कमिज, ज्याकेट, डबल पाइन्ट लगाएर फेरि अर्को एउटा ज्याकेट हातमा लिँदा हामी उसिनिएको आलु जस्तै भएका थियौं ।

ब्याङ्कक एयरपोर्टमा आएपछि सबैको जिउमा तीन तोला सुनका सिक्री र औंठी लगाइदियो । मैले जिन्दगीमा सुनको सिक्री, बेरूवा औंठी पहिलोचोटि लगाएँ । गज्जबको 'सिको फाइभ' घडी पनि लगाइदियो । दुई-चारवटी केटी पनि थिए ब्याङ्कक जानेमा । उनीहरूले पनि एकै जनाले पाँचओटा जापानी सारी लगाउन पाए । साहुले हामीलाई काठमाडौंमै भनेको थियो– "तिमारू घाडी, सुन केई पनि नालागाई आऊ !" हामीले बल्ल थाहा पायौं– उसका घडी, सुन लगाएर आउनलाई त्यसो भनेको रहेछ । हाम्रो टाउकोमा एकएकओटा 'रे बन्ड गग' पनि राखिदियो । एयरपोर्टमा अरू देशका मान्छेहरू हाम्रो लवाइ देखेर छक्क परेर हेर्थे ।

नेपाल आउने आरएनएसीको जहाजभित्र छिर्नासाथै हामीलाई लागाइदिएको चस्मा, घडी, सुन साहुले झोलामा हाल्यो । अनि काठमाडौंमा जहाज ल्यान्ड गर्ने बेलामा फेरि सबैलाई घडी, चस्मा, सुन लगाइदियो । तीन घण्टा जहाजमा बस्दा उसका सामान हराउलान्, फुट्लान् भनेर उसैले लिएको रहेछ । हामी त्रिभुवन अन्तर्राष्ट्रिय विमानस्थलमा ओर्लंदा मसँगै ब्याङ्कक जाने साथीहरूको लवाइ हेर्दा खेतमा साँढे धपाउन राखेको बुँख्याचा जस्तै देखिन्थ्यो । म पनि त्यस्तै थिएँ अरूले हेर्दा ।

त्रिभुवन विमानस्थलमा एकएकओटा प्लास्टिकको झोला पनि दियो हामी सबैलाई । त्यसमा एकएक कार्टुन ५५५ चुरोट र एकएकओटा रेड लेबल ह्विस्की थिए । हामी र हाम्रो नाममा ल्याइएका सामान विमानस्थलबाट मिनी बसमा राखेर सिधै ठमेलको एउटा घरमा लिएर गयो । हामीले लगाएका चारओटा कमिजमा तीनओटा र दुइटा पाइन्टमा एउटा फुकाल्न लगायो, ज्याकेट भने दुइटै लियो । सुन, चस्मा, घडी त मिनी बसभित्र पस्नासाथै लिएर झोलामा हालिसकेको थियो । त्यस बखत भारतमा सुन र विदेशी लुगा आयात गर्न प्रतिबन्ध थियो । भारतीयहरू विदेशी सामान र सुन किन्न नेपाल आउँथे । त्यसबाट हङकङ, ब्याङ्ककका व्यापारीहरूलाई राम्रै फाइदा हुन्थ्यो ।

काठमाडौं आएपछि मनाङे साहुले किनिदिएको नयाँ जिन्सको पाइन्ट र सर्ट लगाएर टोलमा हिँड्दा 'ए, यो भरिया भएर ब्याङ्कक गएर आएको' भनेर औंलाले देखाउँथे साथीहरू । एसएलसी फेल भएर ब्याङ्कक जाने सात दिनको स्कलरसिप नै थियो त्यो मेरो थाइल्यान्ड यात्रा ।

त्यसपछि सोनाम मलाई देख्यो कि बेस्कन हाँस्थ्यो र भन्थ्यो– 'जोकर छ यो हरिबङ्सा !' तीन महिनापछि फेरि म सोनामसँग ब्याङ्कक जान पाउने भएँ । उसले मलाई 'तिमी पनि पाँच हजारको सामान ल्याऊ, म तिमीलाई छुट दिन्छु' भन्यो ।

म फेरि ब्याङ्कक जान लागेको कुरा मेरा नक्साले साथीहरूले थाहा पाए । कसैले 'पाइन्ट ल्याइदे' भनेर पैसा दिए, कसैले ज्याकेट, कसैले घडी, कसैले चस्मा । मैले कसैको पनि 'नाइँ' भनिनँ । मसँग नौ हजार रूपैयाँ जम्मा भयो । दोस्रो पटक ब्याङ्कक गएर त्यो सबै पैसाले सोनामको सल्लाहअनुसार कपडा किनेर काठमाडौं ल्याएँ । सोनामले नै बेचिदियो, मलाई सात हजार नाफा भयो ।

काठमाडौं आएर सबै साथीहरूलाई 'सामान ल्याउन सकिनँ' भनेर एकएकओटा चकलेट र पैसा फिर्ता दिएँ, साथीहरूले 'साले बाहुन' भने ।

पढ्न अलि लद्दुलद्दुहरूले तराईमा गएर मजाले चोरेर, अझ आफ्नो जाँचै अरूलाई लेख्न लगाएर पास भएर आएको थाहा थियो । त्यसैले हामीले पनि अर्को वर्ष सेन्टर परिवर्तन गरेर लहानमा राख्यौं । मेरो साथी राजु मानन्धर अहिले इन्जिनियर छ । ऊ एकदम राम्रो पढ्ने विद्यार्थी हो तर कसरी फेल भयो, थाहा छैन । उसको सङ्गतले म पनि पास हुनुपर्ने हो । 'मेरो सङ्गतले ऊ फेल भयो' भनौं भने पढ्ने विद्यार्थी त फेल हुनु नपर्ने हो ।

जाँच दिन लहान त गयौं तर त्यहाँ न आफ्नो घर थियो न मामा घर, कसले मद्दत गर्ने ? त्यस बेला पुलिसलाई मामा भनिन्थ्यो, तिनै मामाहरू मात्र थिए । खासै चोर्न पाइएन जाँचमा । बरू हामी काठमाडौंबाट सँगै गएका राजु मानन्धर, पेकिङ केसी, श्याम श्रेष्ठ, कमल पाण्डे र मेरो झन्डै श्राद्ध गर्नुपरेको ।

शनिबारको दिन । माघेझरी परेर थामिएको थियो । जाडोले गर्दा मधेस भए पनि लुगा धेरै लगाउनुपर्थ्यो । दिनभरि बस्दा दिक्क लागेर यसो बस्तीपुर गाउँतिर घुम्न जाने सल्लाह भयो । एक घण्टा हिँडेपछि हामी बस्तीपुर पुग्यौं ।

सिमसिम पानी पर्न थाल्यो । हामी लहानतिरै फर्कन खेतैखेत आउँदै थियौं । एउटी तरूनी दाउराको भारी टाउकोमा राखेर हामीतिरै आउँदै थिइन् ।

सँगै गएको एक जना साथीले उनको वक्षस्थल समातिदिएछ । उनले आफ्नै भाषामा औंला ठड्याउँदै गाली गरिन् । राजु र म भाग्यौं । साथीहरूले 'एउटा बाहुन, अर्को नेवार डराएर भागे' भनेर गिज्याए । हामी रोकियौं ।

खेतमा रहरका बोटहरू बाक्लै थिए । पर रहरको बोटबाट लुक्तैलुक्तै हातमा लट्ठी लिएर सयौं मान्छेहरू हामीतिरै आइरहेका देखें मैले । 'ए हामीलाई त गाउँलेले घेर्न लागे, हेर त टाउका र लट्ठी देखिस्' भनें । बाहुन र नेवार मात्र होइन, हामी सबै भाग्यौं ।

हामी भागेपछि गाउँलेहरूले 'चोरचोर' भन्दै कराउँदै लखेट्न थाले । 'चोर' भनेर कराएपछि अर्को गाउँबाट पनि लट्ठी बोक्तै हामीतिर आएको देख्यौं । हामी भाग्दैभाग्दै अगि एक घण्टा हिँडेर गएको गाउँबाट बीस-पच्चीस मिनेटमै लहाननजिक आइपुग्यौं ।

खोला तर्नुपर्ने थियो, हामी खोलामा हामफाल्यौं । जाडो भएर लगाएको बाक्लो लुगाले पानीमुनि तान्यो । पद्मोदय स्कुलको कक्षा छोडीछोडी भृकुटीमण्डपको पोखरीमा पौडी खेलेको अलिकति काम लाग्यो त्यहाँ । लुगा भिजेर भित्रभित्रै ताने पनि जबरजस्ती पौडी खेल्यौं । गाउँलेले हानेको माटोको डल्लाले ढाडमा ड्वाङड्वाङ लाग्दै थियो । हामी खोला तरेर लहान बजार पुग्यौं ।

पानीले निथ्रुक्क भिजेका हामी स्थानीय एक जना दीपक भन्ने मान्छेको घरभित्र पस्यौं । त्यहाँ बस्तै जाँदा उनीसँग राम्रो मित्रता भयो । गाउँलेहरू लट्ठी बोकेरै लहान बजारतिर हामीलाई खोज्न आएछन् तर दीपकले लुकाइदिएकाले भेट्न सकेनन् । दीपकले गाली गर्दै भने– "त्यस्तो गर्नु हुन्छ ? तिमीहरूलाई गाउँलेले भेटेका भए लट्ठीले हानेरै मार्थे । गाउँ नै उल्टिएर मारेपछि पुलिस केस पनि लाग्दैन ।"

हामी चिसो लुगा र डरले काम्दै साँझसम्म त्यहीँ लुकेर बस्यौं र राति मात्र डेरामा गयौं । भोलिपल्ट प्रश्नपत्र हेर्नुभन्दा पनि 'हिजोका गाउँलेहरू विद्यालयमै हामीलाई खोज्दै आए कि' भनेर ढोकामा हेर्दै थियौं । त्यस्तरी ज्यान हत्केलामा राखेर दिएको जाँचमा पनि चौथो डिभिजन नै आयो । हिसाबमा मेरो दुई नम्बर पुगेन । राजु मानन्धर एक जना मात्र पास भयो ।

अर्को साल फेरि जाँच दिने राजु भुजू भेट्टाएँ । राजु पनि मेरो मिल्ने साथी हो– म जस्तै एसएलसी फेल भएर बसेको । तौलिहवामा जाँच दिन

जानलाई साथी खोज्दै रहेछ । धेरै वर्षअगि राजुका बुबा पूर्ण भुजू तौलिहवा जिल्ला शिक्षा कार्यालयको हाकिम भएर बसेका रहेछन् । उनको सिफारिसमा हामी तौलिहवा गयौं र राजु भुजूसँगै स्थानीय विष्णु कार्की र शम्भु कार्कीको घरमा बस्न थाल्यौं । त्यो घरका बुबाआमाले हामीलाई धेरै माया गरे ।

राजारानी जिल्ला भ्रमणको सिलसिलामा तौलिहवामै आउनेवाला रहेछन् । जिल्लामा भएजति पुलिस प्रशासनका हाकिमहरू तौलिहवामै थुप्रेका रहेछन् । जाँचमा चोर्न त के, फर्कन पनि पाइएन । त्यस्तो कडा गरेको थियो ।

जाँच सकिएपछि हामी (राजु, म र अरू दुई-तीन जना) तौलिहवाबाट भारतको सोरतगढ हुँदै गोरखपुर पुग्ने र भैरहवा छिरेर काठमाडौं फर्कन हिँड्यौं । हामीसँग भारत भ्रमणको त्यस्तो ठूलो अनुभव थिएन ।

सोरतगढको रेल स्टेसनबाहिर एक जना नेपालीले 'तपाईंहरू गोरखपुर जाने हो' भनी सोध्यो । हामीले 'हो' भन्यौं । 'आउनुस् आउनुस्' भनेर रेल स्टेसनभित्र लगेर त्यो मान्छे गायब भयो । एकछिनपछि एक जना रेलको पुलिस आएर 'तुम लोगका टिकट दिखाओ' भन्यो ।

हामीलाई 'रेल स्टेसनभित्र टिकट लिएर मात्रै पस्नुपर्छ' भन्ने थाहा थिएन । त्यो नेपाली दलाल रहेछ । उसले हामी सोझा नेपालीहरूलाई मात्र नेपाली बोलेर सहयोग गरेको जस्तो गरी टिकट नकिनी रेलको स्टेसनभित्र छिराउँदो रहेछ र भारतीय पुलिसहरूले तर्साएर असुलेको पैसाको भाग पाउँदो रहेछ ।

हामीले त्यो रेल पुलिसलाई भन्यौं– "रेल स्टेसनभित्र पस्दा टिकट काटेर मात्र पस्नुपर्छ भन्ने हामीलाई थाहा थिएन । एउटा नेपालीले हामीलाई भित्र ल्याइदियो । हाम्रो केही दोष छैन ।"

हाम्रो कुराले दिनहुँ नेपालीहरूलाई ठग्न पल्केको रेल पुलिसको मन के पग्लन्थ्यो ? लाइन लगाएर राख्यो भने त्यसले ठगेका नेपालीहरूको सङ्ख्या त्यहाँ चल्ने रेलभन्दा तीन गुना लामो हुन्थ्यो होला । हामीलाई 'पाँच सय रूपैयाँका दरले पैसा ले, नत्र तिमीहरूले बिनाटिकट यात्रा गर्दाको सजायँ पाउँछौ' भनेर त्यो पुलिसले भारतीय रेलको कानुन सुनायो ।

हामीसँग पाँच सय दिने हैसियत थिएन । भएको भए पनि हामी पैसा बुझाउने पक्षमा थिएनौं । त्यसले छिनछिनमा आएर 'क्या निर्णय करलिया तुम

लोगो ने ?' भनी सोध्थ्यो । हामीले 'जेल जाने निर्णय लियौं' भन्यौ । त्यसले भन्यो– "सोच लो, सोच लो ।"

हामीसँग पैसा माग्ने रेल पुलिसले कपडाको खैरो जुत्ता लगाएको थियो । अर्को छालाको खैरो जुत्ता लगाएको पुलिस आयो । पुस महिनाको शीत लहर चलिरहेको हुनाले त्यो पुलिसले ओभरकोट पनि लगाएको थियो । कुममा कुन दर्जाको फुली लगाएको थियो, देखेनौं तर हामीले जुत्ता हेरर 'योचाहिँ अफिसर लेबलको पुलिस होला, यसले त पैसा नखाला' भन्ने अन्दाज गरेर सबै कुरो बिन्ती गऱ्यौं ।

त्यसले त झन् डर देखाएर भन्यो– "देखो भाइ ! पाँच बरस जेल बस्नुभन्दा त पाँच-पाँच सय रूपैयाँ दिनु राम्रो हो ।"

पिचासको कुरो भूतलाई लगाएर सम्झाएको जस्तो भयो । समस्या के समाधान हुन्थ्यो ? झन् बल्झियो ।

केही बेरपछि फेरि छालाकै खैरो जुत्ता लगाएको अर्को पुलिस आयो । उसको पनि दर्जा बोक्ने कुम ओभरकोटले छोपेको थियो । टाउकोमा पगरी लगाएको हुनाले सर्दारजी हो भन्नेचाहिँ थाहा पायौं । हामीले सर्दारजीहरू इमानदार हुन्छन्, बहादुर हुन्छन् भन्ने सुनेका थियौं ।

जे परे पर्ला भनेर उसलाई पनि सबै कुरो बेलीबिस्तार लगायौं । त्यो सर्दार पुलिसले हामीसँग पैसा माग्ने पुलिसलाई हप्कायो– "तिमीहरू यस्ता सोझालाई दुःख दिएर पैसा असुल्छौ ? लाज, सरम केही छैन तिमीहरूलाई ?"

रेल पुलिसले सर्दार पुलिसलाई कराएर भन्यो– "यो तिम्रो मामिला होइन, हाम्रो मामिलामा तिमी चुप लाग !"

त्यो सर्दार पुलिस पनि त्यहाँ ड्युटी गर्ने नभएर रेलबाट यात्रा गर्ने रहेछ भन्ने थाहा पायौं । उसले फेरि हामीलाई सम्झाउँदै भन्यो– "नडराईकन यहीँ बसिराख्नू । म एकछिनपछि आउँछु ।"

उसले बाहिर गएर हाम्रा लागि रेलको टिकट किनेछ । टिकट ल्याएर हाम्रो हातमा राखिदिँदै भन्यो– "अब तिमीहरूलाई कसैले केही गर्न सक्तैन ।"

हामी कृतज्ञ मात्र भएनौं, हामीले उसलाई सर्दारका देवता 'गुरू नानक' नै ठान्यौं । टिकटको पैसा दिँदा पनि उसले लिन मानेन । भन्यो– "यो मेरो तर्फबाट तिमीहरूलाई उपहार !"

सर्दार पुलिसले हामीलाई स्टेसनमै खानेकुरा किनेर खुवायो । केही बेरमै
रेल पनि आयो । हामी बिदा हुन खोज्यौं । सर्दार पुलिसले 'म पनि जाने
हो, सँगै जाऔं' भन्यो । हामी सँगै रेलभित्र छिर्‍यौं । पैसा माग्ने रेल पुलिसले
आँखा तरेर हेरिरह्यो ।

रेल गुडेपछि ढोकामा आएर रेल पुलिसलाई हातले लोप्पा खुवाउँदै आफ्नो
कम्मरमुनि 'इस्' भनेर देखायौं । रेलको गति बढिसकेको थियो ।

सर्दार पुलिसले हामीलाई स्टेसनैपिच्छे केके किनेर खुवाउँदै थियो—
कहिले फलफूल, कहिले जेरी, कहिले समोसा । हामीलाई कताकता शङ्का
पनि लाग्न थाल्यो— यो सर्दार पुलिसले हामीलाई फसाउन लागेको होइन ?
टिकटको पैसा पनि लिएन । फेरि कहिले के खुवाउँछ कहिले के । यत्रो पैसा
खर्च गरिसक्यो ।

हाम्रो मनमा पाप पनि पलायो— कोही सर्दारजीहरूले त लोग्ने मान्छेको
मलद्वारमा पनि सम्भोग गर्छन् रे । कतै यसले हामीलाई फकाएर मलद्वारमा
सम्भोग गर्ने सुर गरेको त होइन ?

नेपाली भाषाबाट बोल्यो भने सर्दार पुलिसले बुझ्ला कि भन्ने शङ्का गरेर
राजु भुजू र मैले नेवारीमा कुरा गर्‍यौं— 'यसले हामीलाई फसाउन त खोजेको
होइन ? हामीलाई पछाडि केही गर्न खोजेको त होइन ?'

हामीले नेवारीमा कुरा गरेको सुनेर सर्दार पुलिसले 'के भाषामा कुरा गरेको'
भनी सोध्यो । हामीलाई झन् शङ्का लाग्यो । अनि हामी पनि 'यो सर्दारले
हामीलाई केही गर्ला, सतर्क हुनुपर्छ है' भन्न थाल्यौं । त्यसपछि उसले खान
दिएको कुरा पनि पेट भरिएको छ भनेर खान मानेनौं ।

गोरखपुरमा रेल आइपुग्यो । त्यहाँबाट नौतनवासम्म जिपमा जानुपर्ने
रहेछ । त्यो सर्दार पुलिस पनि जिपभित्र पस्यो । फेरि पनि भाडा उसैले
तिरिदियो । अब त नेपालको सिमाना नजिकनजिक आउँदै थियो । केही पर्‍यो
भने हामी पनि जाइलागौंला भन्ने हिम्मत आयो ।

जिपबाट ओर्लेर भैरहवा जान तीनवटा रिक्सा सर्दार पुलिसले नै रोक्यो ।
हामी एउटा रिक्सामा दुई जनाको दरले बस्नुपर्‍यो । राजु भुजू फुत्त अर्को
साथीसँग बस्न गयो । म सर्दार पुलिससँग परें । अब म केही पर्‍यो कि
रिक्साबाट हामफालेर भाग्छु भनेर सतर्क भएर बसें । सर्दार पुलिसले मलाई
'राम्रोसँग बस, रिक्सा चढ्दा यस्तो डराउनु पर्दैन' भन्यो ।

रिक्सा भैरहवाको गेट पार गरेर नेपालभित्र छिऱ्यो । मैले "नेपाल आमाकी" भनें । पछाडि रिक्सामा बस्ने साथीहरूले "जय..." भनेर कराए । सर्दार पुलिससँग अब त ठ्याक्कै डर लागेन । साल्ट ट्रेडिङअगाडि रिक्सा रोक्यो ।

सर्दार पुलिसले मायालु भावले सम्भाउने शैलीमा भन्यो– "ल, मेरो यहाँ साल्ट ट्रेडिङमा काम छ । तिमीहरू जाओ । इन्डिया जाँदा फटाहाहरू धेरै फेला पर्छन् । सतर्क हुनुपर्छ ।"

हामीले उसको नाम सोध्यौं– एसके सिंह रहेछ ।

भारतीय भनेका सबै नराम्रा हुँदा रहेनछन् । यस्ता देवता जस्ता पनि भारतीय हुँदा रहेछन् भन्ने थाहा भयो । बरू हामीलाई भारतको स्टेसनभित्र बिनाटिकट छिराउने नेपाली दलालको अनुहार झलझली याद आइरह्यो । अनि हामीले सर्दार पुलिसमाथि गरेको शङ्काप्रति थकथक लागिरह्यो ।

म पोखरामा रोधीघर सांस्कृतिक कार्यक्रम देखाउने सिलसिलामा अरूणा लामा दिदी, गोपाल योञ्जन दाइ, कुमार बस्नेत दाइहरूसँगै थिएँ । रेडियोले एसएलसीको रिजल्ट भएको समाचार फुक्यो । त्यतिखेर गोरखापत्रमा मात्र रिजल्ट प्रकाशित हुन्थ्यो । पोखरामा गोरखापत्र साँझतिर आइपुग्दो रहेछ । त्यस बखत फोन सबैको घरमा थिएन । मैले छिमेकीको घरमा फोन गरेर 'बिन्दु दिदीलाई बोलाइदिनुस् न, म एकछिनपछि फोन गर्छु' भनें । दस-पन्ध्र मिनेटपछि फोन गरेको त दिदीले भनिन्– "गधा ! पास भएछस् । थर्ड डिभिजन आएछ तेरो ।"

मलाई त पास हुनु भनेको थर्ड डिभिजन होइन, बोर्ड फस्ट आए जस्तो भयो । खुसीले वाकवाक लागेर ट्वाइलेटै जानुपऱ्यो । कुमार दाइ, गोपाल योञ्जन दाइ, अरूणा लामा दिदी सबैले बधाई दिए ।

कहिलेकाहीँ रिजल्ट भएको भोलिपल्ट 'भुलसुधार' भनेर गोरखापत्रमा आउँछ । त्यसमा कोही पास भएका फेल हुन्छन्, कोही फेल भएका पास पनि हुन्छन् । नक्सालकै एक जना एकदमै पढैया मान्छे फेल भएछन् र त्यही दिन झुन्डिएर आत्महत्या पनि गरेछन् । तर भोलिपल्ट भुलसुधारमा 'प्रथम श्रेणीमा पास' भनेर निकाल्यो । मेरो भने भोलिपल्ट भुलसुधारमा फेल भनेर निस्कने पो हो कि भनेर खुब डर लागेको थियो तर निस्केन । म पास भएको भयै भएँ ।

म सरस्वती कलेजमा कमर्स पढ्न भर्ना भएँ । हिसाब भन्यो कि सधैं पिसाब आउनेले कसरी कमर्स पढ्ने ? पढ्नै सकिनँ । रत्नराज्य कलेजमा आईए पढ्न फेरि भर्ना भएँ । गोपी मैनाली अहिले राष्ट्रिय योजना आयोगका सहसचिव छन् । उमेरमा मभन्दा उनी कान्छा छन् । मलाई पढाउन उनी धोबीधाराको मेरो डेरामै बसे तर सकेनन् । धन्य, उनको भाग्य रहेछ । मेरो डेरामै प्रायः बस्ने राजु भुजू, राजाराम पौडेलको सङ्गतले उनीचाहिँ बिग्रेनन् ।

म गाईजात्रे

प्रज्ञाभवनमा २०३४ सालको गाईजात्रा महोत्सव सुरू हुन लागेको थियो । 'आधुनिक श्राद्ध' नामको एउटा प्रहसन लेखेर ठिक्क पारेको थिएँ मैले पनि, त्यसैले दर्खास्त दिएँ । स्क्रिप्ट पढेर मलाई बोलाइयो । प्रज्ञाभवनबाट पत्र आउँदा खुसीको सीमै रहेन ।

म प्रायः प्रहसन लेखेर मेरो साथी राजु मानन्धरलाई सुनाउँथें । हुन त ऊ कुनै साहित्यकार होइन तर सुनाउँदा 'यो मिल्यो, यो मिलेन' भन्न सक्ने गुण थियो उसमा ।

मैले प्रज्ञाभवनको पत्र उसलाई देखाएँ । हलुवाई पसलमा गएर आलुदम, लालमोहन भोज पनि खुवाएँ ।

प्रज्ञाभवनमा प्राज्ञ सदस्यहरूका अगाडि मेरो प्रहसन प्रस्तुत गर्न लगाइयो । लैनसिंह बाङ्‌देल, सत्यमोहन जोशी, माधव घिमिरे, विजयबहादुर मल्ल, अरू प्राज्ञ पनि थिए । धेरै हाँस्यो भने हामी फुर्कन्छौं भनेर होला, प्राज्ञहरू मुसुमुसु मात्र हाँसिरहे, टाउको हल्लाउँदै । मैले कुरा बुझैं । मेरो प्रहसन पनि प्रदर्शनका लागि छानिने भयो ।

पछि अर्को पत्र आयो, तपाईंको प्रहसन 'आधुनिक श्राद्ध' विशेष प्रदर्शनमा पऱ्यो भन्ने । विशेष प्रदर्शन भनेको राजपरिवारलाई देखाउने विशिष्ट प्रदर्शन हो । विशिष्ट प्रदर्शनमा परेपछि सात दिनसम्म हुने अरू प्रदर्शनमा पनि परिन्छ । विशेष प्रदर्शनका दिन प्रज्ञाभवनमा एउटा ठूलो समारोह आयोजना हुन्छ ।

राजा कार्यक्रम हेर्न आउने भनेर भवन भव्य सजाइएको थियो । अगाडिदेखि नै सुरक्षाका मान्छेहरूले कुकुर ल्याएर पूरा खानतलासी गरी हलमा अत्तर छर्केका थिए ।

मञ्चमा उपत्यकाका झाँकीहरू प्रदर्शन गरियो । मनोवैज्ञानिक तरिकाबाट पनि राजा आउने भनेको ठूलो कुरा हो भनेर सबैलाई तयार पारिएको होला । देशका ठूलठूला हास्यव्यङ्ग्यकारहरू भएको रङ्गमञ्चमा आफू पनि प्रस्तुतकर्ता भएर उभिन पाउँदा ज्यादै गर्व महसुस भइरहेको थियो । विशेष प्रदर्शनमा कार्यक्रम पर्नेहरूलाई त्यही दिनका दुइटा पास दिइन्थ्यो । मैले दुईमध्ये एउटा पास मेरी दिदी बिन्दुलाई र अर्को पास साथी राजु मानन्धरलाई दिएको थिएँ ।

राजालाई देखाउने भनेपछि प्रायः सबै प्रस्तुतकर्ता अलि नर्भस जस्ता देखिन्थे । कुनामा गएर सबै जना आआफ्नो पाठ बिर्सेला कि भनेर कण्ठ पारिरहेका थिए । म पनि अलि नर्भस भएँ, आफ्नो प्रहसनै बिर्सेला कि जस्तो भयो । कन्सिरीमा चिटचिट पसिना आउन थाल्यो । ट्वाइलेट गएर पिसाब फेरें । तुरूक्क मात्र आयो । केही छिनपछि च्याप्छ, फेरि फेरें । फेरि तुरूक्क मात्रै आयो । वाकवाक आउला जस्तो पनि भयो । मैले 'मेरो कार्यक्रम राजालाई देखाउनेमा पर्‍यो, मलाई त डर लागिरहेको छ' भनेर स्कुलको नेविसङ्घका पूर्वअध्यक्ष मुकुन्दराज सिटौलालाई केही दिनअगाडि भनेको थिएँ । उनले ढाडस दिँदै 'उसको केको डर ? त्यो राजा भन्या पनि हामी जस्तै मान्छे त हो नि । उसले दिसा गर्दा चकलेट गर्दैन, उसले पनि दाँत माझेन भने सास गनाउँछ । त्यो पनि बूढो हुन्छ । त्यो पनि चाउरी पर्छ' भनेर मलाई सम्झाएका थिए । मैले त्यही कुरा सम्झें, 'हो त नि, राजा भन्या पनि हामी जस्तै मान्छे त हो, केको डर' भन्ने मनमा लाग्यो ।

मैले आफ्नो पालो आएपछि प्रहसन प्रस्तुत गरें । हलका मान्छेहरू खुब हाँसे । पाठै बिर्सौला भनेको त झन् थपिएर पो आयो । पछि सत्यमोहन जोशीले गाली गर्दै भने– "स्क्रिप्टमा नभएको कुरा किन थपेको ? तिम्रो कार्यक्रम पैलेभन्दा पाँच मिनेट लामो भयो तर एकदमै राम्रो भो, बधाई छ । पब्लिक सोमा झन् जमाउनू ।" उनले गालीसँगसँगै प्रोत्साहन पनि दिए ।

भोलिपल्ट गोरखापत्रमा मेरो नाम र फोटो पनि छापियो । खुसीको सीमै रहेन । दुर्गानाथ शर्माले कमेन्ट लेखेका थिए त्यस बेला मेरो खुब प्रशंसा गरेर । त्यसलाई मैले फाइलमा टाँसेर राखेको थिएँ । प्रहसन सात दिन प्रदर्शन भयो । अन्तिम दिन गोल्ड मेडलको घोषणा भयो । मैले पनि पाएँ । केही दिनपछि गोल्ड मेडलसहित नौ हजार रूपैयाँ पनि पाएँ । त्यो बेलाको नौ हजारको महत्त्व अहिलेको नौ लाखजतिकै होला । बूढानीलकण्ठ, गोकर्णतिर त एक रोपनी जग्गा आउँथ्यो ।

त्यसपछि त हरेक वर्ष गाईजात्रा आयो कि म भाग लिन्थें । मैले 'रेडियो भट्टी', 'आजुजे हा', 'भन्छस् कि भन्दैनस्', 'भोक हडताल' शीर्षकका प्रहसनहरू प्रस्तुत गरें । चारै वर्ष लगातार गोल्ड मेडल पाउन पनि सफल भएँ ।

जितेन्द्र महत अभिलाषी नक्सालमै बस्थे । हरेक शनिबार उनले बोलेको रेडियो रूपक रेडियो नेपालबाट प्रसारित हुन्थ्यो । त्यस बखत रेडियो रूपक सुन्न मान्छेहरू साता कुरेर बसेका हुन्थे ।

अभिलाषीसँग मैले रेडियो रूपकमा आफूलाई पनि बोल्न दिन अनुरोध गरें । उनी भट्टीभित्र पस्थे । स्वाट्ट पारेर एकैछिनमा निस्कन्थे । म बाहिर कुरिरहन्थें । उनी मेरो हात च्याप्प समातेर हिंड्थे । फेरि अर्को भट्टीमा पस्थे । म कुरिरहन्थें । चार-पाँचओटा भट्टीमा पसेपछि घर जान्थे ।

उनले मलाई रेडियो नेपालमा रूपक खेल्न लगे । हरिप्रसाद रिमाल, मदनदास श्रेष्ठ, सुशीला रायमाझी, शकुन्तला शर्मा, हरिहर शर्माहरूलाई चिन्ने मौका पाएँ । त्यस बेला रेडियो नेपालका रेकर्डिस्ट सुदन खत्री बेलाबेला हामीलाई 'बोलेको भएन' भनेर गाली गर्थे । 'किन' भनी सोध्दा भन्थे– "तिमीहरूको संवादले मेरो शरीर जिरिङ्ग भएर नारीको रौं ठाडो हुनुपर्छ, अनि मात्र 'टेक ओके' हुन्छ ।"

हरिप्रसाद रिमाल, जितेन्द्र महत अभिलाषीको सहयोगले २०३५ सालमा नाचघरमा करार सेवामा नाटक गर्ने जागिर पाएको थिएँ । बालकृष्ण समले लेख्नुभएको नाटकमा 'अमरसिंह' को भूमिका हाम्रो साथी किरण केसीले पाएको थियो । मैले एउटा सिपाहीको सानो भूमिका पाएको थिएँ । त्यो नाटक हेर्न राजारानी पनि राष्ट्रिय नाचघर आएका थिए । राजारानीको आसन

अगाडिपट्टिको विशेष सोफामा थियो । राजाका निजी सचिव नारायणप्रसाद श्रेष्ठ र नाचघरका महाप्रबन्धक इन्द्रप्रसाद काफ्ले नजिकै बसेर नाटक हेर्थे । मेरो त एउटा सानो भूमिका मात्र थियो– गोली खाएर मर्ने शार्दूल नामको सिपाही ।

त्यस बेला नारायणप्रसाद श्रेष्ठले 'यो केटो राम्रो अभिनय गर्छ' भनेका रहेछन् महाप्रबन्धकलाई । नाटक सकियो, महाप्रबन्धकले मलाई बोलाएर भने– "राजाका सचिवले तपाईंको तारिफ गर्नुभयो । तपाईंले राम्रो गर्नुभो आज ।"

सोधे– "तपाईंको तलब महिनाको एक सय पचहत्तर होइन ?"

मैले 'हो' भनें ।

उनले अझै अगाडि भने– "ल, अब अर्को महिनादेखि दुई सय पचहत्तर । अझ राम्रो गर्नुस् ।"

मलाई साह्रै आनन्द आयो । एक त नाटकको प्रदर्शन सकिएपछि जागिर जान सक्थ्यो, त्यो बँच्यो । अर्को, पछिल्लो महिनादेखि सय रूपैयाँ तलब बढ्यो । हुन त नाटकमा सानो भूमिका भए पनि गाह्रो रोल थियो । राजा आउँदा पो त हल सफा हुन्थ्यो, गनाउँदैनथ्यो । पब्लिक सोमा त हल फोहर हुन्थ्यो । पुरानो नाचघरको ढल राम्रो थिएन । असनदेखिको ढल आएर रङ्गमञ्चअगाडि जम्थ्यो । हलमा दर्शकभन्दा कैयौं गुना बढी लामखुट्टे हुन्थे ।

मेरो रोल गोली खाएर मर्नुपर्ने । नाटकमा मलाई गोली लाग्छ । मैले केही संवाद बोलेर ढल्नुपर्थ्यो र मरिरहनुपर्ने थियो । मरेपछि चल्नु भएन । लामखुट्टे आएर कुटुककुटुक टोक्थे । धपाउन पाइँदैनथ्यो । कहिले त नाकको टुप्पोमा आएर लामखुट्टे बस्थ्यो । फू गर्‍यो उड्थ्यो अनि कन्चटमा गएर बस्थ्यो । नजिकै आफूसँगै मर्ने अर्को साथीलाई सानो स्वरले 'ए महेश, लामखुट्टे कन्चटमा छ । एकपल्ट फू गरेर फुक्देन' भन्दा 'आफूलाई त यहाँ टोकेर कस्तो भइराख्या छ, सक्तिनँ' भन्थ्यो । एक दिन होइन, दुई दिन होइन, महिनौंसम्म नाटक चल्थ्यो । महिनौं लामखुट्टेले टोक्थ्यो, ज्यादै गाह्रो हुन्थ्यो ।

वीरगति पाएका हामी सिपाहीलाई नायक अमरसिंहले हेर्दै, 'वीर योद्धाहो ! तिमीहरू देशका लागि सहिद भयौ । फिरन्तेसँग लड्यौ । यो वियोग कसरी

हेरौं ? म पनि तिमीहरूसँगै आउँछु । यो छुरा रोपिदिन्छु छातीमा' भनेर छुरा लिएर छातीमा रोप्न खोज्छन् । सबै दशर्कहरूको ध्यान त्यो छुरामा जान्छ, त्यस बेला म कहाँकहाँ चिलाएको छ, त्यहाँ कनाउँथें, लामखुट्टे धपाउँथें । कहिलेकाहीँ त कोल्टे पनि फेर्थें ।

नाचघरवरिपरिका छिमेकीलाई नाटक हेर्न पैसा लाग्दैनथ्यो । कति छिमेकी त नाटकका नियमित दर्शक थिए । सधैं हेर्ने भएकाले उनीहरूको ध्यान नायक अमरसिंहले उठाएको छुरामा जाँदैनथ्यो । हामी मरेका सैनिकहरूले कनाएको, लामखुट्टे धपाएको, कोल्टे फर्केको देखेर 'मरेको मान्छे चल्यो' भनेर कराइदिन्थे । पछि त कनाउन पनि पाइन छोड्यो ।

त्यस बेला दार्जिलिङबाट कलाकार आएर प्रदर्शन गरिएको नाटक 'अनि देउराली रून्छ' को नेपालमा ठूलो छाप परेको थियो । त्यसै नाटकबाट प्रभावित भएर जितेन्द्र महतले 'हाम्रो पनि कथा छ' भन्ने नाटक लेखेका थिए । त्यो नाटकमा गाउँको शोषक काजीको चम्चाको भूमिका मैले गरेको थिएँ ।

त्यो नाटक हेर्न पनि राजारानी राष्ट्रिय नाचघरमा आए । रानी ऐश्वर्य नाटक हेर्दा खुबै हाँसिन् । उनी हाँसेको रङ्गमञ्चभित्रै सुनियो । राजा वीरेन्द्रचाहिँ अलि रिजर्ब भएर हाँस्थे । नाटक सकिएपछि महाप्रबन्धक इन्द्रप्रसाद काफ्लेले मलाई बोलाएर भने– "बडामहारानी एकदम हाँसिबक्स्यो । ल तपाईंलाई अर्को महिनादेखि सय रूपैयाँ थप र दुई वर्षको करार ।"

मेरो तलब अब नाचघरको 'ख' वर्गको कर्मचारीसरह भयो । 'क' वर्गमा नारायणगोपाल, तारादेवी, चन्द्रराज शर्मा, कोकिल गुरूङ, विमला श्रेष्ठ, वसुन्धरा भुसाल, सुभद्रा अधिकारी, भुवन चन्दहरू थिए । त्यस बखत राजारानी आए कि त मलाई फाइदा हुने भयो । नाचघरमा हाकिमहरू राजालाई देखाउने दिन नाटक हेर्दैनथे तर राजारानी कत्तिको हाँसे, कत्तिको भावुक भए भनेर चियाईचियाई उनीहरूको अनुहारमा हेर्थे । महाप्रबन्धकले मलाई धाप मार्दै भनेका थिए– "मैले त आज नाटकै हेरिनँ । राजारानी कत्तिको हासिबक्सियो, त्यो हेरें । खुब हँसाउनुभो तपाईंले ।"

उनले फेरि भने– "तपाईं राम्रो कलाकार । तपाईंलाई बिगार्ला है । यो नाचघरमा एउटा साँढे छ, असनको साँढे । त्यसले कसैलाई टेर्दैन । म

जीएमलाई पनि टेर्दैन । त्यो साँढे गीतचाहिँ खुब राम्रो गाउँछ । ऊसँग होसियार हुनुस्, त्यसको कुरा नसुन्नुस् । त्यो साँढेको नाम नारानगोपाल हो ।"

नाचघरमा दुई समूहको चरम गुटबन्दी थियो । डीजीएम गोविन्दप्रसाद तिमिल्सना थिए । रानीको माइतीपट्टिका नजिकका मान्छे रे । रानीको माइतीमा त उनले भनेको बेलामा रानीसँग भेट्न पाउँथे रे । उनी पनि नाचघरको जीएम हुन साह्रै रहर गर्थे । यता महाप्रबन्धक इन्द्रप्रसाद काफ्ले दरबारका सैनिक सचिव दानगम्भीरसिंह रायमाझी, निजी सचिव नारायणप्रसाद श्रेष्ठ, संवाद सचिव चिरनशमशेर थापाहरूसँग एकदम नजिक थिए ।

महाप्रबन्धक हप्तामा दुई-तीन दिन साइकल चढेर बालुवाटारमा सैनिक सचिवकहाँ गएर नक्सालमा संवाद सचिवको घरमा आउँथे । म नक्सालमा बस्ने भएकाले पनि देख्थें । सचिवको पावरले गर्दा इन्द्रप्रसादलाई कसैले हल्लाउनै नसक्ने, रानीपट्टिको फोर्स लगाउन पाए इन्द्रप्रसादलाई हटाएर त्यो ठाउँमा आफू बस्न चाहने, नाचघरमा यी दुई पक्षको ठूलो द्वन्द्व थियो ।

कलाकारहरू पनि बाँडिएका थिए । नारायणगोपाल महाप्रबन्धक काफ्लेका ठूला विरोधी । जीएम आउँदा सबै जना उठेर नमस्कार गर्नै पर्थ्यो । नारायणगोपालचाहिँ 'ऊ आयो बाहुन' भनेर बागचाल खेलिरहन्थे । जीएम आफैलाई अप्ठ्यारो लाग्दो रहेछ, नदेखेजसरी जान्थे ।

२०३६ सालमा देशमा 'बहुदल कि निर्दल' भनेर जनमतसङ्ग्रह हुने भयो । नाचघरमा पनि इन्द्रप्रसाद काफ्ले गुट पञ्चायती व्यवस्थाका समर्थक थिए । नारायणगोपाल गुटचाहिँ बहुदलीय व्यवस्थाका समर्थक भए । मलाई इन्द्रप्रसाद काफ्लेले व्यक्तिगत रूपमा धेरै माया गरे पनि म बहुदलको गुटपट्टि लागें ।

'इन्द्रप्रसाद काफ्ले हटाऊ अभियान' चलाउँदा दरबारका सचिवहरूको घरमा समेत जुलुस गइयो । म पनि मन नलागीनलागी जुलुसमा गएँ । आफूलाई माया गर्ने मान्छेका विरूद्धमा जुलुस जाँदा आत्मग्लानि हुन्थ्यो तर गएन भने मण्डले भइन्थ्यो ।

इन्द्रप्रसाद काफ्लेको नाचघरभन्दा राम्रो संस्थामा सरूवा भयो । राष्ट्रिय नाचघरमा नारायणगोपाल जीएम भए । नाचघरमा काम गर्दा यमबहादुर थापा रङ्गमञ्च प्रबन्धक थिए । उनले 'मनको बाँध' भन्ने नेपाली चलचित्रमा

काजीको भूमिका पनि निभाएका थिए । त्यो चलचित्र मैले बाइस पटक हेरेको थिएँ । त्यसका प्रत्येकजसो डाइलग मलाई कण्ठ थिए ।

उनी मलाई भन्थे– "तिमीलाई म फिलिममा पनि खेलाइदिन्छु । डाइरेक्टर प्रकाश थापा मैले भनेपछि नाइँ भन्न सक्तैनन् ।"

उनी म कुन बेला अफिस आउँछु भनेर बाटो हेर्थे र दस बजे ठ्याक्कै नाचघरको ढोकामा बसिरहन्थे । म आएपछि भन्थे– "ल हाजिर गरेर आऊ, अनि रून जाने ।"

नाचघरभन्दा अलि पर 'होटल एलो प्यगोडा' सँगै एउटा सानो पसल थियो । त्यहाँ गुच्चाको बिर्को भएको सोडा पाइन्थ्यो । त्यो सोडामा यति धेरै ग्यास हुन्थ्यो कि गिलासमा खन्याएर खाँदा आँखाबाट आँसु नै आउँथ्यो । आँखाबाट आँसु निकाल्ने भएकाले उनले 'रून जाउँ' भनेका । प्रत्येक दिन सोडा खाएर रून्नु पर्थ्यो । पैसा म तिर्थें– फिलिममा खेलाइदिन्छु भनेकाले ।

त्यति बेला रेडियोमा नाटक खेल्न पाएकाले हप्तामा साठी-सत्तरी रूपैयाँ थप कमाइ हुन्थ्यो मेरो । एक दिन यमबहादुरले भने– "तिम्रो पैसामा धेरै खाएँ । बाहुनको पैसाले धेरै खायो भने पाप लाग्छ । भोलि म तिमीलाई खान लैजान्छु । ठीक दस बजे हाजिर गर्ने, रून्ने अनि मैले खान लग्ने है ।"

मैले यमबहादुरले रेस्टुराँमा कतै खान लग्ने होला भन्ठानें ।

भोलिपल्ट दस बजे हाजिर गर्‍यौं अनि सोडा खाएर रोयौं । यमबहादुरले 'ल हिंड' भनेर लगे । जमल, असन हुँदै म लुरूलुरू पछि लागें । क्षेत्रपाटीतिर पुगेपछि मैले 'कहाँ जाने' भनेर सोधें । 'हिंड न हिंड' भन्दै पकनाजोलको गल्लीभित्र छिराएर एउटा घरमा लगे । निधारमा पहेंलो टीका लगाएका मान्छेहरू देखेपछि यमबहादुरको ससुरालीमा श्राद्ध रहेछ भन्ने थाहा भयो । मलाई त ससुरालीमा श्राद्ध खान पो लगेका रहेछन् ।

बल्लतल्ल कर्मकाण्ड पेसा छल्दै कलाकार हुन पुगेको मान्छे फेरि कोको मान्छेको ससुरालीमा श्राद्ध खान जानुपर्दा लाजले भुतुक्क भएँ । कल्याणविक्रम अधिकारी उनका साला रहेछन् । पछि उनी राष्ट्र बैङ्कको गभर्नर पनि भए । भिनाजु यमबहादुरलाई टीका लगाएर दक्षिणा दिए । यमबहादुरले मलाई देखाउँदै भने– "उसलाई पनि लगाइदेऊ, बाहुनको छोरो हो । बाहुन पुगेन होला भनेर ल्याएको ।"

सात रूपैयाँ दक्षिणा दिए । मैले लिन मानिनँ । यमबहादुरले भने– "लिऊ न लिऊ, पछि काम लाग्छ ।"

केराउको अचार, खीर, भात खुवाएर उनले मलाई बाहिर लिएर आए । यमबहादुरले महत्त्वपूर्ण कुरा मागेझैं मागे– "त्यो दक्षिना दिएको सात रूपियाँ लेऊ त ।"

अलि रिसाएर मैले भनें– "यसै बेइज्जत, उसै बेइज्जत, दिन्नँ ।"

त्यो दिनदेखि मैले यमबहादुरको सङ्गतै गर्न छोडिदिएँ ।

नारायणगोपाल महाप्रबन्धक भएर आउँदा हामी ज्यादै खुसी भयौं– अब नाचघरमा केही राम्रो हुन्छ जस्तो लाग्थ्यो । तर नारायणगोपाल जति राम्रा गायक थिए, त्यति नै ढङ्ग नपुगेका प्रशासक ।

मुडी मान्छे भए पनि मलाई नारायणगोपाल असाध्यै माया गर्थे । उनी भनिरहन्थे– "तिमी अभ्यासचाहिँ गर्न नछोड । कम्तीमा दिनको चार-पाँच घण्टा त तिमीले अभ्यासै गर्नुपर्छ ।"

नाचघरमा मैले हरेक साँझ सांस्कृतिक कार्यक्रममा प्रहसन देखाउनुपर्थ्यो ।

एक दिन मैले "दिनभरि नाटक रिहर्सल गरेर बेलुकी आठ बजेसम्म सुक्खा तलबमा प्रहसन गर्नुपर्दा मर्का पर्‍यो । एक सो देखाएको बीस रूपैयाँ भए पनि एक्स्ट्रा पैसा पाउँ न नारायण दाइ" भनेको त एकदम रिसाएर उनले भने– "तिमीलाई छोडेर जान मन छ भने जाऊ न त ।"

मलाई साह्रै चित्त दुख्यो अनि मैले नाचघरमा राजीनामा दिएर नेपाल राजकीय प्रज्ञाप्रतिष्ठानमा करारमा नाटक कलाकारको रूपमा काम गर्न थालें ।

प्रज्ञाभवनमा राष्ट्रिय नाचघरको भन्दा डबल गुटबन्दी । विजयबहादुर मल्ल र माधव घिमिरको ठूलो गुटबन्दी थियो । म नाट्यकलाकार भएकाले विजय मल्लको गुटतिर परें । गुटबन्दी पनि कस्तो भने एउटा गुटको मान्छे अर्को गुटको मान्छेसँग बोल्दा पनि शङ्का गरेर हेर्थे । जे भए पनि मैले त्यस बखत हरिहर शर्माको निर्देशनमा धेरैओटा नाटक खेल्न पाएँ ।

विजयबहादुर मल्ल साँच्चै राम्रा नाटककार हुन् । 'भुलैभुलको यथार्थ', 'किसिन्याइम्ह मदनमान' नाटक खेल्न पाउनु मेरा लागि ठूलो उपलब्धि हो । 'किसिन्याइम्ह मदनमान' नाटक खेलेर मैले नेवारी भाषै सिकें, मदन दाइले

नेवारी भाषा सिकाउन धेरै मद्दत गरे । उनले नेपाली भाषा बोल्दा अशुद्ध हुन्थ्यो । हामी दुई मिलेर काम गरेपछि मैले उनलाई बाहुन बनाएँ, उनले मलाई नेवार बनाए । नेपाली मेरो मातृभाषा भयो, नेवारी मित्र भाषा, जुन मेरो जीवनको ठूलो उपलब्धि हो ।

मैले नेवारी बोल्दा विदेशीले नेपाली भाषा बोल्दा जस्तै मिलेमिले नमिलेनमिले जस्तो सुनिन्छ रे । त्यस्तो बोलाइ नै मैले नेवारी बोल्दा सुनिने मिठास हो रे । नेवारी भाषा जानेका कारणले र मदनकृष्ण श्रेष्ठसँगको सहकार्यले मलाई नेवार समुदायले आत्मीय रूपले हेर्छ ।

पञ्चायती व्यवस्थामा सरकारले नेपाली भाषाबाहेक अरू भाषालाई शङ्काले हेर्थ्यो । मलाई त्यस बखत कतिले भन्थे– 'बाहुन भएर पनि नेवारी नाटक खेल्नु हुन्छ ?'

'किपालुं लिनाच्वँम्ह मनू' र 'किसिन्याइम्ह मदनमान' नाटक नेपाली समाजमा धेरै लोकप्रिय भए । कतिपय नेवारी भाषा नबुझ्नेहरू पनि साथमा अनुवादक लिएर हेर्न आउँथे । तर नाटक हेरेर अनुवादक आफै लट्ठ पर्थे र जसले पैसा तिरेर ल्याएको हो, उसैलाई भन्न बिर्सन्थे ।

जतिसुकै गुटबन्दी भए पनि त्यस बखत प्रज्ञाभवन र नाचघरमा नाटक, गीतिनाटक भइरहन्थ्यो । बहुदल आएपछि भने हाजिर गर्‍यो, दिनभरि चौरमा बसेर घाम ताप्यो अनि घर गयो गर्थे कलाकारहरू ।

एक दिन एउटा कार्यक्रममा भेट्दा नारायणगोपाल दाइले भने– "हे मुला ! मैले त्यति भन्दैमा जागिरै छोडेर हिँड्नुपर्छ ? आऊ, फेरि नाचघरमा ।" तर म गइनँ । उनी पनि एक वर्षजति मात्र महाप्रबन्धक भए । नारायणगोपाल दाइ गीत गाउन जन्मेका मान्छे, प्रशासक हुन होइन जस्तो लाग्छ मलाई ।

पुर्खाको छाला

पत्रपत्रिकामा मेरा फोटा छापिन्थे । राजारानी नाटक हेर्न आउँदा रङ्गमञ्चमा राजारानीसँग फोटो खिच्ने चलन पनि थियो । राजारानीसँग बसेको फोटोको एक-दुई पटक दुरूपयोग पनि गरेको छु मैले ।

बेलाबेला 'जसको जोत उसको पोत' भन्ने नारा सुनिन्थ्यो । हाम्रा पुर्खाले जोडेको जग्गाजमिन सबै मोहीको हातमा पर्ने हो कि भनेर डर पनि लाग्थ्यो । पुर्खाले जोडेको जग्गाजमिनलाई 'पुर्खाको छाला' पनि भन्ने चलन थियो ।

हाम्रो गाउँ सङ्खुमा अधिकांश मोहीहरू सोझा थिए तर एक-दुई जनासँग भने बाली उठाउन अलि गाह्रो थियो । बाली दिन अटेर गर्ने मोहीलाई रङ्गमञ्चमा राजासँग बसेर खिचेको फोटो देखाउँदै भनें– "मोहियानी हक पनि खाइदिउँ ?"

"लौ खानोस् त !"

"मेरो कस्तोकस्तो मान्छेसँग सङ्गत छ, था छ ?"

"था छ ।"

"यो फोटो कस्को हो, चिन्या छ ?"

फोटो देखेपछि झस्केर डराएझैं भन्थे– "तपैं र राजारानीको ।"

"अनि राजारानीसँग बसेर फोटो खिच्ने मान्छेको बाली नदिने ?"

त्यसपछि चुपचाप बाली दिन तयार हुन्थे ।

झट्ट सुन्दा 'मोही भनेको किसान हो, तलसिङचाहिँ सामन्त' भन्ने बुझिन्छ । तर कति मोहीहरूले धेरैका जग्गा कमाएका हुन्छन् र उनीहरू आफै

खेती नगरी खेताला राखेर काम गराउँछन् । मधेसतिर मोही अलि पीडित थिए तर काठमाडौं र त्यस आसपासमा जग्गाधनी पीडित थिए । कानुनले मोहीलाई चार भागको एक भाग र बाँकी तलसिङ्लाई लगाइदिएको थियो । तर मोहीले नमानेसम्म तलसिङ्ले जग्गा छुटाउन सम्भवै थिएन । मलाई भने राजारानीसँग बसेर खिचेको फोटो देखाएको हुनाले अलि सजिलो भयो ।

तीन भागमा एक भाग मोहीलाई, दुई भाग आफूलाई लिएर जग्गा छुटाउन थालें । मोहीहरू पनि एक भाग बढी पाएपछि राजी हुन थाले । सङ्खुबाट धुलिखेल मालपोत कार्यालय पन्ध्र-सोह्र जना मोहीलाई पालैपालो लानुपर्थ्यो । झन्डै आधी जग्गा कमाउने एक जना सिद्धिलाल नाम गरेका बूढा मोही थिए । शरीरले मुस्किलले धाने जस्तो लाग्ने हाइड्रोसिलको तौल ठूलो भएका, असी वर्ष नाघेका, जीवनमा कहिल्यै पनि मोटरसाइकल नचढेकालाई मोटरसाइकल चढाएर ग्राबेल पनि नगरेको कच्ची बाङ्गोटिङ्गो बाटो हुँदै धुलिखेल पुऱ्याएर फेरि गाउँमै फर्काउन मैले ज्यादै मेहनत गर्नुपरेको थियो ।

मोहीको एउटा परिवार बाको समयदेखि नै हाम्रो घरमा बस्ने गरेको थियो । हामी काठमाडौं बस्ने हुनाले त्यो घरको स्याहारसुसार गर्ने जिम्मा उनीहरूकै थियो । हाम्रो घरमा बस्ने मोहीलाई हामी खुन्तेदाइ भनेर बोलाउँथ्यौं । खुन्तेदाइ सानो हुँदा पानी पऱ्यो भने आधी रातमा उठेर भन्थे रे– "ए बा ! फर्सीलाई जाडो भो, छाता ओडाइदेऊ, काँक्रालाई जाडो भो छाता ओडाइदेऊ ।"

यसरी फर्सी र काँक्राको वेदना बुझेर रून्ने मान्छेलाई घरबाट उठाउन मनले दिएन । त्यो घर उनीहरूलाई नै पास गरिदिएँ । अब आफू कहिलेकाहीँ गएको बेला बस्ने घर भएन । आफन्तको घरमा खान, बस्न बोलाउँथे तर सधैं एउटैको घर बस्न अप्ठ्यारो लाग्थ्यो । त्यसैले प्रायः मोटरसाइकलबाट दिनहुँ काठमाडौं आउनेजाने गर्थें ।

एक दिन काम गर्दागर्दै धेरै अबेर भयो । हामीसँगै नाटकमा अभिनय गर्ने छिमेकी गाउँ खोपासीका महेश भण्डारी पनि सँगै थिए । उनले मलाई आफ्नो घर लिएर गए । दाइलाई ओछ्यान फेर्दा निद्रा लाग्दैन होला, निदाउन यो पनि ल्याइदिएको छु भनेर एक बोतल बियर पनि ल्याइदिए । रातिको खाना खाएर सुत्ने तरखरमा लाग्यौं ।

महेशको घरमा एउटा ठूलो टाउको गरेको भोटेकुकुर थियो । त्यो कुकुरलाई दिनभरि बाँधेर राति मात्र फुकाउने गरेका रहेछन् । सुत्नुभन्दा अगि एक पटक शौचालय जानुपर्‍यो । महेशले छोडेको भोटेकुकुर समातिदियो । म शौचालय गएँ । नौलो मान्छे देखेर होला, एकैगाँसमा निलौँलाझैँ गरेर त्यो कुकुर भुक्तै थियो । भुकेको आवाजले गाउँ नै थर्किएझैँ हुन्थ्यो ।

शौचालय गएर म बिछ्यौनामा पल्टें । बिछ्यौना सफासुग्घर, हेर्दै निद्रा लाग्ला जस्तो थियो । सँगै अर्को खाटमा सुतेका महेश त घुर्न थालिहाले । मलाई चाहिँ अगि खाएको बियरले फेरि उठाउला जस्तो बनायो । फेरि पिसाब आउलाआउला जस्तो भयो । बिर्सेर निदाउन खोजें, झन्झन् च्याप्तै आउन थाल्यो । एक्लै जाउँ भने तल गर्जिरहेको भोटेकुकुरले सिध्याइहाल्छ । के गर्ने के गर्ने !

घुरिरहेको महेशलाई बिस्तारै लाज मानीमानी उठाएँ– "महेश, ए महेशभाइ, एकपल्ट पिसाब फेर्न जाउँ न तल ।"

महेशले निद्रामै बोलेझैँ भन्यो– "अइ भर्खर फेर्‍या होइन भन्या ?"

"फेरि आयो के गर्ने त ?"

महेशले भऱ्याङको घोप्टे खोल्यो, ढोकाको आग्लो खोल्यो । घरभरिका मान्छे सबै ब्युँझिए होलान् । तल गएर महेशले फेरि अजङको कुकुर समात्यो । म शौचालय गएँ । काठको भऱ्याङमा उक्लँदा पनि चुइँचुइँ, कट्याककुट्टुक आवाज आउँदै थियो ।

गएर फेरि बिछ्यौनामा पल्टिएँ । महेश त घुर्न थालिहाले । फेरि मेरो मनमा पिसाबले च्याप्यो भने के गर्ने भन्ने डरले निद्रा भाग्न थाल्यो । नभन्दै फेरि पिसाब आउलाआउला जस्तो हुँदै गयो । एकैछिनमा पिसाब थाम्नै नसक्ने भएँ । मैले फेरि निदाइरहेको महेशलाई उठाउने आँटै गर्न सकिनँ ।

के गर्ने कसो गर्ने भन्ने सोच्न थालें । कोठामा झ्याल थियो । सानो छँदा धेरै पटक मैले झ्यालबाट पिसाब फेरेको थिएँ । अब मसँग त्यो झ्यालबाहेक अरू विकल्प थिएन । बिस्तारै झ्याल खोलें । तल भोज खाएर फालेका टपरी रहेछन् । पिसाब टपरीमा खस्दा पटटट आवाज आयो । त्यो आवाजले कुकुर पनि झन्झन् गर्जेर भुक्न थाल्यो । मलाई घरमा सबै मान्छेले थाहा पाए भन्ने पक्का भयो– एक बोतल बियर पिएको थिएँ । कहाँबाट तीन बोतल निस्क्यो निस्क्यो !

दाइलाई निद्रा लागोस् भनेर महेशले ल्याइदिएको एक बोतल बियर मेरो 'निदहराम' गर्ने भोल भयो ।

मैले भोलिपल्ट बिहानै उठेर महेशको घरबाट भाग्ने विचार गरें । बियर र भोज खाएर फालेको टपरीले मेरो इज्जत खतम भइसकेको थियो । तर महेशकी आमा मभन्दा पहिले नै उठिसकेकी रहिछन् । उनले मलाई बिहान खाना नखाई गयौ भने हामीलाई चित्त दुख्छ भनेर कर गरिन् । मैले बस्नै पर्ने भयो ।

भान्छा तयार भयो । घरका पुरूषजति सबै खाना खान पिर्कामा बस्यौं । बुहारीहरू पानी राखिदिंदै थिए । महेशकी आमाले भात पस्किदिइन् । म खान थालें । मलाई हिजो बेलुकाको झ्यालकाण्डले लज्जित बनाइरहेको थियो । त्यही बेला आमाले महेशलाई गाली गर्दै भनिन्– "यो महेशेलाई झ्यालबाट नमुत भनेको, बूढो हुन लागिसकिस्, अझै पनि झ्यालबाट मुत्न छोडिनस् हइ !"

महेशले 'मैले होइन, दाइले' भनेन, हाँसी मात्र रह्यो । म ढुक्क भएँ, आनन्द पनि लाग्यो । अनि मैले नै सोधें– "महेश ऐलेसम्म पनि झ्यालबाटै मुत्छ र, आमा ?"

आमाले भनिन्– "यो बानी छुटाउनै सकिएन, बाबु ।"

मैले महेशतिर फर्केर भनें– "ए महेश, त्यस्तो बानी पनि गर्नु हुन्छ ?"

महेश हाँसी मात्रै रह्यो ।

भोलिपल्ट पनि अबेर भयो । मैले काठमाडौं नै फर्केर जाने कुरा गरें । महेशले भन्यो– "हैन दाइ, मकहाँ नै जानुपर्छ । पिसाबको बन्दोबस्त मैले गरिसकेको छु । हिजो जस्तो टेन्सन पर्दैन ।"

मलाई महेशले लगिछोड्यो । कोठामा फेरि एउटा बियर राखेको रहेछ । मैले 'पिउदिनँ, पिसाबले दुःख दिन्छ' भनें । उसले भोलामा हर्लिक्सको ठूलो सिसी राखेको रहेछ । महेशले सिसी देखाउँदै भन्यो– "दाइ, अब पिसाब लाग्यो भने यस्मा गर्नुस् ।"

"कहाँबाट ल्याएको सिसी ?"

"काँक्राको अचार हाल्ने सिसी हो । म अर्को सिसी खोजेर ल्याइदिन्छु नि घरमा ।"

म पनि ढुक्क भएँ तर त्यो रात काँक्राको अचार हाल्ने हर्लिक्सको सिसी बिटुलो बनाउनु परेन । म फुसफुस निदाएछु ।

न्यार र बर्मु

'न्यार इष्ट र बाउ दुष्ट कहिल्यै हुँदैन !' यो उखान केही सङ्कुचित क्षत्री-बाहुनहरूले बनाएका हुन् ।

'बर्मु इष्ट व बा दुष्ट गब्लें जुइमखु !' यो उखान पनि केही सङ्कुचित नेवारहरूले क्षत्री-बाहुनलाई जबाफ दिनकै लागि बनाएका हुन् ।

यस्ता साम्प्रदायिक भनाइ केही मूर्खहरूले पहिलेदेखि नै भन्दै आए । तर अहिलेका महामूर्खहरूले दस कदम अगाडि बढेर नेवार र बाहुनबीचमा मात्र होइन, सबै नेपालीहरूबीच जातीय विभाजनको अति सङ्कुचित बिउ रोपिदिएका छन् । ती पुरातन वा सङ्कुचित मान्छेहरूभन्दा पनि अहिलेका कथित आधुनिक नेताहरू बढी सङ्कुचित देखिए ।

ब्लड बैङ्कमा जम्मा हुने रगतको कुनै जात हुँदैन तर समूह हुन्छ । जीवनमरणको दोसाँधमा पर्दा 'यो कुन जातको मान्छेको रगत हो' भनेर सोधखोज गरिँदैन । समूह मिले जुनसुकै जातको मानिसको रगत भए पनि जीवन बचाउँछ । समूह मिले संसारका जुनसुकै मानिसको रगत जुनसुकै मानिसलाई मिल्छ । संसारभरिका मानिसको यति गहिरो रगतको नातालाई जातीय, क्षेत्रीय, वर्गीय, लिङ्गीय, राष्ट्रिय, धार्मिक आधारमा विभाजन गर्न खोज्नुले मानिसमानिसबीच विभिन्न समयमा सानाठूला युद्धहरू भएका छन्, जसले मानवसमाजलाई नै ध्वंस गरेको छ ।

म छ वर्षको हुँदा बा बित्नुभयो, एघार वर्षको हुँदा आमा । उहाँहरूको साथ मैले छोटो समय मात्र पाएँ । तर नेवार मदनकृष्ण दाइसँग सहकार्य गरेको बत्तीस वर्ष भइसक्यो । संयोग नै भन्नुपर्छ, मेरो जीवनमा नेवार जस्तो इष्ट कोही भएन । कुनै जात र धर्मका मानिस मेरा लागि दुष्ट भएनन् । मैले पनि सबै जात, धर्म र वर्गका मानिसको इष्ट हुने मौका पाएँ ।

मदनकृष्ण श्रेष्ठलाई राम्ररी चिनिसकेको थिएँ । धेरैओटा कार्यक्रममा एउटै मञ्चबाट तर अलगअलग प्रदर्शन पनि गरिसकेका थियौं । उनी एक किसिमले रङ्गमञ्चको प्रतिद्वन्द्वी नै थिए मेरा । २०३७ सालमा नेपाल राष्ट्र बैङ्कको रजतजयन्ती समारोहमा सांस्कृतिक कार्यक्रम प्रदर्शन हुने भएछ । नेपालका प्रसिद्ध गायक रूबी जोशी राष्ट्र बैङ्कको विशिष्ठ श्रेणीका अधिकृत थिए । उनले नै 'दुइटा प्रहसन राख्नुपर्छ, एउटा मदनकृष्ण श्रेष्ठलाई बोलाउने, अर्को हरिवंश आचार्यलाई बोलाउने' भनेर सिफारिस गरेछन् ।

हामी दुई प्रतिद्वन्द्वी भएर राष्ट्र बैङ्क छिऱ्यौं तर एक घण्टापछि जीवनभरिका सहकर्मी भएर निस्कियौं । दुवै जनाले दुइटा छुट्टाछुट्टै प्रहसन देखाउने भनेर गएको त राष्ट्र बैङ्कको रजतजयन्ती समारोहको मुख्य अतिथि भएर राजा आउने रहेछन् । समय जम्मा नब्बे मिनेट दिएको रहेछ दरबारले । नब्बे मिनेटभित्र सक्नुपर्ने, राष्ट्र बैङ्कका अरू पनि धेरै कार्यक्रम थिए । छुट्टाछुट्टै दुइटा प्रहसन प्रदर्शन गर्न समय नपुग्ने भयो ।

रूबी दाइले अनुरोध गर्दै भने– "तपाईंहरू दुवै जना मिलेर एउटा प्रहसन देखाउनुस् ।"

तर उनको बोलीमा त्यस्तो 'लच्छिन' रहेछ– 'जीवनभरि मिल्नू, मिलेर काम गर्नू' भनेर आशीर्वाद दिए जस्तो भयो । राष्ट्र बैङ्कको कार्यक्रम भएको हुनाले हामीले बैङ्कसम्बन्धी नै प्रहसनको विषय छान्यौं– कृषि विकास बैङ्कबाट भैंसी किन्न ऋण लिने, भैंसी नकिनी अरू नै काम गरेर ऋण लिएको सबै पैसा सक्ने, अनि बैङ्कले भैंसी चेक गर्न आयो भने खेतमा चरिरहेका अरूकै भैंसी देखाइदिने । आखिर भैंसी सबै उस्तै हुन्छन्, कालै ।

बैङ्कबाट कर्जा दिलाउने कर्मचारीको नियत पनि नराम्रो, ऋणीको पनि नियत नराम्रो देखाउन खोजिएको थियो । प्रहसन निकै राम्रो भयो । त्यो एउटा प्रहसन मात्र होइन, जीवन नै राम्रो भयो, भाग्य नै बलियो भयो हाम्रो ।

करिब पन्ध्र दिन स्क्रिप्ट लेख्ने, रिहर्सल गर्ने काम गऱ्यौं । तर त्यो पन्ध्र दिनको भेटघाट पन्ध्र पुस्ताभन्दा बढी नेपालीभाषीहरूले सम्झिरहने सम्बन्ध बनायो ।

त्यस लगत्तै प्रज्ञाभवनमा गाईजात्रा महोत्सव आउँदै थियो । सधैं प्रतिद्वन्द्वी भएर देखाउने हामीले यसपालि सँगै मिलेर प्रहसन गर्ने सल्लाह गऱ्यौं । म नक्सालमा बस्थें, मदन दाइ भोटेबहालमा । स्क्रिप्ट तयार पार्न कहिले उनी मकहाँ आउँथे, कहिले म उनको डेरा भोटेबहाल जान्थें ।

त्यस बेलादेखि नै मदन दाइकी पत्नी यशोदा भाउजूले मलाई देवर जस्तै ठानिदिइन् । मीठोमीठो पकाएर खान दिइन् । भतिज यमन, भतिजी सराना काखमा लुटपुटिन थाले । त्यसपछि हाम्रो सम्बन्ध पारिवारिक जस्तो हुन पुग्यो ।

हामी दुवै मिलेर 'यमलोक' नामक प्रहसन तयार पाऱ्यौं । मदन दाइको साथी नवीन चित्रकार र कार्यालयका साथी मङ्गलनारायण जोशीलाई हामीले लेखेको सुनाउँथ्यौं । उनीहरू सल्लाहसुझाव दिन्थे ।

नेपाल राजकीय प्रज्ञाप्रतिष्ठानको हलमा भीआईपी सो थियो । राजा कार्यक्रमका प्रमुख अतिथि हुन्थे अनि सत्तामा भएका शक्तिशाली व्यक्तिहरू पनि त्यस दिन आमन्त्रित हुन्थे । त्यसपालि त्यहाँ एउटा अर्का आकर्षक व्यक्तित्व थिए– विश्वेश्वरप्रसाद कोइराला । उनी राजनीतिमा बीपी र साहित्यमा विश्वेश्वरप्रसादका नामले प्रसिद्ध थिए ।

२०३६ सालमा बहुदलले चुनाव हाऱ्यो, पञ्चायतले नै जितेको घोषणा गरियो । त्यसलाई बीपीले 'देशको अवस्थाअनुसार स्विकार्छु' भनेका थिए । पञ्चायतबाहेक बहुदलीय व्यवस्थामा आस्था राख्ने अरू कुनै नेतालाई बोलाउने चलन थिएन । कसैले बोलायो भने त्यसमाथि नै शङ्काले हेरिन्थ्यो ।

विजयबहादुर मल्ल प्रज्ञाप्रतिष्ठानका सदस्यसचिव थिए । उनले 'विश्वेश्वरप्रसाद कोइरालालाई एउटा साहित्यकारको नाताले प्रज्ञाभवनमा आमन्त्रण गरिएको हो' भनी मौखिक स्पष्टीकरण दिनुपऱ्यो रे ।

त्यस बेला व्यङ्ग्य साह्रै घुमाउरो र कलात्मक हुन्थ्यो । सेन्सरमा प्राज्ञहरू दरबारलाई केही व्यङ्ग्य पर्छ कि भनेर खुब सतर्क हुन्थे । सूर्यबहादुर थापा

प्रधानमन्त्री थिए । हामीले 'यमलोक' प्रहसनमा सूर्यबहादुर थापालाई तीखो व्यङ्ग्य प्रहार गरेका थियौं ।

यमलोक पुगेको पात्रले त्यहाँ पनि सूर्यलाई देख्छ र 'त्यो को' भन्दा 'सूर्य भगवान्' भन्छ । पृथ्वीबाट मरेर आएको पात्रले 'त्यो सूर्य तल पृथ्वीबाट हेर्दा पनि माथि देखिन्थ्यो, मरेर यहाँ माथि आउँदा पनि माथि नै देखिन्छ । त्यो सूर्य त्यति माथि रहेछ' भन्दा हलमा धेरै बेर नरोकीकन ताली बजेको थियो ।

राजाले मुन्टो घुमाएर ताली बजाउने दर्शकलाई हेरेका थिए । प्रम सूर्यबहादुर थापा आफूलाई व्यङ्ग्य गरेको सुनेर स्वयम् हाँसेर झन् रातो भएका थिए । नेपालको न्यायप्रणाली, शान्तिसुरक्षा, प्रशासन सबै मरेर यमलोक पुगेका हुँदा रहेछन् । मरेर यमलोक आउने पात्रले 'त्यही त भन्या, नेपालमा न्याय, शान्तिसुरक्षा, प्रशासन केही देखिँदैन । कहाँ गयो भन्ठानेको त मरेर यहाँ यमलोकमै आइसकेको रहेछ । त्यसैले पो त नेपालमा नदेखिएको रहेछ त' भन्दा हलमा फेरि ताली बजिरह्यो ।

त्यस बेला यति गर्नु भनेको साह्रै ठूलो व्यङ्ग्य हुन्थ्यो । प्रदर्शनकै क्रममा हामीले दर्शकदीर्घामा बसेका विश्वेश्वरप्रसाद कोइरालालाई देखाउँदै 'उहाँ को नि ? चिन्याचिन्या जस्तो लाग्छ' भन्दा 'उहाँ त मोडल डेमोक्रेसी हो' भन्यौं ।

त्यस बेला बीपीलाई मोडल डेमोक्रेसी भनिन्थ्यो । उनलाई हेर्दै हामीले फेरि भन्यौं, 'ए मोडल डेमोक्रेसी ? तपाईं पनि मरेर यहाँ, यमलोकमा ? नेपालमा मोडल डेमोक्रेसी कता हरायो भनेको त मरेर यमलोकमै आइसक्या रेछ' भन्ने व्यङ्ग्यचाहिँ बीपी प्रहसन हेर्न आएको थाहा पाएपछि थपेका थियौं ।

सङ्गीतकार नातिकाजी बीपीसँगै बसेका रहेछन् । बीपीले त्यो संवाद सुनेर 'यी केटाहरू त जोडदार रहेछन्, भेट्नुपर्‍यो भनेका थिए रे तर बीपीसँग भेट गर्नै पाइएन ।

'यमलोक' प्रहसनलाई हामीले कार्यक्रम हलबाटै अडियो क्यासेटमा रेकर्ड गरेका थियौं । त्यस बेला लोकगीत र आधुनिक गीतका क्यासेट बजारमा किन्न पाइन्थ्यो तर प्रहसन र हास्यव्यङ्ग्यको क्यासेट निकाल्ने चलनै थिएन । हामीले 'यमलोक' लाई क्यासेटमा निकालेर बिक्री गरौं भन्ने सल्लाह गर्‍यौं । 'यमलोक' जम्मा आधा घण्टाको थियो । क्यासेट निकाल्न फेरि अर्को आधा

घण्टाको प्रहसन चाहियो । त्यसैले हामीले 'प्यारालाइसिस' भन्ने अर्को प्रहसन पनि बनायौं । त्यो प्रहसनमा 'देशको नेतालाई प्यारालाइसिस भएको छ, जो बोल्न मात्र सक्छ कामचाहिँ गर्न सक्तैन । मुख मात्र चल्छ, हातखुट्टा केही चल्दैन' भनेर प्रतीकात्मक रूपमा व्यङ्ग्य गरेका थियौं । रङ्गमञ्चमा मञ्चन गरेर त्यसलाई पनि अडियोमा रेकर्ड गऱ्यौं ।

ए र बी साइडमा आधा-आधा घण्टाका दुइटा प्रहसन राखी 'यमलोक' क्यासेट बजारमा ल्यायौं । क्यासेट निकाल्दा कान्छा कर्माचार्यले उधारोमा कभर डिजाइन गरिदिए । अमृत शाक्य दाइले सेवा प्रिन्टिङ प्रेसमा उधारोमै कभर छापिदिए ।

हामीसँग जम्मा दस-बाह्र हजार रूपैयाँ मात्र थियो । त्यति पैसाको खाली क्यासेट किन्न कमलेस अग्रवालकहाँ गयौं । उनी सिङ्गापुरबाट खाली क्यासेट ल्याउँथे र हिन्दी गीत भरेर बेच्ने काम गर्थे । हामीले त्यहीँ क्यासेट भर्न दियौं । अब हाम्रो नयाँ काम सुरू भयो– हामी झोलामा क्यासेट बोकेर न्युरोड, रत्नपार्क, असन, इन्द्रचोकका क्यासेट पसलहरूमा आफै बिक्री गर्न थाल्यौं ।

प्रहसनको क्यासेट, सुरूसुरूमा त पसलेहरू किन्नै मान्दैनथे । 'यसको सट्टा लोकगीत ल्याउनुस् न' भन्थे । एउटा पसलमा हामी दस-बाह्रओटा जबरजस्ती छाडिदिन्थ्यौं 'बिकेन भने फिर्ता लगौंला' भनेर ।

जब क्यासेट पसलमा लाउडस्पिकर जोडेर साहुजीले बजाउन थाले, पसलबाहिर सुन्नेको भीड लाग्न थालेछ । दस-बाह्र पिस जबरजस्ती लिएको पसलेले भोलिपल्ट सय पिस अर्डर गऱ्यो । यति धेरै माग बढ्यो कि हामीसँग मागअनुसार क्यासेट किन्ने पैसै भएन ।

कमलेस अग्रवालको दुईतले घरभरि सिङ्गापुरबाट मगाइएका खाली क्यासेट थिए । उनले 'तपाईंहरू चिन्ता नगर्नुस्, जति क्यासेट चाहिए पनि म उधारोमा दिन्छु' भने ।

हामी रातभरि नसुती क्यासेट रेकर्ड गर्थ्यौं र सेलोफिन पेपरले बेर्थ्यौं । भोलिपल्ट ट्याम्पो रिजर्भ गरेर पसलपसलमा बाड्थ्यौं ।

त्यस बखत अहिले जस्तो घरघरमा टेलिभिजन थिएन । अलि हुनेखाने मान्छेकहाँ क्यासेट प्लेयर हुन्थ्यो । क्यासेटमा गीत सुन्नु नै त्यो बेलाको सम्पन्नता थियो ।

हाम्रो 'यमलोक' पनि हरेक क्यासेट प्लेयर भएका नेपालीको घरघरमा हुन्थ्यो । क्यासेट सुन्नेहरूले 'यस्तो व्यङ्ग्य त के गरी गर्न सकेको होला ! यस्लाई त सरकारले प्रतिबन्ध लगाउँछ' भन्थे । 'प्रतिबन्ध लाग्छ' भन्ने हल्ला सुनेपछि क्यासेटको बिक्री त झन्झन् बढ्न पो थाल्यो ।

अझ उपत्यकाबाहिरका जिल्लामा त 'क्यासेट सुनेको सीडीओले थाहा पाउँछ' भनेर झ्यालढोका बन्द गरेर सानो स्वरले सुन्थे रे । गाउँका क्लबहरूले क्यासेट किनेर क्लबमै राखे रे । विदेशमा बस्ने नेपालीलाई उपहार पठाइदिने सामानमा हाम्रो क्यासेट पनि हुन्थ्यो ।

एक पटक हामी रसियामा कार्यक्रम गर्न जाँदा त्यहाँस्थित नेपाली राजदूत कुमार ज्ञवालीले आफ्नो भाषणमा भनेका थिए– "नेपालबाट कोही मान्छे आयो भने गुन्द्रुक, मस्यौरा र महजोडीको क्यासेट पठाइदिनू भन्छन् ।" हामीलाई स्वादको गुन्द्रुक र मस्यौरासँग दाँज्दा खुब आनन्द लाग्थ्यो ।

'यमलोक' क्यासेट त्यस बेला मात्रै हामीले १ लाख ५० हजार थान बेचेको सम्झना छ । त्यो क्यासेटको बिक्रीबाट मेरो बासै जोडियो । मैले चार आना जग्गाको पैसा तिरेर दुईतले घरै बनाएँ ।

त्यसपछि हामीले 'अंशबन्डा', 'ककफाइट', 'रद्दीको टोकरी' जस्ता थुप्रै प्रहसनका क्यासेट बजारमा ल्यायौँ । त्यसबाट प्राप्त भएको आम्दानीले चाइनिज इँटले बनाएका तीन तलाका दुइटा घर हेर्दा मलाई लाग्थ्यो– म क्यासेटको बट्टा चाङ लगाएर त्यसमै सुतिरहेको छु ।

राष्ट्र बैङ्कले एउटा प्रहसनका लागि भनेर बनाइदिएको जोडी नेपालको स्थायी जोडी बन्यो । आम्दानीसँगसँगै हामीले नाम, इज्जत सबै पाउँदै गयौँ । हरेक कुरामा मान्छेलाई सफलतासँगै आम्दानी पनि हुनुपर्छ । आम्दानी नभएको भए हामी यति लामो सहकार्य गर्न सक्तैनथ्यौँ होला । नत्र रोटी, भात खोज्न अर्को काम गर्न थाल्नुपर्थ्यो ।

तर मानिसहरू 'हामीले जति कमायौँ, त्योभन्दा धेरै गुना कमाएका छौँ' भन्ने सोच्छन् । कलाकार भनेपछि भारतका अमिताभ वच्चन, शाहरूख खान, अमिर खानले जति पैसा कमाउँछन् हामीले पनि त्यति नै कमाउँछौँ भन्ने सोच्छन् । भारतमा उनीहरूको जीवनशैली जस्तो छ, हाम्रो पनि यहाँ त्यस्तै होला भन्ने ठान्छन् । अमिताभ वच्चन एउटा चलचित्रमा अभिनय गरेको

पारिश्रमिक चालीस करोड भारू पाउँछन् भने हामीले चार लाख नेरू पनि मुस्किलले प्राप्त गर्छौं ।

उनीहरू दस मिनेट रङ्गमञ्चमा प्रस्तुत भए भने दुई करोड रूपैयाँ पाउँछन् भने हामी एक घण्टा रङ्गमञ्चमा प्रस्तुत हुँदा नब्बे हजार नेपाली रूपैयाँ पाउँछौं होला । ठट्टा गरेर भन्छौं– 'हामी नब्बे हजार पाउँछौं । उनीहरू दुई करोड पाउँछन् । नब्बे धेरै कि दुई ? हाम्रो एक घण्टा लामो टेलिसिरियल आउँदा अमिताभ वच्चनको तीस सेकेन्डको डाबर च्यवनप्राश, बोरो प्लस, तेलको विज्ञापन आउँछ । हाम्रो एक घण्टा लामो टेलिफिल्म ठूलो कि उनीहरूको तीस सेकेन्डको विज्ञापन ठूलो ?'

हामी नेपाली उनीहरूको देशको टिभीमा कहिले सानोसानो विज्ञापन खेलौंला ?

म यसै ठट्टा गर्ने गर्छु– 'हामी उनीहरूको देशको सानो विज्ञापन पनि खेल्दैनौं, ठूलठूलो फिल्म पनि खेल्दैनौं, आफ्नै देशमा फुर्सद छैन हामीलाई । उनीहरूको पो त फुर्सद छ अनि नेपालका टिभीहरूमा विज्ञापन खेल्न आउँछन् ।' ठट्टै त हो, 'अझ अमिताभ वच्चनको बुबाको नाम पनि हरिवंश राय वच्चन हो । आफ्नो बुबाको नाम मिल्नेलाई त मीत बुबा भन्नुपर्छ । अमिताभ वच्चन मेरो घरमा दसैंमा टीका लाउन आउनुपर्छ तर आउँदैनन् । ठीकै छ, उनी नआए मै दसैंमा टीका लाइदिन मुम्बै गइदिउँ भने पनि इन्डियनहरू दसैंमा टीकै लगाउँदा रहेनछन् ।'

तर, नेपालमा पनि अरू घुस नखाने कर्मचारीको भन्दा त गर्न सक्ने कलाकारको आम्दानी धेरै राम्रो छ ।

मान्छेले आयस्रोत भएपछि मात्र समाजसेवा गर्न सक्छ । आयस्रोतबिनाको समाजसेवा मान्छेले दुई दिन गर्छ, अनि थाक्छ । स्वार्थ नभएको कोही हुँदैन । ममा पनि स्वार्थ छ । जोडी भएर काम गर्दा सफलता प्राप्त भयो । नाम, दाम, इज्जत प्राप्त भयो । त्यही स्वार्थले हामीलाई बाँध्दैबाँध्दै अगाडि बढायो । केही गरी हामी सफल हुन नसकेको भए हाम्रो जोडी पहिल्यै फुटिसक्थ्यो । हुन त नाम, दाम भयो भन्दैमा जोसँग पनि सहकार्य गर्न सकिँदैन । जोडी सफल हुन दुवैको अन्तरमनदेखि नै मिलन हुनुपर्छ, मेहनती हुनुपर्छ, स्वार्थ कम र इमानदारी बढी हुनुपर्छ । पार्टनरसिपको महत्त्व बुझ्नुपर्छ र धेरै कुरामा सम्झौता

गर्न पनि सक्नुपर्छ । मैले पनि मदनकृष्ण श्रेष्ठसँगको सहकार्यमा धेरै सम्झौता गरेको छु । उनले मैलेभन्दा बढी गरेका होलान् ।

मैले मदन दाइमा सबै कुरा भेट्टाएँ, त्यसैले हामी लामो सहकार्यमा छौं । हाम्रो मात्र होइन, हाम्रो परिवार, परिवारको सद्भाव पनि सहकार्यको बलियो खम्बा भएको छ । रत्नराज्य स्कुलमा मुखियाको जागिर लगाइदिने मेरा आदरणीय शिक्षक लक्ष्मीप्रसाद अधिकारीले मलाई एक दिन बाटोमा भेटेर खुसी हुँदै भने– "हरिवंशे, तँ यति सप्रेलास् जस्तो लागेको थिएन बाबु !"

सायद मदनकृष्ण श्रेष्ठ जँड्याहा भएको भए म पनि जँड्याहा हुन्थें होला । उनमा नकारात्मक सोच बढी भएको भए म पनि त्यही सोचमा हिँड्थें होला ।

म उद्दण्ड स्वभावको थिएँ । मेरो बाल्यकालको परिस्थिति नै उद्दण्डतामा बित्यो । तर करूणाको गुण नभएको मान्छे कलाकार वा सिर्जनशील हुनै सक्तैन । ममा पनि करूणाको गुण अलिअलि छ जस्तो लाग्छ । मदनकृष्णको सङ्गतले गर्दा उद्दण्डता बिलाउँदै गएका कारणले करूणा अगाडि आउन थाल्यो । त्यसैले म लक्ष्मी सरले भने जस्तै सप्रिएँ ।

फोहर नै त मल हुन्छ । सायद म मलमा सप्रिएको मुला, फोहरमा हुर्किएको रूख । फोहर मेरो जरामा भए पनि काण्ड, हाँगा र पातमा नहोस् भन्ने कुरामा म सधैं सचेत छु । मलको पौष्टिक तत्त्व लिएर फलेको आँपको स्वाद आँप जस्तै गुलियो हुन्छ । त्यहाँ मलको कुनै अवशेष हुँदैन ।

घट्टेकुलोको गल्लीमा हाम्रो घर थियो । त्यस घरमा मैले मीरालाई भित्र्याएँ । त्यही घरमा दुइटा छोरा जन्मिए, हुर्किए । त्यो घर नै मेरो प्रगतिको मन्दिर थियो । हाम्रो घर भएको गल्लीमा टोलवासी मिलेर ढल हाल्यौं, इँट हाल्यौं तर त्यो गल्लीलाई सडक बनाउन सकेनौं । सजिलै गाडी ओहोरदोहोर गर्न सक्ने बनाउन सकेनौं ।

'गल्लीलाई सडक बनाऔं' भन्दा गल्लीको मुखैमा बस्नेले मलाई कुटे । मैले पनि कुटें । गल्लीकै मुखमा घर भएकी एक महिलाले त झगडा गर्दा मेरो गुप्ताङ्ग नै निमोठिदिइन् । उनको हात छुटाउन मैले उनको छातीमा मुक्कै हान्नुपऱ्यो । तर, गल्ली फराकिलो पार्न सकिएन । अन्त्यमा मैले घट्टेकुलोको घरै बेचेर जाने निर्णय गरें ।

घर त बिक्री भयो तर म रातभरि सुत्न सकिनँ । जुन घरमा बसेर मैले यत्रो प्रगति गरें । मीरालाई भित्र्याएको, छोराहरू जन्मेको, खेलेको घर किन बेचेछु ? बरू जसोतसो यही गल्लीमै बसेको भए पनि हुन्थ्यो नि जस्तो लाग्यो ।

मीराका आँखा आँसुले टिलपिल भए । घर बेचेपछि सर्नै पऱ्यो । सरेको दिन म नयाँ बजारको डेरामा पुगेर खुब रोएँ । घट्टेकुलोमा मान्छेले ठेगाना बताउनुपर्दा हरिवंशको घरनेर अथवा त्यहाँबाट यता जाने, उता जाने भन्ने गर्थे । त्यो गल्लीको अघोषित नामै हरिवंश गल्ली थियो ।

मानिसहरू पहिलेपहिले ठेगाना बताउँदा 'हरिवंशको घरनेर' भन्थे । हिजो आज पनि 'हरिवंशले बेचेको घरनेर' भन्छन् रे । राई थरका मानिसले घर किने । त्यो घरकी बूढी राई आमा भन्ने गर्छिन् रे– "हामीले त्यत्रो पैसा तिरेर किने पनि त्यो बाहुनको भूतले यो घर छोडेन ।"

बूढानीलकण्ठमा कुमार थापाले हामीलाई घरमा खाना खान बोलाए । हामी सपरिवार गएका थियौं । उनको घरको कम्पाउन्डमा ग्यारेज रहेछ । ग्यारेजको भित्तामा सिक्रीले बाँधेर एउटा सीजी जापानी मोटर साइकल फोटो झुन्ड्याए जस्तै गरी झुन्ड्याएका रहेछन् । कहीँ नदेखेको दृश्य ।

मैले सोधें– "किन यो मोटर साइकललाई यसरी झुन्ड्याउनुभएको ?"

उनले भने– "हेर्नुस् दाइ, मसँग पहिले केही थिएन । यो मोटरसाइकल चढेर मैले धेरै काम गरें । धेरै प्रगति गरें । म आज यति सम्पन्न हुनुमा यो मोटरसाइकलले धेरै साथ दिएको छ । अब यो पुरानो भयो, बूढो भयो । यसलाई कबाडीको भाउमा बेच्न मेरो मनले मानेन । त्यसैले यो मोटरसाइकलको गुन तिर्न, यसलाई नबिर्सन मैले यसरी भित्तामा झुन्ड्याएर राखेको हुँ । म बाहिर निस्कँदा जैले पनि यसलाई मनमनै ढोगेर जान्छु ।"

मेरो पनि जीवनमा पहिलोचोटि किनेको एउटा मारूती जिप्सी मोटर छ । त्यो जिप चढेर मैले पनि धेरै प्रगति गरेको छु । जीवनका धेरै सिँढीहरू चढेको छु । धेरै लामो यात्रा गरेको छु । धेरै रङ्गमञ्चमा प्रस्तुत भएको छु । धेरै सुटिङमा खटेको छु त्यो जिपमा गएर ।

मैले त्यो जिप चलाउँदा मीरा अगाडि बस्थिन् । मैले गाडी अलि कुदाउँदा उनी तर्सेर अगाडिको ह्यान्डिल समाउने गर्थिन् । त्यसरी तानेर

समाउँदासमाउँदै ह्यान्डिलै अलिकति बाङ्गो भयो । मदन दाइ पनि तर्सेर त्यही ह्यान्डिल तान्थे । ह्यान्डिल बाङ्गो हुनुमा मेरो रफ्तार र प्रगति गाँसिएको छ ।

जिप्सी पुरानो भयो, धेरै तेल खान थाल्यो, अनि मैले तीन लाख रूपैयाँमा बेचें । बेचेको रात मलाई पटक्कै निद्रा लागेन । मानौं, मैले मेरो जीवनको बहुमूल्य चिज बेचें । त्यो जिप चढेर मैले गरेका प्रगतिहरू झलझली सम्झिएँ ।

मेरा आँखाअगाडि कुमार थापाले सीजी मोटरसाइकललाई प्रगतिको गुन सम्झेर घरको ग्यारेजमा सम्मान दिएको दृश्य आइरह्यो । जीवनमा पहिलो पटक किनेको जिप, प्रगतिपथमा त्यो निर्जीव यन्त्रले दिएको साथ याद आइरहन्छ ।

कहिलेकाहीँ त्यो जिप बिरामी भएर स्टार्ट नहुँदा मलाई कत्रो पिर पर्थ्यो, मानौं मेरो परिवारको कुनै सदस्यलाई सन्चो छैन । त्यो जिपमा कसैले छोएर कोरिदियो भने त्यसको शरीरमा कोरिएको धर्को मेरै शरीरमा लागे जस्तो लाग्थ्यो अनि हत्तपत्त त्यसलाई निको पार्न ग्यारेजमा लगिहाल्थें । तर आज 'त्यो पुरानो भयो, अलि बूढो भयो भनी मैले तीन लाख रूपैयाँमा बेचें' भनेर छाती चर्किएर आउँछ ।

त्यो जिप्सीसँग मेरो सुखदुःख साटिए जस्तो लाग्छ । त्यसैले मलाई जिप्सी निर्जीव होइन जीवित साथी जस्तो लाग्छ । किनभने ऊ पनि जीवितले झैँ हिँड्छ, खान्छ, सहयोग गर्छ ।

बेचेको भोलिपल्ट बिहानै मदन दाइलाई फोन गरें र जिप बेचेर सुत्न नसकेको कुरा सुनाएँ । "नामसारी गरिसकेको छैन, सुटिङलाई त जिप नभई हुन्न, भाडामा लिनुपर्‍यो भने पनि धेरै पैसा तिर्नुपर्छ । तीन लाख रूपैयाँ महसञ्चारले हाल्यो भने त्यो जिप महसञ्चारको हुन्छ" भनें । मदन दाइले हुन्छ भने । मैले दस बजे नै तीन लाख दिएर गाडी फिर्ता ल्याएँ ।

ती निर्जीव वस्तुसँग त त्यत्रो आत्मीयता हुँदो रहेछ भने तेत्तीस वर्षको सहकार्यमा साथी मदनकृष्णसँगको आत्मीयता कति गहिरो र हार्दिक होला !

राजनीतिक यात्राका जूनकीरी

हास्यव्यङ्ग्यको भूमिका पनि राजनीतिमा भने प्रतिपक्षकै जस्तो हुँदो रहेछ । पञ्चायती व्यवस्थाका प्रतिपक्ष भनेका बहुदलवादी हुन् । हामी पञ्चायती व्यवस्थामाथि व्यङ्ग्य गर्थ्यौं । पञ्चायती व्यवस्था र पञ्चहरूलाई व्यङ्ग्य गर्दागर्दै हामी पनि निर्दलविरोधी अर्थात् बहुदलवादी भयौं । पञ्चायतइतर हुनासाथै बहुदलवादी नेताहरूसँग नजिक भयौं । बहुदलवादीहरूका कुनै पनि जमघट, समारोहहरूमा हामीलाई पनि आमन्त्रण हुन थाल्यो ।

गणेशमान सिंह र मङ्गला भाउजूहरू असाध्यै माया गर्थे । गणेशमानको निवास चाक्सीबारीमा हुने कार्यक्रममा जाँदा मङ्गला भाउजू भन्थिन्– "तिमीहरू दुई जना आयो कि आएन भनेर बा (गणेशमान) ले सोधिरहनुहुन्छ, सधैं आउनू है ।"

हुँदाहुँदा हामी गणेशमान जस्तो व्यक्तिको बेडरूमसम्मै पनि जान पाउँथ्यौं । मदन दाइ र म नयाँ प्रहसन लेख्नुपर्दा नयाँनयाँ कुराहरू पाइन्छ कि भनेर ठाउँठाउँ, प्रतिष्ठित मान्छेहरूको घर जाने गर्थ्यौं ।

एक साँझ हामी सर्वमान्य नेता गणेशमान सिंहको घरमा गयौं । हामी पुग्दा गणेशमान बेडरूममा गइसकेका रहेछन् । पीएल सिंह हामीलाई 'सिन्चाधुँन्चा' भन्थे । नेवारी भाषामा देवीनाचमा सिंह र बाघको मुकुन्डो लगाएर नाच्नेलाई 'सिन्चाधुँन्चा' भनिन्छ । पीएल सिंहले भने– "ए सिन्चाधुँन्चा, यति बेला पनि आउने हो बालाई भेट्न ? पख, म बालाई खबर गर्छु ।"

हामी बैठकमा बसिरह्यौं । एकछिनपछि "ए सिन्चाधुँन्चा, आऊ तिमीहरूलाई बाले बेडरूममा बोलाउनुभएको छ" भनेर नेवारी भाषामै भने । हामी गणेशमान सिंहको बेडरूममा पुग्दा गणेशमान सिंह त बियर पिइरहेका रहेछन् । गणेशमान नेवारी भाषामै भन्दै थिए– "के गर्ने, किड्नीमा स्टोन छ, डाक्टरले बियर पिऊ भन्छ । तिमीहरू पनि बियर पिउने ?"

हामीले पनि 'पिउने' भन्यौं । दुइटा ग्लास ल्याएर बियर भरियो । हामीले गणेशमान सिंहसँग चियर्स गरेर बियर पियौं । टेलिभिजनमा चीनको 'तिअनमेन स्क्वायर' मा प्रदर्शनकारी सडकमा सुतेका, उनीहरूको शरीरमाथिबाट सेनाको ट्याङ्क हिँडेको तथा प्रदर्शनकारीले ट्रकभरि बसेका सेनाका कलिलाकलिला सिपाहीलाई जिउँदै आगो लगाएको दृश्य हेर्‍यौं । त्यो दृश्यले तीतो बियर झन् तीतो र खल्लो लाग्यो ।

गणेशमान सिंह नेपालका साहसिक नेता थिए । नेपाली जनतालाई मुक्ति दिलाउन कठोर जहानियाँ शासनमा उनले गरेको त्याग, योगदान र साहसका कथाहरू हामीले सुनेका थियौं । त्यस्ता महान् व्यक्तिसँग बेडरूममै बसेर बियर पिउन पाउनु हाम्रा लागि गौरवको कुरा हो ।

गणेशमान हाम्रा क्यासेटहरू सुन्थे । हामी हाम्रा नयाँ क्यासेट निस्क्यो कि उनलाई लगेर टक्र्याउँथ्यौं । हामी काठमाडौंमा भएको बेला गणेशमानको घरमा हुने राजनीतिक कार्यक्रमहरूमा जाने गर्थ्यौं । 'कोको आए, कोको गए' भन्ने निगरानी राख्न क्षेत्रपाटीको बाटोभरि छ्याप्छ्याप्ती सीआईडी हुन्थे । हामी गएको कुरा पनि प्रशासनमा पुर्‍याइहाल्थे ।

मनमोहन अधिकारीसँग कुनै समारोहमा भेट भयो भने उनी हाम्रो हात च्याप्प समातेर राख्थे । हामीलाई काङ्ग्रेस-कम्युनिस्ट सबैले मन पराउँथे । पञ्चहरू पनि मन पराउँथे । 'यिनीहरू काङ्ग्रेस-कम्युनिस्ट हुन्' भन्ने पञ्चहरूको मनमा हुन्थ्यो तर नराम्रो व्यवहार भने गर्दैनथे ।

देशमा पञ्चायती व्यवस्थै थियो । बयालिस-पैंतालिस सालतिर होला, विराटनगर बटम फ्याक्ट्रीका मालिकले नक्कली क्यासेट निकालेछन् । 'रानीले लेखेको र नारायणगोपालले गाएको गीत डुप्लिकेट निकाल्यो' भनेर म्युजिक नेपालले अञ्चलाधीशकहाँ रिपोर्ट हाल्यो ।

प्रहरीले छापा मार्दा हाम्रा पनि थुप्रै नक्कली क्यासेट भेट्टाएछ । विराटनगरका उच्च घरानाका व्यक्ति कालो व्यापारीका रूपमा पक्राउ परे । उनलाई छुटाउन तत्कालीन प्रतिबन्धित नेपाली काङ्ग्रेसका महामन्त्री गिरिजाप्रसाद कोइरालाले मलाई विराटनगरबाटै फोन गरे– "उनलाई छुटाउन लगाइदिनुस् न ।"

मैले भनें– "गिरिजाप्रसादजी, तपाईंसँग हामीले धेरै आशा गरेका थियौं भविष्यको । तर खुट्टामा एउटा चप्पल पनि ऋण काढेर लगाउनुपर्ने नेपालका लोक गायकगायिकाको क्यासेट डुप्लिकेट गरेर बेच्ने कालो बजारीलाई तपाईं जस्तो व्यक्तिले नै 'छुटाइदिनुस्' भनेर फोन गर्नुभयो । मलाई त कस्तोकस्तो नराम्रो लाग्यो ।"

उनले अझ थपे– "हैनहैन, गल्ती भनेको जसले पनि गर्न सक्छ । एक पटकलाई सहयोग गरिदिनोस् ।"

पद्मरत्न तुलाधरकी छोरीको बिहेमा मदन भण्डारी पनि आएका थिए । उनीसँग व्यक्तिगत चिनजान थिएन तर बोल्न मन लागिरहेको थियो । हुल धेरै भएकाले उनीसम्म जान सकेनौं । त्यस बखत हाम्रो प्रहसनका क्यासेटहरूका साथसाथै मदन भण्डारीले आमसभामा गरेको भाषण, पद्मरत्न तुलाधरले पञ्चायतको सदनमा दिएको भाषणको क्यासेट पनि बिक्री हुन्थ्यो ।

मदन भण्डारीले 'हामी पनि त्यहीँ छौं' भन्ने थाहा पाएछन् । उनी हामीसँग भेट्न आएर भने– "तपाईंहरू दुवै जनासँग भेटेर खुसी लाग्यो । हामी भूमिगत हुँदा तपाईंहरूका क्यासेट सुन्थ्यौं । तपाईंहरूका प्रहसनहरू हाम्रा लागि राजनीतिक किताब भएका छन् । धन्यवाद तपाईंहरूलाई !"

प्रखर वक्ता, जनताको बहुदलीय जनवादका प्रवर्तक मदन भण्डारीको ठूलो उचाइ थियो । धेरै मान्छेले 'यो मान्छेले देशका लागि केही गर्छ' भन्ने आशा गरेका थिए । हामीलाई पनि त्यस्तै लाग्थ्यो । त्यस्तो व्यक्तिले तारिफ गरिदिंदा हामी ठिटाहरू निक्कै फुरूङ्ग पऱ्यौं । त्यसको केही समयपछि नै देशले उनलाई गुमायो । उज्यालो नेपाल बनाउने एउटा तारा अस्तायो ।

***

हामी पञ्चायती व्यवस्थाविरूद्ध व्यङ्ग्य गर्ने मान्छे भएकाले त्यस बखत 'हामीलाई थुन्नुपर्छ, जेल हाल्नुपर्छ' भन्ने ठूलो दबाब आउँथ्यो ।

सूर्यबहादुर थापा नेपालका प्रधानमन्त्री थिए । हामी उनलाई घुमाउरो पाराले खुब व्यङ्ग्य गर्थ्यौं । उनका भाइ गीतकार नगेन्द्र थापाले एक पटक भनेका थिए– "तपाईंहरू दुवैलाई थुन्नुपर्छ भनेर दाइलाई खुब दबाब आउँछ तर जत्ति दबाब दिए पनि दाइले तपाईंहरूलाई थुन्न मान्नु भएन । उहाँ 'उनीहरूले व्यङ्ग्य गरेर मेरो इज्जत बढ्या छ' भन्नुहुन्छ ।"

सूर्यबहादुर थापाको प्रधानमन्त्रित्वकालमा हामीले हास्यव्यङ्ग्यमा ठूलै प्रगति गरेका थियौं । सूर्यबहादुर थापासँग व्यङ्ग्य पचाउने शक्तिचाहिँ प्रशस्त थियो ।

मलाई रूबी जोशी दाइले गभर्नर कल्याणविक्रम अधिकारीलाई भनेर नेपाल राष्ट्र बैङ्कमा रेडियो नेपालबाट प्रसारण हुने बैङ्किङ कार्यक्रमको प्रस्तोताको जागिर लगाइदिए । एकातिर राष्ट्र बैङ्कको सरकारी जागिर, अर्कातिर पञ्चायतविरूद्ध हास्यव्यङ्ग्य प्रदर्शन गर्ने । त्यस बखत सरकारी जागिर खाने मान्छेले व्यवस्थाविरूद्ध कुनै काम गर्न पाइँदैनथ्यो ।

तर मलाई राष्ट्र बैङ्कले धेरै छुट्टी दिएको थियो । दिनभरि टेबलमा बसेर काम गर्ने मसँग धैर्य थिएन, काम पनि थिएन । रेडियो कार्यक्रमका लागि सामग्री लेख्नुपर्थ्यो । म एक-दुई घण्टामै सबै काम सक्थें ।

मेरा हाकिम प्रमोद अर्याल निकै अनुशासित थिए । मचाहिँ कसरी अफिसबाट भागौं भनेर दाउ हेर्थें । एक दिन प्रमोद सरले मलाई सोधे– "तपाईं आज के भनेर भाग्नु हुन्छ त ?"

मैले तुरून्तै भनें– "सर, मेरो ड्राइभिङ लाइसेन्स रिन्यु गर्नु छ, एकपल्ट गएर आउँ ?"

प्रमोद सरले आफ्नो लाइसेन्स पनि दिंदै भने– "ल, मेरो पनि गरेर ल्याइदिनुस् ।"

बस, मैले काम पाइहालें । डीएसपी कार्यालय हनुमानढोका गएर एकैछिनमा लाइसेन्स नवीकरण गरिहालें । भोलिपल्ट कार्यालय पुग्नासाथै प्रमोद सरले सोधे– "लाइसेन्स भयो ?"

मैले भनें– "हिजो छोडेर आएको छु सर । आज लिन बोलाको छ ।" म आफ्नो काम सकेर लाइसेन्स लिने बहानामा हिँडें ।

पर्सिपल्ट प्रमोद सरले सोधे– "लाइसेन्स भयो ?"

"कहाँ सर, हिजो दिनभरि कुरेर बसें । इन्सपेक्टर अशोक केसी आउँदै आउनु भएन । फेरि आज जानु छ ।" मैले पनि दिक्क मान्दै भनें ।

प्रमोद सरले पनि मेरो अनुहार हेरेर दिक्क माने । त्यसको भोलिपल्ट लगेर लाइसेन्स दिएँ ।

रङ्गमञ्चमा पनि धेरै व्यस्त भएकाले अफिसबाट एउटा न एउटा बहाना बनाएर भाग्नै पर्थ्यो । कहिले के भनेर भाग्थें, कहिले के भनेर ।

एक पटक भनें– "सर, आज बाको श्राद्ध छ, जाऊँ है ।"

हाकिमले झोक्किएर भने– "तपाईंका कतिओटा बाउ छन् हँ ? तीन-चार महिनाअगि पनि 'बाको श्राद्ध छ' भनेर जानुभएको थियो ?"

भनिदिने त हो नि भनेर भनिदिएँ– "सर, आजचाहिँ ठूलो बाको श्राद्ध । ठूलो बाको पनि श्राद्ध गर्ने गरेको छु मैले ।"

वास्तवमा मेरो ठूलो बा, सानो बा कोही पनि थिएनन् ।

रङ्गमञ्चमा हामीले पिस्कर हत्याकाण्डबारे बनाइएको 'होस्टे हैंसे' नामक कार्यक्रम देखायौं । केही समयपहिले सिन्धुपाल्चोकको पिस्कर भन्ने ठाउँमा वामपन्थीहरूको मिटिङमा पञ्चायती प्रशासनले गोली चलाउँदा निक्कै मान्छे मारिएका थिए । त्यो प्रहसन हामीले नेविसङ्घको आयोजनामा प्रदर्शन गरेका थियौं ।

रातको एघार बजेको हुँदो हो । घरमा पुलिस आएर ढोका ढकढक्याए । ठूलो छोरो त्रिलोक भर्खर छ-सात महिनाको थियो । प्रहरीले राति लिन आएपछि मेरी श्रीमती मीरा अलि आत्तिएकी थिइन् ।

प्रहरीले भने– "तपाईंलाई महेन्द्र पुलिस क्लबमा बोलाएको छ ।"

मैले सहज तरिकाले भनें– "यति राति किन जाने ? बरू भोलि बिहानै जाउँला नि ।"

प्रहरीले भने– "मदनकृष्णजी आइसक्नुभएको छ ।"

मदन दाइ आइसकेको थाहा पाएर पनि नजानु मेरो नैतिकताले दिएन । मलाई मीराले बाक्लो लुगा लगाइदिइन् । म प्रहरीसँगै गएँ । मीरा ढोकाबाट काखे छोरो बोकेर हेरिरहेकी थिइन् ।

महेन्द्र पुलिस क्लब पुगेपछि यसो हेरें, मदन दाइलाई देखिनँ । सोधें– "मदन दाइ खै त ?"

एउटा प्रहरीले भने– "आउँदै हुनुहुन्छ ।"

मदन दाइको घरमा पनि प्रहरी गएछन् । उनले पनि 'भोलि बिहानै आउँला नि' भनेछन् । उनीसँग पनि 'हरिवंशजी अगि नै आउनु भैसक्यो' भनेछन् । अनि त दाइ नआउने कुरै भएन ।

हामीलाई त्यहाँबाट हनुमानढोका लगियो । सानो कोठा, सुकुल ओछ्याएको थियो । हामीलाई खोरमा राखियो तर प्रहरीले कुनै दुर्व्यवहार गरेनन् । उल्टै आदरपूर्वक सोधे– "केही खानु हुन्छ ? किनेर ल्याइदिउँ ?"

खोरमा थुनिएका अरू थुप्रै कैदीले हाम्रो नाम लिँदै ताली पिटेर स्वागत गरे । हामी कोठाबाट सुन्दै थियौं– "ए मदनकृष्ण/हरिवंशलाई पनि ल्याएछ !" थुनुवाहरूमा एक किसिमको खुसी छाएको थियो ।

हामीलाई थुनेको कोठामा बल्लतल्ल दुई जना अट्थ्यौं । दिसापिसाब लाग्यो भने खोरको ताल्चा खोलेर प्रहरीले तीन तलामुनिको चर्पीमा लैजान्थ्यो र ल्याएर फेरि उही खोरमा ताल्चा मार्थ्यो । त्यहाँको चर्पी ज्यादै फोहर थियो, पिसाब जमेर तलाउ भएको । खुट्टा टेक्न बिछ्याइएको ईँटमा टेक्तै जानुपर्थ्यो । खुट्टा यस्सो चिप्ल्यो भने पिसाबको तलाउमा डुबिहाल्थ्यो । त्यहाँ एउटी विदेशी महिला पनि थुनिएकी रहिछन् । चर्पी हेर्दै 'हाउ क्यान आई सिट हियर' भनेर रोइरहेकी थिइन् ।

मलाई अलि छिटोछिटो पिसाब फेर्नुपर्ने, डाक्टरले मेरो पिसाब थैली 'सानो छ' भनेका छन् । राति अरू कैदीहरूले 'दिसा/पिसाब लाग्यो' भन्दा प्रहरीले तथानाम गाली गरेको सुनेको थिएँ । त्यसैले मैले त गाली खानुभन्दा मध्यराततिर हातमा पिसाब फेर्दै सास फेर्न राखिएको सानो भेन्टिलेसनको प्वालबाट फ्याँकिदिएँ ।

नेविसङ्घले आयोजना गरेको कार्यक्रममा हामीले आफ्नो प्रस्तुति राखेकैले हामीलाई थुनिएको थियो । त्यसैले सरकारको यो कदमविरूद्ध विद्यार्थी

उत्रिएकाले अब कलेजमा हडताल हुन थाल्यो । विद्यार्थीहरू सडकमा उत्रिए । अनि हामीलाई 'यस पटक गल्ती भयो, आइन्दा यस्तो गर्दैनौं' भनी कागज गराइयो । मैले कागजमा त्यस बेलाका प्रधानमन्त्री लोकेन्द्रबहादुर चन्द भनेर हस्ताक्षर गरिदिएँ । प्रहरीले थाहै पाएनन् ।

हामी खोरबाट छुटेर आयौं । कमलादी गणेशस्थाननिर हास्यव्यङ्ग्यकार लक्ष्मण लोहनीले हामीलाई गाली गर्दै भने– "तिमीहरू भनेको कमिला हौ, व्यवस्था भनेको हात्ती । कमिला भएर हात्ती लडाउन खोज्ने ? अहिले त छुट्यौ, पछि थाहा पाउँछौ !"

भोलिपल्ट राष्ट्र बैङ्कमा पुग्दा हाजिर गर्न दिइएन । 'तपाईंलाई आजदेखि राष्ट्र बैङ्कको सेवाबाट हटाइएको छ' भन्ने पत्र पाएँ । रूबी दाइले भने– "गृहमन्त्रीले गभर्नरसाबलाई फोन गरेर 'त्यो व्यवस्थाविरोधीलाई जागिरबाट हटाउनू' भनेका रहेछन् । पिस्कर काण्डको कुरा बोलेकाले गृहमन्त्री ज्यादै रिसाएका रहेछन् तपाईंहरूसँग ।"

पहिले त जागिर जाँदा अलि दुःख लाग्यो । नर्भस पनि भएँ । दुई वर्ष मात्र भएको थियो बिहे गरेको । काखमा नाबालक छोरो, जीवन चलाउन सजिलो थिएन ।

मदन दाइले भने– "अब म पनि जागिर छोड्छु अनि पूरा समय हास्यव्यङ्ग्य क्षेत्रमा दिऔं ।"

अब हामीले पुतलीसडकमा एउटा कोठा भाडामा लिएर 'महसञ्चार' खोल्यौं । पछि मैले जागिर खोस्नेलाई धन्यवाद दिएँ । उसले जागिर नखोसिदिएको भए मन कमजोर भइरहन्थ्यो । हामी त्यो अस्थायी जागिरमा भुन्डिएकाले हास्यव्यङ्ग्यमा पूरा समर्पित हुन पाउँदैनथ्यौं ।

जागिर खोसिएपछि प्रगति नै प्रगति हुन थाल्यो । पञ्चायती व्यवस्थालाई पनि धन्यवाद दिन मन लाग्छ । त्यो व्यवस्था नभएर प्रजातन्त्र भएको भए जसले पनि बोल्थे, जे पनि बोल्थे । बोली र व्यङ्ग्यको त्यति महत्त्व हुँदैनथ्यो । पञ्चायतले बोल्न नदिंदा बोल्न सक्नु र सिधा नबोलेर कलात्मक तरिकाबाट व्यङ्ग्य प्रहार गर्नु नै हास्यव्यङ्ग्यको विशेषता भयो ।

त्यस बखत रङ्गमञ्चमा कार्यक्रम प्रदर्शन गर्दा पहिले नै स्क्रिप्ट लेखेर अञ्चलाधीश कार्यालयमा पेस गर्नुपर्थ्यो । सेन्सर पास भएको चिठी दिएपछि

मात्र प्रदर्शन गर्न पाइन्थ्यो । अरूहरूको कार्यक्रमको स्क्रिप्ट सुब्बा, सेक्सन अफिसरले पढेर जाँच्थे । हाम्रो स्क्रिप्टचाहिँ अञ्चलाधीश आफैले पढेर सेन्सर पास गर्थे ।

अञ्चलाधीशलाई स्क्रिप्ट दिँदा पञ्चायती व्यवस्थाको समर्थन गरे जस्तो लेखेर दिन्थ्यौं । स्क्रिप्ट पास हुन्थ्यो । त्यही शीर्षकमा पूरा पञ्चायतको विरोध गरेर रङ्गमञ्चमा प्रस्तुत गर्थ्यौं । अनि घरमा प्रहरी आइपुग्थ्यो । हामी घरमा नसुतेर अन्तै सुत्न जान्थ्यौं । कति पटक त जिल्लातिर कार्यक्रम गर्न जाँदा सीडीओले होटलबाट बाहिर निस्कनै नदिई फिर्ता पठाइदिन्थे ।

एक पटक पोखरा जेसिसले हाम्रो कार्यक्रम आयोजना गरेको थियो । हामीले 'कक फाइट' नामक प्रहसन देखाएका थियौं । त्यसमा हामी दुई जना पात्र थियौं– पञ्चनारायण र प्रशासनभक्त । पञ्चनारायणलाई प्रशासनभक्तले सोध्छ– "पञ्चनारायण, तपाईं कति सालमा जन्मनुभएको ?"

पञ्चनारायणको जबाफ– "२०१७ सालमा ।"

कार्यक्रम हेरिरहेका सीडीओसाहेब जुरुक्क उठेर गए । भोलिपल्ट पनि कार्यक्रम प्रदर्शन गर्नु थियो तर कार्यक्रम सुरू हुनुअगावै प्रशासनले हलमा ताल्चा मारेछ । आयोजकहरू सीडीओ कार्यालय गएर कराउन थाले । सीडीओले भने– "हेर्नुस्, 'पञ्चनारायण' भनेको पञ्चायती व्यवस्था हो । '२०१७ सालमा जन्मेको' भनेको पञ्चायती व्यवस्था सत्र सालबाट सुरू भएको भनेको हो । त्यस्तो संवाद नबोल्ने हो भने मात्र म कार्यक्रम गर्न दिन्छु, नत्र कार्यक्रम गर्नै दिन्नँ ।"

हामीले 'सत्र साल भन्दैनौं' भन्यौं । कार्यक्रम सुरू भयो । सीडीओ हाम्रो कार्यक्रम सुरू हुने बेलामा टुप्लुक्क आइपुगे । हामीले संवाद परिवर्तन गरिसकेका थियौं– "पञ्चनारायण, तपाईं कति सालमा जन्मनुभएको हो ?"

पञ्चनारायणले उत्तर दिए– "म दुई हजार सोह्र साल र अठार सालको बीचको सालमा जन्मेको ।"

यस्तो संवाद सुनेर सीडीओ कड्के– "म त्यति मूर्ख हुँ ? सोह्र साल र अठार सालको बीचको साल भनेको सत्र साल होइन ?" त्यसपछि सीडीओ रिसाएर हिँडेछन् । भोलिपल्ट हल दिँदैदिएनन् । कार्यक्रम दुई सो मात्र भयो ।

राजनीतिमा हामीले खेलेको भूमिका परोक्ष हो । दलको पक्षमा गरिने राजनीति होइन, जनता र परिवर्तनको पक्षमा गरिने जूनकीरीको उज्यालो जस्तो साङ्केतिक र कलात्मक राजनीति मात्र हो । जूनकीरी भनेको उज्यालोको बिम्ब मात्रै हो, पूर्ण उज्यालो होइन । तर करोडौं जूनकीरीहरूको उज्यालो भने अवश्य पनि पूर्ण उज्यालो हुन्छ ।

रङ्गमञ्चमा हामी निकै सक्रिय थियौं । हाम्रो कार्यक्रम आयोजना गर्न धेरै सामाजिक सङ्घ-संस्था तयार भएर बसेका हुन्थे । हाम्रो कार्यक्रममार्फत सामाजिक सङ्घ-संस्थाले पैसा बचाउँथे र त्यसबाट स्वास्थ्यचौकी, पुस्तकालय, शौचालय, खानेपानी, सरसफाइका कार्यक्रम सञ्चालन गर्थे । हामी पनि राम्रो पारिश्रमिक पाउँथ्यौं ।

सुरूमा पाँच सय रूपैयाँ पारिश्रमिक लिएर दुई सय पचास, दुई सय पचास बाँडेर लिन्थ्यौं । पछि हाम्रो पारिश्रमिक बढ्दैबढ्दै काठमाडौंमा भएका ठूलठूला कार्यक्रममा त एक लाख रूपैयाँसम्म पाउन थाल्यौं । हामीले माग्नै पर्दैनथ्यो । आयोजकहरू आफै दिन आउँथे ।

नाचघर, प्रज्ञाभवनका कलाकारहरू तलब पाउँथे । बाहिरका कलाकारले पारिश्रमिक लिने चलनै थिएन । साँचो भन्नुपर्दा 'पारिश्रमिक लिएर कार्यक्रम गर्न सुरू गरेको हामीले नै हो' भन्दा फरक नपर्ला ।

दरबारसँग नजिक रहेका हामीभन्दा अग्रज कलाकारहरू कसैले जग्गा, कसैले घर, कसैले असर्फी बकस पाए । तर दरबारमा सबै कलाकारको पहुँच हुँदैनथ्यो । अधिकांश कलाकारले कला प्रस्तुत गरेबापत पारिश्रमिकको रूपमा धन्यवाद मात्र पाउँथे । कार्यक्रम सकिएपछि रक्सी खानेलाई रक्सी, नखाने लाई मासुचिउरा, चनाचिउरासम्म दिइन्थ्यो ।

२०४० सालतिर होला, गफको सिलसिलामा एक दिन नारायणगोपाल दाइले सोधे– "ए, तिमीहरू पैसा नलिई कार्यक्रम गर्दैनौ रे, हो ?"

हामीले भन्यौं– "हो ।"

उनले फेरि सोधे– "कति लिन्छौ ?"

हामीले सहजै भन्यौं– "दस हजार, बीस हजारदेखि लाखसम्म ।"

नारायण दाइले पनि सुर्रिंदै भने– "उसो भए अबदेखि म पनि पैसा नलिई गाउँदै गाउँदिनँ ।"

मीरा र म

संवत् २०३८ को कुरो हो, महिनाचाहिँ सम्झन सकिनँ । सेतो सर्ट, नीलो स्कर्ट, सेतो टेनिस सुज, नीलो मोजा, रातो रिबनले दुई चुल्ठो कपाल बाटेकी गोलोगोलो अनुहार, धेरै अग्ली पनि होइन, धेरै होची पनि होइन, अलिअलि मङ्गोलियन मिसिएको अनुहार, अन्दाजी सोह्र वर्षकी केटी नक्साल चारढुङ्गेको बाटो हुँदै कमलपोखरीतिर स्कुल ब्याग बोकेर गएको देखें । उनी मैले अहिलेसम्म देखेका केटीहरूमध्ये सबैभन्दा आकर्षक लाग्यो मलाई ।

'यिनी को होलिन् ? कहाँ बस्लिन् ? कस्की छोरी होलिन् ?' मनमा अनेक कुरा खेल्न थाले । भोलिपल्ट पनि म त्यति नै बेला त्यही ठाउँमा गएर उभिइरहें । उनी त्यही पहिरनमा फटाफट कमलपोखरीतिर लागिन् ।

एक हप्ताजति म त्यति नै बेला त्यो ठाउँमा आएर उभिन थालें । प्रज्ञाभवनमा जागिर भएकाले उनी स्कुलबाट फर्कने बेलामा म त्यहाँ आइपुग्न भ्याउँदिनथें । अफिस छुट्टी भएपछि मदन दाइ र मेरो काम पर्थ्यो । हामी अफिसपछि भेट्थ्यौं । बिन्दु दिदीको बिहे भइसकेको हुनाले म रञ्जना हलनिरको विकास भोजनालयमा खाना खान जान्थें । बेलुकी आउँदा अबेर भइसक्थ्यो, रत्नराज्य क्याम्पसमा म रात्रिकक्षा पढ्थें तर कलेज जान भने भ्याउँदैनथें ।

बल्लबल्ल एसएलसी पास गरेको म– न बस्ने घर छ, न राम्रो जागिर । प्रज्ञाप्रतिष्ठानको अस्थायी जागिर । कसकी छोरी बढी भएको छ र मलाई दिन्थे जस्तो लाग्यो ।

प्रेम गरेर प्रेमले जितौं भने पनि आफू प्रेम गरौंगरौं लाग्ने खालको थिइनँ । ऐनामा आफ्नो अनुहार आफैले हेर्दा त्यस्तै लाग्थ्यो । दुब्लोको त म एउटा नमुनै थिएँ । फेरि कलाकार भनेर थाहा दिउँ भने हिरोलाई पो त केटीहरूले मन पराउँछन् । आफू परियो हास्यकलाकार । हँसाउनेलाई केटीहरू त्यति वास्ता गर्दैनथे ।

उनी मलाई एकदम आकर्षक लाग्थ्यो तर उनलाई आफ्नो बनाउन सक्छु भन्ने पटक्कै लागेको थिएन ।

एक दिन उनलाई कुर्तासुरुवाल लगाएर नक्सालको एउटा पसलमा केही किन्न आएको देखें । कहाँ बस्तिरहिछन् भनेर उनले थाहा नपाउने गरी पछि लागें । नक्साल हात्तीसार जाने बाटोमा एउटा ठूलो कम्पाउन्ड थियो । त्यही ठूलो कम्पाउन्ड भएको घरको ढोकामा एउटा सानो घर सडकसँगै जोडिएको थियो । त्यो घरमा एउटा सानो पसल पनि थियो । त्यही पसल भएको घरमा उनी बस्तिरहिछन् । त्यो सानो पसल पनि उनीहरूकै रहेछ । उनीहरू पनि साधारण परिवारका मान्छे रहेछन् भन्ने थाहा भयो मलाई । अब त उनको नाम के हो, परिवारमा कोको छन्, भन्ने कुरा थाहा पाउन मन लाग्यो ।

म पूर्वतिर जानुपरे पनि उनी बसेको पश्चिम दिशा भएर हिँड्न थालें । तर उनको पसलमा गएर बोल्ने, केही किन्ने हिम्मत भने गर्न सकिनँ । हुन त म त्यति नडराउने मान्छे । आफूलाई कसैले दुःख दियो, हेप्यो भने त गएर हात हाल्न पनि बाँकी नराख्ने मान्छे तर उनको पसलमा गएर एउटा चकलेट किन्ने हिम्मत गर्न सकिनँ ।

एक साँझ म त्यही बाटोबाट हिँड्दै थिएँ । उनको पसलको ढोका बन्द भइसकेको थियो । भित्रबाट उनी आफ्नो सानो भाइलाई केही कुरा भन्दै थिइन् । मलाई उनको स्वर पनि असाध्यै मीठो लाग्यो । फेरि बोल्छिन् कि भनेर धेरै बेर त्यहीँ बाहिर बसेर सुनिरहें तर केही आवाज आएन । निकै बेरपछि म त्यहाँबाट आफ्नो डेरातिर लागें ।

फूल फूलै हो, त्यसलाई अझ राम्रो बनाउन थप सिँगार्नु पर्दैन । प्रकृतिले भरिदिएको रङ नै फूलको वास्तविक शृङ्गार हो । मीरा पनि फूल जस्तै थिइन् । प्रकृतिले उनको अनुहारमा दिएको सौन्दर्यमा केही थप्नु पर्दैनथ्यो ।

त्यही सौन्दर्यमा उनी पद्मकन्या कलेजको ड्रेस लगाएर हिँड्न थालिन् । मैले थाहा पाइहालें, उनले एसएलसी पास गरिछन् । मेरो पनि हैसियत अलिअलि राम्रो हुन थालेको थियो । मुद्दा जितेर फिर्ता आएको पैसाबाट जग्गा किन्दा भिनाजुसित लिएको ऋण तिरें । तर क्यासेट, रङ्गमञ्चबाट आएको पैसाले बानेश्वरमा एउटा घर बनाएको थिएँ । एक दिन पनि नसुती त्यो घर बेचेर घट्टेकुलोमा छ आना जग्गा किनी घर बनाउन सुरू गरें ।

मेरो जागिर नेपाल राष्ट्र बैङ्कमा भइसकेको थियो । मलाई पनि हिम्मत बढ्न थाल्यो– अब म उनलाई पाएँ भने पाल्न सक्छु । मलाई उनको नाम पनि थाहा भयो– मीरा ।

हितैषी मित्र राजाराम पौडेलकी आमा मीराकी आमाकी साथी रहिछन् । अनि अर्को साथीकी आमा (उहाँलाई हामी डाली मुमा भन्थ्यौं) पनि मीराकी आमाकी साथी रहिछन् । मैले राजाराम पौडेलकी आमालाई भनें– "मम्मी, मलाई मीरा एकदम मन पर्छ । मागिदिनुस् न ।"

मम्मीले डाली मुमालाई भनिछन् । डाली मुमाले मीराकी मुमासँग कुरा गरिछन् । तर बिहेको कुरा सुनेर मीरा रिसाइन् रे । उनले मलाई नामले नै चिनिसकेकी थिइन् । मान्छे पनि देखिसकेकी थिइन् । त्यसैले उनलाई म मन परिनँ होला ।

उनले भनिछन्– "म अहिले बिहे गर्दिनँ ।" आमासँग पनि रिसाइन् रे– "जन्मनासाथ बिहे गरिदिने हतार !"

त्यो कुरा मैले पनि थाहा पाएँ । मलाई आकाश खसे जस्तो भयो । संसारै शून्य लाग्यो । आत्मग्लानि भयो । 'म संसारको सबैभन्दा काम नलाग्ने मान्छे हुँ' जस्तो लाग्यो । अब म उनको पसल भएको बाटो हिँड्न नसक्ने भएँ । उनले देख्लिन् भनेर हिँड्नै परे पनि बाटो छलेर हिँड्न थालें ।

मलाई बिहे गर्न जरूरी भइसकेको थियो । कलायात्रामा त मदन दाइ सहयात्री पाएको थिएँ तर जीवनयात्रामा म एक्लो । घरमा गएर बोल्ने साथी पनि थिएन । उमेर र मनले पनि एउटी माया गर्ने जीवनसाथीको माग गरिरहेको थियो । हरेक क्षण हृदयको त्यो आवाज म सुनिरहेको हुन्थें ।

अरू केटीहरूका कुरा पनि आएका थिए तर मलाई झिनो भए पनि उनकै आशा लागिरहेको थियो– केही वर्ष कुरें भने म मीरा पाउँछु कि ।

म घट्टेकुलोमा आफ्नै घरमा सरें । आफ्नो घरमा बस्न पाउँदा मलाई असाध्यै आनन्द लाग्यो । 'मेरो पनि संसारमा एउटा आफ्नै घर छ' भन्ने अपनत्व बोध पनि भयो । म भित्रभित्रै सोच्न थालें– घर त भयो, अब जिन्दगीको भर पनि भए ! भरसक त्यो भर मीरा नै होस् !

मीराहरू पनि भैंसेपाटीमा घर किनेर सरेको कुरा थाहा पाएँ । अब त झन् टाढा पो भए जस्तो भयो ।

उनी राष्ट्रिय पञ्चायत सचिवालयमा काम गर्न थालेकी रहिछन् । एक-दुई पटक सिंहदरबारको बाटोतिर हिँड्दा देखेको पनि थिएँ । आफूले माग्न पठाएकी केटीले 'हुँदैन' भनेर अस्वीकार गरेपछि फेरि त्यही केटीलाई बाटोमा भेट्दा कस्तो भयो होला ? लाज पनि लाग्यो, ग्लानि पनि भयो । म टाउको निहुराएर हिँड्थें । त्यसपछि अफिस छुट्ने बेलामा उनले नदेख्ने आफूले मात्र देख्ने गरी लुकेर हेर्थें । म ठान्थें, यही नै मेरो जीवनको पहिलो र अन्तिम प्रेम हो ।

एक वर्ष त्यसै बित्यो । आफ्नो क्षेत्रमा काम त धेरै नै गरेको थिएँ तर केही गरिनँ जस्तै लागिरहेको थियो ।

एक दिन मेरो जीवनको सबैभन्दा खुसीको दिन भयो । त्यो जस्तो खुसीको दिन मेरो जीवनमा न कहिल्यै आएको थियो, न आउने नै छ ।

मीराकी मुमाले मलाई भेट्न खोजेकी छन् भन्ने खबर पाएँ । डाली मुमाको घरको एउटा कोठामा मीरा उनकी आमाका पछाडि चकटीमा बसेकी थिइन् । मीराकी मुमा मलाई टुलुटुलु हेरिरहेकी थिइन् । मीराले पनि माया मिसिएको हेराइले मलाई पुलुक्क हेरिन् । सायद उनलाई पनि लाग्यो होला– यो मान्छेले मलाई माया गर्छ ।

मीराकी मुमाले मीरालाई देखाउँदै मतिर फर्केर भनिन्– "ल बाबु, यो हाम्रो मुटुको टुक्रा हो । बाबुले सधैं माया गर्नुहोला ।"

मैले आफ्नो मनभित्र उर्लिएको खुसीको छाल छोपेर भनें– "म उनलाई कहिल्यै दुःख दिन्नँ । तपाईंहरू निश्चिन्त हुनुस् !"

मैले यो कुरा मदन दाइ र भाउजूलाई सुनाएँ । उनीहरू पनि खुसी भए । हास्यव्यङ्ग्यमा मदन दाइ र म जित्तैजित्तै अगाडि बढिरहेका थियौं । अब मीरा पाउने भएर मैले संसार जितेको अनुभव गर्न थालेको थिएँ ।

मीरा र म कहिलेकाहीँ भेट्न थाल्यौं । अब मीरासँग भेट्ने लाइसेन्स थियो मसँग । आमाबाले नै दिन्छु भनेपछि उनलाई पनि भेट्न गाह्रो भएन । मैले त्यस बखत 'कुमारी', 'सिन्दूर', 'जीवनरेखा' जस्ता फिल्ममा ससाना रोल खेलिसकेकाले अनुहारले पनि अरूका आँखामा अलिअलि चिनिने भइसकेको थिएँ म ।

लजालु स्वभावकी मीरा मसँग बाटोमा हिँड्न एकदम लजाउँथिन् । हामी कहिलेकाहीँ सँगै हिँड्दा पनि पन्ध्र-बीस हातको फरकले हिँड्थ्यौं ।

घर पनि बनाइरहेको हुनाले पैसाको अभावै थियो । एउटा मोटरसाइकलसम्म पनि थिएन । एक पटक हामी भक्तपुरमा 'पाकिजा' भन्ने फिल्म हेर्न बस चढेर गयौं । बसमा पनि धेरैले हेरे । हलमा मान्छेले हेर्लान् भनेर टिकट किनेर फिल्म सुरू भएर हल अँध्यारो भइसकेपछि मात्र छिर्‍यौं । फस्ट क्लासमा बसेका हामी हाफटाइममा हलमै बसिरह्यौं । हलमा बत्ती बलेछ, सेकेन्ड क्लास र थर्ड क्लासका सबै मान्छेका टाउकाहरू पछाडि फर्किरहेका थिए । सबैले हामीलाई हेरे । आवाज पनि आउँदै थियो— "ए, हरिवंश हो त्यो ।"

हरिवंश चिन्नेले त्यसै पनि हेरे, नचिन्नेलाई पनि हरिवंश भनेको त्यही हो भनेर चिनाइदिए । त्यस बेला हाम्रो अडियो क्यासेट धेरैले सुनिसकेकाले नामले त प्रायः सबैले चिन्थे ।

मीराका बा ब्राह्मण हुन् । आमा ब्राह्मण जस्ती देखिन्नथिन्, उनी क्षत्रीकी छोरी रे । अझ आमाको मुख अलिअलि मङ्गोलियन थियो । मेरा आफन्तहरूमा जातपातको विचारधारा अलिअलि बाँकी नै थियो । बाबुआमाको श्राद्ध गर्नुपर्ने तथा रीतिथिति समाल्नुपर्ने भएकाले शुद्ध ब्राह्मणी कन्या नै बुहारी बनेर आउनुपर्छ भन्ने मनस्थिति थियो उनीहरूको । सानीमा र दिदीहरूसँग मैले 'मीरासँग बिहे गर्छु' भनेको भए उनीहरूले स्वीकृति दिने थिएनन् ।

यता मीराका आमाबाले बल्लबल्ल भैंसेपाटीमा एउटा सानो बास जोडेका थिए । 'अब छोरीको बिहे राम्रोसँग गर्नुपर्छ' भनेर त्यो घर बेच्ने सुरमा उनका

बाआमा लागेछन् । मीरा छोरीमा एक्ली भए पनि उनको प्यारो भाइ मनोहर छ । उनी आफ्नो भाइलाई असाध्यै माया गर्थिन् । उनको मनमा 'बाआमाले बल्लबल्ल जोडेको घर बेच्नु नपरे हुन्थ्यो, भाइ पनि छ' भन्ने थियो ।

अर्कोतिर मसँग पनि घर बनाउँदा पैसा सकिएर जम्मा पाँच हजार रूपैयाँ जति मात्र बाँकी थियो । त्यसैले एक दिन मैले मीरालाई भनें– "मसँग पनि पैसा छैन । तिम्रो पनि घर बेच्न खोजिरहनुभएको छ बाआमा । बरू हामी दुई जना मात्र सूर्यविनायक मन्दिरमा गएर बिहे गरौं ।"

मीरा मानिरहेकी थिइनन् तर मेरो करले २०४० माघ ९ गते सूर्यविनायक मन्दिरमा हाम्रो बिहे भयो । हाम्रो बिहेमा जम्मा दुई जना मात्र जन्ती थिए– मदन दाइ र भाउजू । मैले उनको सिउँदोमा सिन्दूर हालिदिएँ । तिलहरी, पोते, औंठी लगाइदिएँ । उनले पनि मलाई औंठी लगाइदिइन् । दुवैले एकअर्कालाई माला लगाइदियौं । आत्मादेखि नै चाहेकी मायालुसँग मेरो बिहे भयो । पञ्चेबाजा नबजेको, भोजभतेर गर्न नपाएकोमा दुःख लाग्ने कुरै भएन ।

अगिसम्म खाली सिउँदो लिएर गएकी मीरा अब ट्याक्सीमा सिन्दूर, पोते लगाएर बसेकी थिइन् । हामी बसेको रातो रङको स्टारलेट ट्याक्सी अगाडि बढ्यो । ट्याक्सीमा रेडियोबाट दीपक खरेलले गाएको, राजेन्द्र रिजालले लेखेको, शम्भुजित बास्कोटाको सङ्गीत भएको गीत बज्यो–

प्रतीक्षा गर मेरी मायालु,
समयले मानिसलाई कहाँकहाँ पुऱ्याउँछ
कहिले हसाउँछ कहिले रूवाउँछ,
आँसु र हाँसोको सङ्गम पनि गराउँछ...

मदन दाइ र भाउजूसँग आशीर्वाद लिएर हामी ट्याक्सीबाट ओर्लियौं र बसको टिकट काटेर पोखरातिर लाग्यौं । संसारको सबैभन्दा सुन्दर ठाउँ पोखरामा, संसारकै सबैभन्दा प्रिय मायालु श्रीमती मीराको अँगालोमा चार दिनसम्म बाँधिएर हामी काठमाडौं फर्कियौं ।

मीराका बाआमासँग माफी माग्यौं । मीराको भाइ मनोहर दिदीलाई देखेर साह्रै खुसी भयो । भिनाजु पनि सँगै देख्ता झन् फुर्केको थियो । ज्यादै सुशील, भलादमी र मृदुभाषी मीरा असल परम्परा, रीतिरिवाज र संस्कारमा हुर्केकी हुनाले उनी मेरा दिदीहरू, सानीमा सबैको मन जित्न सफल भइन् ।

म राष्ट्र बैङ्कमा बैङ्किङ कार्यक्रम चलाउने भएकाले मीरालाई पनि सँगै रेकर्डिङमा लिएर जान्थें । दामोदर अधिकारी उनको स्वर असाध्यै मन पराउनुहुन्थ्यो र उनलाई पनि बोल्ने मौका दिनुहुन्थ्यो । पछि म्युजिक नेपालको सङ्गीत सौगात कार्यक्रम सञ्चालन गर्न थालेपछि उनको आवाज धेरैले मन पराउन थाले । म्युजिक नेपालद्वारा उत्पादित अधिकांश क्यासेटहरूमा उनकै उद्घोषण हुन थाल्यो ।

नेपालमा एफएम रेडियोको स्थापना भएपछि सुरूसुरूमा मीरा आचार्यले सञ्चालन गरेका कार्यक्रमहरू खुब लोकप्रिय हुन थाले । मदन दाइसँगको सहकार्य र मीराको ममताले मेरो जिन्दगीले प्रगति गर्दै जान थाल्यो । मीराको सबैभन्दा ठूलो गुण सरलता हो । उनी कहिल्यै महत्त्वाकाङ्क्षी भइनन्– दुःखमा कहिल्यै आत्तिइनन्, सुखमा पनि कहिल्यै मात्तिइनन् ।

मीरा बिहे गरेर घर आउँदा चारओटामध्ये दुइटा कोठा मात्र प्लास्टर भएका थिए । दुइटा झ्यालमा खापा मात्र थियो । बिस्तारै उनको बचत गर्ने र कमाएको तह लगाउने बानीले हामी सम्पन्न हुँदै गयौं ।

म पनि जिन्दगीमा कहिल्यै महत्त्वाकाङ्क्षी भइनँ । मेरो मारूती जिप्सी गाडी अहिले पनि छ । मलाई लाग्छ, संसारमा सबैभन्दा राम्रो गाडी मेरो मारूती जिप्सी, सबैभन्दा सुन्दर ठाउँ मेरो घर र संसारकै सबैभन्दा राम्री मेरी श्रीमती मीरा ।

त्यसो हुँदा जिन्दगीमा तनाव उत्पन्न हुँदैन । आफ्नोभन्दा उसको घर राम्रो, आफ्नोभन्दा उसको गाडी राम्रो, आफ्नीभन्दा अरूकी श्रीमती राम्री... यस्तो सोच आयो भने तनाव आफै बढ्छ । मान्छेले आफूसँग जे छ, त्यसमा सन्तुष्टि लियो भने तनाव कम हुन्छ ।

मान्छेलाई पैसा जति भए पनि पुग्दैन । पैसा धेरै छ भनेर दिनको एक पाथी चामलको भात खान सकिँदैन । दिनको एउटा खसी सिद्धिँदैन । दुई-तीन पेगभन्दा धेरै ह्विस्की खायो भने भोलिपल्ट टाउको दुख्छ तथापि जीवनमा काम र मेहनत गर्नचाहिँ छोड्नु हुँदैन ।

मेरो जिन्दगीको ठूलो लक्ष्य भनेको 'दुइटा कोठा भएको, टिनले छाएको आफ्नै एउटा घर होस्' भन्ने थियो । अहिले मसँग त्योभन्दा धेरै छ । उद्देश्य

दुइटा कोठा र टिनको छानो भएको घर मात्र हो । अरू त सबै नाफामा पाइएका कुरा हुन् ।

उनले पनि कहिल्यै ठूलो महत्त्वाकाङ्क्षा राखिनन् । त्यसैले जिन्दगी सरल भयो, सुन्दर भयो । बिहे गरेको डेढ वर्षपछि मीरा गर्भवती भइन् । गर्भवती भएपछि उनलाई असाध्य लाज लाग्यो । 'मान्छेले पेट देख्छन्' भनेर उनी घरबाट बाहिरै निस्कन मन नगर्ने । बेलाबेला डाक्टरकहाँ जँचाउन जानेबाहेक घरबाहिर खासै निस्किनन् पनि ।

अझ घरको कम्पाउन्डमा समेत निस्कन लाज मान्थिन् । म भन्थें– "तिमी मात्र गर्भवती भएकी छ्यौ त ? संसारका सबै आमा गर्भवती भएकै हुन्छन् । लोग्ने मान्छे मात्रै गर्भवती हुँदैनन् ।"

उनी भन्थिन्– "हजुर पनि गर्भवती हुनुभएको छ नि । भुँडी त्यत्रो भइसक्यो ! पहिले कस्तो दुब्लो हुनुहुन्थ्यो ।"

मैले भनेको थिएँ– "बिहे गर्नुभन्दा अगाडि मेरो पेटै थिएन । तिमी आएपछि तिमीले धेरै मीठोमीठो खुवाएर त हो नि मेरो पेट ठूलो भएको । त्यसैले यो मेरो पेटको बाउ तिमी हौ । तिमी मेरो लोग्ने पनि हौ ।"

केही जबाफ दिन नसकी लाजले भित्तातिर मुख फर्काउँथिन् ।

२०४२ सालमा जेठो छोरो त्रिलोक जन्मियो । त्यसपछि हाम्रो घर पनि पूर्ण भयो । उखानै छ– 'स्वास्नी अरूका राम्रा, छोराछोरी आफ्ना राम्रा ।' तर मलाई त स्वास्नी पनि आफ्नै राम्री, बच्चा त झन् राम्रो नलाग्ने कुरै भएन । त्रिलोक हेर्दै तेजिलो, ज्ञानी, विवेकी जस्तो थियो । साँच्चिकै अहिले पनि ऊ त्यस्तै छ ।

बिस्तारै हामी कार्यक्रममा ज्यादै व्यस्त हुन थाल्यौं । काठमाडौंमा नयाँ कार्यक्रम प्रदर्शन हुनासाथ देशभरि बोलाउँथे । देशका ठूलठूला सहरमा कार्यक्रम देखाउन जान्थ्यौं । सम्भव भएका ठाउँहरूमा मीरा र छोरो पनि सँगै जान्थे । उनी मलाई सकेसम्म छाड्न चाहन्नथिन् । म पनि उनलाई एकछिन छाड्न चाहन्नथें, चाहे देशमा कार्यक्रम गर्दा होस् चाहे विदेशमा ।

छोरो जति हुर्कंदै थियो उति हिस्सी पर्दै गएको थियो । उसको तोतेबोली तथा चकचकले घर झिलीमिली भएको थियो । कहिलेकाहीँ सामान्य बिरामी भयो भने मीरा रातभरि सुत्न पाउँदिनथिन् ।

जुन दिन मैले मीरालाई माग्न पठाउँदा 'नाइँ' भन्ने जबाफ पाएको थिएँ, त्यसपछि मैले भोगेको छटपटी र 'उनलाई नपाउने भएँ' भनेर खेपेको पीडा सम्झन्थें । उनले मलाई छोइरहेको अनुभव गरिरहँदा पनि आफूलाई साह्रै भाग्यमानी र संसारमा सबैभन्दा सुखी मान्छे लाग्थ्यो ।

बिहान र बेलुकी लेख्न कार्यालयमा बस्थ्यौं । दिउँसो महसञ्चार खोल्यो कि त मान्छेहरू भेट्न, गफ गर्न आइहाल्थे । लेख्न डिस्टर्ब हुने भएकाले ढोकामा एउटा बोर्ड झुन्ड्याएका थियौं । बोर्डमा लेखिएको थियो– 'हामी काम गर्दैछौं । कुरा गर्ने फुर्सद छैन । कृपया पछि भेट्न आउनुहोला ।'

तर भेट्न, कुरा गर्न आउनेहरू त्यो बोर्डमा लेखेको कुरामा कुनै मतलब राख्दैनथे । आएर गफ गरिरहन खोज्थे । अनि मुखै फोरेर बोर्ड देखाउँदै भन्नुपर्थ्यो– 'हामी काम गर्दैछौं । कृपया तपाईंहरू गइदिनुस् !'

कोही रिसाए जस्तो गरी जान्थे । कोही कुरा बुझेर जान्थे । मान्छे आएपछि लेख्दालेख्दैको कुरा पनि हराउँथ्यो । दिमाग घुम्न नसकेपछि कहिलेकाहीँ त चिसो बियर पियो भने कुरा आउँछ कि भन्ने विचार पनि आउँथ्यो ।

घरपतिका छोरा तर हाम्रा एकदम नजिकका साथी पारस पराजुलीसँग एक बोत्तल बियर पूरै अटाउने जर्मन गिलास थियो । हामीले बियर खाने इच्छा राख्नासाथ उनी तीनओटा जर्मन गिलास लिएर तल ओर्लिहाल्थे ।

पारस रमाइला र मिलनसार अनि गफ गर्न पनि जान्ने भएकाले उनलाई हामीले लेखेका कुरा सुनाउँथ्यौं । उनी पनि कहिलेकाहीँ काम लाग्ने कुरा प्वाक्क बोल्थे ।

राजीव गान्धी हत्याकाण्डमा पारसलाई भारतीय खुफिया एजेन्सी 'र' ले नेपाल सरकारसँग सुपुर्दगी माग्दै रहेछ– उनी राजीव गान्धी हत्याकाण्डमा संलग्न छन् भनेर । तर न पारस आफूलाई भारतीय पुलिसले माग्न आएको थाहा थियो न उनको घरमा कसैलाई थाहा थियो ।

पछि 'र' ले निगरानी राखेको थाहा भयो । परराष्ट्र मन्त्रालयमा माथिल्लो तहका कर्मचारी पारसका नातेदार रहेछन् । उनले 'पारस राजीव गान्धी हत्याकाण्डमा संलग्न हुने मान्छे नै होइनन् । उनी त ट्राभल एजेन्सी चलाएर बसेका व्यवसायी हुन्' भनी पारस पराजुलीको पक्षमा बोलेछन् ।

अनुसन्धान क्रममा बिस्तारै थाहा भयो– पारस पराजुलीले पासपोर्ट लिँदा भरेको फर्मबाट उनको फोटो झिकेर परराष्ट्र मन्त्रालयका कुनै कर्मचारीको मिलेमतोमा एक तमिल नागरिकको फोटो टाँसिएछ र ती तमिल पारस पराजुली भएर नेपालबाट उडेछन् । केही समय पारसलाई 'र' ले आँखा लगाए पनि पछि उनी निर्दोष भन्ने प्रमाणित भयो ।

पारस पराजुलीसँग बेलाबेला हामी जर्मन गिलास ठोकाएर चियर्स गर्थ्यौं ।

मादक पदार्थ भन्ने यस्तो चिज हो, जो एक पेग खाए पनि गन्ध आउँछ, चार पेग खाए पनि गन्ध आउँछ । प्रायः सधैं घर आउँदा मुखबाट बियरको गन्ध आउने भएकाले मीरा चिन्तित हुन थालिन् । मैले मीरालाई वचन दिएँ– "अब कहिल्यै मेरो मुखबाट गन्ध आउँदैन ।"

भोलिपल्ट साँझ पारस फेरि तीनओटा जर्मन गिलास लिएर तल आए । मैले भनें– "आज त म पिउँदिनँ । मीरासँग नखाईकन घर आउने कसम खाएको छु ।"

पारसले 'पिउन पिउ, नगनाउने मसँग तरिका छ, मेरो जिम्मा भयो' भनेर कर गरे । फेरि जर्मन गिलास ठोकाइयो ।

घर जाने बेलामा पारसले चियापत्तीको धुलो ल्याएर दिँदै भने– "ल, यो अलिकति चपाएर निलौं, पटक्कै गन्ध आउँदैन ।"

चियाको रस त सधैं खाइन्थ्यो तर धुलो भने कहिल्यै खाएको थिइनँ । मैले मन नलागीनलागी चपाएर निलें । जुस खाने साथीहरू पनि थिए । उनीहरूलाई मुख सुँघाइयो हा... गरेर । 'गन्ध आएन' भने । घर गएर मीरासँग नजिकै भएँ । अँगालो मारेर चुम्बन गरें । उनले गन्ध आएको चाल पाइनन् । बियर नखाएर बचन पूरा गरेको ठानेर उनी मसँग खुसी भइन् ।

एकछिनपछि ट्वाइलेट गएँ । पिसाब फेरें । मुख नगनाए पनि पिसाब गनाउँदो रहेछ । मीरा ट्वाइलेट जाँदा बियरको गन्ध थाहा पाइहालिन् । त्यसपछि उनी त रून पो थालिन् । फेरि कसम खाएँ– "अबदेखि कहिल्यै खान्नँ !"

भोलिपल्ट पारसलाई ती सबै कुरा सुनाएँ । खुब हाँसे पारस र भने– "अबदेखि कमडमा पनि चियापत्ती चपाएर हाल्ने गर्नुपर्‍यो, गन्ध मेटाउन ।"

हाम्रो घरको बीचको तलामा बहालमा बस्ने एउटा परिवार थियो, नामचाहिँ बिर्सें । बहालमा बस्ने बहिनीले एक दिन मीरालाई सोधिछन्– "दिज्यू, दाइ ड्रिङ्क्स गर्नुहुन्छ ?" मीराले 'कहिलेकाहीँ पिउनुहुन्छ' भनिन् रे । उनले सिकाइछन्– "मेरो श्रीमान् पनि पिएर आउनुहुन्थ्यो । अहिले त म बाहिर पिएर आए धुनधान गर्छु अनि नखाई घरमा आउनासाथ दुई पेग आफैं दिन्छु । त्यसपछि त 'खान पाइन्छ' भनेर साँझ पर्नासाथ घर आइसिन्छ । हजुर पनि त्यसै गरिस्यो न ।" तर मीराले त्यसो गरिनन् । गर्नु पनि परेन ।

कामबाट थाकेर आउँथें । पलङमा उत्तानो परेर सुतेको बेला छोरो त्रिलोक मेरो जिउमा चढेर छातीमा निदाउँदा यो छोरो सधैं यस्तै सानो भइदिए पनि हुन्थ्यो नि जस्तो लाग्थ्यो । किनभने ठूलो भएपछि त ऊ मेरो छातीमा यसरी निदाउन सक्तैन ।

साढे तीन वर्षपछि मीरा फेरि आमा बन्ने भइन् । यस पटक उनलाई पहिलेको जस्तो लाज महसुस भएन । हाम्रो घरमा बूढाबूढी वा अरू स्वास्नी मान्छे कोही थिएनन् । आमालाई पनि प्रेसरले दुःख दिएछ । अलि लरबराउन थाल्नुभएको थियो । म पनि केही जान्दिनथें । मीरा गर्भवती हुँदा म धेरै व्यस्त थिएँ । मैले त्यति धेरै ख्याल गर्न सकिनँ ।

गर्भवती अवस्थामा मीरालाई टाइफाइड भयो र वीर अस्पतालमा भर्ना गरें । टाइफाइड निको भयो तर फेरि बल्झियो । घरमा हेरिदिने मान्छे कोही थिएन । दिदीहरूका पनि बच्चा ससानै थिए । आफ्नै घरमा व्यस्त रहन्थे सबै । त्रिलोक साढे तीन वर्षको मात्र थियो । उसलाई हेरौं कि अस्पतालमा मीरालाई कुरौं ?

फेरि जिल्लाजिल्लामा कार्यक्रम पहिलेदेखि नै पक्का भइसकेकाले टिकट बेचिसकिएको थियो । त्यहाँ पनि जानै पर्थ्यो । मैले त्रिलोकलाई कलाकार लक्ष्मी गिरीको घरमा लगेर छोडें । लक्ष्मी गिरी त्यस बखत विज्ञापन नाटकमा हामीसँगै अभिनय गर्थिन् । विष्णु रेग्मी, जो मेरी छिमेकी दिदी र त्रिलोकलाई तिहारमा टीका लगाइदिने बुनुकी आफ्नै फुपू, उनले म बाहिर जाँदा मीरालाई अस्पतालको क्याबिनमा कुरिदिइन् ।

कोही मान्छे नाताले टाढा भए पनि व्यवहारले कति नजिक, कति आत्मीय हुँदा रहेछन् । म उनीहरूप्रति सधैं आभारी छु, ऋणी छु ।

मीरालाई टाइफाइड निको भयो तर फेरि जन्डिस भयो । गर्भवती अवस्थामा टाइफाइड र जन्डिस हुनु भनेको आमाका लागि अत्यन्त घातक हुने रहेछ । अझ जन्डिस हुँदा त आमाको मृत्यु हुने सम्भावना पनि हुँदो रहेछ । म एक्लै बसेर रून्थें । लक्ष्मी गिरीको घरमा गएर छोरो त्रिलोकलाई अँगालेर रून्थें । म जीवनमा धेरै पटक धेरै रोएँ ।

एक दिन डाक्टरले मलाई बोलाएर भने– "गर्भवती अवस्थामा जन्डिस हुँदा आमा र बच्चा दुवैको स्वास्थ्य खराब हुन्छ । बच्चा अप्रेसन गरेर फालिदियो भने आमाको स्वास्थ्य स्टेबल रहन सक्छ ।"

मैले भनें– "जसरी भए पनि आमालाई बचाइदिनुस् । मलाई आमा चाहिन्छ, छोरो एउटा छँदै छ, बच्चा नभए पनि हुन्छ ।"

पाँच महिनाको गर्भावस्था थियो । अप्रेसन गरेर बच्चा झिक्ने र आमालाई बचाउने निधो गरे डाक्टरले ।

भोलिपल्टदेखि नै मीराको शरीरमा भएको जन्डिसको मात्रा घट्न थाल्यो । डाक्टरले जहाँ आशा देख्छ, त्यहाँ विनाश गर्दो रहेनछ । डाक्टरको टिमले अर्को निर्णय सुनायो– "अब जन्डिसको मात्रा घट्यो । अप्रेसन नगर्ने, बच्चा पनि नझिक्ने तर आमालाई चार महिना बेड रेस्ट गराउने । चार महिनासम्म बच्चा गर्भमै अड्याउन सकियो भने नर्मल डेलिभरी हुन्छ ।"

मैले प्रश्न गरें– "बेड रेस्ट किन गराउने त ?"

डाक्टरले भने– "तपाईंकी श्रीमतीको पेटको बच्चा तल्लो पेटमा झरिसकेको छ । रेस्ट गरेन भने त्यो बच्चा एबोर्सन हुन सक्छ । त्यसैले बच्चालाई गर्भको तातोमा अड्याएर राख्नुपर्छ ।"

एक महिना वीर अस्पताल राखेर अर्को एक महिना पाटन अस्पतालको प्रसूति वार्डमा लगेपछि डा. मीरा हाडा र डा. कुन्दुले मीरालाई हेरचाह गरे । मीराको मुखमा लाली थपिँदै गयो । मुखमा, आँखामा जन्डिसले रँगाएको पहेंलो बिस्तारै हराउँदै गयो । संसारको सबैभन्दा प्रिय त्यो अनुहारमा रात सकिएर सूर्यको उज्यालो हुँदाको रातो छरिन थाल्यो । ग्रहणले छोडेको पूर्णचन्द्र जस्तो भयो ।

अब मेरी मीरा पहिले जस्ती थिइन्, त्यस्तै देखिन थालिन् । मेरो छाती थिचेर बसेको पिरको ठूलो ढुङ्गो गुडेर पर कतै गयो । मेरो छाती खाली भयो, हलुङ्गो । मेरी मीरा, मेरो संसारको एक मात्र प्रिय मान्छे बाँच्ने भइन् ।

उनी दिनभरि अस्पतालको बेडमा सुत्थिन् । म आफू बसेको टुल पलङसँगै राखेर उनको कपाल सुमसुम्याउँथें । उनी पनि मेरो कपाल सुमसुम्याउँथिन् । कोही मान्छे आए फुत्त हात झिक्थिन् । ऊ गएपछि फेरि प्रेम सुरू हुन्थ्यो । भन्थिन्– "हजुर मलाई कति धेरै माया गर्नुहुन्छ !"

कहिले उनी आँसु खसाल्थिन्, कहिले म खसाल्थें । हामी दिनभरि जस्तै माया गरेर बस्थ्यौं । अस्पतालको क्याबिन हाम्रो प्रेम गर्ने थलो बनेको थियो ।

राति म त्यहीँ भुइँमा ओछ्यान लगाएर सुत्थें । मीरा भन्ने गर्थिन्– "मैले गर्दा हजुरलाई कति गाह्रो भो, दुःख भो ! हजुर भुइँमा ओछ्यान लगाएर सुत्ने, म पलङमा सुत्ने !"

त्यति नै बेला पेटमा भएको बच्चा चल्थ्यो, बेस्कन । मीरा भन्थिन्– "छ्या, यो त कस्तो चल्छ । हजुरभन्दा पनि चकचके होला जस्तो छ ।"

हाम्रो प्रेम त अस्पतालको क्याबिनमा जोडले चलेको थियो तर छोरो त्रिलोक भने लक्ष्मी दिदीको घरमा बसेको थियो । हामीलाई जसरी हुन्छ, चाँडै घर जाउँ र त्रिलोकलाई पनि सँगै राख्न पाउँ भन्ने कुराले तड्पाइरहन्थ्यो ।

मीराले भनिन्– "यसरी दिनभरि सुत्ने हो भने त घरमै गएर सुते पनि भयो नि त ।"

मलाई पनि हो जस्तै लाग्यो । तीन महिना त भइसक्यो अस्पतालमा बसेको, छोरो छोडेको पनि उत्तिनै भयो । हामीले डाक्टरलाई भन्यौं– "डाक्टरसाब, अब हामी बेड रेस्ट घरमै गर्छौं ।"

डाक्टर मानेनन् । हामीले जिद्दी गर्‍यौं । डाक्टरले मलाई एउटा कागजमा हस्ताक्षर गर्न भने । म मेरै खुसीले बिरामी घर लैजाँदै थिएँ । त्यसैले मैले पनि कागजमा हस्ताक्षर गरें र मीरालाई घर लिएर आएँ ।

घट्टेकुलोमा हामी घरपति भइसकेका थियौं । पहिलो घरको तेस्रो तलामा सबैभन्दा माथि हामी बस्थ्यौं । दोस्रो घरको तेस्रो तलाको ढलान अधकल्चो

थियो– अस्पतालमा पैसा खर्च भएर ढलान रोकिएकाले । गर्भावस्थामा जन्डिस, टाइफाइड भएर माया मारिसकेकी मान्छेलाई अस्पतालबाट घर ल्याउन पाउँदा कति खुसी भएँ हुँला म !

हो, यमराज र मैले बक्सिङ खेलेको, अनि मैले बक्सिङमा यमराजलाई ड्याम्मै ढालेर हराएको अनुभव गरें । मलाई सहयोग गर्ने डाक्टर, अस्पतालका भोलन्टियर दामोदर गौतम, अम्बु दिज्यू, अन्जु महारानीलाई झलझली सम्झें । उनीहरूले मलाई धेरै ठूलो मद्दत गरेका थिए । उनीहरू सबै मैले यमराजसँग बक्सिङ खेलेर यमराजलाई ढाल्दा मेरो तर्फबाट ताली बजाउने दर्शक थिए ।

मीरालाई घर त ल्याएँ तर त्यसै रात करिब बाह्र बजे मीरा 'पेट दुख्न लाग्यो' भन्न थालिन् । घरमा गाडी जाँदैनथ्यो । नक्सालवासी विजय श्रेष्ठकी श्रीमती मैयाँ दिदीसँग पहिलेदेखि नै हाम्रो पारिवारिक सम्बन्ध थियो । मैयाँ दिदी प्रसूतिगृहकी सिनियर नर्स, उनैलाई फोन गरें । उनीहरूले 'तुरून्तै आउँछौं' भने ।

मदन दाइलाई फोन गरें । 'प्रसूतिगृह जाने हो भने म पुतलीसडकमा कुरिरहन्छु' भने । हामी घरपति भएर तीन तलामाथि बस्थ्यौं । तल बहालमा अरू परिवार बस्थे । मीरालाई तीन तलाबाट तल चोकमा ल्याउन भऱ्याङ ओराल्नुपर्ने भयो । त्यतिखेर आफूले बनाएको तीनतले घरको भऱ्याङ आफैलाई अभिशाप लाग्यो । 'किन बनाएछु तीन तला, किन बसेछु आफू सबभन्दा माथिल्लो तलामा, किन भएछु घरपति' भन्ने विचार पनि लहरिएर मनमा आयो ।

बल्लबल्ल तल चोकमा आइपुग्यौं । चोकमा आइपुग्नासाथ बच्चाको टाउको निस्कियो । हत्त न पत्त बहालमा बस्नुहुनेलाई अनुरोध गरेर कोठामा लगें र कार्पेटमा राखें । कार्पेटमा बस्नासाथै बच्चा स्वात्तै निस्किहाल्यो– छोरो रहेछ ।

जम्मा सात महिना मात्रै भएकाले बच्चा सानो थियो । त्यसमाथि पनि आमा त्यत्रो बिरामी पर्दा पेटमा भएको बच्चालाई खाना पुग्दो रहेनछ । कोठामा हामी

तीन जना मात्र थियौं– मीरा, म र भर्खर जन्मेको बच्चा । शरीर छुटे पनि साल निस्केको थिएन । भर्खर जन्मेको बच्चाको शरीरमा भातको माड जस्तो पदार्थ लागेको हुँदो रहेछ । हातमा च्यापच्याप लाग्यो, हात कपडाले पुछें ।

बहालमा बस्ने भाउजूले भनिन्– "साल भित्र पस्छ, त्यसैले बाँध्नुपर्छ । अलि जान्ने मान्छेले गर्नुपर्छ, मलाई आउँदैन ।" नजिकैकी छिमेकी, हामी उनलाई शारदाको मम्मी भन्थ्यौं, उनैलाई बोलाएर ल्यायौं । उनले साल बाँधिदिइन् । एकछिनपछि विजय दाइ र मैयाँ दिदी आए । उनीहरू आउँदा भगवान् आए जस्तो लाग्यो हामीलाई ।

प्रसूतिसेवामा निकै अनुभवी मैयाँ दिदी, उनले एकैछिनमा साल निकालिदिइन् र भनिन्– "साल त बिग्रन लागिसकेको रहेछ । अरू केही समय राखेको भए पेटमै कुहिने !"

म झसङ्ग भएँ । अगिसम्म डाक्टरले 'नलग' भन्दाभन्दै बेकार ल्याएँछु भन्ने आत्मग्लानि भइरहेको थियो । अहिले 'एक-दुई दिन राखेको भए त साल कुहिने रहेछ' भन्दा पो ढुक्क भएँ । 'अस्पतालबाट जबरजस्ती घर नल्याएको भए साल बिग्रने रहेछ । अनि आमा, बच्चा दुवैलाई फेरि अर्को इन्फेक्सन हुने रहेछ' भन्दा आफूले ठीक गरे जस्तो लाग्यो ।

आमा र बच्चा दुवैलाई माथि लग्यौं । रात त्यसै बित्यो । भोलिपल्ट बिहान मेरा छिमेकी बालविशेषज्ञ डा. पुष्पराज शर्मालाई सबै कुरा भनें । उनी साह्रै भलाद्मी र सहयोगी मान्छे । छोरो त्रिलोकलाई कहिलेकाहीँ बिसन्चो हुँदा उनैकहाँ लगेर अनुहार देखायो कि निको भइहाल्थ्यो । पैसा पनि लिँदैनथे । उल्टै स्याम्पल पाएको औषधि दिन्थे ।

डा. पुष्पराजले भने– "बच्चा साह्रै सानो रहेछ । यो त एक केजी पनि छैन होला । नीलो पनि भैसक्या छ, तैपनि एकपल्ट अस्पताल लिएर जाउँ ।"

बच्चालाई कान्ति बालअस्पताल लिएर गएँ । हाम्रो भाग्य होला, कान्तिमा जापानले भर्खर 'इन्क्युभेटर' भनिने मेसिन नेपालीलाई उपहार दिएको रहेछ । इन्क्युभेटरमा विशेष गरी महिना नपुग्दै जन्मेका बच्चाहरूलाई राखिन्छ । त्यो मेसिनमा आमाको गर्भमा जति तातो हुनुपर्छ त्यति नै तातो हुन्छ । बच्चालाई

लगेर इन्क्युभेटरमा राखियो । डा. रणेन्द्रबहादुर अति मेहनती र सहयोगी डाक्टर हुन् । उनी रातभरि इन्क्युभेटरमा राखेका बच्चाहरू हेरेर बस्थे । डाक्टरहरूले 'बच्चा बाँच्तैन' भनेका थिए । मुख हेरिरहन्यो भने माया लाग्छ भनेर म भित्र बच्चा हेर्नै जान्नथें ।

बच्चालाई खानेकुरा खुवाउन सकिँदैनथ्यो । स्लाइन दिन नसा नभेटेर टाउकोपछाडिबाट दिइएको थियो । केही दिनपछि मीरालाई लिएर अस्पताल गएँ आमाको दूध चुसाउन तर बच्चाले दूध चुस्नै सकेन । डाक्टरले नाकबाट पाइप फिट गरेर सिरिन्जबाट दूध पठाए । म घरबाट सिसीमा आमाको दूध राखी लिएर जान्थें ।

छोराले दूध नचुसेपछि मीराको दूध गानियो । राजाराम पौडेल कलाकारभन्दा पहिले स्वास्थ्यकर्मी थिए । उनी हेल्थ असिस्टेन्ट हुन् र साह्रै नजिकको मित्र पनि । उनले मीराको गानिएको दूधमा सानो घाउ बनाएर सबै पिप निकालिदिए । एक दिन बिराएर ड्रेसिङ गरिदिन्थे ।

हेर्दाहेर्दै इन्क्युभेटरमा छोरो हलक्कै बढेर नौ दिनमै ठूलो देखियो । डाक्टरहरू खुसी भए 'अब बच्चा बाँच्छ' भनेर । नौ दिनका दिन छोरो आफैले नाकमा दूध खान फिट गरेको पाइप थुतेर फालिदिएछ । पछि डाक्टरको सल्लाहअनुसार मैले आफै कपासमा दूध चोप्तै मुखमा लगेर निचोरेर खुवाउन थालें ।

छोरो अस्पतालमा थियो । घरमा न्वारन गरियो र नाम राखियो मोहित । 'सात महिनामा जन्मेको बच्चा भाग्यमानी हुन्छ' भने सबैले । साँच्चिकै भाग्यमानी नै छ जस्तो लाग्छ । किनभने, ऊ बाँच्तै नबाँच्ने बच्चा जबरजस्ती बाँचेको हो । पाँच महिनामै आमाको पेटबाट उसलाई बाहिर निकाल्न खोजिएको थियो, टाइफाइड र जन्डिसले गर्दा तर ऊ निस्किएन । सात महिनामै जन्मदा तौल एकदम कम भए पनि ऊ जन्मनु र जापानले नेपाललाई इन्क्युभेटर मेसिन उपहार दिनु अनि त्यो मेसिनमा बसेर बाँच्न पाउनु पनि ऊ भाग्यमानी भएकैले होला ।

मलाई लाग्छ, जो जबरजस्ती जन्मन्छ, उसले काललाई पनि जित्न सक्छ । उसले पक्कै केही ठूलो काम गर्नेछ । बाच्तैन, देख्यो भने माया लाग्छ

भनेर जसलाई म अस्पतालमा हेर्न पनि जान्नथें, आज उही छोरो मोहित मेरो सहारा भएको छ ।

कुनै मान्छे संसारमा आउनु छ र उसले यो संसारमा केही गर्नु छ भने त्यो बच्चा जसरी पनि जन्मँदो रहेछ । मेरो मोहित यस्तै लाग्छ मलाई । ऊ संसारमा केही गर्न जबरजस्ती जन्मेको मान्छे हो ।

दुवै छोराहरू मलाई साह्रै माया गर्छन् । त्रिलोक र मोहित मेरो मुटुका दुई कोठा हुन् । उनीहरूबिना मेरो शरीरमा रक्तसञ्चार हुन सक्तैन ।

जिन्दगी फेरि रमाइलोसँग चल्न थाल्यो । मोहित पनि चाँडचाँडै बढ्न थाल्यो । त्रिलोक त स्कुल जान थालिसकेको थियो । सबै दशा टरे अब भनेर म काममा व्यस्त हुन थालें । घर मीरा समालिहाल्थिन् । म जस्तो भाग्यमानी कोही भएन फेरि ।

कालीप्रसाद रिजालले लेखेको गीत– 'आँखा छोपी नरोऊ भनी भन्नुपर्‍या छ, मुटुमाथि ढुङ्गा राखी हाँस्नुपर्‍या छ...' नारायणगोपाल दाइ खुब गाउँथे । मेरो पनि त्यस्तै अवस्था थियो । श्रीमती बिरामी भएर अस्पतालमा जीवनमरणको दोसाँधमा थिइन् तर आफू रङ्गमञ्चमा गएर मान्छेलाई हँसाउनुपर्ने, मनभित्रैबाट आए पनि नआए पनि रङ्गमञ्चमा गएर उटपट्याङ गर्नुपर्ने, कम्मर हल्लाएर नाच्नुपर्ने बाध्यता ।

हास्यव्यङ्ग्यमा लाग्ने हामी सबैका गुरू चार्ली च्याप्लिनको जीवन पनि त्यस्तै थियो । गरिबीको चरम यातनामा बिरामी आमालाई उपचारार्थ अस्पतालमा छोडेर पैसाका लागि उनी रङ्गमञ्चमा गएर उटपट्याङ गर्थे ।

उनै चार्ली च्याप्लिनसँग प्रभावित भएका कलाकार तथा निर्देशक राज कपुरले पनि 'मेरा नाम जोकर' जस्ता चलचित्र बनाएर हास्यव्यङ्ग्य गर्ने कलाकारले आफू आँसुमा डुबेर पनि अरूलाई हँसाउन सक्नुपर्छ भन्ने देखाएका छन् । धेरैले भन्ने गर्छन्– अरूलाई हँसाउने मान्छे आफूचाहिँ आँसुमा डुबेको हुन्छ । अरूलाई हँसाउनेको कर्मै यस्तो हुन्छ रे ।

हल बुक भइसकेको हुन्छ, टिकट बिक्री भइसकेको हुन्छ, आयोजकको पैसा फसिसकेको हुन्छ । त्यसैले आफै थला नपरून्जेलसम्म कलाकारले रङ्गमञ्चमा जानै पर्छ ।

फेरि दुई वर्षपछि मीरालाई छिनछिनमै रिङटा लाग्ने व्यथा बढ्न थाल्यो । धेरै डाक्टरकहाँ जँचाएँ । कसैले 'नर्भसनेस' भने, कसैले 'नातागत' भने, कसैले के भने । मैले डाक्टर सरोज धितालसँग परामर्श गरें । उनले एकपल्ट डा. अरूण सायमीलाई देखाउने सल्लाह दिए । म बल्लबल्ल ठीक डाक्टरकहाँ पुगेछु । उनले जाँचेर भने— "मीराको मुटुमा प्रोब्लम छ । मुटुको धड्कन कहिलेकाहीँ कम हुन्छ अनि मुटुले रगत पम्प गर्न सक्तैन र दिमागमा रगत नपुगेपछि रिङटा लाग्छ । त्यसैले उनको मुटु नियमित सञ्चालन गर्न ब्याट्रीबाट सञ्चालित 'पेसमेकर' राख्नुपर्छ । मुटुले रगत पम्प गर्न सकेन भने पेसमेकरले मुटु चलाइदिन्छ । उहाँलाई लागेको यस्तो रोगलाई 'सिकसाइनस सिन्ड्रम' भनिन्छ ।"

कलाकार शान्ति मास्के दिदीको पनि मुटुमा पेसमेकर राखेको रहेछ । पेसमेकरको ब्याट्री आठ-दस वर्षमा सकिन्छ अनि ब्याट्री फेर्न फेरि अप्रेसन गर्नुपर्छ भनेको पनि सुनेको थिएँ ।

त्यस बेला नेपालमा पेसमेकर राख्ने सुविधा थिएन, दिल्ली जानुपर्थ्यो । म फेरि एक्लै बसेर बेस्कन रोएँ । मैले मीरालाई कहिल्यै सुख दिन सकिनँ जस्तो लाग्यो । मेरो ग्रह नै यस्तो जस्तो पनि लाग्यो । ज्योतिषीलाई ग्रह देखाउँ भने चिना उहिल्यै चोरले लगिहाल्यो । सायद यसैले मलाई मीराका आमाबुबा, भाइको अगाडि पर्दा लाज लाग्थ्यो । मसँग बिहे गरेर मीराले कति दुःख पाइन् जस्तो लाग्थ्यो । २०४५-०४६ सालमा दुई लाख रूपैयाँ जुटाउन गाह्रै थियो तर मैले हास्यव्यङ्ग्यको क्यासेट बेचेर जुटाएँ ।

उद्योगपति वसन्त चौधरी हाम्रा असल मित्र हुन् । उनले दिल्लीको बात्रा अस्पतालमा डाक्टरसँग समय मिलाइदिए, साथै दिल्ली एयरपोर्टमा हामीलाई रिसिभ गर्न मान्छे आउनेसम्मको वातावरण बनाइदिए । मदन दाइ पनि सँगै गए र पाँच दिन बसेर फर्किए ।

दिल्लीको बात्रा अस्पतालमा डाक्टर राजीवलोचनले मीरालाई छातीमा पेसमेकर जडान गरिदिए । उनी अब मस्तिष्क र यन्त्र दुवैबाट चल्ने मान्छे भइन् ।

बात्रा अस्पतालमा सिक्किमका एक जना बिरामी बसेका रहेछन् । उनलाई हेर्न त्यहाँका मन्त्री छावला छिरिङ आएका थिए । हामी कार्यक्रम गर्न सिक्किम जाने गर्थ्यौं । त्यसैले मन्त्रीले हामीलाई चिनेका थिए ।

उनले मेरी श्रीमती बिरामी भएको कुरा थाहा पाएर दिल्ली आएका तत्कालीन मुख्यमन्त्री नरबहादुर भण्डारीलाई भनेछन् । मलाई केही थाहा थिएन तर बात्रा अस्पतालमा सुरक्षार्थ भारतीय प्रहरीहरूको बाक्लो उपस्थिति देखियो । पछि मेरी श्रीमती मीरा भएको पलङमा आएर विशेष जाँच गरेपछि मात्र थाहा भयो, सिक्किमका मुख्यमन्त्री नरबहादुर भण्डारी मेरी श्रीमतीलाई भेट्न अस्पताल आउँदै रहेछन् ।

तर तुरून्तै भारतीय प्रधानमन्त्रीले मुख्यमन्त्री नरबहादुर भण्डारीलाई भेट्ने समय दिएछन् । उनी आउन पाएनन् । अस्पतालमा फेरि मन्त्री छावला छिरिङ आएर एउटा ठूलो फूलको गुच्छासँगै पाँच हजार भारू राखिएको खाम दिएर भने– "अस्पतालबाट डिस्चार्ज भएर होटलमा जाने होइन, दिल्लीस्थित सिक्किम गेस्ट हाउसमा बस्नुस् । लजिङ-फुडिङको सारा व्यवस्था हुन्छ । अनि एउटा गाडी पनि तपाईंहरूका लागि मिलाइदिनू भनेर मलाई चिफ मिनिस्टरसाहेबले अर्डर गर्नुभएको छ ।"

त्यस्तो आपद्विपद्मा सहयोग गर्ने नरबहादुर भण्डारी, वसन्त चौधरीप्रति म ज्यादै कृतज्ञ छु ।

खुत्रुकेबाट सुरू

जाडो लागेपछि हामी देशका विभिन्न सहरमा सांस्कृतिक कार्यक्रम प्रदर्शन गर्न पुग्थ्यौं । प्रायः कार्यक्रम आयोजना गर्न रोटरी, लायन्स, जेसिस जस्ता संस्थालाई महत्त्व दिइन्थ्यो । किनभने यी संस्था गैरराजनीतिक तर बलियो सङ्गठन र मिलेर काम गर्ने भावना भएका हुन्छन् । कार्यक्रम आयोजना गरेर प्राप्त हुने रकमबाट सामाजिक काम– स्कुलका कोठा, पुस्तकालय, सार्वजनिक शौचालय, खानेपानी, महिला स्वावलम्बन जस्ता कार्यक्रम सञ्चालन गर्छन् । यस्ता संस्थाको आयोजनामा कार्यक्रम गर्दा हामी पनि हाम्रो पारिश्रमिक थोरै मात्र माग्छौं ।

हामीले पनि 'खुत्रुके' नाम राखेर एउटा सानो कोष खडा गरेका थियौं । सानैदेखि सुन्दै आएको भाँडोको नाम हो, खुत्रुके । माटो, काठ अथवा टिनको बट्टाको खुत्रुकेको टाउकोमा सानो र लाम्चो आकारको प्वाल हुन्छ, जसबाट पैसा भित्र छिराउन त मिल्छ तर बाहिर निकाल्न मिल्दैन ।

खाजा खान दिएको पैसाबाट बचत गरेर, चाडपर्वमा पाएको दक्षिणा, भेटी आदि जोगाउँदै खसालेर त्यो खुत्रुके भर्थ्यौं । भरिएपछि खोल्दा त्यतिखेर पनि दुई-तीन सय रूपैयाँ जम्मा हुन्थ्यो । त्यो रकम साइकल, लुगा किन्ने काममा प्रयोग गर्थ्यौं ।

बच्चाहरूलाई सानैदेखि बचत गर्ने बानी बसाल्ने घरेलु बैङ्क पनि हो खुत्रुके । म सानो छँदा मैले धेरैओटा खुत्रुके भरेको थिएँ । त्यो बट्टा भरिन

एक वर्ष लाग्थ्यो । खुत्रुके भरिएर खोलेको दिन त्यसभित्र भएको चानचुन वा पाँच पैसा, दस पैसा, एक सुका, एक मोहर, एक रूपैयाँका ढ्याकहरू हेर्दा आफू सबैभन्दा धनी व्यक्ति हुँ जस्तो लाग्थ्यो मलाई ।

मदन दाइ र मैले 'खुत्रुके' नाममा जम्मा गरेको कोषबाट सर्वप्रथम एउटा पुण्य काम गऱ्यौं । त्यस बखतका चर्चित पत्रकार पदम ठकुराठीलाई दरबारियाहरूले टाउकोमा गोली हान्न लगाएका थिए । गोली लागेर गम्भीर घाइते भएका ठकुराठीको उपचारका लागि हामीले खुत्रुकेबाट दस हजार रूपैयाँ सहयोग गऱ्यौं । त्यसपछि उनलाई उपचारार्थ सहयोग गर्न विभिन्न व्यक्ति, सङ्घ-संस्थाको लहर नै चल्यो र उनलाई विदेशमा लगी उपचार गरियो । उनको भाग्य, नेपाली जनताको शुभकामनाले उनी बाँचे ।

गोली हान्न लगाउने संस्थाको लज्जाजनक हार भयो, गोली खाने निडर पत्रकारिताको जित । त्यस्तो काममा सहयोग गर्न पाएकोमा आत्मसन्तुष्टि भयो र समाजले पनि हाम्रो खुत्रुकेलाई धेरै स्याबासी दियो ।

पछि कवि मोहन कोइराला पनि निक्कै बिरामी भए । पहिले त कविलाई सहयोग गर्न हामीलाई अलि डर पनि लाग्यो 'उनले स्वीकार गरिदिएनन् भने के गर्ने' भनेर तर उनले श्रद्धाले चढाएको दस हजार रूपैयाँ स्वीकार गरिदिए । उनको परिवारको प्रयास र अरूको सहयोगले कविको उपचार भयो, निको पनि भए । २०४०-४२ सालतिर दस हजार रूपैयाँ भनेको निकै ठूलो रकम थियो ।

हामीले धेरै भएर बाँडेको होइन, गाँस कटाएर सहयोग गरेका हौं भन्ने कुरा थोरैलाई मात्र थाहा थियो । दसदस हजार त एक पटकमा सहयोग गर्न सक्नेसँग कति पैसा होला, कति कमाए होलान् यिनीहरूले ? यस्तो सन्देश पनि फैलिन थाल्यो । कति सङ्घ-संस्थाले मदनकृष्ण, हरिवंशसँग आर्थिक सहयोग माग्ने भनेर बैठकबाटै निर्णय गरी पत्र पठाउन थाले । अब हामीले खुत्रुके लुकाएर राख्न थाल्यौं । कसैलाई सहयोग गरे पनि त्यसलाई प्रचारमा ल्याएनौं ।

एक पटक सुमन श्रेष्ठले डा. सरोज धिताल, डा. भरत प्रधानसँग हामीलाई भेट गराए । उनीहरूले एउटा 'फ्रि क्लिनिक' काठमाडौंमा चलाउने योजना बनाएका रहेछन् । हामीलाई पनि त्यो संस्थामा बस्न बोलाए । त्यस बखत

पचास-पचास हजार रूपैयाँ राखेर एउटा कोष बनाउने निर्णय भयो । हामीले पनि सकीनसकी पचास हजार रूपैयाँ त्यस कोषमा जम्मा गरायौं । व्यक्तिगत सहयोग गरेर साध्य पनि नहुने । यसरी काम गर्दा संस्थागत रूपमा हुने भएकाले राम्रो लाग्यो ।

बागबजारमा एउटा तला भाडामा लिएर 'फ्रि क्लिनिक' को सुरूआत भयो । त्यसको नाम पब्लिक हेल्थ कन्सर्न ट्रस्ट (फेक्ट) राखियो । सुमन श्रेष्ठ जापानी र चिनियाँ भाषाका गुरू पनि हुन् । उनले जानेको जापानी भाषाबाट देशले पनि फाइदा लिन सक्यो जस्तो लाग्छ त्यसमार्फत ।

उनका केही जापानी मित्रले हामीले खोलेको फ्रि क्लिनिकसँग प्रभावित भएर जापानको अस्पतालमा प्रयोग भइसकेका पुराना सामान हामीलाई पठाइदिए । ती सामान जापानमा पुरानो भए पनि हाम्रा लागि नयाँ जस्तै भए । त्यही फ्रि क्लिनिक पछि पन्ध्र शय्याको 'काठमाडौं मोडल अस्पताल' भयो । बिस्तारै त्यो पनि पचास शय्याको भयो ।

काठमाडौं मोडल अस्पताल डाक्टरहरूको सहयोग, कर्मचारीहरूको एकता र सुमन श्रेष्ठ, डा. भरत प्रधान, डा. सरोज धिताल, अलि पछि डा. शङ्कर राईको विशेष मेहनतले आजका मितिसम्म आफ्नै भवन र अब त मेडिकल कलेजको बाटो खोल्न खोज्दैछ । तर जतिजति काठमाडौं मोडल अस्पताल ठूलो हुँदै छ, हामीलाई त्यति नै गाह्रो भइरहेको छ । दिनहुँ त्यहाँ 'आफ्नो मान्छेलाई जागिर लगाइदिनुपर्‍यो, निःशुल्क औषधि गरिदिनुपर्‍यो' भनेर अनुरोध आइरहन्छन् । मैले एक जना मान्छे पनि त्यहाँ जागिरमा लगाएको छैन । बिरामीलाई केही डिस्काउन्ट भने कहिलेकाहीँ अनुरोध गर्ने गरेको छु ।

धेरैले 'काठमाडौं मोडल अस्पतालमा तपाईंहरूको कति सेयर छ, कति पैसा आम्दानी हुन्छ ?' भनेर सोध्छन् । तर यो नाफामूलक संस्था होइन, गुठीमा दर्ता भएको छ । विशुद्ध कलाकारिताको आम्दानीले जीवन राम्रोसँग चलेकै छ । रगत, पिप निचोरेको, घाउ कोट्याएको, बिरामीले ऋण काढेर तिरेको पैसा घरभित्र कहिल्यै लानु नपरोस् जस्तो लाग्छ ।

त्रिपुरेश्वरमा पीबी राउत नामका हाम्रा एक जना हितैषी मित्र थिए । डा. सन्दुक रूइतको आँखाको क्लिनिक पनि त्रिपुरेश्वरमै रहेछ । पीबी राउत आँखा जँचाउन उनको क्लिनिकमा जाँदा डा. सन्दुक रूइतले मेरो नाम लिँदै

'श्रीमतीलाई पेसमेकर जडान गर्न दिल्ली जानुपर्ने भयो रे । उपचार गर्न पैसा पुग्दैन होला । मसँग एक लाख रूपैयाँ छ, चाहिन्छ भने म उहाँलाई सापटी दिन सक्छु, भनिदिनुस् है भनेर खबर पठाएछन् ।

त्यो बेला मैले नचिनेको डाक्टरबाट मलाई एक लाख रूपैयाँ सापट दिने प्रस्ताव आउँदा म उनीसँग मनमनै कृतज्ञ भएँ तर मैले पैसा सापटी लिनु परेन । आफैले व्यवस्था गर्न सकें । पछि पीबी राउतलाई डा. सन्दुक रूइतले 'हामीले एउटा आँखासम्बन्धी सामाजिक काम गर्ने संस्था खोल्न लागेको, मिल्छ भने हरिवंशलाई त्यसको सदस्य बनिदिन भनिदिनुस् न' भनेर खबर पठाएछन् ।

हामीलाई त्यस बेलादेखि नै थुप्रै सङ्घ-संस्थाहरू सदस्य बनाउन खोज्थे । संस्थाको सदस्य भएपछि बेलाबेला मिटिङ अनि अर्थसङ्कलन गर्न सांस्कृतिक कार्यक्रम गर्नुपर्ने भएकाले हामी सितिमिति सदस्य बन्दैनथ्यौं । तर त्यस्तो आपत्विपत्को घडीमा 'एक लाख सापटी दिन्छु' भन्ने मान्छेले पठाएको प्रस्तावलाई मैले नकार्न सकिनँ र स्विकारें ।

मैले आँखासम्बन्धी केही कार्य गर्ने सानो संस्था होला भन्ठानेको थिएँ तर आज तिलगङ्गा आँखा केन्द्र देशकै एउटा उदाहरण भएको छ । त्यस केन्द्रमै निर्माण भएको मोतीबिन्दुको शल्यक्रियापछि आँखाभित्र राख्ने 'इन्ट्राअकुलर लेन्स' संसारका धेरै मुलुकमा निर्यात हुन्छ । अमेरिकी, अस्ट्रेलियालीहरूको आँखामा समेत यो लेन्स राखिन्छ । नेपालमा बनेको लेन्स त्यस्ता सम्पन्न देशका मान्छेका आँखामा राख्ने भनेको सानो कुरा होइन । डा. सन्दुक रूइतबाहेक पनि त्यस संस्थामा धेरै उच्च व्यक्तित्वसँग सङ्गत गर्न पाइयो । साहित्यकार जगदीश घिमिरे स्थापना कालदेखि नै त्यस संस्थामा आबद्ध छन् । उनी सो संस्थाको अध्यक्ष पनि भए । उनीसँग आत्मीय सम्बन्ध बन्यो ।

म अस्ट्रेलिया जाँदा थाहा पाएँ, त्यहाँ वर्षमा सबैभन्दा राम्रो काम गर्ने व्यक्तिलाई 'म्यान अफ द इयर' भनेर अस्ट्रेलियाली सरकारले उपाधि दिन थालेको रहेछ । एक जना फ्रेड हलोस भन्ने व्यक्तिले त्यस वर्षको 'म्यान अफ द इयर' उपाधि पाए ।

'फ्रेड हलोस फाउन्डेसन' भन्ने संस्था खोलेर उनले धेरै मुलुकमा आँखासम्बन्धी सेवा सुरू गर्न थाले । उनको सबैभन्दा पहिलो सेवा नेपालको तिलगङ्गा आँखा केन्द्रबाट सुरू भएको हो । सुरू गराउने डा. सन्दुक रूइत नै हुन् ।

एउटा नेपाली डाक्टरको सल्लाहबाट सुरू भएको संस्था अब संसारका धेरै मुलुकमा स्थापना भइसकेको छ । अस्ट्रेलिया जस्तो मुलुकमा त्यसको संस्थापक 'म्यान अफ द इयर' भएका छन् । कति अस्ट्रेलियालीहरू भन्दा रहेछन्– फ्रेड हलोसलाई संसारमा चिनाउने नेपालका डा. सन्दुक रूइत हुन् ।

तिलगङ्गा आँखा केन्द्रले लाखौंलाख नेपाली र विदेशीको सेवा गरेको छ । आँखा नदेखी बसेका धेरैलाई आँखाको नानी प्रत्यारोपण गरेर संसार देखाएको छ । त्यस्तो संस्थासँग आबद्ध हुन पाएकोमा गर्व लाग्छ मलाई साथै आबद्धताको अवसर दिने डा. रूइतप्रति कृतज्ञ छु ।

संस्थागत आबद्धतासँगै हामीले पनि आँखा दान गरिसकेका छौं । आँखा देख्न नसक्ने संसारका धेरै मानिसलाई उपयोगी हुने हाम्रो आँखा हामी मर्दा सँगै नष्ट भएर जान्छ । त्यसरी खेर जाने अङ्ग परोपकारका लागि हामी सबैले किन दान नगर्ने ?

मौकैमा जन्मेका हामी

हाम्रो कलायात्रा त्यस्तो बेलामा सुरू भयो, जुन बेला देशमा धेरै नयाँ कुराको सुरूआत भएको थियो । सबैभन्दा पहिलो पञ्चायती व्यवस्थाको अन्त्य र बहुदलीय व्यवस्था सुरूआत गर्नका लागि हाम्रो देशका पहिलो पुस्ताका नेताहरू बीपी कोइराला, गणेशमान सिंह, मङ्गलादेवी सिंह, मनमोहन अधिकारी, पुष्पलाल श्रेष्ठ, कृष्णप्रसाद भट्टराई साराले जीवनभर सङ्घर्ष गरे, निर्वासित भए ।

पछि उनीहरू देशभित्रै बसेर शान्तिपूर्ण आन्दोलन गर्न थाले । त्यो आन्दोलनमा हामीले पनि आफ्नो कलाका माध्यमबाट उनीहरूलाई साथ दिन पायौं । खासमा त नेपाली जनतालाई साथ दिन पायौं ।

'यमलोक', 'अंशबन्डा', 'रद्दीको टोकरी', 'कक फाइट', 'प्यारालाइसिस', 'गीतैगीत' आदि प्रहसन रङ्गमञ्चमा मञ्चन गरेर, क्यासेटका माध्यमबाट घरघरमा पुऱ्याएर पञ्चायतविरोधी आन्दोलनमा साथ दिन पायौं । परिवर्तन चाहिरहेका नेपाली जनता र परिवर्तनका वाहक नेताहरूका हामी प्रिय पात्र बन्न पायौं ।

त्यस बेला पञ्चायतविरूद्ध त्यति व्यङ्ग्य गर्न ठूलो साहस चाहिन्थ्यो । किनभने त्यस बेला चित्त नबुझेका मान्छेलाई फसाउन, किन्न र सिध्याउन पञ्चायती व्यवस्थालाई गाह्रो थिएन । पञ्चायतको पतन, बहुदलको सुरूआतदेखि गणतन्त्र नेपालसम्मको आन्दोलनमा समयले हामीलाई भाग लिन अह्रायो ।

हाम्रै समयमा नेपालमा टेलिभिजन सुरूआत भयो । टेलिभिजन सरकारी मिडिया भएकाले त्यसबाट राजनीतिक व्यङ्ग्य गर्ने सम्भावना थिएन । तर त्यस माध्यमबाट हामीले मनोरञ्जन र सामाजिक चेतनाका काम गर्न पायौं ।

हामीले '१५ गते', 'दशैं', 'घाँस काट्ने खुर्केर', 'लालपुर्जा' आदि टेलिचलचित्र निर्माण गऱ्यौं । नेपाल टेलिभिजनबाट प्रसारण भयो । सबै दर्शकले हेर्न पाए ।

नेपाल टेलिभिजनले '१५ गते' टेलिचलचित्र निर्माण गर्न हामीलाई एक भागको बीस हजारका दरले चार भागको असी हजार रूपैयाँ दिएको थियो । त्यति रूपैयाँको भरमा हामी त्यत्रा प्राविधिक साथीहरूलाई लिएर बस रिजर्भ गरी काठमाडौंदेखि विराटनगरसम्म गयौं । कथा लेख्ने, सुटिङ गर्ने, निर्देशन र अभिनय गर्नेसम्मका काम गऱ्यौं ।

चार भाग तयार भएपछि हिसाब गर्दा नाफा हुनुको साटो छ सय पैंतालिस रूपैयाँ घाटा बेहोर्नुपऱ्यो । तर आर्थिक रूपमा घाटा बेहोरे पनि करोडौं रूपैयाँले पनि किन्न नपाइने लोकप्रियता प्राप्त भयो । क्यासेटमा सुनेर धेरैले हाम्रो नाम जानेका थिए । हाम्रो आवाज मानिसहरूलाई कण्ठ थियो तर अनुहार चिन्दैनथे । स्रोताले चिने पनि दर्शकले चिनेकै थिएन ।

टेलिभिजनमा कार्यक्रम आउन थालेपछि हामीलाई अनुहारले पनि चिन्न थाले । त्यस बखत नेपालमा कि नेपाल टेलिभिजन आउँथ्यो कि त इन्डियाको दूरदर्शन । सुटिङदेखि एडिटिङसम्ममा धेरै पटक हेरिसकेको हुनाले टेलिकास्ट भएको बेला हामी आफ्नो फिल्म हेर्दैनथ्यौं । बरू मोटरसाइकल चढेर सहरभित्र छिर्थ्यौं ।

टोलमा कर्फ्यु लागे जस्तो शून्य हुन्थ्यो । पसल गर्नेहरू चाँडै बन्द गरेर 'आज सिरियल हेर्नु छ' भनेर घर जान्थे । डाक्टरहरू पनि क्लिनिक चाँडै बन्द गरेर घर पुग्थे । हामीचाहिँ झ्यालझ्यालबाट मान्छे हाँसेको सुनेर रमाउँथ्यौं ।

'१५ गते' टेलिसिरियलमा बाबुले छोरालाई 'ढिंडो खा' भन्छ । छोराले 'ढिंडो खान्न, ढिंडो खाँदाखाँदा मेरो दिमागै ढिंडो जस्तो भइसक्यो' भनेर थालको तातो ढिंडो फाल्दा सडकमा हिंड्ने बटुवालाई लाग्छ र तातो ढिंडोले डामेर टाउकोको कपाल खुइलिन्छ । त्यो दृश्यमा ललितपुरका सिद्धिबज्र बज्राचार्य नाम गरेका व्यक्ति बेस्कन हाँसेछन् ।

मान्छे अचानक बेस्कन हाँस्दा ब्रेन ह्यामरेज हुने सम्भावना हुँदो रहेछ । उनलाई पनि त्यस्तै भएर होला हाँस्दाहाँस्दै ढलेछन् । उनको मृत्यु भएछ ।

त्यो घटना सुनेपछि हामीलाई साह्रै दिक्क लाग्यो । '१५ गते' टेलिचलचित्र २०४६ सालमा निर्माण गरेका हौं । त्यस बेला नेपालमा अहिले जस्तो जातीय नारा त्यति लाग्दैनथ्यो । मान्छे जातीयता, क्षेत्रीयताभन्दा राष्ट्रियता र प्रजातन्त्र प्राप्तिमै जोड दिन्थे ।

पन्ध्र गते टेलिफिल्म हेरेर जति दर्शक हाँसे, त्यसको छायाङ्कनका बेला किरण केसीले हामीलाई उत्तिकै हँसायो । ऊ जहिल्यै 'मदन दाइ र तिमीलाई माटोको हाँडीमा पकाएको खसीको मासु खुवाउँछु' भन्थ्यो ।

सुटिङमा एकरात हामी परासकोटी गाउँको बद्रीनारायण चौधरीको घर गएका थियौं । चौधरी परिवारले हामीलाई मदिरादेखि खसीको मासुको थुप्रोसम्मले स्वागत गऱ्यो । त्यही बेला किरणले भन्यो– 'हेर ल आज मौका पऱ्यो । म तिमीहरूलाई माटोको हाँडीमा पकाएको खसीको मासु खुवाउँछु ।' किरणले माटोको हाँडी खोज्यो । चौधरीले 'नयाँ हाँडी किन्न धेरै टाढा जानुपर्छ, यो हाँडीमा पकाउनुस्' भनेर एउटा पुरानो हाँडी ल्याइदिए ।

किरणले मकलमा गोल राखेर आगो सल्कायो । एउटा बिजुलीको पङ्खा ल्याएर अगाडि राख्यो । पङ्खाको हावाले आगो भरभर गरेर बल्न थाल्यो । किरणले माटोको हाँडीमा मसला मोलेको खसीको मासु हाल्यो । करिब दुई किलो मासु थियो होला । त्यसमाथि एक किलो प्याज थप्यो । माटोको भाँडोमा बाहिरबाट माटो मुछेर पहिले नै दलेको थियो, सायद माटोको हाँडी आगोले नफुटाओस् भनेर ।

गोलको भरभराउँदो आगोमा हाँडी बसाल्यो । बिजुलीको पङ्खाले आगो फुक्ने काम गरिनै रह्यो । हामी सबैमा त्यो मासुको स्वाद कस्तो मीठो हुन्छ होला भन्ने कौतुहल थियो । करिब एक घन्टाको मिहेनतले मासु तयार भयो । किरण केसीले सबैभन्दा पहिलो मासु चाख्न मलाई दियो । मासु मुखमा क्वाप्प के हालेको थिएँ, म झसङ्ग भएँ, मेरो मुख एकदमै तमतमाइलो भयो । किरणले सोध्यो– 'मासु कस्तो लाग्यो ?' किरणले मन दुखाउला भनेर मलाई मासु नमीठो छ भन्न मन लागेन ।

त्यसपछि मदन दाइलाई दियो । मदन दाइले पनि खाए । किरणले सोध्यो– 'मदन दाइ, मासु कस्तो लाग्यो ?' मदन दाइले पनि किरणको मन

राख्नलाई नमीठो भनेनन् । खालि 'अँअँ' गरेर टाउको हल्लाए । राजाराम पौडेलको पालो आयो । मासु चाख्ने राजारामले मासु खाँदै ओकल्दै भने– 'छ्या, यो भन्दा त बरू गु मीठो होला ।' हामी सबै जना एकैपल्ट गलल्ल हाँस्यौं । चौधरीले पनि भने– 'मासु मीठो भएन ।'

किरण आफैंले पनि खाएर भन्यो– 'छ्या, कस्तो नमीठो भएछ !'

किन यस्तो नमीठो भयो, पछि पत्ता लाग्यो । जुन हाँडीमा मासु पकाएको हो, त्यसमा चौधरीको घरमा बाइस वर्ष अगिदेखि दही जमाउने गरिएको रहेछ । चौधरीले नयाँ माटोको हाँडी नपाएपछि त्यै बाइसवर्षे दहीको हाँडी पखालपुखुल पारेर ल्याइदिएका रहेछन् ।

भरभराउँदो आगोमा एक घन्टा मासु पकाउँदा बाइस वर्ष अगाडिदेखि त्यो हाँडीको छिद्रभित्र छिरेको दहीको झोल तातेर निस्कँदै पाक्दै गरेको हाँडीको मासुको केस्राकेस्राभित्र छिरेछ र मासुको लेदोमा सलबल भएर मिस्सिएछ । अनि मुखमा हाल्दा दिमाग नै रन्थनिने हुने भएछ ।

पछि त्यो मासु त्यही घरमा आइरहने कुकुरलाई दिइयो, कुकुरले पनि खाएन । हामी झन् हाँस्यौं । हामी जतिजति हाँस्थ्यौं, किरण त्यति नै लाजले भुतुक्क हुन्थ्यो । सुङ्गुरलाई खान देको, उसले चाहिँ मीठो मानेर खायो ।

हाँडीकाण्डपछि हामी सुटिङ सक्काएर फर्कंदै थियौं काठमाडौं । त्यो दिन राजा वीरेन्द्रको जन्मोत्सव रहेछ । ढल्केबरमा हाम्रो बस रोकियो । ढल्केबर चोकमा राजा वीरेन्द्रको फोटोमा माला लगाएर फूलको गुच्छा राखिएको थियो । फूलसँगै सुन्तला पनि थियो । किरणले 'म त्यो सुन्तला लिएर आउँछु है, कस्तो खान मन लाग्यो' भन्यो । हामीले भन्यौं– 'नलिऊ, त्यहाँ फोटोसँगै बन्दुक लिएर पुलिस पनि बसेको छ ।'

किरण गयो । राजा वीरेन्द्रको फोटोलाई हात जोडेर तीनचोटि घुम्यो । फोटोमा चढाएको अबिरको टीका आफ्नो निधारमा लगायो । एउटा फूल टिपेर टाउकोमा राख्यो र भन्यो– 'राजा, तिमी बाँच लाख वर्ष ।'

अनि सुन्तला टिपेर थप्यो– 'पर्साद खान्छु है, पुलिस दाइ ?' सेन्ट्री बसेको पुलिसले केही बोल्न सकेन । किरण सुन्तला छोडाएर खाँदै बसमा आयो । हामी बसका सबै मान्छे बेस्कन हाँस्यौं । हाँडीको मासुकाण्डबाट लाज मानेको

किरण केसीको इज्जत राजा वीरेन्द्रको फोटोमा राखेको सुन्तला ल्याउन सकेकोमा अलिकति धानियो ।

जब हामीलाई विषय छान्नुपर्‍यो, कथा लेख्नुपर्‍यो अनि हामीले राष्ट्रियताको विषय छान्ने निर्णय गर्‍यौं । 'राष्ट्रियताको मात्र सन्देश दिए पट्यारलाग्दो हुन सक्छ, मनोरञ्जन र हाँसो मिसाएर राष्ट्रियता र अखण्डताको सन्देश दिउँ' भन्ने सल्लाह मिल्यो मदन दाइ र मेरो ।

हामीलाई लाग्छ– एकताको मूल सूत्रमा हामी बाँधिनलाई सकेसम्म अन्तर्जातीय विवाह गर्नुपर्छ । एउटा परिवारमा बाबु ब्राह्मण छन्, आमा नेवार छिन् भने त्यसबाट जन्मेका बालबच्चाले त बाबुको जात ब्राह्मणमा पनि गर्व गर्छ र आमाको जात नेवारमा पनि गर्व गर्छ । उसको शरीरभित्र बग्ने रगतमै दुइटा सम्प्रदाय मिसिएको हुन्छ । त्यस्तै ब्राह्मण र नेवार मात्र होइन, गुरूङ र नेवारको पनि बिहे गर्नुपर्छ, तामाङ र क्षत्रीको बिहावारी हुनुपर्छ । बिस्तारै बिस्तारै हिजोआज अन्तर्जातीय विवाह धेरै हुन थालिसक्यो ।

अन्तर्जातीय विवाहका बारेमा रमाइलो अनुभव छ मेरो– आफ्नै भान्जा शिव ढकाल र बुहारी सोविता श्रेष्ठको विवाहको । मेरो भान्जा ढकाल ब्राह्मण परिवारको, बुहारी सोविता नेवार परिवारकी । पहिले त बिहे नै हुनु हुँदैन भनेर ठूलै विवाद भयो तर भान्जाले मन पराएपछि कसैको केही लागेन ।

बूढानीलकण्ठ मन्दिरमा विवाह सम्पन्न भयो । नेवार केटीले नाक छेड्न हुँदैन, फुली लगाउन हुँदैन तर ब्राह्मणको घरमा नाक नछेडेकी बुहारी घर भित्र्याउन हुँदैन ।

दुलही पक्षले छोरीलाई बिदाइ गरे । गाडीभित्र दुलही पसिन् । नाक छेड्ने मान्छे गाडीभित्र बसेको थियो । उसले नाक-कान छेड्ने गनले नाकमा प्वाल पारेर फुली लाइदियो र घर भित्र्याए । फोटोमा हेर्दा थाहा हुन्छ– गाडी चढ्दा फुली नभएकी बेहुली ओर्लंदा फुली लाएको देखिन्छ ।

नयाँ पुस्ता शिक्षित हुँदैछ । उनीहरू जातपातमा, रूढिवादी संस्कारमा त्यति ध्यान दिँदैनन् । अन्तर्जातीय जोडी बढेको बढ्यै छ ।

तर हाम्रो देशमा थुप्रै जातजाति, भाषाभाषी छन् । अब बाहुन, क्षत्री, मगर, गुरूङ, दलितबीच मात्रै अन्तर्जातीय विवाह गरेर पुग्दैन । मधेसी समुदाय र

पहाडी समुदायबीच पनि वैवाहिक सम्बन्ध जोड्नुपर्छ । मधेसी मधेसीमा, पहाडे पहाडेमा अन्तर्जातीय विवाह बढे पनि मधेसी र पहाडेबीच कमै मात्र भएको वैवाहिक सम्बन्ध अब बढ्नुपर्छ ।

यस्तो कदमले देशलाई एक सूत्रमा बाँध्छ र राष्ट्रियता बलियो बनाउँछ भन्ने सन्देश दिएर कवि दुर्गालाल श्रेष्ठलाई हामीले एउटा गीत लेख्न भन्यौं । उनले लेखे– 'सय थरी बाजा एउटै ताल, सय थरी गोडा एउटै चाल, मेची काली सिङ्गै ढिक्को, साझा हाम्रो जय नेपाल...' र न्ह्यू बज्राचार्यलाई सङ्गीत भर्न लगायौं अनि टेलिचलचित्रमा राखेर प्रसारण गऱ्यौं । त्यो गीत निकै चर्चित भयो । तर नेपाल टेलिभिजनको बजेटमा फिल्म बनाउँदा जहिले पनि 'हात लाग्यो शून्य' मात्रै हुन थाल्यो ।

'दशैं' बनायौं । लेखेको, अभिनय र निर्देशन गरेको त्यत्रो दुःखको फाइदा भयो एघार सय रूपैयाँ । साढे पाँच सय, साढे पाँच सय रूपैयाँ बाँडेर लियौं । यसरी निर्माण गर्दा सोख पूरा भयो तर त्यही काम गरेर खानुपर्ने मान्छेलाई साध्य भएन ।

एउटा प्रस्ताव आयो– रेयुकाई नेपालले साठी हजार रूपैयाँ बजेट दिने, फिल्म 'मह' ले बनाउनुपर्ने । फिल्मको विषय लागुपदार्थविरूद्धको भएकाले हामीले 'सन्तति' नामक टेलिशृङ्खला बनायौं । खर्च चालीस हजार भयो, बीस हजार बँच्यो । अब बल्ल एउटा पेसागत काम गर्ने वातावरण बन्यो । शान्ता दीक्षितले युनिसेफबाट एचआईभी एड्ससम्बन्धी टेलिसिरियल बनाउने काम पनि हाम्रो जिम्मामा दिइन् । हामीले 'रात' बनायौं ।

'रात' पछि, 'असल लोग्ने', 'वनपाले', 'ओहो !', 'भकुन्डे भूत', 'लक्ष्मी', 'चिरञ्जीवी' आदि सन्देशमूलक चलचित्र बनाउन पायौं । एचआईभी एड्स, वनसंरक्षण, क्षयरोग, कुष्ठरोग, बैङ्क ठगी, सुरक्षित मातृत्व आदि सन्देश राखेर टेलिचलचित्र निर्माण गर्न पाइयो समाज सुधारको पक्षमा ।

पछिल्लो समय 'आमा', 'मदनबहादुर हरिबहादुर', 'महचौतारी' आदि टेलिसिरियलबाट संविधानसभाबारे जानकारी, द्वन्द्व समाधान, जातीय सहिष्णुता, राष्ट्रियताका सन्देश दिन पायौं ।

सन्देश भनेको प्रायः तीतो हुन्छ । सन्देश दिंदा मान्छेले मनोरञ्जन पाउँदैन । हामी हाम्रो टेलिशृङ्खलालाई एन्टिबायोटिक जस्तै बनाउने कोसिस

गर्छौं । सन्देश तीतो हुन्छ, हास्य गुलियो । एन्टिबायोटिक औषधि तीतो भए पनि त्यसलाई सुगर कोटेड गरेको हुन्छ अथवा बाहिर गुलियो, भित्र तीतो । हामी पनि व्यङ्ग्य र सन्देशलाई हाँसोले बेरेर एन्टिबायोटिक जस्तै बनाएर खुवाउने कोसिस गर्छौं ।

हामी प्रहसन अथवा टेलिशृङ्खला निर्माण गर्दा एक नम्बरमा मनोरञ्जन, दुई नम्बरमा मात्र सन्देश दिन्छौं । अनि बच्चाहरूलाई कसरी आकर्षण गर्ने भन्नेबारे हामी पूर्ण रूपले ध्यान दिन्छौं । किनभने बच्चा आमाबाबुका सबैभन्दा प्रिय हुन्छन् । बच्चाले हाम्रो कार्यक्रम मन पराए भने बाबुआमाले मन नपराई सुखै हुँदैन । त्यसैले राजनीतिक व्यङ्ग्यमा पनि हामीले बच्चाले मनोरञ्जन गर्ने भाग छुट्ट्याएका हुन्छौं ।

महजोडी

राष्ट्रिय सभागृहमा 'विज्ञापन' नाटक प्रदर्शन भइरहेको थियो । पर्दाभित्रबाट राजाराम पौडेल उद्घोषण गर्दै थिए । उद्घोषणमा उनले भने– "अब आउँदैछ 'महजोडी' । मह जस्तै गुलिया, मह जस्तै गुनिला, मह जस्तै कहिल्यै नकुइने अभिनेता मदनकृष्ण श्रेष्ठ र हरिवंश आचार्य ।"

दर्शकले पाँच मिनेटसम्म ताली पिटिरहे । त्यसपछि हामी 'महजोडी' भनेर सम्बोधित हुन थाल्यौं । हाम्रो नयाँ नाम राखेर न्वारन गरिदिने पण्डित राजाराम पौडेललाई हामीले नाटक सकिएपछि जौबाट बनेको दुई बोतल बियरको जल चढायौं ।

२०३३ सालमा सुरू भएको मेरो कलायात्रा ३८ वर्षको भयो । मदनकृष्ण दाइसँग जोडी भएर सहकार्य गरेको ३२ वर्ष पूरा भएको छ । यसबीच हामीले गायक रत्नदास प्रकाश, नातिकाजी, शिवशङ्कर, धर्मराज थापा, कोइलीदेवीको पुस्तादेखि फत्तेमान, तारादेवी, पुष्प नेपाली, बच्चुकैलाश, अरूणा लामा, प्रेमध्वज प्रधान, कुमार बस्नेत, नारायणगोपाल, गोपाल योञ्जनको पुस्ता हुँदै दीप श्रेष्ठ, मीरा राणा, भक्तराज आचार्य, ओमविक्रम विष्ट, हिरण्य भोजपुरे, गणेश रसिक हुँदै कुन्ती मोक्तान, नवीन के. भट्टराई, प्रकाश श्रेष्ठ, अरूण थापा, रामकृष्ण ढकाल, सत्य-स्वरूप आचार्य, सुगम पोखरेल, अनिल सिंह, नलिना चित्रकार, अहिलेका शिवानी र शीतल मोक्तानसम्मका गरी आठ पुस्तासँग सँगै कार्यक्रम गऱ्यौं ।

हास्यव्यङ्ग्यमा चाहिँ धेरै पुस्ता जन्मेका छैनन् । सायद यस क्षेत्रमा थोरै मान्छे जन्मदा रहेछन् । मास्टर केशव एक पुस्ता; राजपाल हाडा, रामशेखर नकर्मी, वसुन्धरा भुसाल, गोपालराज मैनाली एक पुस्ता; मदनकृष्ण श्रेष्ठ, म, किरण केसी, राजाराम पौडेल, सन्तोष पन्त एक पुस्ता; दीपकराज गिरी, दीपाश्री निरौला, शिवहरि पौडेल, खेम शर्मा, नारायण त्रिपाठी, जितु नेपाल, दमन रूपाखेती, मनोज गजुरेल, गोपाल नेपाल एउटा पुस्ता; केदार घिमिरे, सीताराम कट्टेल, कुञ्जना घिमिरे आदि धेरै अर्को पुस्ता । हामीले यी सबै पुस्तासँगसँगै पनि काम गऱ्यौं ।

कुमार बस्नेत र नारायणगोपाल दाइसँग हामीले धेरैओटा कार्यक्रम सँगसँगै गऱ्यौं । कुमार बस्नेत दाइसँग रङ्गमञ्चमा प्रस्तुत हुने अद्वितीय प्रतिभा छ । उनको उमेर जति पाको भए पनि, घाँटीमा जति मुजा परे पनि रङ्गमञ्चमा उनी कहिल्यै चाउरी परेनन् ।

एउटा ग्राहकले पसलमा गएर एउटा कलमको मूल्य सोधेछ । पसलेले 'यो कलम अलि महँगो छ, सय रूपैयाँ पर्छ' भनेछ । ग्राहकले सोधेछ– 'त्यस्तो के विशेषता छ र यसमा महँगो हुनलाई ?'

चलाख पसलेले भनेछ– 'यो कलमले लेख्यो भने आफूले जे चाह्यो त्यही हुन पाइन्छ ।'

ग्राहकले अचम्म मान्दै सोधेछ– 'जे चाह्यो त्यही हुन पाइने ? कसरी ?'

पसलेले एउटा कागजमा लेखेर देखाएछ– म यो देशको राष्ट्रपति हुँ । 'ल हेर्नुस् त, म राष्ट्रपति हुन सकें कि सकिनँ ?' उसले फेरि लेखेछ– म संसारको सबैभन्दा धनी मानिस हुँ । 'ल हेर्नुस् त, म संसारको सबैभन्दा धनी हुन सकें कि सकिनँ त ?'

हुन पनि कलम भन्ने चिज साँच्चिकै शक्तिवान् हुँदो रहेछ । कलमले जीवनका कुराहरू लेखेर लेखन सफल भए पनि असफल भए पनि म लेखक भएको छु । यही कलमले लेखेर कति प्रहसन, टेलिफिल्ममा नपढे पनि डाक्टर हुन पाएका छौं । कतिमा चोर भएका छौं, कतिमा पुलिस भएका छौं, कतिमा पुरूष भएका छौं, कतिमा लिङ्ग परिवर्तन गरेर महिला भएका छौं, बच्चा

भएका छौं, बूढो भएका छौं । यही कलमले लेखेका कुरा प्रदर्शन गर्न संसार डुलेका छौं ।

हाम्रा जति प्रस्तुति छन्, ती सबैलाई पहिले कलमले कापीमा लेख्छौं अनि क्यामेराले खिच्छौं, रङ्गमञ्चमा प्रस्तुत गर्छौं । सबैभन्दा पहिले हाम्रो नाता कलमसँग जोडिएको छ । यही कलमले लेखेरै आज नेपालीको माया पाएका छौं ।

यही कलमले लेखेर सर्वमान्य नेता गणेशमान सिंहको बेडरूमसम्म पुग्न सक्यौं । यही कलमले लेखेर मदन भण्डारीसँग चिनापर्ची भयो । यही कलमकै नाताले राष्ट्रपति डा. रामवरण यादवको डाइनिङ टेबलसम्म पुग्न पायौं । यही कलमले गर्दा प्रचण्ड, बाबुराम भट्टराईसँग पनि चिनजान, परिचय भयो ।

उहाँहरूले पनि 'बन्दुकभन्दा कलम ठूलो रहेछ । मान्छेको एउटै मात्र जात हुन्छ, त्यो जात भनेको मान्छे नै हो' भनेर संविधान लेखिदिनुभएको भए कस्तो राम्रो हुन्थ्यो ।

यही कलमकै नाताले गर्दा मैले जीवनमा एउटा सार्थक मित्र पाएँ । मित्रताले सबै थोक पाइन्छ, शत्रुताले केही पनि पाइँदैन भनेर हामी भन्ने गर्छौं । मैले पनि मित्रताबाट सबै थोक पाएको छु– मान्छेलाई जीवन धान्न चाहिने कुरा सबै मैले पाएको छु ।

हामी पनि मान्छे नै हौं । पञ्चतत्त्वले बनेको शरीरमा काम, क्रोध, लोभ, मोह सबै थोक हुन्छन् । त्यसमाथि पनि कलाकारिता भनेको इगो गरिने क्षेत्र हो । मैले झिँगाहरू पनि झगडा गरिरहेको देखेको छु । लाग्छ, यी झिँगालाई समेत केको रिस, केको इगो होला ! न यिनको नाम छ न इनाम छ न जग्गाजमिन छ न यिनलाई पैसा कमाउनु छ । न यिनका स्वास्नी छोराछोरी छन् न नाताकुटुम्ब । तैपनि किन झगडा गर्छन् होला !

हामी त झन् मान्छे, संसारको सर्वश्रेष्ठ प्राणी ।

दर्शकहरूले मूल्याङ्कन गरेर यो राम्रो, त्यो ठीकै भनी प्रतिक्रिया दिने भएकाले जो पनि आफू सर्वश्रेष्ठ हुन खोज्छ । मदन दाइको त जातै श्रेष्ठ, म पनि सर्वश्रेष्ठ हुन खोज्छु । फेरि म त जातैले आचार्य, मदन दाइ पनि आफ्नो काममा आचार्य नै हुन मन गर्छन् ।

तर मित्रता जोगाइरहन पनि अनुशासित हुनुपर्छ । हामीबीच निश्चित अनुशासन छ । म मदन दाइलाई जहिल्यै आदर गरिरहन्छु र उनी पनि मलाई माया गरिरहन्छन् । म जानेर उनको मन दुखाउने काम कहिल्यै गर्दिनँ र उनी पनि मेरो मन दुखाउने काम गर्दैनन् । अब त हाम्रो मित्रता 'मित्रता' मात्रै पनि होइन, बाध्यता पनि भइसकेको छ । नेपाली जनता हामीलाई एकैछिन पनि अलग देख्न चाहँदैनन् । हामीसँग मात्र होइन, संसारभरिका मान्छेसँग कलम छ र अर्बौं कलम बन्दै छन् भविष्यमा आउने अर्बौंका लागि ।

अरू कसैको कलमले हामीलाई नराम्रो लेख्न नपरोस् भन्ने कुरामा सतर्क हुँदै हामी अगाडि बढ्दै छौं ।

विज्ञापन

सबैभन्दा धेरै पटक प्रदर्शन गरेको हाम्रो नाटक हो 'विज्ञापन' । यस नाटकलाई हामीले देशविदेशमा गरेर ३७६ पटक प्रदर्शन गऱ्यौं र सधैं एउटै कार्यक्रम देखाउँदा अरू कार्यक्रम बनाउन गाह्रो भयो । त्यसैले कार्यक्रमै बन्द गऱ्यौं । सुरूसुरूमा सूर्यमाला शर्मा, निशा शर्मा, राजु भुजू, लक्ष्मण सिंह, महेश भण्डारी, मङ्गला श्रेष्ठहरूको अभिनय थियो । पछि लक्ष्मी गिरी, रूपा विमल, प्रयास मुल, पीबी राउत, राधिका खड्का, रामेश्वर नकर्मी आदिको अभिनय थियो र अरिम श्रेष्ठको ध्वनि ।

'विज्ञापन' नाटकमा सुरूदेखि अन्त्यसम्म अभिनय गर्ने हामी दुई र राजाराम पौडेल मात्र हौं । अरू सबैको विकल्प हुन सक्थ्यो तर राजाराम पौडेलको विकल्प अरू कोही हुन सक्तैनथ्यो । किनभने त्यो पात्रमा उनीजति फिट अरू कोही पनि छैन सायद ।

'विज्ञापन' प्रदर्शन गर्दा नाटकको सेटिङ हामी आफै उचाल्थ्यौं । गह्रुङ्गा साउन्डका बाकस उचालेर बसको छतमा राख्थ्यौं । धेरैजसो कार्यक्रम सिनेमा हलमा हुन्थ्यो । सिनेमा छुटेपछि सेटिङ आफै पनि जोड्थ्यौं । आफै मेकअप गरेर नाटक गर्थ्यौं ।

एक सोमा हाम्रो भागमा सात सय रूपैयाँजति पर्थ्यो । अरूलाई चाहिँ तीन सय रूपैयाँ दिन्थ्यौं । सबै काम आफैले गर्दा ठूलो फाइदा के भयो भने हामीले सबै काम सिक्यौं ।

२०४४ सालतिरको कुरा, हामी भैरहवामा 'विज्ञापन' नाटक प्रदर्शन गर्दै थियौं । गुल्मीबाट एक जना शक्ति श्रेष्ठ नाम गरेका, झन्डै छ फिट अग्लो शरीर भएका मान्छे हामीलाई भेट्न आए । उनले भने– "गुल्मीको रिडीमा 'विज्ञापन' नाटक देखाउनुपर्‍यो । मैले त्यहाँ मान्छेहरूलाई भनेको छु– 'महजोडी' को 'विज्ञापन' नाटक म ल्याउँछु । ल्याउन सकिनँ भने झुन्डेर मरिदिन्छु । हजुरहरू जसरी पनि जानुपर्‍यो । कि म मर्नुपर्‍यो कि तपाईंहरू नाटक देखाउन जानुपर्‍यो !"

अलिअलि जबरजस्ती अलिअलि आत्मीयता थियो उनको अभिव्यक्तिमा । ती मान्छेले कर गरेको देखेर नाइँ भन्नै सकिएन । भैरहवापछि पाल्पामा नाटक प्रदर्शन गर्नु थियो । पाल्पाबाट त्यहाँ आउँला भनेर बाचा गर्‍यौं ।

मैले श्रीमती मीरा र डेढ वर्षको छोरो त्रिलोकलाई पनि लिएर गएको थिएँ । राजाराम पौडेलकी श्रीमती ईश्वरी भाउजू पनि हुनुहुन्थ्यो । पाल्पाबाट रिडी जाने बाटो ज्यादै साँगुरो थियो । बसको पछाडिको दुई-दुई चक्कालाई बाटो नै नपुग्ने । कहीँकहीँ त एक चक्का बाटोमा अर्को चक्का भीरमा गुडेको हुन्थ्यो । श्रीमती र छोरालाई पनि लिएर जान डर लाग्यो । उनीहरूलाई पाल्पाकै लजमा छोडेर हामी एक दिनका लागि रिडी हिँड्यौं ।

रिडी पुग्दा रिडी नदी किनारमा बालुवा थुपारेर अग्लो बनाइएको थियो । अग्लिएको भागलाई त्रिपालले छोपेर बनाइएको मञ्च र वरिपरि जस्ताले घेरेर हल बनाएको रहेछ । बिजुली थिएन, माइक चलाउन मोटरको ब्याट्री ठीक पारिएको थियो भने उज्यालोका लागि रङ्गमञ्चभरि पेट्रोलमेक्स राखिएका थिए । सुरूमा 'कसरी कार्यक्रम गर्न सकिएला र यसरी' जस्तो लाग्यो तर त्यसको विकल्प केही थिएन ।

साँझ पर्‍यो । आयोजक साथीहरूले दम दिएर सबै पेट्रोलमेक्स बाले– रङ्गमञ्च झलल भयो । जस्ताले बारेको हलमा खुट्टा राख्ने ठाउँ थिएन, मान्छे त्यति धेरै । नाटक सुरू गर्‍यौं । कुनै संवाद सोफामा बसेर बोल्नुपर्ने थियो, कुनै संवाद भुइँमा बसेर, कुनै संवाद उभिएरै बोल्नुपर्ने तर रङ्गमञ्चमा बालिएको पेट्रोलमेक्सको दम सकिँदै जाँदो रहेछ । सोफामा बसेर बोल्नुपर्ने संवाद पनि पेट्रोलमेक्समा दम दिँदै बोल्नुपर्ने भयो । उभिएर बोल्नुपर्ने संवाद

पनि पेट्रोलमेक्समा दम दिँदै बोल्नुपर्ने भयो । एउटा पेट्रोलमेक्स उज्यालो भए अर्को अँध्यारो हुन्छ, अर्कोलाई दम दिएर उज्यालो बनायो फेरि अर्कोलाई दम दिनुपर्ने हुन्छ । महिला पात्रले बाहेक सबै पुरूष पात्रको काम पेट्रोलमेक्समा दम दिएर संवाद बोल्नुपर्ने भयो । हामीले भन्दा धेरै त त्यो दिन पेट्रोलमेक्सले हँसायो । मान्छे पनि खुब हाँसे ।

शक्ति श्रेष्ठको ठूलो इज्जत भयो । हाम्रो नाटक प्रदर्शन भएकोमा सम्झौताअनुसार पैँतालिस सय रूपैयाँ दिए । कार्यक्रम सकिएपछि त्यही रिडी नदीको किनारैमा भएको लजमा सुत्यौं । त्यहाँ ट्वाइलेट थिएन । भोलिपल्ट खोलाका ठूलठूला ढुङ्गापछाडि गएर बस्नुपर्ने रहेछ ।

मदन दाइ एउटा ठूलो ढुङ्गापछाडि गएर बसे । म पनि त्यही ढुङ्गाको अगाडि बसेको थिएँ । पर अर्को ढुङ्गाको दायाँबायाँ बस्ने मान्छेहरू कुरा गरिरहेका थिए । हामीले उनीहरूको आवाज मात्रै सुन्यौं, अनुहार देखेनौं । उनीहरू भन्दै थिए– "हिजो साँझ नाटक हेरियो । मुर्दारहरूले उधुम हँसाए तर नुन किन्न ल्याएको पैसा पनि सकियो । घरमा खाली हात कसरी जानू ?"

ती अपरिचित र अदेखित व्यक्तिहरूले गरेको संवाद सुनेर हामी भावुक भयौं । म र मदन दाइले पनि एकअर्काको मुख देखेका थिएनौं, बीचमा भएको ढुङ्गाले छेकेको थियो । हामी त्यो ढुङ्गाको दायाँबायाँ लाज बचाउन एकअर्कालाई नदेख्ने गरी बसेका थियौं । तर त्यो लाजभन्दा पनि हामीलाई अर्कै लाज लाग्यो, दयाको लाज । त्यस्ता सोझा मानिस, जसले हाम्रो एउटा नाटक हेर्दा नुन किन्न सक्तैनन् । अधिकांश दर्शक त्यस्तै थिए । त्यस्तो पैसा पनि के लिएर जानू जस्तो भयो । अनि हामीले नाटक प्रदर्शन गरेर पाएको पारिश्रमिक त्यहीँको स्थानीय विद्यालयलाई चन्दा दिएर फर्क्यौं ।

शक्ति श्रेष्ठको भुइँमा खुट्टै थिएन । उनको ठूलो इज्जत भयो । 'विज्ञापन' नाटक त्यहाँ प्रदर्शन गर्न सकेकोमा हामीलाई पाल्पासम्म पुऱ्याउन आएर जाने बेलामा उनले त खुट्टै समाते । हामी दुवैलाई पालैपालो बोकेर घुमाए ।

केही महिनापछि शक्ति श्रेष्ठ धोबीधारास्थित मदन दाइको घरमा आएछन् । उनले गद्‌गद भएर मदन दाइसँग भनेछन्– 'दाइ, मैले त तपाईंहरूको नाटक

आयोजना गर्न सकेकोमा प्रधानपञ्चको चुनावै जितें । तपाईंहरूलाई त्यहाँ पुऱ्याउन सकेकोमा जनताले मलाई भोट दिए ।'

मलाई चाहिँ उनले फोन गरेर यो कुरा सुनाएका थिए । राम्रै भएछ, त्यस्तो जागरूक, हिम्मतिलो, फुर्तिलो मान्छेले चुनाव जितेकोमा खुसी लाग्यो । हाम्रो नाटक देखाएर प्रधानपञ्चको चुनाव जितेकोमा झन् खुसी लाग्यो ।

२०४६ सालमा प्रजातान्त्रिक आन्दोलन भयो । आन्दोलनको सफलतासँगै देशमा बहुदलीय व्यवस्था लागू भयो । उच्छृङ्खल व्यक्तिहरूको भीडले शक्ति श्रेष्ठ प्रधानपञ्च भएकाले उनलाई मलमूत्र खुवाए रे भन्ने सुन्यौं । हाम्रो नाटक आयोजना गरेर प्रधानपञ्च भएका व्यक्तिलाई त्यस्तो अमानवीय व्यवहार गरेको सुनेर मन खिन्न भयो । किन गएछौं रिडी ? किन मञ्चन गरेछौं नाटक ? किन उनले त्यति जाबो नाटक आयोजना गर्दैमा चुनाव जितेका होलान् जस्तो लाग्यो ।

हामी पनि बहुदलवादी नै हौं । हामीले पनि बहुदल ल्याउन समर्थन गरेका हौं तर हामीले कहिल्यै पनि कुनै पञ्चलाई बदलाको भावनाले हेरेनौं । त्यो पक्कै पनि कुनै अवसरवादीहरूको जत्था होला । बहुदलवादीको जत्था हुँदै होइन । त्यस्तो जत्थाले अनुहारमा बहुदल देखाएर मनमा अवसरवाद पालेर राखेको हुन्छ अनि त्यसकै इसारामा उच्छृङ्खल काम गर्छ ।

कुरो त्यतिमै सीमित रहेन । जनयुद्धको नाममा माओवादी विद्रोह चलिरहेको थियो । हामी कार्यक्रमको सिलसिलामा अमेरिका गएका थियौं । एउटा नेपालीको घरमा तिनै शक्ति श्रेष्ठकै कुरा चल्यो । त्यहाँ अर्को नराम्रो कुरा थाहा भयो– "थाहा छ दाइ, शक्ति श्रेष्ठलाई त माओवादीले मार्दिसक्यो नि ! म पनि त्यहीँको मान्छे हुँ ।"

मदन दाइ र म झस्कियौं, एकछिन त पत्याएनौं । उनी भन्दै गए– "हो दाइ, टुक्राटुक्रा पारेर मारे !" हामीलाई ज्यादै नराम्रो लाग्यो । आफैले देखेको, आफैलाई बोकेको त्यस्तो फुर्तिलो हातलाई कसरी छिनाए होलान् ? त्यत्रो भीमकाय शरीर भएको मान्छेलाई कसरी टुक्राटुक्रा पारे होलान् ?

त्यो समाचारले 'जनयुद्ध' पनि 'घिनयुद्ध' लाग्यो । मान्छेले गल्ती गर्छन्, उनले पनि गल्ती गरे होलान् । उनीहरूको वैचारिक आस्थाभन्दा फरक

विचारका थिए होलान् । गल्ती गऱ्यो भन्दैमा, अर्कै आस्था राख्यो भन्दैमा मारिहाल्नु, टुक्राटुक्रा पारिहाल्नु मान्छेले गर्ने कामै होइन । लड़ाइँ भनेकै लड्ने कुरा मात्र होइन । लडे पनि आमने-सामने भएका एकअर्काका सैनिकलाई धावा बोलेर आक्रमण गर्नु लडाइँको बहादुरी हो । तर अपहरण गरेर मार्नु, समातेर मार्नु भनेको युद्ध होइन । जोसुकैलाई मारे पनि त्यो निन्दनीय कार्य हो ।

विज्ञापन र सिक्किम

'विज्ञापन' नाटक देखाउन सिक्किमको गान्तोकमा पुग्यौं । सिक्किमका तत्कालीन मुख्यमन्त्री नरबहादुर भण्डारीका बारेमा अनेक किस्सा सुनेका थियौं ।

उनले आफ्नै पीए सरलालाई कान्छी श्रीमती बनाएछन् । विरोधीहरूले 'नरबहादुरले कान्छी ल्यायो' भनेर विरोध गरेछन् । उनले आमसभामार्फत भनेछन्– 'मैले कान्छी ल्याएँ भनेर विरोधीहरूले मेरो खोइरो खन्दै छन् । तर दाजुभाइ दिदीबहिनीहरू, मैले कान्छी ल्याको होइन, सरला ल्याको हुँ । मर्दको कति हुन्छ कति हुन्छ ! सरला नै कान्छी हो भन्ने के था तिनीहरूलाई ?'

अर्को प्रसङ्गमा सिक्किममा जनसङ्ख्या नियन्त्रणबारे भाषण गर्नुपर्ने रहेछ । उनले महिलाहरूलाई सम्बोधन गर्दै भनेछन्– 'आमाहो, दिदीहो, बैनीहो ! सिक्किममा जनसङ्ख्या वृद्धि भयो । यसलाई रोक्नुपर्‍यो । बाहिरबाट आउने म रोक्छु, भुँडीबाट आउने तपैंहरू रोक्नुस् ।'

अहिलेका मुख्यमन्त्री पवन चामलिङ पहिले उनकै पार्टीमा रहेछन् । कुरा नमिलेर पवन चामलिङलाई पार्टीबाट हटाइदिएछन् । अर्को पार्टी खोलेर पवन चामलिङले उनलाई नै चुनौती दिएपछि उनले भाषण गर्दै भनेछन्– 'त्यो पवन चामलिङ, मैले तेसलाई कुहिएको आलु भनेर पार्टीबाट फ्याँक्देको, त्यो त बिउको आलु परेछ । अहिले त उम्रिन पो थाल्यो ।'

उनै मुख्यमन्त्री नरबहादुर भण्डारी हाम्रो नाटकका मुख्य अतिथि थिए ।

हामीले मेकअपको सामानमा कपाल रँगाउने सेतो वाटर कलर किन्न बिर्सेछौं नेपालमा । सिक्किममा पाइहालिन्छ नि भनेर ढुक्क भयौं तर नाटक प्रदर्शन आइतबारको दिन परेको थियो । आइतबार सारा दोकान बन्द हुँदो रहेछ । कतै पनि ह्वाइटनर किन्न पाइएन । अनि स्कुलबाट चक भए पनि ल्याइदिनोस् भनेर अनुरोध गर्‍यौं । स्कुल, कलेज पनि आइतबार पूरै बन्द हुँदो रहेछ ।

एक जना भोलन्टियरले भने– "पख्नुस् है त दाजु, म केही उपाय लगाउँछु ।" हलमा दर्शक भरिभराउ बसेका थिए । राजाराम पौडेल र मदन दाइले पूरै कपाल सेतो बनाउनुपर्ने थियो । मैले चाहिँ कन्चटतिर अलिअलि लगाए पुग्थ्यो ।

भोलन्टियरले एउटा सानो ट्वाकमा रङ देखाउँदै भने– "ल दाजु, यो लगाउनुस्, कपाल त पूरै चाँदी जस्तो सेतो देखिन्छ ।"

मैले सोधें– "केको हो यो रङ ?"

"फलामको ग्रिलमा लगाउँछन् नि, हो त्यै हो ।"

"लगाउन हुन्छ त यस्तो रङ ? धुँदा जान्छ ?"

"जान्छ नि दाजु, धन्दै छैन ।"

हामी विश्वस्त भयौं । राजाराम र मदन दाइ कपाल रँगाउन थाले । कपाल त साँच्चिकै सेतो, चाँदी जस्तै देखियो । त्यति राम्रोसँग कपाल सेतो कहिल्यै भएको थिएन । उनीहरूले टाउकोमा पूरै लगाए । उनीहरूको कपाल राम्रो भएको देखेर मैले पनि त्यो दिन लगाउनुपर्नेभन्दा अलि धेरै लगाएँ ।

नाटक सुरू भयो । नाटक गर्दागर्दै मेरो कन्चटको रौं टनकटनक गर्न थाल्यो । कपाल छोएको त कस्तो कडा ! फलामको तारको जस्तो कक्रक्क परेर आयो । मैले राजारामलाई बिस्तारै सोधें– "राजाराम, मेरो कन्चट त कक्रक्क भयो नि ।"

राजारामले भने– "तेरिमाटोक्ने ! मेरो कपाल त भुत्ल्याएको जस्तो भइरहेछ ।"

मदन दाइलाई बिस्तारै सोधें– "कपाल कक्रक्क भएको छैन ?"

उनले भने– "यो मेरो कपाल हो कि खुट्टा पुछ्ने डोरम्याट हो, मैले थाहा पाएको छैन ?"

नाटक सकियो, खुब ताली पाइयो । होटलमा गएर पानीले कपाल पखाल्छौं त कपाल झन्झन् टल्कन पो थाल्यो । 'अब के गरी टाउको पखाल्ने हो' भन्दा अर्का भोलन्टियरले भने– "दाजु, यो मट्टीतेलले बिस्तारै कपालमा रगड्नुस् अनि निस्कन्छ ।"

मेरो कन्चटवरिपरिको कपालको रङ बल्लबल्ल एक घण्टा लगाएर मट्टीतेलले पुछें । तर मट्टीतेलले त कन्चट परपऱ्याउँदो रहेछ । मदन दाइ र राजारामले घण्टौं लगाएर पुछे, तैपनि दुई-तीन दिनसम्म परैबाट हेर्दा पनि कपाल अलिअलि टल्केको देखिन्थ्यो ।

मुख्यमन्त्री भण्डारीले हामीलाई उनको सरकारी निवासमा रात्रिभोजको निम्तो दिए । त्यस बखत उनीसँग सिक्किमबाट एउटा नेपाली चलचित्र निर्माण गर्न लेखन, निर्देशन तथा अभिनय सबै मदनकृष्ण श्रेष्ठ र हरिवंश आचार्यले गर्ने कुरो भयो । हामीले स्विकाऱ्यौं ।

काठमाडौं आएर कथा पनि बनायौं तर सिक्किमबाट केही खबर आएन । करिब एक वर्षजति पछि झापाका पत्रकार भरत कोइरालालाई नरबहादुर भण्डारीले 'त्यो मदनकृष्ण र हरिवंशलाई भेटेर तिनीहरूलाई त्यति पैसा भए पुग्छ कि पुग्दैन, सुनाइदिनुस् है' भनेर सन्देश पठाएछन् । पछि बुझ्दा पो थाहा भयो– हामीलाई लेख्ने काम सुरू गर्नू भनेर नरबहादुर भण्डारीले पचास हजार कुनै मान्छेको हातमा पठाएछन्, तर त्यो पैसा त्यो व्यक्तिले हामीलाई नदिई आफैले पचाइदिएको रहेछ ।

हामीले नरबहादुर भण्डारी जगदम्बा पुरस्कार लिन नेपाल आएका बेला भेटेर भन्यौं– "हामीले तपाईंले पठाउनुभएको पचास हजार रूपैयाँ पाएकै छैनौं । तपाईं आफ्नो भ्रम हटाउनुहोला ।"

त्यतिखेर नरबहादुर भण्डारीको जबाफ थियो– "म अहिले मात्र सिक्किममा मेरो वरिपरि भएका ठगहरू चिन्दै छु । सरी, नरिसाउनुहोला ।"

सिक्किम मलाई साह्रै मन पर्ने ठाउँ हो तर एक दिन गान्तोकको होटलको झ्यालबाट हेर्दा झसङ्ग भएँ । कहिल्यै नदेखेको दृश्य, गाई काटेर मासु र

टाउको डोकोमा राखी एउटा भरियाले बोकेर लाँदै रहेछ । मलाई त्यो दृश्यले साह्रै रूवायो । मैले मनमनै कामना गरें– नेपालमा कहिल्यै कुनै जातिले पनि गाई काटेको देख्नु नपरोस् । हामी जेसुकै जातजाति, जुनसुकै भाषाभाषी भए पनि एउटा जातिले अर्को जातिको भावनालाई इज्जत गर्नुपर्छ । सिक्किम जतिसुकै राम्रो भए पनि सिक्किम जस्तो नेपाल नहोस् । राजनीतिक हिसाबमा पनि, गाईको हिसाबले पनि ।

विज्ञापन र हङकङ

सांस्कृतिक कार्यक्रम गर्ने सिलसिलामा हामीले धेरैओटा देश दोहोऱ्याई, तेहऱ्याई, चौऱ्याई भ्रमण गऱ्यौं । हामी सबैभन्दा धेरै हङकङ गएका छौं र पहिलो सांस्कृतिक यात्रा गरेको देश पनि हङकङ नै हो । हाम्रो भ्रमण हङकङमा सत्र पटक भयो होला, अमेरिकामा पाँच, अस्ट्रेलियामा पाँच, अरू देशमा दुई, तीन, एक यस्तै ।

२०४३ सालतिरको कुरा, त्यति बेला हङकङ ब्रिटिस कोलोनीमै थियो र त्यहाँ नौओटा ब्यारेकमा गोर्खा सैनिक थिए । 'विज्ञापन' नाटक देखाउन गएका हामी हङकङ ल्यान्ड हुने बेला हवाईजहाजबाट राति हङकङ सहरमा बलेको बत्ती देखेर छक्क परेका थियौं । स्वर्ग भनेको यही हो कि जस्तो लाग्यो तर स्वर्गभित्र नर्क पनि थियो ।

चुनकिन मेनसन भन्ने ठाउँमा सस्ता लज पाइन्थे । हाम्रो औकात त्यस्तै सस्तो लजमा बस्नेबाहेक अरू थिएन । हङकङ साह्रै महँगो सहर हो पहिलेदेखि नै । हाम्रो नाटक टोलीमा नौ जना कलाकार, मेरी श्रीमती, छोरो त्रिलोक, भाउजू यशोदा श्रेष्ठ, राजु भुजूकी श्रीमती ज्योति थियौं । बल्लबल्ल पाएको कोठा अति सानो थियो र एउटा पलङमा हामी तीन जना गुँडुल्को परेर सुत्यौं ।

पलङमा ओछ्यान थिएन । भेनिस्तालाई मात्र तन्नाले छोपिएको थियो । डेढवर्षे त्रिलोकको भेनिस्ताले जिउ दुख्यो होला, रातभरि खुट्टा बजार्दै

सुत्यो । हामी दुई जनाचाहिँ एक निद्रा पनि सुत्न सकेनौं । मलाई राति नै 'नेपाल फर्कन पाए हुन्थ्यो' जस्तो लाग्यो । हङकङमा ठाउँको कस्तो अभाव रहेछ, हामी बसेको चुनकिनको लजमा चाइनिज साहुनी हामीलाई कोठा भाडामा दिएर पैसाका लागि आफू कोठामा जाने प्यासेजमा सुतेकी थिइन् । उनले खाना पनि ट्वाइलेटको कमड बन्द गरेर त्यसमाथि स्टोभ राखी पकाएकी थिइन् ।

भोलिपल्ट बिहान छोरो त्रिलोक लजका कोठा चहार्दै हिँडेछ । दौडँदै आयो, 'बुबा आऊ त बुजी आऊ त' भनेर औंला समातेर मलाई तान्दै एउटा कोठामा लगेर देखायो– 'ऊ बुजी !' एउटा कालो मान्छे ब्ल्याक अमेरिकन, गालामा साबुन दलेर दाह्री खौरँदै रहेछ । त्यो कालो मान्छेले छोरालाई चक्लेट दियो, मैले धन्यवाद दिएँ ।

बिहान आर्मी क्याम्पबाट हामीलाई लिन गाडी आयो । त्यसपछि हामीले जुनजुन ब्यारेकमा कार्यक्रम प्रदर्शन गऱ्यौं, त्यहीँत्यहीँ लजिङफुडिङको व्यवस्था हुँदै गयो । त्यसपछि त हाम्रो बसाइ ब्रिटिस स्ट्यान्डरको भइहाल्यो नि ।

प्रत्येक ब्यारेकमा कार्यक्रम हुन्थ्यो । कार्यक्रम हेर्न मान्छे मात्रै होइन, लाहुरे दाइहरूले पालेका कुकुर र कुखुरा पनि आउँथे । लाहुरे दाइहरू बियर पिउँदै कार्यक्रम हेर्थे । बियरका खाली ट्वाक बच्चाहरूले फुटबल बनाएर खेल्दा निस्कने आवाजले नाटकलाई डिस्टर्ब गर्थ्यो । हामी नाटक देखाउनुभन्दा अगि माइकबाट एनाउन्स गर्थ्यौं– "कृपया कोक, फ्यान्टा र बियरका खाली ट्वाकहरू बच्चाले नभेट्ने गरी राखिदिनुहोला ।" तर कार्यान्वयन हुँदैनथ्यो । रङ्गमञ्चमा नाटक र दर्शकदीर्घामा बच्चाहरूको खाली ट्वाकको फुटबल खेल सँगसँगै चल्थ्यो ।

दुई हप्ता हङकङ बसाइपछि थुप्रै सपिङ पनि भयो । श्रीमती सँगै भएकीले उपहार पनि थुप्रै पाइएको थियो । सामान अलि धेरै नै थिए । एयरपोर्ट काउन्टरमा पुगें । मीरासँगै रहेको छोरो त्रिलोक आमाको आँखा छलेर फुत्त हङकङको त्यत्रो ठूलो एयरपोर्टभित्र कता लागेछ कता ।

हाम्रो टोलीका सबै सदस्य त्रिलोकलाई खोज्न लाग्यौं तर 'काठमाडौं जाने यात्रुहरू प्लेनतर्फ प्रस्थान गर्नू' भन्ने एनाउन्स बारम्बार आइरहेको थियो । हामी

सबैको मुख सुकिसकेको थियो । मदन दाइ प्लेन एकछिन रोक्न सकिन्छ कि भनेर लाग्दै हुनुहुन्थ्यो तर त्यो सम्भवै थिएन । मैले 'म र मीरा यहीँ छोरो खोज्न बस्छौं, तपाईंहरू जानुस्' भन्दा सबैका आँखा रसाउन थाले । म छटपटाउँदै यताउता दौडन थालें ।

एउटा अस्ट्रेलियन नागरिकले छोरालाई एयरपोर्टबाहिर रोइरहेको देखेछन् र भित्र ल्याइदिएछन् । छोराले मलाई देखेर भन्यो– "बुबा कहाँ गएको ? बाबु कत्ति रोएँ !"

सिक्किम र दूधबरी

सिक्किमको कुरा गर्दा मलाई पुरानो सम्झना आउँछ । त्यतिखेर म पद्मोदय हाइस्कुलमा पढ्दै थिएँ । 'स्वतन्त्र सिक्किम भारतमा विलय भयो' भन्ने समाचार आएपछि हाम्रो देशमा पनि ठूलो हडताल भयो । काठमाडौंमा धेरै भारतीय व्यापारीहरूको पसलमा सामान लुटिए । त्यस हडतालमा नेपालका मारवाडीहरूको पसल लुट्ने, तोडफोड गर्ने जस्ता कुकाम पनि भए ।

हामी इन्द्रचोकमा भएको हलखोरीको कपडा पसलमा पुग्यौं र भन्यौं– "तुम लोग जाओ, फिर हमारा नेपालको भी सिक्किम जैसा बनादेगा ।"

हलखोरी साहुले 'ठीक छ, कुरा गरौं न' भने । त्यस बेला नेपालमा कोकाकोला बन्दैनथ्यो, इन्डियाबाटै आयात हुन्थ्यो । त्यस कारण जो पायो त्यही मान्छेले कोकाकोला खान पाउने कुरै थिएन । हामी पन्ध्र-बीस जनालाई कोकाकोला खुवाएर हलखोरी साहुले भने– "तपाईंहरूले हिस्ट्री पनि त पढ्नुभएको होला नि, हैन ?"

हामीले 'पढेका छौं' भन्यौं । उनले भने, "नेपालमा दुइटा अनुहार छन्– एउटा मङ्गोलियन, अर्को आर्यन । मङ्गोलियनहरू मङ्गोलियाबाट आएका, आर्यनहरू सबै आर्यवर्त (अहिलेको भारत) बाट आएका । ल, हो कि हैन ?"

हामीले कोक पिउँदै 'हो' भन्यौं । उनले अझै प्रस्ट पार्दै भने– "तपाईंहामी आखिर सबै बाहिरबाटै आएर नेपालमा बसेका हौं । हो कि हैन ?"

हामीले 'हो' भन्यौं । उनले अझ थपे– "त्यसैले तपाईंहरू पहिले आउनुभएकाले तपाईंहरू नै पहिले फर्केर जानुस्, हामी पछि आएका हौं, पछि नै जाउँला ।"

हामी 'होहो, ल ठीक छ, तपाईंहरू बस्नुस्, अहिले हामी जान्छौं' भनेर त्यहाँबाट हिँड्यौं । त्यसपछि रत्नपार्कमा भारतीय मूलको मान्छेले खोलेको स्विट भ्यालीमा गएर पाँचओटा दूधबरी लुटेर खाँदै भन्यौं– "तिमीहरूको इन्डियाले सिक्किमलाई दूधबरी खाएझैं खायो । अब हामी तिमीहरूको दूधबरी यी यसरी खान्छौं ।"

पुलिसले लट्ठी हान्दै हामीलाई लखेट्यो । हाम्रो मुखबाट तरतरी दूध निस्कँदै थियो, बरीचाहिँ मुखभित्रै । हामीले दूधबरी खाएको खायै पाऱ्यौं । भारतले पनि सिक्किमलाई खाएको खायै पाऱ्यो ।

सिक्किम, दार्जिलिङ जस्ता ठाउँमा पुग्दा 'यो कसरी नेपाल होइन ? यहाँ किन नेपाली नोट चल्दैन ? यहाँका पुलिसले किन अर्कै लुगा लगाउँछन् ? यहाँ किन हिन्दीबाट सन्देशहरू लेखिएका छन् ?' जस्तो लाग्यो । जता हेऱ्यो नेपाली पहिरन, जता सुन्यो नेपाली कुरा । उत्तर कोरिया र दक्षिण कोरियामा जस्तो, तत्कालीन पश्चिम जर्मनी र पूर्व जर्मनीको जस्तो राजनीतिक पर्खाल मात्र हो, सांस्कृतिक पर्खाल कतै छैन ।

सिक्किम जानुपऱ्यो भने नेपालका नेपालीले भारतीय दूतावासमा गएर 'इनरल्यान्ड अनुमति' लिनुपर्छ । सिक्किमको गान्तोकमा कार्यक्रम सकिएपछि धन्यवाद ज्ञापन गर्ने सिलसिलामा माइकबाट भनेको थिएँ– "भानुभक्त आचार्यलाई सिक्किममा आउन पर्मिट लिनु परेन, म उनको खनातिलाई चाहिँ सिक्किम आउन किन पर्मिट लिनुपर्ने ?" हलका दर्शकले साँच्चिकै भानुभक्तको खनाति हो भनेर सोध्न आएका थिए । मैले 'नेपाली भाषीको नाताले म खनाति परेको हुँ' भनें ।

सिक्किमको नाम्ची भन्ने ठाउँमा माघेसङ्क्रान्तिको उपलक्ष्यमा ठूलो सांस्कृतिक कार्यक्रम हुने भयो । नेपालबाट हामी 'महजोडी', अरू गायकगायिका, दाजिर्लिङका कलाकार र सिक्किमका स्थानीय कलाकार सहभागी थिए । नाम्चीमा मदन दाइ र मलाई विशेष सत्कार गर्दै भने– "दाजुहरूलाई हामी सरकारी गेस्ट हाउसमा राख्छौं ।"

गेस्ट हाउसको कोठा खोल्दै एक जनाले भने– "लु दाजुहरू, दुवै जना यो पलङमा सुत्नोस् । यो पलङमा अस्ति भर्खर दलाइ लामा आएर सुत्नुभएको हो । दलाइ लामापछि यो पलङमा कोही पनि सुतेको छैन । अरूले त चान्स पनि त पाउँदैनन् नि यो सरकारी गेस्ट हाउसमा बस्न ।"

पलङको चौडाइ निकै थियो । हामी पनि 'लौ त, अब दलाइ लामा सुतेको पलङमा सुतेपछि सपना पनि राम्रो देखिन्छ होला, भोलिको कार्यक्रम पनि एकदमै राम्रो हुन्छ होला' भन्दै सुत्यौं । अलिअलि बियर पनि पिएका थियौं । फेरि दलाइ लामा 'बियर खाएर म सुतेको पलङमा सुत्ने !' भनेर उल्टो रिसाउने पो हुन् कि भन्दै कुरा पनि चल्यो हाम्रो ।

सपना केके देखियो याद भएन तर कार्यक्रमचाहिँ एकदम राम्रो हुन्छ भन्नेमा हामी ढुक्क थियौं । कार्यक्रम देखाउन सिलिगुढीबाट कालिगढ र पन्डाल (पाल) मगाएर ठड्याइएको रहेछ । त्यो पन्डालमा पाँच हजार मान्छे त सजिलै अट्थे । टिकट नपाएर फोटोकपी गरेर डुप्लिकेट टिकट पनि बिक्री भएछ । मान्छे आठ हजारभन्दा कम थिएनन् होला पन्डालभित्र ।

माथि आकाशमा गड्याङगुडुङ सुरू भयो । यता गायकगायिकाको गीत गाउने कार्यक्रम पनि सुरू भयो । दर्शकहरू छिनछिनमा 'कुखुरा बास्नुपर्छ है' भन्दै थिए । कुखुरा बास्नुपर्छ भन्नुको मतलब 'बिहान कुखुरा नबासेसम्म कार्यक्रम देखाइरहनुपर्छ' ।

गीत गाउँदै जाँदा बेस्कन पानी दर्कन थाल्यो । त्यत्रो ठूलो पन्डाललाई सयौं बाँसको टेका दिएर अड्याइएको हुँदो रहेछ । नाम्ची भिरालो परेको ठाउँ, पानी परेर पन्डाल अड्याउन ठड्याएको बाँस गाडेको ठाउँको माटो बगाएर बाँसले भुइँ छोड्न थालेपछि पन्डाल लच्कन थाल्यो । बिजुलीका ट्युबलाइट पट्याङपुटुङ पड्कन थाले । गायकगायिका पन्डाल लच्के पनि गाउँदै थिए तर भाग्न ठिक्क पर्दै । उनीहरू दर्शक होइन, पन्डाल हेर्दै गाउन थाले ।

एकाएक पन्डालबाट मान्छेहरू भाग्न थाले । हेर्दाहेर्दै त्यत्रो ठूलो पन्डाल गर्ल्यामगुर्लुम ढल्यो । फेरि त्यो पन्डाल उठाउन अर्को तीन दिन लाग्छ रे । कार्यक्रम क्यान्सिल भयो तर आयोजकहरूले कार्यक्रमै नगरे पनि पूरा पैसा दिएर पठाए ।

मदन दाइ र मैले कुरा पनि गऱ्यौँ– "यो कार्यक्रम नहुनुमा कतै हाम्रो गल्ती पो थियो कि ? किनभने हिजो हामी बियर पिएर दलाइ लामा सुतेको खाटमा सुत्यौं । त्यसै गरी आज आकाशबाट पानी परेको होइन, बियरै परेको जस्तो लाग्यो । गड्याङ्गुडुङ गरेको पनि होइन होला, दलाइ लामा रिसाएर कराउनुभएको जस्तो लाग्यो ।"

नेपाल बोलेन

दार्जिलिङमा गोर्खाल्यान्ड आन्दोलन चलिरहेको थियो । दार्जिलिङवासी भारतीय नेपालीहरूको गुनासो थियो— 'हामी भारतीय नेपालीहरूको यत्रो ठूलो आन्दोलनमा, हामीलाई भारतले दमन गरेको बेला, नेपालले केही पनि बोलिदिएन ।'

नेपाल के बोल्थ्यो त ! नेपालका नेताहरू आफ्नो सरकार टिकाउन, आफू सत्तामा बसेर पैसा कमाउन, आफू र आफन्तका छोराछोरीलाई भारतमा छात्रवृत्ति दिलाउन मात्र ध्यान दिन्छन् । नेपालका सबै नेताहरूको नाडी भार तले छामिसकेको छ । नेपालका नेताहरूको रगतमा सत्ता र भत्ता मात्र बगेको छ । सत्ता टिकाउन उनीहरू जति पनि भक्ति गर्न तयार हुन्छन् । भारतको आँखामा नेपालका राजा, प्रधानमन्त्रीहरू अघोषित रूपमा भारतका मुख्यमन्त्री हुन् । उनीहरूको हैसियत भारतको कुनै एक प्रदेशको मुख्यमन्त्रीको जति पनि छैन । भारतको कुनै मुख्यमन्त्रीले दिल्ली हल्लाउन सक्छ तर नेपालको प्रधानमन्त्रीले भारतको स्वीकृतिबिना काठमाडौं पनि हल्लाउन सक्तैन ।

भारतले गरेको व्यवहार देखेर भुटानले समेत लाखौं नेपालीभाषी भुटानीलाई भारतको बाटो हुँदै नेपालमा ल्याएर थन्क्याइदियो । भुटानका प्रजातान्त्रिक योद्धा टेकनाथ रिजाललाई दिल्लीको चाकडी गर्न पञ्चायती सरकारले भुटानमा लगेर बुझाइदियो । टेकनाथ रिजाललाई भुटान सरकारले गाईको काँचो छालामा पोको पारेर घाममा लडाएर निर्मम यातना दियो । हाम्रो सरकारले विदेशी नेपालीका लागि बोलिदिएको यस्तै हो ।

नेपालका नेताहरूको कमजोरीले गर्दा नै देश निर्बल भयो । देश बलियो नभएकाले रोजगारी खोज्न लाखौं नेपालीको भारतका गल्लीगल्लीमा, चिया पसलहरूमा, वेश्यालयहरूमा, साहुजीहरूको ढोकाढोकामा पहिचान बेचिएको छ । नेपाल बलियो नभएकाले भारतमा बस्ने भारतीय नेपालीलाई समेत दोस्रो, तेस्रो दर्जाको व्यवहार गर्छ भारतले ।

प्रशान्त तामाङ भारतमा इन्डियन आइडल हुँदा मुम्बैको एउटा एफएमले फुक्यो– 'एउटा बहादुर इन्डियन आइडल भयो । अब उसले गीत गाए हाम्रो ढोकामा को चौकीदार बस्छ ?' भारतको हेराइ नै सम्पूर्ण नेपालीप्रति एउटै छ, चाहे त्यो भारतीय नेपाली होस्, चाहे त्यो भुटानको, चाहे नेपालको ।

उनीहरू हामी सबैलाई कान्छा देख्छन्, बहादुर देख्छन्, दर्बान देख्छन् । नेपाली पनि नासामा वैज्ञानिक छन् । नेपाली पनि धनी र विकसित देशमा धनी र विकसित हुन सकेका छन् भन्ने उनीहरूलाई पनि थाहा होला । तर त्यसलाई उनीहरूको समाचारले महत्त्व दिँदैन ।

भारत र पाकिस्तानको कति पटक लडाइँ भइसक्यो । तथापि गुलाम अली, मेहदी हसन आदिले भारतीय जति नै इज्जत पाएका छन् । तर नारायणगोपाल, दीप श्रेष्ठ, तारादेवी सबै उनीहरूका लागि के कान्छा मात्रै हुन् ?

देशहरूको पनि मालिक देश हुँदो रहेछ । देशले पनि चाकडी गर्ने र हेप्ने देश खोज्दो रहेछ । सयौं वर्षसम्म ब्रिटिसले हेपेर मुक्त भएको देश भारतले ब्रिटिसले हेपेको बदला अरू कुनै देशसँग लिन सक्तैन । पाकिस्तानलाई हेप्न सक्तैन, बङ्गलादेश, श्रीलङ्कालाई हेप्न सक्तैन । मालदिभ्स इस्लामिक देश भएकाले हेप्न सक्तैन । भुटानलाई हेप्नै पर्दैन ।

भारतले हेप्न सक्ने एउटै देश हो नेपाल । नेपालसँग न न्युक्लियर शक्ति छ, न त नेताहरू नै आफ्नो देशप्रति इमानदार छन् । त्यसैले नेपाललाई हेपेर भारतले बेलायतसँगको बदला लिँदै छ ।

भारतीय टेलिभिजन तथा सिनेमाहरूमा नेपाली थेप्चे अनुहार देखाउनुपर्‍यो कि बहादुर, दर्बान, नोकरको भूमिकामा देखाउँछन् । हाम्रो देशमा 'खाली सिसी पुराना कागज' उठाउनेदेखि ढोकामा आएर तरकारी, फलफूल बेच्ने काम भारतीयले नै गर्छन् । तर हामीले हाम्रा आमसञ्चारका माध्यमबाट कहिल्यै पनि हेपेर यो निम्न स्तरको काम हो भनी देखाएका छैनौं ।

नेपालका नेताहरू इज्जतमा बस्न नसक्ता भारतीय नेपालीको पनि शिर ठाडो हुन सकेको छैन । तर भारतमा बस्ने नेपालीले नेपाली भाषा, संस्कृतिको संरक्षण गरेका छन् । अहिले हामीचाहिँ नेपाली जातीय विभाजन सोच्दै छौं तर भारतमा बस्ने सम्पूर्ण नेपाली एउटै भएर नेपाली जातिको पहिचान खोजिरहेका छन् । हामीले भन्दा उनीहरूले नेपाली संस्कृति र भाषाको संरक्षण गरेका छन् ।

अम्बर गुरूङ, गोपाल योञ्जन, सूर्यविक्रम ज्ञवाली, लैनसिंह बाङ्देल, पारिजात, अगमसिंह गिरी, अरूणा लामा, इन्द्रबहादुर राई, हीरादेवी वाइबा आदि नेपाली भाषा, संस्कृतिको अनुपम उपहार हुन् । हाम्रा हास्यव्यङ्ग्यका क्यासेट पनि दार्जिलिङ, सिक्किम, असम, मेघालय, भुटानका नेपालीहरूका घरघरमा घन्किन्छन् । यहाँका गीतसङ्गीत गुन्जिरहन्छन् । हाम्रा टेलिफिल्म प्रदर्शन हुन्छन्, फिल्महरू देखाइन्छन् ।

हाम्रा क्यासेटहरू डुप्लिकेट गर्दै बेचेर भारतका कम्पनीहरूले पैसा कमाएका छन् । हाम्रा क्यासेटहरू थुप्रै बिक्छन् तर यहाँबाट पठाउँदा क्यासेट, सिडी भारतीय चक्करमा परेर मर्छन् अनि उनीहरूले गरेका डुप्लिकेट बिक्छन् । तथापि आर्थिक उपलब्धि नभए पनि भावनात्मक उपलब्धि धेरै भएको छ । सारा भारतीय नेपालीको मनमा बस्न पाएका छौं । डुप्लिकेट क्यासेट, सिडी बेच्नेलाई पनि एक किसिमले धन्यवाद दिनै पर्छ ।

गोर्खाल्यान्ड आन्दोलन चलिरहेको बेला हामी 'विज्ञापन' नाटक प्रदर्शन गर्न दार्जिलिङ गयौं । 'हामीलाई यत्रो गाह्रो भएका बेला तपाईंहरू आएर कार्यक्रम गरिदिनुभयो' भनी दार्जिलिङवासीहरू खुब खुसी भए । कार्यक्रमबाट उठेको सम्पूर्ण रकम गोर्खाल्यान्ड आन्दोलनलाई हस्तान्तरण गर्‍यौं । दार्जिलिङ क्षेत्र तनावग्रस्त थियो । बाटोमा जनताभन्दा सीआरपीहरू धेरै देखिन्थे ।

नेपालीहरूले सांस्कृतिक कार्यक्रम गर्ने ठूलो हलमा सीआरपीको ब्यारेक थियो । सधैं मादल, सारङ्गी, ढोलक, तबलाका धुन बज्ने हल नेपालीभाषीलाई यातना दिंदा चिच्च्याएको, कराएको, रोएको आवाज आउने यातनागृह बनेको थियो । त्यहाँ न गायक कुमार सुब्बाको गीत बज्थ्यो न डेजी बराइलीको । 'भैंसी लड्यो है माया खुत्रुक्कै हेर...' गीत बज्ने ठाउँमा मान्छे खुत्रुक्क लड्ने

भएको थियो । जताततै यातनैयातना, सीआरपीको बलात्कार, छोरीचेलीका इज्जतसँगै गरगहना पनि लुटिन्थे ।

त्यस बखत हाम्रो कार्यक्रम आयोजकमध्येका मित्र रूपक, जसको जिउमा गोलीका छर्रा गडेका थिए; उनले भने– "दाजु, हामीलाई बरू गुरूङ पुलिसले नेपाली भाषा बोल्दै पिटे हुन्थ्यो, प्रधान पुलिसले नेपाली भाषा बोल्दै हिर्काए हुन्थ्यो तर साउथ इन्डियन पुलिसले पान चपाएर उसको भाषा बोल्दै पिट्छ । बिहारीले खैनी खाँदै उसको भाषा बोल्दै पिट्छ । जिउ दुख्नुभन्दा पनि मन दुख्छ । हामीलाई त्यै गोर्खा भाषा, नेपाली भाषा बोल्दै पिट्ने पुलिस चाहिन्छ ।"

गोर्खाल्यान्डमा मात्रै नेपालीहरूप्रति अत्याचार भइरहेको थिएन; असम, मेघालय, नागाल्यान्डमा अर्को जातले नेपालीका घरगोठ जलाउँदै थिए, लोग्ने मार्दै थिए, सुत्केरीलाई समेत बलात्कार गर्दै थिए । नेपालमा आएर म र मदन दाइले एउटा गीत लेख्यौं र गायौं–

संसारको नेपाली जाति
लडाइँमा जो थाप्छन् छाती
जस्को नाम हेर्‍यो भने
हिमचुलीभन्दा नि माथि
अन्याय भो त्यही जातिलाई
इतिहासले गल्ती गर्दा हो

मेचीपारि त्यो चियाबारी
चौबन्दी चोलो र छिटको सारी
माटोसँगसँगै हुर्कैर आमा
नागरिकताचाहिँ कहिल्यै नपाएका
यताकाले उताको भन्ने
उताकाले यताको भन्ने
प्रशासनले मान्छे नगन्ने
लडाइँ पर्दा लड्न जा भन्ने

तैपनि सधैं हाँसेर बस्ने
गोर्खेवीर भनेर गौरव गर्ने नेपालीहरू हुन्
तिमीले खायौ अलिनो त अरूले खाए नुन

***

मेघालयको कुरा सुन्दा मुटुमा बस्छ धारिलो छुरा
मान्छेले मान्छे नचिनेपछि मानवता भन्ने नभएपछि
जनावर जस्तो मान्छे हुन्छ, जे मनमा लाग्यो त्यही गर्न थाल्छ
बिचरी भाउजूको दुई जिउ भाथ्यो
गाईवस्तु हेर्न दाइ गोठमा गाथ्यो
दानव जस्ता एक बथान आए
भान्छामा पसेर खोसेर खाए
कानको खोसेर आफैले लाए
सुन्नै नसक्ने भनाइ छ रे
पाँच दिनकी सुत्केरी बलात्कार गरे
मट्टीतेल छरेर घर आगो बाले

***

हास्यव्यङ्ग्यको ओखती

हास्यव्यङ्ग्यको प्रभाव भनेको रोग लागेको मान्छेलाई औषधि हालेको इन्जेक्सन दिनासाथ असर देखिए जस्तो गरी देखिँदैन । तर यसले सूक्ष्म तरिकाले मान्छेको दिमागमा केही कुरा पठाइरहेको हुन्छ । हाम्रा सामाजिक र राजनीतिक सन्देशमूलक विज्ञापनहरूले मान्छेमा प्रत्यक्ष/परोक्ष प्रभाव परेको कुरा अरूले भन्छन् ।

'औषधि खायो भने क्षयरोग निको हुन्छ, औषधि खाए यो रोग अरूलाई सर्दैन, औषधि पनि स्वास्थ्यचौकीहरूमा निःशुल्क पाइन्छ' भन्ने सन्देश राखेर हामीले जाइकासँग मिलेर निर्माण गरेको 'चिरञ्जीवी' नामको टेलिफिल्म प्रसारणपछि क्षयरोग अस्पतालमा कफ र छाती जँचाउनेहरूको भीडै लाग्न थालेको कुरा डाक्टरहरूले नै भनेका थिए । नत्र त्यस बेला क्षयरोग लाग्यो भने निको हुँदैन, औषधि खान सकिँदैन, महँगो हुन्छ भन्ने धेरैलाई लागेको थियो । धेरै रोगीहरू लुकेर बसेका थिए ।

त्यस्तै कुष्ठरोगसम्बन्धी एकएक मिनेटका टेलिसन्देशहरू र 'ओहो !' नामको टेलिफिल्म बीबीसीको सहयोगमा निर्माण भएको थियो । त्यसमा पनि 'औषधि सेवन गर्‍यो भने कुष्ठरोग निको हुन्छ । औषधि सेवन गरेपछि अरूलाई सर्दैन र औषधि निःशुल्क पाइन्छ, जिउमा लाटोफुस्रो, नदुख्ने, नचिलाउने दाग देखियो भने छाला जँचाउन जानू' भन्ने सन्देश थियो । त्यो सन्देश हिजोआज पनि कहिलेकाहीँ प्रसारण हुने गर्छ । त्यो विज्ञापन प्रसारण भएपछि शरीरमा देखिएको दाग जँचाउन धेरै मान्छे अस्पताल आउन थाले रे ।

बीबीसीले सर्भे गर्दा धेरैले टेलिभिजनमा आउने विज्ञापन र 'ओहो !' टेलिचलचित्र हेरेर आएको भनेछन् । एक लाख चानचुनले छाला जँचाउन आउँदा एघार हजार पोजिटिभ पेसेन्ट भेटियो रे । एघार हजार कुष्ठरोग सङ्क्रमितहरूले खोक्ता, हाच्छिउँ गर्दा धेरैलाई सर्न सक्थ्यो । टेलिफिल्मको प्रभावले धेरैलाई रोगबाट जोगाएको छ ।

त्यस्तै विश्व स्वास्थ्य सङ्गठनको प्रतिवेदनमा सुरक्षित मातृत्वको सवालमा नेपाल पाकिस्तान, बङ्गलादेश, भारतभन्दा पनि सकारात्मक छ । नेपालमा गर्भवती महिलाको स्वास्थ्यमा उल्लेखनीय सुधार भएको छ भनेर उल्लेख गरेको छ । यसका लागि नेपालका स्वास्थ्य सङ्गठनहरू, स्वास्थ्य स्वयम्सेविकाको ठूलो योगदान छ भने हामीले यूएसएडको सहयोगमा निर्माण गरेको 'असल लोग्ने' टेलिचलचित्र र सेभ द चिल्ड्रेनसँग मिलेर निर्माण गरेको 'न्यानो माया' टेलिचलचित्र बेलाबेला प्रसारण भइरहने भएकाले त्यसले पनि सुरक्षित मातृत्व र महिला स्वास्थ्य सुधारमा निकै योगदान गर्न सके जस्तो लाग्छ ।

नेपालमा जग्गामा दोहोरो स्वामित्वको अन्त्य गर्ने मोही र जग्गा धनी दुवैलाई जग्गामा आधाआधा हक स्थापित गरिदिने कानुन बन्यो । यो कानुन बनाउन 'महजोडी' ले निर्माण गरेको टेलिचलचित्र 'लालपुर्जा' ले सजिलो बनाएको हो । जग्गामा मोही मात्र पीडित छैनन्, धनी पनि पीडित छन् भनी उनीहरूले देखाएको ठीक हो भनेर नेपाली काङ्ग्रेसका नेता रामशरण महतले राष्ट्रिय योजना आयोगमा भाषणै गरेका थिए ।

हामी आफैलाई पनि असाध्यै मन पर्ने हाम्रो प्रहसन 'अंशबन्डा' मा जुम्ल्याहा दाजुभाइ सत्तापक्ष र प्रतिपक्षको बीचमा अंशबन्डा हुँदा सत्तापक्षका 'दाइ हो कि भाइ' ले भएजति मन्त्रालय आफूले लियो, प्रतिपक्षलाई गनाउने शौचालय दियो । टेलिभिजन, रेडियो, गोरखापत्र आफूले लियो, टुँडिखेलको खुलामञ्च र न्युरोडको पीपलबोटचाहिँ प्रतिपक्षलाई दियो ।

यसको मतलब प्रहसन बनाउँदाताका सत्तापक्षले देशको साधनस्रोत, सञ्चारमाध्यम एकलौटी रूपमा प्रयोग गरिरहेको थियो र प्रतिपक्षलाई कुनै पनि साधनस्रोत र सञ्चारमाध्यममा आफ्नो अधिकार दिएको थिएन । फलस्वरूप आज निजी क्षेत्रका थुप्रै सञ्चारमाध्यम खुलेका छन् र प्रतिपक्षको आवाज पनि जनतासामु पुगेको छ ।

हामी 'लन्डन एयरपोर्ट' देखाउन भैरहवा गएका थियौं । त्यहाँ नारायणगोपाल दाइ र हाम्रो कार्यक्रम थियो । रङ्गमञ्चमा झिलिमिली बत्ती बालेकाले थुप्रै कीरा र पुतलीहरू झुम्मिएका थिए । नारायणगोपाल दाइले थुक्तै गाउँदै गरे । प्रत्येक शब्दैपिच्छे मुखमा पसेको कीरा निकाल्न थुक्नुपर्थ्यो ।

मेरो बेहोसी आज...थु

मेरो लागि पर्दाभो...थु

मेरो बेहोसी आज...थु

नारायण दाइले गाउँदागाउँदै माइकबाट भने– "ओहो ! कति कीरा यहाँ । गीत गाउन त झुलै हाल्नुपर्ला जस्तो छ ।'

नारायण दाइको कार्यक्रमपछि हामीले 'लन्डन एयरपोर्ट' प्रहसन देखायौं । कार्यक्रम हेर्न एक जना यामामोतो मायुमी नामकी जापानी महिला पनि आएकी रहिछन् । कार्यक्रम सकिएपछि उनी हामीलाई भेट्न आइन् । एक जना नेपाली सहयोगीका साथ उनी हामीसँग कुरा गर्दा थरथर कामिरहेकी थिइन् । किन हो थाहा थिएन ।

उनी नेपाल-भारत सम्बन्ध विषयमा थेसिस लेख्न नेपाल आएकी रहिछन् । उनले हाम्रो 'लन्डन एयरपोर्ट' हेरेर विषय बदलिन् र 'नेपालका महजोडी' विषयमा थेसिस लेख्ने भइन् । उनीसँग पछि काठमाडौंमा भेट भयो । हामीले हाम्रा सम्पूर्ण हास्यव्यङ्ग्यका क्यासेटहरू उनलाई दियौं । उनले त्यसलाई नेपाली सहयोगी लिएर जापानी भाषामा अनुवाद गराइन् । पछि घनिष्ठता बढ्दै गएपछि सोधें– "मायुमी, तपाईं हामीसँग भैरहवामा पहिलोचोटि बोल्दा किन काम्नुभएको ? त्यस बेला जाडो पनि थिएन ।"

उनले भनिन्– "डरले, जापानमा तपाईंहरू जस्तो पपुलर भयो भने त कलाकारहरू हामी जस्ता साधारण मान्छेसँग बोल्दा पनि बोल्दैनन् । उनीहरू यो धरतीकै मान्छे होइनन्, कुनै ग्रहबाट आए जस्तो गर्छन् । उनीहरूसँग बोल्दाखेरि ज्यादै डर लाग्छ, नर्भस भइन्छ । तर तपाईंहरू त त्यस्तो हुनुहुँदो रहेनछ । अझ पनि तपाईंहरू मोटरसाइकल चढेर हिँड्नुहुँदो रहेछ । मलाई तपाईंले मोटरसाइकलमा राखेर घर पुर्‍याइदिंदा त म छक्कै परें । कल्पना पनि गरेकी थिइनँ, नेपालका कलाकार यति सरल हुँदा रहेछन् ।"

पछि मायुमीले 'महको आँखामा नेपाली जनताको सामाजिक र राजनीतिक जीवन' भनेर जापानी भाषामा 'नेपारू जिन्नो कुरासितो सेजी' भन्ने किताब लेखिन् । च्युको भन्ने जापानकै ठूलो प्रकाशकले त्यो किताब प्रकाशित गऱ्यो । नेपाल आउने केही जापानीले त्यो किताब पढेका हुँदा रहेछन् । नेपाली भाषा सिकाउने जापानी किताबमा 'क' भनेको कलम, 'ख' भनेको खरायो भए जस्तै 'म' भनेको महजोडी भनेर हाम्रो फोटो पनि 'म' मा राखिएको रहेछ । त्यही किताब पढेर होला, जापानको आसाही कम्पनी महजोडीसम्बन्धी एउटा डकुमेन्ट्री बनाउन नेपाल आयो ।

राष्ट्रिय सभागृहमा हाम्रो 'विज्ञापन' नाटक चलिरहेको थियो । आसाही कम्पनीका चार-पाँचओटा क्यामेराले खिच्दै थिए । अचानक आँधीबेरी आउन थाल्यो । बाहिर बत्ती पनि निभ्दैबल्दै गर्न थाल्यो । अलि भरे त बाहिर हावाले रूख ढाल्दा बत्तीको पोल पनि ढलेछ । बत्ती निभ्यो, विद्युत् प्राधिकरणले 'अहिले राति बत्ती बल्ने सम्भावनै छैन' भन्यो । सभागृहको जेनेरेटर बिग्रेर नचल्ने भएको रहेछ । दर्शकहरूले हुटिङ गरे । हामीले टर्च लाइट बालेर दर्शकसँग क्षमा माग्यौं । कतिले सोही टिकटमा भोलि हेर्न आउने कुरा गरे, कतिले पैसा फिर्ता लिए । यो सब दृश्य आसाही टिभीले खिच्यो । हामीले आसाही टिभीसँग क्षमा माग्यौं तर उनीहरू एकदम खुसी देखिन्थे । उनीहरूको धारणा थियो– 'हावा नआएको भए, रूख नढलेको भए, बत्ती ननिभेको भए, जेनेरेटर नबिग्रेको भए आजको खिचाइ साधारण हुन्थ्यो । तर, यी सबै कुरा भएकाले डकुमेन्ट्री झन् राम्रो भयो ।'

उनीहरू खुसी हुनु स्वाभाविकै थियो । विदेशीले बनाउने डकुमेन्ट्रीहरूमा नेपालको राम्रो कुराभन्दा नराम्रो कुराले स्थान पाएको हुन्छ । जापानमा सो डकुमेन्ट्री हिट भयो किनभने त्यहाँ राष्ट्रिय सभागृहको बिजोग देखाइएको थियो– जाबो एउटा जेनेरेटर पनि नभएको हल भनेर ।

बल्छी

एक पटक कास्कीको एउटा गाउँमा जाँदा हामीलाई देखेर एउटी महिलाले भनिन्– "सधैं टिभीबाट देखिरहेको तपैंहरूलाई आज त जिम्दै देख्न पाइयो ।"

हामीले भन्यौं– "हामीले पनि तपाईंहरूलाई टिभीबाटै देखेको ।"

उनले प्रश्न गरिन्– "टिभीबाट देखेर नि हाम्लाई चिनिन्च र ?"

हामीले हाँस्तै भन्यौं– "चिनिन्छ नि, हामीलाई यस्तो माया गर्ने मान्छेहरूलाई चिनिंदैन त ? तपाईंहरू त हाम्रो अन्नदाता हो, हाम्रो भगवान् । भगवान्लाई पनि नचिनेर हुन्छ ?"

नेपाली जनता साँच्चिकै हाम्रा इष्टदेवता, कुल देवता हुन्– कति धेरै माया गर्ने, कति धेरै विश्वास गर्ने । उनीहरूको विश्वासलाई हामी घात गर्न सक्तैनौं । जुन दिन आफू बहकिन खोजिन्छ, त्यस बखत नेपाली दाजुभाइ-दिदीबहिनी सम्झन्छौं अनि 'उनीहरूले हामीलाई के भन्लान्' भनेर हामी अनुशासित हुन्छौं ।

एक पटक एउटा चार-पाँच वर्षे बालकले मलाई भन्यो– "अङ्कल, मैले तपाईंलाई जिन्दगीमा कहिल्यै देखेको थिइनँ । म त छक्क परें ।"

चार-पाँच वर्षे बालकको जिन्दगी नै कति भयो र उनले मलाई धेरैचोटि देखून् !

हामी एउटा चुरोट कम्पनीले प्रायोजन गरेको कार्यक्रम वर्षको एक पटक देशभरि गर्थ्यौं । त्यसबाट हामीलाई राम्रै आम्दानी हुन्थ्यो । तर पछि हामीले सोच्यौं– हामीले यसरी चुरोटको कार्यक्रम गर्दा 'जिन्दगीमा कहिल्यै नदेखेको' भन्ने ती बालक जस्ता लाखौं बालबालिकाले देखेर मदनकृष्ण अङ्कल र हरिवंश अङ्कलको प्रिय कुरो ठानी तान्न थाले भने, उनीहरूको फोक्सो, छाती बिग्रियो भने आमाबाबुले के भन्लान् ? 'मदनकृष्ण र हरिवंशले मेरो बच्चालाई चुरोट खान सिकाए' भन्छन् । त्यसैले वर्षैपिच्छे आउने त्यत्रो ठूलो धनराशि पनि हामीले छोडिदियौं ।

हुन त नेपालमा धूमपानबाट भन्दा त्यो बेला सशस्त्र द्वन्द्व र अशुद्ध खाने पानी, कुपोषणबाट धेरै मान्छे मर्थे । अहिले एचआईभी एड्सबाट पनि बढी मान्छेको मृत्यु हुन थालिसक्यो । तैपनि हामीले धूमपानको प्रचार होइन, विरोधमै लाग्नुपर्छ भन्ने निर्णय गऱ्यौं ।

कुरा त्यति धेरै पुरानो भएको छैन । त्यस बखत 'अरूण जलविद्युत् योजना बनाउनु हुन्न, यो नेपाललाई ठूलो हुन्छ' भनेर केही राजनीतिक पार्टीले प्रचार गरे । माइतीघर टापुमा महसञ्चारको कार्यालय थियो । त्यहाँ एक जना मानवअधिकारकर्मी र दुई जना विदेशी आएका थिए । उनीहरूले हामीसँग अनुरोध गरे– "दस लाख रूपैयाँको बजेट छ । तपाईंहरू 'नेपालमा साना जलविद्युत् योजना मात्र राम्रो हुन्छ, ठूला जलविद्युत् योजना नेपाल जस्तो सानो देशले बनाउनु हुँदैन' भनेर टेलिफिल्म बनाइदिनुस् ।"

हामीले भन्यौं– "हेर्नोस्, हामीसँग खोलानाला धेरै छन् । हामीले सकेसम्म ठूला जलविद्युत् योजनाका काम गर्नुपर्छ । नेपालको भविष्यका लागि यो चाहिन्छ । जसले जति कमिसन खाए पनि, जसले जतिसुकै भ्रष्टाचार गरे पनि अरूण जलविद्युत् योजना त हाम्रै देशमा बन्छ । त्यो कसैले उठाएर विदेश लैजान सक्तैन । त्यसैले अरूण योजना बन्नुपर्छ । बरू पछि भ्रष्टाचारीलाई कारबाही गरौंला । 'अरूण बन्नुपर्छ' भन्ने सन्देश राखेर टेलिफिल्म निर्माण गर्ने हो भने दस लाख चाहिँदैन, दुई लाख भए पुग्छ तर 'बन्नु हुँदैन' भन्ने सन्देश राखेर हामी बनाउन सक्तैनौं ।"

हामीसँग त ती मान्छेहरू नाजबाफ भएर गए तर हाम्रा एक जना साथीको त्यस बखत भुइँचालोले घर चर्केकाले उनलाई घर बनाउनु थियो । पछि सत्तरी हजार रूपैयाँमा उनले एउटा 'टुकी' नामको क्यासेट ठूला जलविद्युत् योजनाको विरोधमा उत्पादन गरे । त्यस्तैउस्तैले हो कि, आजसम्म पनि नेपालमा टुकी नै बाल्नुपर्ने स्थिति छ ।

सम्झदै मुटु ढुकढुक हुन्छ । त्यस बखत हामीले पैसाका लागि 'अरूण बन्नु हुँदैन' भनेर टेलिफिल्म बनाएको भए अहिले हरेक दिन लोडसेडिङमा नेपाली जनताले तत्कालीन एमाले सरकारसँगै हामीलाई पनि सराप्ने थिए ।

सानैदेखि मलाई सुखदुःखमा साथ दिने एउटा साथी छ । ऊ नेपालमा हुँदा राजतन्त्र विरोधी, धर्म विरोधी, कट्टर वामपन्थी थियो । पछि विदेशमा पढ्न गयो । विदेश जाँदा उसकै घरमा बसियो । उसले यसुको यति धेरै गुणगान गायो कि हामीलाई सुन्न गाह्रो होइन, मक्ख पर्‍यौं किनभने हामी चर्च, मस्जिद, मन्दिर सबै ठाउँमा गएर ध्यान गर्छौं । तर अचम्म, त्यस्तो कट्टर वामपन्थी कसरी यसुको चेलो भयो ?

त्यो साथी नेपाल आएको रहेछ । एक दिन उसले मलाई फोन गरेर भन्यो– "म भोलि तेरो घरमा लन्च खान आउँछु । मसँग एउटा साथी पनि हुन्छ ।"

भोलिपल्ट एक जना होइन, दुई जना साथी लिएर ऊ मेरो घरमा आयो । श्रीमान् एउटा र श्रीमती अर्कै देशका थिए । हामीले सँगै बसेर खाना खायौं । ऊसँग आएका साथीले मसँग भने– "तीन करोड रूपैयाँको बजेट छ, त्यसको जिम्मा तपाईंले लिनुपर्‍यो ।"

मैले प्रश्न गरें– "केका लागि ?"

उनीहरूले मसँग जिजस क्राइस्टको महिमा गाए । हामी सबै धर्मलाई सम्मान गर्ने मान्छे भएकाले मलाई केही गाह्रो भएन । मैले कुरो बुझेर भनें– "हामीलाई सबै जात, धर्म र भाषाभाषीले माया गर्छन् र हामी पनि सबै जात, धर्म र भाषाभाषीलाई त्यति नै सम्मान गर्ने भएकाले एउटै धर्म प्रचार गर्नुसट्टा मानवधर्म प्रचार गर्ने काम दिनुस् । हामीलाई यो पैसा चाहिँदैन ।"

केही वर्षअगि पाटनका मेरा मित्र किरण श्रेष्ठ र लिटिल स्टारका पिता वरिष्ठ गीतकार ध्रुवकृष्ण 'दीप' लाई एउटाले 'ह्वाट इज योर रिलिजन' भनेर सोधेछ । किरणजीले 'माइ रिलिजन इज टुरिजम' भनी जबाफ दिएछन् । उनी गीतकार र टुरिस्ट गाइड थिए । मैले त्यो कुरो उनीहरूलाई सुनाएँ ।

हामी सुटिङ गर्ने सिलसिलामा विशेष गरी छायाङ्कन स्थल छनोट गर्न काठमाडौं वरिपरिका गाउँ पुग्छौं । गाउँमा पुगेपछि 'महजोडीले यहाँ जग्गा किन्ने भए' भन्ने ठूलो हल्ला हुने गर्छ । अनि जग्गा दलालले पनि 'यहाँ महजोडीले अस्पताल बनाउँदै छन्' भनेर हल्ला गरेपछि अस्पताल बन्ने ठाउँमा जग्गा किने भाउ बढ्छ, व्यापार फस्टाउँछ भनेर धेरैले जग्गा किनेका पनि रहेछन् ।

डा. 'मह' जोडी ?

हामीले पहिलेदेखि नै सुन्दै आएको र टेलिभिजनमा देख्तै आएको कुरा हो, राजा वीरेन्द्रलाई विभिन्न देशका युनिभर्सिटीहरूले 'डाक्टर' उपाधि दिए । त्यस्तै गिरिजाप्रसाद कोइरालालाई पनि भारतको कुनै युनिभर्सिटीले डाक्टर उपाधि दियो । पछिल्लो समय राजा ज्ञानेन्द्रलाई पनि कुनै देशले डाक्टर उपाधि दियो भनेर टेलिभिजनबाट देखाइएको थियो ।

कार्यक्रम गर्न बेलायत जाँदा चिनजान भएका साथीहरूमध्ये उहीँ कलेज सञ्चालन गरेर बसिरहेका गोपाल पौडेलले काठमाडौं आएर भने– "ग्रिनफोर्ड इन्टरनेसनल युनिभर्सिटी विलिजले तपाईं 'महजोडी' लाई डक्टरेट उपाधिबाट सम्मान गर्दै छ । यो तपाईंहरूलाई गरिएको ठूलो सम्मान हो ।"

हामीले भन्यौं– "हामीले के त्यस्तो काम गरेका छौं र डक्टरेट सम्मान लिने ?"

उनीहरूको भनाइ थियो– "तपाईंहरूले आफ्नो क्षेत्रमा यत्रो ठूलो सामाजिक काम गर्नुभएको छ ।"

मलाई ज्यादै अप्ठ्यारो लाग्यो, अलि लाज पनि लाग्यो । मैले 'पर्दैन मलाई डाक्टर लेख्न, त्यति सोख पनि छैन' भनें । उनले निकै जोड गरे । मैले 'पछि निर्णय गरौंला' भनें ।

दिनका दिन फोन आउन थाल्यो । भन्थे– "मान्छे यो उपाधि पाउन कत्रो मरिहत्ते गर्छन् । तपाईंहरूले पाउँदा पनि निर्णय गरिदिनु भएन । अमेरिकाबाट,

अरू देशबाट ठूलठूला प्रोफेसरहरू आइसकेका छन् काठमाडौंमा । उपाधि सभामुख सुवास नेम्बाङज्यूले प्रदान गर्नुहुनेछ ।"

हामीले 'भोलि खबर गरौंला' भन्यौं र सल्लाह गऱ्यौं, 'के गर्ने त ?' मदन दाइले भने– "लिइदिउँ न त, धेरै कर गरिसक्यो ।"

सेप्टेम्बर २०, २०१० का दिन हामी डक्टरेट उपाधि लिन राष्ट्रिय सभागृहको मञ्चमा बस्यौं । हामीसँगै उपाधि लिन विजयकुमार गच्छदार, केपी ओली पनि आएका थिए । सुजाता कोइरालाचाहिँ उपस्थित थिइनन् । अरू पनि कोको थिए मञ्चमा । हामीलाई गाउन र टाउकोमा मुन्द्रा झुन्डिएको टोपी लगाइदिए । मलाई लाज लागिरहेको थियो । सुवास नेम्बाङको हातबाट सम्मानपत्र लियौं । विदेशबाट आएका प्रोफेसरहरू पनि गाउन लगाएर मञ्चमा उपस्थित थिए । भाषण पनि गरे । सबैको बधाई पायौं । 'डाक्टरको उपाधि पाउँदा तपाईंलाई कस्तो लाग्यो ?' भन्ने सञ्चारकर्मीहरूको जबाफमा मैले रङ्गीचङ्गी गाउन देखाउँदै भनेको थिएँ– "मलाई त मन्दिरको पुजारी भए जस्तो लाग्यो ।"

एक-दुई दिनपछि एउटा पत्रिकाले 'त्यो उपाधि नक्कली हो, हामीलगायत अरूलाई सम्मान गरेर नेपालबाट विद्यार्थी लैजाने दाउ हो । त्यो युनिभर्सिटीले गलत प्रचार गरेको हो' भनेर लेख्यो ।

कुरा बुझ्दा 'त्रिभुवन विश्वविद्यालयले पनि मान्यता दिएकै युनिभर्सिटी हो' भन्ने थाहा भयो । गोपाल पौडेललाई पछि फोन गर्दा 'सक्कली नै हो' भने । त्यसको दुई दिनपछि फेरि फोन गर्दा त उनको मोबाइल 'स्विच अफ छ' भन्यो ।

केपी ओली, विजय गच्छदारलगायत त्यो उपाधि पाएका हामी पीएचडी डाक्टर हो कि होइन, थाहा नै भएन ।

डोनेसन होइन, 'डु फर नेसन'

हुन त म राजनीति गर्ने मान्छे हुँदै होइन तर सानो दिमागले विचार गर्दा एउटै कारणले नेपाल बिग्रन सुरू भएको हो– शासकले देशलाई धनी बनाउने होइन, आफू धनी हुने इच्छा राख्नु ।

त्यही भारतकै कुरा गर्दा पण्डित जवाहरलाल नेहरू ज्यादै सम्पन्न र धनी परिवारबाट राजनीतिमा आएका हुन् । ब्रिटिसहरूको पन्जाबाट भारत मुक्त भयो, जवाहरलाल नेहरूले आफ्नो सम्पूर्ण सम्पत्ति देशलाई बुझाएर राजनीति सुरू गरे रे । उनलाई सरकारले बस्ने एउटा घर दियो, चढ्ने गाडी दियो र खानलाई तलब दियो ।

झन्डैझन्डै त्यसकै हाराहारी हामीकहाँ चाहिँ गरिब राजाले धनी बन्ने चाहना राख्न थाले । राजा धनी बनाउन भाइभारदारको सहयोग चाहियो । राजासँगसँगै भाइभारदारहरू पनि धनी बन्न थाले । भाइभारदार र राजा धनी भएको राजाका सचिवहरूले देखे, अनि उनीहरू पनि धनी हुन थाले । राजाका वरिपरिका सबै धनी भएको देखेर मन्त्रीहरूले पनि धनी हुने सपना देखे । सपना साकार भयो । मन्त्री धनी भएको देखेर सचिवहरूले धनी हुने सपना देखे । ती पनि धनी भए । सचिवहरू धनी भएको देखेर उपसचिव, सेक्सन अफिसर, सुब्बा, खरदार, सेना, प्रहरी सबैले धनी हुने सपना देखे । सबैको सपना रातारात साकार भयो । अनि जसले, जसरी, जति कमाए पनि कतैबाट छानबिन नहुने भयो ।

शासक र प्रशासकले घुस खाइदिएपछि व्यापारीहरूलाई पनि सजिलो भयो– कसैले कसैलाई समात्न नसक्ने । उसलाई उसको कुरो थाहा छ, उसलाई उसको कुरो थाहा छ, अनि देश दुब्लाउँदै गयो । देशसँगसँगै सर्वसाधारण जनता पनि दुब्लाउँदै गए । दण्डहीनता मौलाउँदै गयो । शासक-प्रशासक धनी बन्दै गए, देशचाहिँ तलतल खस्दै झन्डैझन्डै ढुङ्गे युगमै आइसक्यो ।

बहुदलीय व्यवस्था पनि सुरू भयो तर पण्डित नेहरू जस्ता नेता नेपालमा कोही देखिएनन् । पञ्चायती व्यवस्थामा शासकहरू धनी भएको बहुदलवादी नेताले पनि देखेकै थिए । उनीहरूलाई झन् पञ्चायती शासकभन्दा आफू धनी हुने इच्छा जाग्यो । अनि आफ्नो परिवार, शाखासन्तान, ज्वाइँछोरी, सबैलाई पैसा कमाउन अगाडि बढाए । बहुदलीय शासकहरू धनी भएको देखेर गणतन्त्रका नेताहरूलाई पनि धनी बन्ने इच्छा जाग्दै आयो र केही गणतन्त्रवादी नेताहरू बहुदलका नेताभन्दा, पञ्चायतका नेताभन्दा पनि धेरै धनी भइसकेका छन् ।

एउटा गोठमा गाई पालिएका रहेछन् । ती गाई हेर्ने एउटै मात्र गोठालो रहेछ । बिस्तारै दिनका दिन दुई माना दूध हराउन थालेछ । मालिकलाई शङ्का लागेछ । उसले त्यो गोठालोको निगरानी राख्न अर्को गोठालो थपेछ । दोस्रो गोठालो थपेपछि चार माना दूध कम हुन थालेछ । त्यसपछि मालिकले तेस्रो गोठालो पनि थपेछ । त्यसपछि छ माना दूध कम हुन थालेछ । त्यसै गरी चौथो गोठालो राखेपछि एक पाथी दूध कम हुन थालेछ ।

नेपालको सन्दर्भमा पनि यही भयो । पञ्चहरू हुँदा दुई माना दूध हरायो, बहुदलवादी आएपछि चार माना हराउन थाल्यो । अझ गणतन्त्रवादीहरू आएपछि छ माना दूध हराउन थाल्यो । अहिले त राजनीतिक पार्टीहरू कसैले 'नेपाललाई विकास गर्छौं, अर्बौं रूपैयाँ लगाउँछौं' भनेर आए भने 'कति डोनेसन आउँछ' भनेर सोध्छन् । खै, कति सम्झाउनु– डोनेसन होइन नेता हो, डु फर नेसन ।

तिब्बतलाई हानी नपुर्‍याउने गरी भारतले नेपालमा जे गरे पनि चीनले मतलब राख्दैन । यो कुरा विगतमा भारतले नेपाललाई नाकाबन्दी गर्दाखेरि नै चिनियाँ व्यवहार चिनिसकेका छौं । भारत नेपाललाई सधैं अधकल्च्याएर राख्न

चाहन्छ । नेपाल सम्पन्न भयो भने उसलाई नटेर्ला भन्ने डर छ, बिग्रियो भने आतङ्कवाद बढ्न सक्छ र त्यो भोलि उसको भूमिमा पनि सर्न सक्छ । त्यसैले भारतले नेपाललाई बन्न पनि दिँदैन, बिग्रन पनि दिँदैन । नेताहरूले नेपाल बन्यो भने पनि टेर्दैनन्, बिग्रियो भने पनि टेर्दैनन् भन्ने भारतलाई डर छ ।

एक अर्बभन्दा धेरै मानिसलाई पुऱ्याउन नेपालबाट जाने पानी नभई भारतलाई सम्भव छैन । त्यसैले नदीहरू जोडेर पानी लैजान नेपालको सहयोग लिनै पर्छ । नेपालले नदिए जबरजस्ती गर्छ । त्यस्तै परे मुलुकै फोरेर पनि जोड्छ । कताकता हाम्रो मुलुक फोर्ने अभियानमा भारतलगायत केही पश्चिमा मुलुकहरू लागेका छन् कि जस्तो लाग्छ ।

नयाँ संविधानमा सङ्घ बनाउँदा आत्मनिर्णयको अधिकारको कुरा जो आइरहेको छ, त्यो मुलुकका लागि अहित हुन सक्छ । त्यसैले हामीले भारतसँग कोसी उच्च बाँधको सम्झौता गर्नुपरे पनि बाँध बनाउँदा विस्थापित हुनेहरूका लागि के फाइदा हुनेछ, त्यो किटान हुनुपर्छ अनि देशलाई फाइदा पुग्ने गरी जलमार्ग, पैसा, बिजुली आदिमा सम्झौता गर्न सक्नुपर्छ । टनकपुर, गण्डकी, कोसीको जस्तो नेपाल सधैंका लागि नठगियोस् ।

पानीले डुबेको जमिनमा खेतीपाती केही हुँदैन तर माछा त पाल्न सकिन्छ नि । जलचरको खेती गर्न सकिन्छ । यसबाट नेपालीलाई फाइदै होला । तर केही गरी कोसीमा उच्च बाँध बन्यो र भूकम्पको धक्काले बाँध फुट्यो भने त्यसको परिणाम के होला ? जिम्मा कसले लिने ? यसतिर पनि ध्यान जानुपर्छ ।

नेपाल न भारतले बनाइदिएर बन्छ न चीनले बनाएर । वास्तवमा नेपाल नेपालीले बनाए मात्र बन्छ ।

यो देश बनाउन त्यति गाह्रो छैन । संसारभरि रेडिमेड टेक्नोलोजीहरू छन् । टेलिफोनको आविष्कार गर्न वैज्ञानिकहरूले कति अनुसन्धान गरे, हवाईजहाज आजको रूपमा आउन वैज्ञानिकहरूले कति अनुसन्धान गर्नुपऱ्यो, जलस्रोतको विकास गर्न ठूलठूला टर्बाइनहरू बनाउन कति अनुसन्धान भए । हामीले त अनुसन्धानै गर्नु पर्दैन । बजारबाट रेडिमेड टेक्नोलोजी किनेर ल्याई फिट गर्न सक्छौं ।

हिजोआज चीनले बनाइदिएको सस्तो सिडी र सिडी प्लेयरले गर्दा हाम्रो गीत-सङ्गीतलाई फाइदा पुगेको छ । भारतले सस्तोमा बनाइदिएको मोटर र मोटरसाइकलले हामीलाई यात्रा गर्न धेरै सजिलो भएको छ, जसले गर्दा नेपालका दुर्गम ठाउँ पनि सुगम भएका छन् । जताततै जग्गाको भाउ बढेको छ । काठमाडौंको काँठतिर भनाइ नै छ— घरमा चर्पी छैन, आची गर्नचाहिँ मोटरसाइकल लिएर कान्लातिर जान्छन् ।

चीन, भारत, जापान, अमेरिका, बेलायत, जर्मनी, फ्रान्सले पचास वर्ष लगाएर गरेको विकास हामी दस वर्षमै गर्न सक्छौं । त्यसका लागि देशले केही राम्रा नेता पाउनुपर्छ । देशप्रति बेइमानी गर्नेहरूको सर्वस्वहरण हुनुपर्छ । 'अपराध गर्ने दण्डित हुन्छ' भन्ने सन्देश जनतामा जानुपर्छ, अनि मात्र नेपाल बन्छ । नेपाल बने हामी नेपालीहरू त्यसै बन्छौं ।

हरियो पासपोर्ट

हामी दक्षिण कोरियामा सांस्कृतिक कार्यक्रम गर्न गएका थियौं । त्यस बेला कोरियाको नयाँ वर्ष भएकाले धेरै दिनसम्म कार्यालय, उद्योग, कलकारखाना, व्यापारव्यवसाय सबै बन्द हुँदो रहेछ, हाम्रो दसैं जस्तै । जसरी दसैंमा काठमाडौं नै शून्य हुन्छ, त्यसरी नै कोरियाको राजधानी सिउल पनि सुनसान हुँदो रहेछ । सबै आफ्ना अभिभावक भेट्न गाउँ जाँदा रहेछन् ।

भियतनाम, श्रीलङ्का, भारत, बङ्गलादेशका श्रमिक पनि नेपाली जस्तै कोरियामा श्रम गर्छन् । ती श्रमिक पनि आआफ्नो देशबाट हामी जस्तै कलाकार बोलाएर सांस्कृतिक कार्यक्रम हेरी आफ्नो देश सम्झदा रहेछन् ।

हाम्रो विमान सिउलमा अवतरण भयो । हरियो पासपोर्ट देख्नासाथै हामीलाई एउटा बन्द कोठाभित्र लगियो । त्यस कोठाभित्र भियतनाम, श्रीलङ्का, बङ्गलादेशका कलाकार पनि थिए । कोठामा हामी सबै बन्दी जस्तै थियौं । कोरियाको इमिग्रेसनको कर्मचारीले श्रीलङ्काका कलाकारसँग गरेको व्यवहार देखेर मन खिन्न भयो ।

टुटेफुटेको अङ्ग्रेजी भाषामा कोरियनले केरकार गर्दै थियो– "तिमी यहाँ किन आएको ?" श्रीलङ्कनले जबाफ दियो– "आई एम अ सिङ्गर । आई केम हियर टु सिङ फर श्रीलङ्कन पिपुल ।" कोरियनले भन्यो– "ओ, यु आर सिङ्गर, यु सिङ सङ ।"

कोरियनले गाउन लगायो । श्रीलङ्कनले टेबल ठटाएर सुरिलो स्वरमा श्रीलङ्कन गीत गायो । शब्द नबुझ्झे पनि गीत सुरिलो लाग्यो हामीलाई । गीत सुन्दा उसमा सङ्गीतको प्रशस्त अभ्यास रहेछ भन्ने सजिलै अनुभव गर्न सकिन्थ्यो तर कोरियनले झर्कंदै भन्यो– "ओ, नो गुड, नो गुड भ्वाइस, यु गो दियर ।"

ती गायकलाई कोरिया छिर्न नदिई फर्काएर पठाउने समूहमा राख्यो । त्यसपछि अर्की एक महिलालाई सोध्यो– "तिमी किन आएको ?" ती महिलाले म पनि गायिका हुँ, म उनकै श्रीमती हुँ भनेर अङ्ग्रेजीमा भनिन् । कोरियनले उसै गरी भन्यो– "ओ सिङ्गर, यु सिङ सङ ।" उनको पनि स्वर परीक्षा लियो । महिलाले राम्रो आवाजमा गाइन् । उनलाई उसले राम्रो नम्बर दियो । गुड भ्वाइस भनेर उनलाई चाहिँ कोरिया छिर्न दिने समूहमा राख्यो ।

त्यसपछि एउटा तन्नेरीले 'म गिटारिस्ट हुँ' भने । कोरियनले ती केटाका औंला जाँच्यो । गितार बजाउनेहरूका औंलाको छाला तार थिच्ताथिच्तै कडा भएको हुन्छ भन्दै उसलाई 'यु वेट हिअर' भनेर त्यहीँ राख्यो । भित्र छिर्न दिने वा नदिने निर्णय गरेन । उनको औंलाको छाला कडै देखिन्थ्यो । सायद उनलाई पछि गितार बजाउन लगाउने होला ।

हामी पनि लाइनमा थियौं । मलाई आत्मग्लानि भयो, बेकार कोरिया आएछु जस्तो पनि लाग्यो । हुन त यसभन्दा अगि दुई पटक कोरिया आइसकेका थियौं । त्यतिखेर त्यस्तो गाह्रो भएको थिएन ।

अब हाम्रो पालो पनि आउँछ अनि सोध्ला– 'तँ के गर्छस् ?' मैले मनमनै आफैलाई उत्तर दिएँ– 'प्रहसन देखाउँछु' भन्नुपर्छ । अनि त्यो कोरियनले 'ल हँसा' भन्दा मैले त्यसलाई कसरी हँसाउने होला ? कुन भाषा बोलेर हँसाउने होला ? हामीसँग गएका कलाकार नरेन्द्र कंसाकार भने कोरियनलाई सुनाउन नेपालीमा डाइलग घोक्तै थिए ।

हामीभन्दा पहिले एउटा नेपाली सांस्कृतिक टोली कोरिया गएको रहेछ । त्यस टोलीमा दुई जना नेपालका प्रसिद्ध नायकनायिका पनि रहेछन् । उनीहरूलाई पनि कोरियाको इमिग्रेसनले भित्र छिर्न नदिई एयरपोर्टबाटै नेपाल फिर्ता पठाइदिएको रहेछ ।

आयोजक नेपालीहरूले कोरियाकै एउटी मानवअधिकारकर्मीलाई इमिग्रेसनमा हामीलाई लिन पठाएका रहेछन् । उनको नाम इरन्जु थियो । उमेरले धेरै ठूली नभए पनि सबै नेपाली इरन्जुलाई दिदी भन्दा रहेछन् । ती कोरियन दिदी त्यहाँ बस्ने श्रमिक नेपालीलाई आपत् पर्दा धेरै मद्दत गर्दी रहिछन् । एक जना नेपाली महिलालाई पागल भनी वर्षौं कोरियाको जेलमा थुनेको रहेछ । इरन्जुले 'उनी पागल होइनन्' भनी प्रमाणित गरी कोरिया सरकारबाट लाखौं रूपैयाँ क्षतिपूर्ति पनि दिलाएकी रहिछन् ।

इरन्जु हामीलाई लिन भित्रैसम्म आएपछि हामीले इमिग्रेसनको कोरियनलाई हँसाउनै परेन । त्यो घटना देख्ता लाग्यो– हाम्रो नेपाली पासपोर्टको मात्रै होइन, सबै गरिब मुलुकका पासपोर्टको इज्जत हुँदो रहेनछ । त्यसैले व्यक्ति धनी भएर देशको इज्जत हुँदैन, देश धनी भएपछि मात्र नागरिकको इज्जत हुन्छ ।

कोरियामा चारओटा प्रहसन प्रदर्शन गऱ्यौं । नेपालीहरू खुब खुसी भए । हामीलाई उनीहरूले घुमाए । घुमाउने टोलीमा केही भाइहरू थिए भने दुइटी नेपाली बहिनी पनि थिए । ती भाइबहिनीहरू बीचबीचमा अलि उत्ताउला कुरा पनि गर्थे, राम्रा कुरा पनि गर्थे ।

साँझ खाना खाने ठाउँमा पुगेपछि त बहिनीहरूले आफ्नो लुगाभित्रबाट ससाना रेकर्डर झिक्तै भने– "मदन दाइ र हरि दाइले छाडा कुरा गर्नुहोला अनि रेकर्ड गरौंला भनेर माइक फिट गरेर आको त त्यस्तो केही कुरै गर्नु भएन, योजनै विफल भयो ।"

मन ढक्क फुल्यो । ती बहिनीहरूले बीचबीचमा छाडा कुरा गरेर हामीलाई उक्साएका रहेछन् । हामीले उक्सिएर थप्यौं भने रेकर्ड गर्ने अनि प्रचार गर्ने सुर रहेछ । प्रख्यात भएपछि पाइलापाइलामा विचार गरेर हिँड्नुपर्छ, बोल्नुपर्छ भनेको यही रहेछ ।

नेपालीलाई कोरियनले मात्र होइन, कहिलेकाहीँ त नेपालीले नै पनि फसाउन खोज्दा रहेछन् ।

एनआरएनका प्रथम अध्यक्ष उपेन्द्र महतो सायद नेपालीमध्येमा सबैभन्दा सम्पन्न नेपाली हुन् । उनी सधैं भन्ने गर्छन्– "म धनी व्यक्ति हुँ । आफ्नो

देशमा मेरो इज्जत छ तर देश धनी भएको भए विदेशमा पनि मेरो इज्जत बेग्लै हुने थियो ।"

भन्ने गरिन्छ, 'नेपाल धनी छ तर नेपाली गरिब छन् ।' हो, हाम्रो देशमा भौगोलिक सुन्दरता छ, जलस्रोतको विशाल भण्डार छ, प्राकृतिक मनोहारीको खानी छ, सगरमाथा छ, बुद्धको जन्मभूमि छ । यी सम्पदा कुनै पनि मुलुकले जति पैसा खर्च गरे पनि आफ्नो देशमा बनाउँछु भनेर सक्तैन ।

हाम्रा खोलामा बग्ने पानी सेतो सुन हो । सेतो सुन बगिरहेको छ, खेर गइरहेको छ तर हामीले सदुपयोग गर्न सकेका छैनौं । प्रकृतिले नेपाललाई सबै थोक दिएको छ तर राम्रा नेता दिएन, देशभक्त नेता दिएन । त्यो देशभक्त नेता पनि दिन्छ प्रकृतिले, पक्कै दिन्छ कुनै दिन । अनि हाम्रो पनि दिन आउँछ ।

त्यसपछि त भारतमा मजदुर भएर काम गर्न जाने नेपाली युवा, बेचिएका चेलीहरूका छोराछोरी काँधमा क्यामेरा झुन्ड्याएर, हवाईजहाजमा उडेर भारतमा टुरिस्ट भई घुम्न जानेछन् । त्यस बखत भारतका स्टार होटलका भारतीय गार्डहरूले नेपालीलाई स्यालुट गर्नेछन् ।

देशले यस्तो नेता पाओस्– असल मान्छेका लागि फूल जस्तो नरम होओस्, खराब मान्छेका लागि ढुङ्गाभन्दा पनि कडा होओस् । अनि त अनुशासित नेपाल, अनुशासित नेता, अनुशासित जनता !

अमेरिका यात्रा

२०४६ सालको आन्दोलनपछि हामी अमेरिका उड्यौं ।

मदन दाइका हितैषी साथी दिलकृष्ण श्रेष्ठ अमेरिकामा अमेरिकन भाउजूसँगै बस्थे । निकै पहिले एक दिन दिलकृष्ण दाइले हामीलाई भनेका थिए– "तिमीहरूलाई एक पटक अमेरिका घुमाउन म कोसिस गर्छु ।" उनको इच्छा पूरा भयो, हाम्रो सपना पनि साकार भयो ।

अहिले त अमेरिका जानु भनेको ठूलो कुरा होइन । धेरै कलाकारले उतै घरजम गरिसके तर त्यस बेला अमेरिका जाने कुरा ठूलो थियो । म खुसी र दुःखी दुवै थिएँ । श्रीमतीलाई अमेरिका घुमाउने सपना त्यो बेला पूरा गर्न सकिनँ । सानो छोरो एक वर्षको मात्र थियो, ठूलो छोरो चार वर्षको । उनीहरूलाई हेरचाह गर्नुपर्ने भएकाले मीरा जान पाइनन् ।

यशोदा भाउजू हामीसँग जाने टोलीमा हुनुहुन्थ्यो । लक्ष्मी गिरी दिदी पनि अमेरिका जाने हाम्रो टिममा थिइन् । मीरा बिरामी भएर अस्पतालमा बस्दा उनले ठूलो छोरो त्रिलोकलाई आफ्नै घरमा लगेर राखिदिएको गुन मैले अलिकति भए पनि तिर्न सकें जस्तो लाग्यो । किनभने, त्यो बेला अमेरिका जानेहरूलाई ठूलै आँखाले हेर्थे । हामी अमेरिका उडेको नेपाल टेलिभिजनले त समाचारमै देखाएको थियो रे ।

त्यस पटकको अमेरिका यात्रामा हामी वासिङ्टनस्थित राम मालाकारको घरमा थुप्रै दिन बस्यौं । उनका छोरीज्वाइँहरू शिला, सरोज, शान्ति, कृष्ण,

पञ्चले हामीलाई धेरै सहयोग गरेका थिए । मदन दाइको फुपूको छोरा प्रबोध त्यो घरको ज्वाइँ भइसकेको थिएन । लाइट र साउन्डमा उसैले सघायो । नौ जनाको टोलीलाई घरमा मालाकार भाउजूले पकाएर खुवाइन् ।

कोलोराडो बसेका शान्ति र श्याम श्रेष्ठले अमेरिकाका धेरैओटा राज्यहरूमा घुमाए हामीलाई ।

भाडामा लिएको भ्यान चढेर हामी कोलोराडोबाट फ्लोरिडातिर जाँदै थियौं । राजाराम पौडेल भ्यानभित्रै बसेर कोकाकोला पिउँदै थिए । सर्किएछ, उनी त हिरिक्हिरिक् भए । आँखा पनि पल्टाइसकेका थिए । एकछिन त हामी सबैको सातै गयो । ढाडमा मुड्कीले हान्दाहान्दा बल्ल ठीक भयो ।

केही गरी भ्यानभित्रै यात्रुको मृत्यु भएमा त्यो बेलाको पच्चीस लाखजति नेरू बिमाबापत आउने रहेछ । सन्चो भइसकेपछि जिस्क्याएर राजु भुजूले भने– "ए राजाराम, मऱ्या भा त मोज रैछ नि ! पच्चीस लाख आउने रैछ ।" राजारामले सर्किएर राता भएका आँखा कोकाकोलाको झोलभन्दा रातो पार्दै भने– "घण्टा गर्नु ! मरेसि जति पैसा आए नि के काम ? ज्युँदो हुँदा आए पो !"

"घरमा भाउजू र छोराछोरीलाई त काम लाग्थ्यो नि ।"

"मलाई यस्तो घटिया ठट्टा गरेको मन पर्दैन है मु... ।"

कोलोराडोमा हामी श्याम र शान्ति श्रेष्ठको घरमा बसेका थियौं । हाम्रा लुगा मैला भएका थिए । ठूलो वासिङ मेसिनमा हामी सबैले आफ्ना लुगा धुन हाल्यौं । लुगा निकाल्दा त सबै लुगाको रङ नीलै भएछ । आफ्नो लुगा चिन्नै गाह्रो भयो । हामी सबै छक्क पऱ्यौं– ए बा, कसरी सबैको लुगा नीलो भयो ?

पछि पत्ता लाग्यो, वासिङ मेसिनमा राजाराम पौडेलको रङ जाने सुतीको अन्डरवेयर पनि परेछ । त्यो सबै बदमासी त्यही अन्डरवेयरको रहेछ– जस्तो उटुङ्ग्याहा राजाराम, उस्तै उटुङ्ग्याहा अन्डरवेयर ।

कर्निङ भन्ने ठाउँमा हामी डाक्टर हरि शर्माको घरमा बसेका थियौं । उनले हामीले खाएको देखेर दिक्क मान्दै भने– "कत्ति खाएको, बढी हुन्छ । कसैले

पनि यति धेरै खानै पर्दैन । मान्छेलाई त दिनको एक हजार क्यालोरी भए पुग्छ । तर तपाईंहरू त पाँच हजार क्यालोरी एकै छाकमा खाइरहनुभएको छ ।"

हामीचाहिँ उनका आँखा छलीछली खान्थ्यौं— पिजा, आइसक्रिम, म्याकडोनल, केएफसीको खानाले म त मस्त मोटाएर साँढे जस्तै भएको थिएँ । घाँटी पछाडि जुरो नै उम्रेको थियो ।

त्यस बखत हामीले संयुक्त राष्ट्रसङ्घको भवनमा विभिन्न देशका राजदूतहरूलाई बोलाएर दैवज्ञ हाडा र सुकदेव शाहको सक्रियतामा नेपाली सांस्कृतिक कार्यक्रम देखायौं । पन्ध्रओटा राज्यमा दुई महिना लामो यात्रा सकिएपछि काठमाडौं फर्कियौं ।

मीरा मोहित र त्रिलोकलाई लिएर एयरपोर्टमा आएकी थिइन् । ठूलो छोराले त बुबा भनेर चिनिहाल्यो । सानो छोरा मोहितलाई मलाई देखाएर 'ऊ को' भनी सोधेको छोराले त मलाई काका भन्यो । एक वर्षको बच्चाले दुई महिनामै मान्छे चिन्न छोड्दो रहेछ ।

चार महिना देश, आठ महिना विदेश

हामी धेरै पटक विदेश गएर आएको देखेर त्रिभुवन विमानस्थलमा अध्यागमनका कर्मचारीहरू भन्थे– "तपाईंहरू अहिले ट्रान्जिटमा नेपाल आउनुभएको ? अब कति दिन बसेर जानुहुन्छ ?" हुन पनि त्यस बेला हामी चार महिना देशमा, आठ महिना विदेशमा हुन्थ्यौं ।

पछिपछिका भ्रमणमा मीरा पनि मसँगै सहभागी हुन थालिन् । उनी कार्यक्रमहरूमा उद्घोषिकाको भूमिका निभाउँथिन् ।

२०५८ सालमा राजा वीरेन्द्रको वंशविनाशपछि भएको विदेश भ्रमणमा नेपालीहरूको हामीसँग एउटै जिज्ञासा थियो– "राजा वीरेन्द्रको हत्या दीपेन्द्रले नै गरेका हुन् ?" उनीहरू सबै कुरा हामीलाई थाहा छ भन्ने तरिकाले प्रश्न गर्थे ।

हामी भन्थ्यौं– "दीपेन्द्रले नै गरेको पनि हुन सक्छ । संसारमा बाबुआमा मार्ने थुप्रै छन् नि । अमेरिकामा पनि बन्दुकधारीले कलेजमा गएर गोली चलाउँछ र थुप्रै मान्छे मार्छ । त्यस्तो विकृत मनस्थिति दीपेन्द्रमा पनि हुन सक्छ । तर यसै भन्न सकिन्न !"

यस विषयमा कसैले चर्काचर्की नै गर्थे, कसैले अरूले नै मारेको भन्थे ।

विदेशमा बसेका नेपालीहरूका पनि जातीय समूह, राजनीतिक गुटहरू थुप्रै छन् । एउटा समूहले गरेको काममा अर्को समूहले सहयोग नगर्ने चलन नेपालीनेपालीबीच धेरै नै छ । तर आयोजकहरू भन्थे– "सबैले हेर्न आउने र

विरोध नहुने कार्यक्रमचाहिँ 'महजोडी' को मात्र हुन्छ ।" हामीलाई खुसी लाग्छ, सबै क्षेत्र, जातजाति, भाषाभाषीले माया गरिदिएकोमा ।

सम्पन्न मुलुकमा स्थायी बसोबास गर्ने नेपालीहरू दुई खाले देखिन्छन्– एक खाले आफ्ना छोराछोरीले नेपाली बोलून्, देशको संस्कृति नबिर्सिऊन् भन्छन् र त्यहीँ जन्मेर त्यहीँ पढेका छोराछोरीले नेपाली भाषा बोलेकोमा गर्व गर्छन् । उनीहरू कुनै न कुनै रूपमा नेपाललाई माया गरिरहेकै छन् ।

उदाहरणका लागि अमेरिकाको बोस्टनमा बस्ने रूद्र पाण्डे र मुना पाण्डेलाई लिन सकिन्छ । उनीहरू आफ्ना छोरीहरूसँग नेपालीमा मात्रै कुरा गर्छन् र नेपालमा सफ्टवेर कम्पनी खोलेर सयौं नेपालीलाई काम दिइरहेका छन् । अमेरिकाकै बाल्टिमोरमा बस्ने लोकगायक प्रेमराजा महत विदेश जाने नेपालीहरूका लागि अभिभावकै भएर सहयोग गर्छन् । उनको घरलाई सबैले 'नेपाली हाउस' भन्छन् । अरू नेपालीहरू पनि नेपाललाई अत्यन्त माया गर्छन् र नेपाली भएकोमा गर्व गर्छन् ।

धेरै नेपालीले आफ्नो घरमा नेपालको राष्ट्रिय झन्डा फहराएका छन् । झन्डालाई छोएर आएको हावाले आफूलाई छुँदा नेपालले नै छोए जस्तो गर्वको महसुस गर्छन् ।

तर त्यहाँ अर्का खाले नेपाली पनि छन्, जो आफ्ना छोराछोरीले नेपाली बोल्न नजानेकामा गर्व गर्छन् । विदेश गएको भोलिपल्टदेखि नै नेपाललाई गाली गर्न थाल्छन् । नेपालमा भएको धुलोधुवाँको कुरा गर्छन् र आफू बसेको देशको सडक, भौतिक संरचना, गाडी, घर आदिको प्रशंसा गर्छन् ।

कतिलाई त मैले अनुरोध गर्दै भनें– "देशलाई गाली नगर्नुस् न, बरू नेतालाई गाली गर्नुस्, हामीलाई गाली गर्नुस् । देशको त बरा के गल्ती छ र ! त्यही धुलोधुवाँ भएको देशमा तपाईं जन्मनुभयो । तपाईंका बाबुआमा त्यहीँ बसिरहनुभएको छ होला । फेरि यो देशको बाटोघाटो, भौतिक संरचना र यहाँ भएको विकासबारे के धाक लगाउनु हुन्छ ? यहाँको सडक यातायात विकासमा तपाईंको के योगदान छ ? हैन, यहाँको विकास तपाईंले नै गरेको ठान्नु हुन्छ कि क्या हो ? तपाईं त यो मुलुक सम्पन्न भएको देखेर आएर बस्नुभएको हो । कृपया नेपाललाई गाली नगरिदिनुहोला ।"

मान्छे जहाँ अवसर हुन्छ, त्यहाँ पुग्छ । नेपाली मात्र होइन, चिनियाँ पनि अमेरिका, अस्ट्रेलिया पुगेका छन् । भारतीयहरू पनि धेरै मुलुक पुगेका छन् । हिजोआज अमेरिकीहरू चीनमा काम गर्न पुगेका छन् । नेपालीहरू पनि अवसरको खोजी गर्न बिदेसिनु भनेको नेपालकै प्रगति हो । विदेशमा बस्ने नेपालीबाट नेपाललाई संसारमा चिनाउने काम भएको छ । विदेशमा बस्ने नेपालीको नाम जेसुकै होस्, जात जेसुकै होस्, नाम र जातले त्यहाँ बस्नेहरूले चिन्दैनन् । जेसुकै नामथर भएको नेपालीले राम्रो काम गरे पनि नेपालीले गऱ्यो भनेर चिनिन्छ, नराम्रो काम गरे पनि नेपालीले गरेको भन्ने थाहा हुन्छ ।

एक पटक वासिङ्टनको एउटा सुन्दर हलमा हाम्रो कार्यक्रम थियो । त्यस हलमा ओछ्याइएको हरियो कार्पेटमा कार्यक्रम हेर्ने नेपालीले समोसा खाँदा खसाएछन् । भुइँमा खसेको समोसा खुट्टाले कुल्चँदा कार्पेटमा टाँसिएछ । भोलिपल्ट त त्यस हलको प्रशासनले 'अबदेखि नेपालीलाई हल भाडामा नदिने' भनेर निर्णय गरेछ ।

लन्डनको एउटा हलमा नेपाली सांस्कृतिक कार्यक्रम हुने गर्थ्यो । पछि त्यहाँको नगरपालिकाले हललाई चिठी पठाएछ– अब नेपाली कार्यक्रमलाई हल नदिनू, उनीहरू कार्यक्रम हेर्दा बियर पिएर सडकमा पिसाब फेर्छन् ।

हलमा कसले समोसा खायो होला, सडकमा कसले बियर पिएर पिसाब फेऱ्यो होला, त्यहाँ त सबैले 'नेपाली' मात्र भनेर चिने ।

नेपालीहरूका राजनीतिक, जातीय, सांस्कृतिक थुप्रै सङ्गठन खुलेका छन् । अनि त्यो सङ्गठनमा नेपालीहरू नै अध्यक्ष, उपाध्यक्ष, सचिव भएका हुन्छन् । उनीहरूको अवधि केही वर्षको हुन्छ । त्यसपछि अध्यक्ष आदिको पदमा अर्कै नेपाली आउँछ । अनि पहिलेको अध्यक्षले फेरि अध्यक्ष हुन अर्को संस्था खोलिहाल्छ । अध्यक्ष, उपाध्यक्ष हुने रोग नेपालीहरूमा धेरै लागेको छ ।

विदेशमा खुलेका राजनीतिक सङ्गठनले पनि बेलाबेला रकम सङ्कलन गरेर नेपालको माउ राजनीतिक पार्टीलाई पठाउने गर्छन् । अनि उनीहरू नेपालका मन्त्री, प्रधानमन्त्रीसँग सिधै फोनमा कुरा गर्न सक्छन् । कोहीकोही त 'नेपालको राजनीति नै हामीले विदेशबाट चलाइरहेका छौँ' भन्ने ठान्छन् ।

खाडी मुलुकमा काम गर्ने नेपालीहरू कसैकसैले धेरै दुःख पाएका छन् । एक पटक मलेसियामा नेपाली कामदार बस्ने ठाउँमा हेर्न जाने मौका पायौं । एउटा सानो हल जस्तोमा सयौं नेपाली सुत्ता रहेछन् । तीनतले खाट हुँदो रहेछ । माथि सुत्नेले खाटमा भएको भऱ्याङ उक्लेर माथि पुग्नुपर्दो रहेछ । उसको बैठक, बेडरूम, स्टोर, पूजाकोठा सबै त्यही एउटा खाट हो । त्यो दृश्य देख्ता आँखाबाट आँसु झऱ्यो ।

त्यही खाटमा एउटा क्यासेट प्लेयर पनि हुँदो रहेछ । नेपाली गीत-सङ्गीतका सिडी अनि हाम्रा प्रहसनका सिडी, क्यासेट पनि देख्यौं । खाटैमा नेपाली हिरो हिरोइनका फोटा, आमाबुबाका फोटा पनि टाँसेका रहेछन् । कतिओटा खाटमा हाम्रो फोटो पनि टाँसेको देख्यौं । उनीहरूले आफूलाई म्यानपावरले ठगेको, साहुले शोषण गरेको कुरा सुनाउँदा आँखाबाट आँसु झारे । भन्थे– "छोडेर नेपाल जाउँ भने पनि पासपोर्ट साहुले राखेको हुन्छ ।"

उनीहरू ठान्छन्– हामी उनीहरूको समस्या समाधान गरिदिन सक्छौं । त्यसैले भन्छन्– "हामो समस्या नेपाल सरकारलाई भनिदिनुहोला ।"

तर सबै ठाउँमा स्थिति त्यस्तो छैन । राम्रै कमाएर राम्रै ठाउँमा सुतेर, राम्रै खाएर बसेका पनि देख्यौं ।

कतिले त कमाएजति पैसा त्यहाँका केटीहरूका लागि खर्च गर्दा रहेछन्, हातमा लाग्यो शून्य । खाडी मुलुकमा श्रम गर्न गएका नेपाली नेपाल फर्कन्छन् अनि घर मर्मत गर्छन्, छाना फेर्छन्, नयाँ लुगा, टेलिभिजन किन्छन् । दुःख गरेर बचाएको थोरै पैसा, सकिन्छ नै ।

विदेशबाट कमाएर ल्याएको पैसा नेपालमा केही आयमूलक काममा लगाएर त्यसमा थप्तै लगे आत्मनिर्भर हुनुपर्ने थियो तर उत्पादनमूलक काममा लगानी गर्न जानेकै छैनन् धेरैले । देशले सिकाउन पनि सकेको छैन ।

वैदेशिक रोजगारीले नेपाललाई एउटा भयावह स्थितिबाट बचाइदिएको छ । नेपालका लाखौं युवा रोजगारीका लागि विदेश गएका छन् । नेपालको अर्थतन्त्र नै रेमिट्यान्सले धानेको छ । यसरी दसौं लाख युवा वैदेशिक रोजगारीमा संलग्न नभएको भए हाम्रो देशको दसवर्षे युद्धमा विद्रोहीहरूले अझ धेरै युवालाई आफ्नो सेनामा लाने थिए र अझ धेरै मानिस मारिने थिए ।

मैले एनआरएनका अध्यक्ष जीवा लामिछानेसँग 'खाडीमा श्रम गरेर कमाएको रकम नेपालको जलविद्युत्मा लगानी गर्न सके उनीहरूले त्यसको सेयर दीर्घकालीन रूपमा प्राप्त गरिरहन्थे' भन्दा जीवाजीले 'म त्यो गर्ने कोसिस गर्दै छु दाइ' भनेका थिए । उनी त्यसतर्फ केही कोसिस गर्दै होलान् कि !

विदेशमा कार्यक्रम गर्न जाँदा नेपाली दाजुभाइ, दिदीबहिनीलाई माइकबाटै भन्ने गर्छु– "तपाईंहरू काम गर्न आउनुभएको होइन, कलेज, युनिभर्सिटीमा पढ्न, सीप सिक्न आएको ठान्नुहोला । यहाँ तपाईंहरूले सीप सिकिरहनुभएको छ । यहाँ सिकेको सीप नेपालमा गएर प्रयोग गर्नुस् अनि अरूलाई पनि सिकाउनुस्, देशलाई सम्पन्न बनाउनुस् । हामीपछिका पुस्ताले विदेशमा आएर जोखिमपूर्ण काम गर्नु नपरोस् ।"

हिजोआज हाम्रो कार्यक्रम विदेशतिर त्यति हुन सकेको छैन– एउटा, आफ्नै घरायसी परिस्थितिले; दोस्रो, हिजोआज हरेकको हातहातमा क्यामेरा, मोबाइल हुन्छ । दर्शकहरू हाम्रो कार्यक्रम हेर्छन्, हेरेर मात्र पुग्दैन, क्यामेराले खिच्छन्, खिचेर मात्रै राख्ने पनि होइन, यूट्युबमा पनि राखिदिन्छन् । अनि मान्छेले हलमा हेर्नुको सट्टा यूट्युबमै हेर्छन् । क्यासेट, सिडी किन्नुको सट्टा यूट्युबमै हेर्छन्, सुन्छन् । हरेक प्रदर्शनमा नयाँनयाँ कार्यक्रम देखाउन सकिँदैन । हामीलाई एउटा आधी घण्टाको, एक घण्टाको कार्यक्रम तयार पार्न दुई जनाले एक–दुई महिना टाउको ठोकाउनुपर्छ तर हिजोआज हामीलाई यूट्युबले ठगेको छ । नेपाली दाजुभाइहरूले पनि यो मर्का नबुझी कार्यक्रम खिचेर यूट्युबमा राखिदिँदा चित्त दुखेर आउँछ ।

चिन्नुभो ?

गाई घरपालुवा जनावर हो भने मान्छे सामाजिक जनावर । गाईलाई जसले घरपालुवा बनाएर राखेको हुन्छ, उसले भुस, कुँडो, घाँस, दाना दिएर पालेको हुन्छ । त्यस्तै मान्छेलाई पनि समाजले काम, दाम, प्रतिष्ठा दिएर पालेको हुन्छ । त्यसमाथि पनि यो कलाकारिता क्षेत्र त समाजसँग पूरै निर्भर हुनुपर्ने पेसा हो । समाजभित्र शुभचिन्तक, नातागोता, रोजगारदाता सबै पर्छन् । त्यसैले हाम्रो पेसा पनि समाजमै निर्भर रहन्छ ।

समाजलाई महत्त्व नदिई हाम्रो काम अगाडि बढ्न सक्तैन । समाजको सहयोगबिना हामी कार्यक्रम बनाउन सक्तैनौं । हाम्रा सांस्कृतिक कार्यक्रमको आयोजनामा धेरै व्यक्ति, सामाजिक संस्था समावेश भएका हुन्छन् । अझ विदेशमा कार्यक्रम गर्दा त धेरै व्यक्ति, सामाजिक संस्था लागिपरेका हुन्छन् ।

विदेशमा टाढाको मान्छे पनि नजिकको हुन्छ । विदेश जाँदा त्यहाँ बसिरहेका नेपाली दिदीबहिनी हामीलाई माइतीतिरको मान्छे आएको जस्तो भावना व्यक्त गर्छन् भने दाजुभाइहरू नेपालबाट काका, दाइ, भाइ आएकै जस्तो व्यवहार गर्छन् ।

नेपालमा चिनेका कति मान्छे धेरै वर्षसम्म भेटिँदैनन्, देखिँदैनन् । त्यो मान्छे पनि यो संसारमा छ भन्ने मानसपटलबाट हराइसकेको हुन्छ । त्यस्ता मान्छेहरू कति अमेरिका, अस्ट्रेलिया, युरोपीय देश, जापान, कोरियातिर

भेटिन्छन्, अनि झसङ्ग भइन्छ– 'यो मान्छे पनि छ है यो संसारमा' भनेर । मानसपटलबाट हटिसकेको, चेतनाले बिर्सिसकेको मान्छेलाई फेरि भेट्न पाउँदा अचम्म लाग्छ । त्यो अचम्ममा सबैभन्दा धेरै खुसीको मात्रा हुन्छ ।

विदेश पुग्दा घरघरबाट लन्च र डिनरको निम्तो आउँछ । पचास-सय किलोमिटर टाढाबाट लिन आउँछन् नेपाली दाजुभाइ दिदीबहिनीहरू । खुवाउँछन्, पियाउँछन् अनि जहाँबाट ल्याएको हो त्यहीँ पुऱ्याउँछन् ।

भनिन्छ, विदेशमा पैसाभन्दा समय महँगो हुन्छ रे । त्यस्तो महँगो समय हाम्रा लागि त्याग गरेका हुन्छन् । त्यो अपार सद्भाव, माया जीवनमा बिर्सनै सकिँदैन तर बिर्सन नसक्तानसक्तै पनि कहिलेकाहीँ बिसिइँदो रहेछ ।

संसारका धेरैओटा देश गयौं । धेरै नेपालीको घरमा बस्यौं, खायौं, सुत्यौं, सुखदुःखका कुरा गऱ्यौं । जोड्यो भने सयौं घर, हजारौं व्यक्ति भइसकेका छन् । त्यत्रा मान्छेलाई सम्झँदासम्झँदै पनि सम्झन सकिँदो रहेनछ । कसैलाई चार वर्षपछि भेटिएला, कसैलाई कति वर्षपछि । पाँच-सात वर्षमा मान्छेको रूप फरक भइसकेको हुन्छ । कोही मोटाएका हुन्छन्, कोही झन् मोटाएका हुन्छन् । कसैको कपाल झरिसकेको हुन्छ, कसैले 'विग' (नक्कली कपाल) हालिसकेका हुन्छन्, कसैको कपाल फुलिसकेको हुन्छ, कसैले फुलेको कपाल रँगाएका हुन्छन् ।

तिनै साथीहरू छुट्टी मिलाएर नेपाल आउँदा यहाँ भेटिन्छन् । अनि सोध्छन्– "चिन्नुभो ?"

दोधारमा पर्दै भन्छौं– "कहाँ चिनेचिने जस्तो लाग्छ । खै कहाँ चिनेको हो ? जर्मनीमा हो कि जापानमा हो ? अमेरिका हो कि अस्ट्रेलियातिर हो ? न बेल्जियम पो हो कि ? खै कता हो कता ? चिन्याचिन्या जस्तो लाग्छ ।"

त्यसपछि त बिचराहरू मन दुखाउँदै भन्छन्– "फलानो ठाउँमा चिनेको हामीले, यति सालमा तपाईंहरूको कार्यक्रम आयोजना गरेको, तपाईंहरू मेरो घरमा पनि पुग्नुभएको छ ।"

कसैलाई त्यति भन्नासाथै चिनिन्छ, कसैलाई नचिने पनि मन नदुखाऊन् भनेर 'ए, अँअँ' भन्छौं ।

उनीहरूको घरमा खाएका हुन्छौं, बसेका हुन्छौं । उनीहरू सोच्लान्– हामीलाई पनि घरमा एक छाक खान बोलाउँछन् कि ? उनीहरूले हामीलाई सयौं किलोमिटरको यात्रा गराएर घुमाएका हुन्छन् । उनीहरू आशा गर्लान्– हामीलाई पनि यिनीहरूले कतै घुमाउन लान्छन् कि ? यो सोचाइ आउनु एकदमै स्वाभाविक हो ।

तर हामी दुईले विदेशबाट छुट्टीमा नेपाल आउने सयौं परिवारलाई बोलाउन, खुवाउन, घुमाउन गाह्रो हुन्छ । साध्य पनि हुँदैन । त्यही पनि ज्यादै आत्मीयता भएका, सम्पर्कमा रहिरहने साथीभाइलाई बेलाबेला आतिथ्यता दिइन्छ नै ।

एक पटक म मेरो घट्टेकुलोको घरको छतमा बसिरहेको थिएँ । नजिकै छिमेकीको घरमा एउटा परिवार भाडामा बस्न आएको रहेछ । मलाई छिमेकीको छतबाट एक जनाले कराएर भने– "ए हरिवंशजी ! मलाई चिन्नुभो ?"

मैले चिन्न सकिनँ र भनें– "खै, चिन्याचिन्या जस्तो लाग्छ ।"

उनले भने– "मेरो घरमा भात खाएर मलाई नै नचिन्ने ?"

मैले हजारौंको घरमा भात खाइसकेको छु । अब यो कुनचाहिँ घरको भात हो, भन्नै सकिनँ । पछि कुरा गर्दै जाँदा उनी गोपालराज मैनालीका साथी रहेछन् । नेपालगन्ज गएको बेला गोपालराज मैनालीलाई बोलाउँदा हामीलाई पनि त्यही नाताले बोलाएका रहेछन् । हामीले पनि मीठोमीठो खाएका रहेछौं । उनीसँगै कौसीमा बसेको जवान छोरो हामी उनको घरमा भात खान जाँदा सानै थियो रे । हामीले उनीहरूसँग बसेर फोटो पनि खिचेका रहेछौं । हामीले बिर्से पनि उनले सम्झिरहनु स्वाभाविक हो ।

त्यस्तै अर्को एक दिन म रत्नपार्कमा हिँडिरहेको थिएँ । एक जना व्यक्तिले हात मिलाउँदै भने– "ए हरिवंशजी, कता ? चिन्नुभो ?"

मैले पनि भनें– "खै, मैले ठ्याक्कै ठम्याउन त सकिनँ तर चिन्याचिन्या जस्तो लाग्छ ।"

मिलाइरहेको हात झड्कारेर फुस्काए ठूलो स्वरले रिसाउँदै भने– "भैगो !" त्यसपछि उनी हिँडे ।

मलाई मसँग एउटा व्यक्ति रिसाएकाले नरमाइलो लाग्यो । धेरै बेरसम्म सम्झन खोजें । अडिएर घोरिँदै उनलाई हेरिरहें तर चिन्न सकिनँ । सायद मैले उनको घरमा पनि भात खाइसकेको हुँला ।

उनलाई त्यति बेला 'महजोडी' मेरो घरमा आएर भात खाए भनेर कति खुसी लागेको थियो होला तर मैले 'चिन्याचिन्या जस्तो लाग्यो' भन्दा कति चित्त दुखेछ ! बिचरा, अहिले सम्झदा पनि 'ती व्यक्ति को थिए' भनेर ठम्याउन सकेको छैन ।

हामीले धेरै मान्छे कमाएका छौं । ज्यादै नजिकका मान्छेहरू पनि धेरै भइसके । बिहे, व्रतबन्धको लगन आयो कि डर लाग्न थाल्छ– अब हाम्रो काम फेरि बिहे, व्रतबन्धमा जाने हुन्छ । कहिलेकाहीँ त एकै दिनमा १०-१५ ठाउँबाट समेत निम्तो आउँछ । दसैंमा टीका लगाउन धेरै ठाउँमा गए जस्तो गरी जानुपर्ने हुन्छ । निमन्त्रणा कार्डसँगसँगै फोन पनि आउँछ– "कार्ड आइपुग्यो ? जसरी पनि आउनुपर्छ है ।"

नजाउँ, बोलाउनेले कत्रो श्रद्धा गरेर बोलाएका छन्; जाउँ आफ्नोचाहिँ श्राद्ध हुन्छ ।

काठमाडौं यति ठूलो भइसकेको छ कि एउटा निम्तोमा बूढानीलकण्ठ जानु छ भने अर्को निम्तोमा लगनखेल, अर्को निम्तोमा ठिमी जानु छ भने अर्को निम्तोमा कलङ्की । समय, पेट्रोल, थकाइ सबैको लगानी हुन्छ । गएन भने 'ठूलो मान्छे भएर हामीकहाँ आएन' भन्ने ठान्छन् ।

सकेसम्म जान्छौं । दुलहादुलहीसँग बसेर फोटो खिच्छौं अनि 'जाउँ है' भनेर सोध्यो भने खाना नखाई हिँड्नै दिँदैनन् । फोटो खिचेपछि आयो भन्ने प्रमाण भइहाल्छ अनि एकछिनपछि फुत्त भागेर हिँड्नुपर्छ । नत्र त्यत्रो ठाउँमा कसरी भ्याउने ?

फेरि अन्त पनि गयो, फोटो खिच्यो, फुत्त भाग्यो । दस ठाउँमा बिहेको निम्तो मान्न गएर घरमा आई अलिकति दूध र चिउरा खाएर सुत्नुपर्छ । प्रायः हरेक साँझ भोजमा गएर पार्टी प्यालेस र होटलको चिल्लो खाना खायो भने शरीर के होला ? निम्तोमा बोलाउनेका लागि पो त एक साँझ, हाम्रो त हरेक साँझ यस्तै हुन्छ ।

कुनैकुनै ठाउँमा परिवारसँगै गएको छ भने 'ल खाउँ न त' भनेर खान बस्यो, स्टिल क्यामेरा, भिडियो क्यामेरा, मोबाइलका क्यामेराहरू आफूतिरै तेर्सिन्छन् । 'पुलाउ कति हाल्यो, मासु कति टुक्रा राख्यो' भनेर सबै क्यामेराले रेकर्ड राख्छन् । लाइन बसेर खाना हाल्दा खाना देखेर घुटुक्क थुक निलेको पनि क्लोजअपमा खिचेको हुन्छ; चपाएको, निलेको सबै प्रमाण क्यामेराले कैद गरेर राखेको हुन्छ । साह्रै अप्ठ्यारो र लाज पो लागेर आउँछ ।

व्यस्त कलाकारहरूले पीए राख्ने चलन छ तर हाम्रो पीए हामी नै हौं । पीए राखेर जीवनभर तलब दिन सके राख्नु ठीकै होला तर भोलि तलब दिन सकिएन भने झनै लाजमर्नु हुन्छ ।

नेपालको अव्यवस्थित बजार र अस्थिर राजनीतिले कलाकारहरूको पारिश्रमिक बढ्नुको साटो दिन प्रतिदिन घट्दै गएको छ । सबै आफ्नो कुरो आफै सम्झनलाई गाह्रै भइरहेको छ । धेरै समारोहबाट निम्तो आउने भएकाले कहीँ गइन्छ, कहीँ छुट्छ, कति ठाउँमा भ्याइँदैन ।

धेरै वर्षअगिको कुरा, मदन दाइ र मैले एक-एकओटा सेकेन्ड ह्यान्ड मोटरसाइकल किन्यौं । हामीले हाम्रा ससाना दुई छोराछोरी एउटालाई अगाडि पेट्रोल ट्याङ्कीमा, अर्कोलाई बीचमा र पछाडि श्रीमतीलाई राखेर हिँड्नुपर्थ्यो ।

त्यस बेला मोटरसाइकल चलाउनेको पनि राम्रै इज्जत थियो । कति त अहिले पनि जिउमा टाईसुट, टाउकोमा हेलमेट लगाएर अगाडिपछाडि बच्चा, बीचमा श्रीमती राखेर बिहे, व्रतबन्धमा जान्छन् ।

एकपल्ट ट्राफिकले मोटरसाइकलको पछाडि बस्नेलाई पनि हेलमेट लगाउन अनिवार्य गरेपछि आइमाईहरू राम्रो सारी, घाँटीभरि झलझलाउँदो गहना र टाउकोमा चाहिँ हेलमेट लगाएर मोटरसाइकलको पछाडि बसी भोजमा जान्थे । त्यसरी हेलमेटले थिचिएर आइमाईहरूको कपाल प्याच्च हुन्थ्यो । जुरो हेलमेटमा अट्दैनथ्यो । हिजोआज मोटरसाइकल पछाडि बस्नेलाई हेलमेट अनिवार्य नगरेपछि भोज जाने मध्यम वर्गका महिलाहरूलाई धेरै ठूलो राहत भएको छ ।

मदन दाइ र मेरो नोट गर्ने बानी नभएकाले गते, बार वा तारिक याद हुन्न । एक पटक '१५ गते' टेलिफिल्मकी एडिटर रोसना तुलाधरको बिहेमा

हामी दुवै मोटरसाइकल चढेर गयौं । दुलहीको घर पुग्दा त भोज खान टाँगिएको पाल धमाधम लडाउँदै रहेछन् । रोसनाका बाआमाले हामीलाई स्वागत गरे अनि हामीले सोध्यौं– "खै त रोसना बैनी ?"

त्यहाँ काम गरिरहेका मान्छेले भने– "ए, तपाईंहरू आज आउनुभयो । बिहे त हिजै भइसक्यो नि ।"

हामी पनि भन्न बाध्य भयौं– "ए, हामीले त आज भन्ठानेको । ल बैनीलाई यो प्रिजेन्ट दिनू है ।"

हामी हिँड्न थाल्यौं । 'लौ, नखाईकन कहाँ जाने, खानुपर्‍यो नि' भनेर माथि लगिछाडे । खाना खाँदै थियौं । आलुको अचार पनि ठुस्स गनाएको, काउलीको तरकारी पनि त्यस्तै । खानेकुरा सबै गनाउन थालिसकेछ । हामीले भन्यौं– "खानेकुरा त गनाइसकेछ नि !"

रोसनाकी आमाले हाँस्तै भनिन्– "हिजोको बिहेमा आज आएपछि गनाउँदैन त ?"

हामी खाना छोडेर एउटाएउटा नगनाएको लालमोहन खाएर हिँड्यौं ।

पञ्चायती व्यवस्थै भए पनि नेपाली सेनाको अस्पतालको वार्षिक उत्सवमा हामीलाई सधैं निमन्त्रणा गर्थे । त्यस बखत अस्पतालका प्रमुख डा. वीरेन्द्रबहादुर बस्नेत, डा. श्यामबहादुर पाण्डे, डा. पुरूषोत्तम राजभण्डारी, डा. मदनमान मल्ल, डा. शम्भु श्रेष्ठसँग राम्रै हिमचिम थियो । सबैको नाम अगाडि डाक्टर । सेनाका डाक्टर भएकाले डाक्टरका अगाडि जर्नेल, कर्नेल पनि जोडिएको हुन्थ्यो । हामीलाई केही सन्चो भएन र जँचाउन गयो भने प्रायः सबै डाक्टरले जाँचिदिन्थे ।

डाक्टर मदनमान मल्लको छोराको हो कि छोरीको बिहेको निमन्त्रणा आयो । मदन दाइ र म मोटरसाइकल चढेर साँझ कुपन्डोल पुग्यौं । त्यहाँ पुग्दा त मान्छेहरू धमाधम घर सजाइरहेका थिए– पाल टाँगिंदै थियो, सेनाका जवानहरू कौसीमा बत्तीका मालाहरू झुन्ड्याउँदै थिए ।

हामी बिहेघरमा पुग्दा डा. मदनमान मल्लले नेवारी भाषामा भने– "तपाईंहरू बिहेभोजमा आएको ?" हामीले 'हो डाक्टरसाब' भन्यौं । हाँस्दै उनले भने– "बिहे त भोलि हो ।"

हामी लाजले भुतुक्क भयौं । 'ल जाउँ भित्र' भनेर लगिछाडे । ह्विस्की र मासु खुवाए, 'भोलि पनि आउनुपर्छ है फेरि' भनेर बिदा गरे । भोलिपल्ट पनि गयौं– डाक्टरसाब रिसाउलान् भनेर ।

एकपल्ट होटल ऱ्याडिसनमा कसको हो बिहेभोजमा जानु थियो । मदन दाइले गीत रेकर्ड सकिएर आउने कुरा गरे । म 'चाँडै जान्छु र चाँडै घर फर्कन्छु' भनेर मोटर साइकल लिएर होटल ऱ्याडिसनको बिहेभोजको हलभित्र पुगें । हेर्छु त चिनेका भन्दा नचिनेका मान्छे धेर । पछि बुझ्दाखेरि जसको बिहेमा गएको हो, त्यसको बिहेभोज त हिजै सकिइसकेको रहेछ । बोलाउँदै नबोलाएको भोजमा पुग्दा लाज लागेर भागें ।

घर पुगेर बसिरहेको थिएँ । मदन दाइले फोन गरे– "तिमी बिहेमा गयौ ?"

मैले भनें– "अँ गएँ, गएर भर्खर घर आइपुगें ।"

'म त फसिहालें, मदन दाइलाई पनि फसाउँ' भनेर 'भोज त हिजै सकिइसकेको रहेछ' भनिनँ । मदन दाइ पनि गएछन् । 'बिहेभोज हिजै सकिइसकेको रहेछ, आज त अर्कैको भोज रहेछ' भन्ने थाहा पाएर कुलेलम ठोकेछन् ।

घर आएर मलाई फोन गरे । फोनमा हामी कस्तो हुस्सू भनेर धेरै बेरसम्म हाँसिरह्यौं । त्यसपछि 'अब त कागजमा टिपेर राख्नुपऱ्यो' भनेर दुवै जनाले नोट गरेर राख्न थाल्यौं । अनि सबै ठाउँमा ठिक्क बोलाएकै मिति र समयमा पुग्न थाल्यौं ।

एउटा साथीको बहिनीको बिहेको निम्तो आयो । दुवै जना एउटै मोटरसाइकलबाट कालधाराको बिहेघरमा पुग्यौं, दुलहीलाई उपहार दियौं । तर बोलाउने साथी कतै देखिएन । 'साथी खै त' भनेर सोधेको त उसको घर अलि पर रहेछ । त्यहाँ पनि बिहेको बत्ती झलमल्ल बलिरहेको थियो । फेरि एउटा घरमा बोलाएको, अर्कै घरमा पुगेछौं । एउटी दुलहीलाई भनेर लगेको उपहार पनि अर्कै दुलहीलाई दिइयो । फिर्ता लिने कुरा भएन । नबोलाएको बिहेघरमा पनि हामी जाँदा सबै जना खुब खुसी भए । फोटो खिचे । नखाईकन हिँड्नै दिएनन् । अलिकति खायौं र बोलाएको घरमा गयौं । दुलहीलाई खाममा राखेर पैसा दियौं । फेरि अलिअलि खायौं र घर आयौं ।

हिजोआज ठूलठूला पार्टी प्यालेस र होटलको हलमा हजारभन्दा बढी मान्छे हुन्छन् । प्रायः त्यहाँ उपस्थित सबै मान्छेले हामीलाई चिन्छन् अनि सबैसँग हाँस्नुपर्छ । मोबाइल र क्यामेराबाट फोटो खिच्ता त 'चिज, चिज' भन्दै भनै हाँस्नुपर्छ । धेरै बेरसम्म किच्च हाँसिरहँदा गालै दुख्छ । सायद गालाका मसलहरू धेरै ड्युटी गर्नुपरेर खुब थाक्छन् । अनि बाहिरिएर मुख बन्द गरेर बसेपछि गालाका मसलहरू आफ्नो ठाउँमा आउँछन् होला र सहज हुन थाल्छ ।

भोजभतेरमा जाँदा जाने, बस्ने, खाने र आउने कुराको गाह्रो एकातिर छ भने अर्कातिर त्यहाँ थुप्रै मान्छे भेटिन्छन् । धेरैसँग सङ्गत हुन्छ । थरीथरीका चरित्र देखिन्छन् ।

हाम्रो कामै बोलेर खाने हो, कुरा गरेर खाने । मान्छेहरूले जमघटमा निकालेका राम्राराम्रा कुरा सम्भिरहन्छौं र घरमा आएर डायरीमा नोट गरेर राख्छौं । ती भोजभतेर र जमघटमा सुनेका कुराहरू, देखेका चरित्रहरू हाम्रा नाटक, टेलिफिल्म र प्रहसनहरूमा मिसाएका छौं । जो देखेर नक्कल गरिएका चरित्र हुन्छन्, उनीहरू नै हाम्रा नाटक हेरेर हाँसेका हुन्छन् तर उनीहरूलाई आफ्नै नक्कल गरिएको थाहै हुँदैन ।

२०६२-६३ को आन्दोलनपछि नेपालका नेताहरूप्रति जनतामा धेरै वितृष्णा पलाएको छ । उनीहरूलाई सामाजिक समारोहमा मुख्य अतिथि बनाउन प्रायः छोडिसके । सामाजिक सङ्घ-संस्थाले नेताको सट्टा मुख्य अतिथि बनाउन मान्छे खोज्दा हामी पनि परेका छौं । कति ठाउँमा मुख्य अतिथि बन्न जानु ! कति ठाउँमा उद्घाटन गर्न जानु ! भ्याउनै गाह्रो भइसक्यो ।

हामीले मुख्य अतिथि भएर हिँड्नुको साटो आफ्नै कला, संस्कृतिको काम गर्न पाए सार्थक हुने थियो । यस्तै कारणले म दिनको पचास प्रतिशत भुटो बोल्छु । भन्ने गर्छु– 'म त्यो बेलामा हुन्न, विदेश जाँदै छु, जिल्ला जाँदै छु, यस्तै केके केके ।'

लौ न नेताहो, तिमीहरूलाई जनताले बोलाउँबोलाउँ लाग्ने बन । हामीलाई गरीखान देओ । तिमीहरूको काम हामीले गर्दै हिँड्नु नपरोस् ।

नारायणगोपाल

नारायणगोपाल असाध्यै मुडी तर ज्यादै मिलनसार थिए । उनलाई मान्छे मन पर्‍यो भने साह्रै मिल्थे, तर मन परेन भने उनी जस्तो नमिल्ने कोही हुँदैनथ्यो । उनको यही बानी थाहा पाएर हामीलाई उनी उनका गीत जस्तै प्रिय थिए ।

नारायण दाइ र हामी मिलेर देशमा धेरैओटा कार्यक्रम गर्‍यौं । पहिलो भाग करिब डेढ घण्टा नारायण दाइले दर्शकलाई गीतबाट लठ्याएर सिटमै सुताइदिन्थे । अनि दोस्रो भागमा हामी दर्शकलाई बसेको सिटबाट जुरूक्‌जुरूक् उचाल्थ्यौं । मन पर्‍यो भने असाध्यै माया गर्ने तर मन परेन भने हेर्दै नहेर्ने, हेरी हाले टेर्दै नटेर्ने, सकेसम्म कसैलाई नमस्तेसम्म पनि नगर्ने नारायणगोपालको बानी थियो ।

पोखरामा कार्यक्रम थियो । नारायणगोपाल गाउँदै थिए । रङ्गमञ्चमा एउटा चिट आयो, जसमा 'नारायणगोपालजी, गजल पनि गाउनुस्' लेखिएको थियो । नारायणगोपालले चिट पढेर माइकबाटै भने– "यो कुन बेवकुफले लेखेको चिट हो ? नारायणगोपाल गजल गाउनुस् रे ! मैले अहिले जति नेपाली गीतहरू गाएँ, यी सबै गजलै त हुन् नि, नेपाली गजल । अब मैले हिन्दी गजल गाउने ? हिन्दी गजल त म गाउँदै गाउँदिनँ ।"

आयोजकहरू झस्किए । त्यो चिट त गण्डकीका अञ्चलाधीशले पठाएका रहेछन् । त्यस बेलाको अञ्चलाधीश अञ्चलको राजैबराबर हुन्थ्यो ।

कार्यक्रम सकियो । हामी होटलमा बसेर खाना खाँदै थियौं । तिनै अञ्चलाधीश आए । हामीले उठेर नमस्ते गऱ्यौं । नारायणगोपाल दाइले वास्तै गरेनन् । अनि मैले नारायणगोपाल दाइलाई अञ्चलाधीशतिर सङ्केत गर्दै भनें– "उहाँ अञ्चलाधीश ।" नारायणगोपाल दाइले मुन्टो हल्लाएर 'ए' मात्रै भने । अञ्चलाधीश जिल्ल परेर गए । अञ्चलाधीश गएपछि नारायणगोपाल दाइले भने– "यो अञ्चलाधीशलाई म कहाँ टेर्छु, राजालाई त टेर्दिनँ ।"

त्यसपछि एउटा प्रसङ्ग सुनाए– एक पटक राजा वीरेन्द्र र रानी ऐश्वर्यलाई नारायणगोपालको गीत सुन्न मन लागेछ । राजा आठ बजे गीत सुन्न आउने कार्यक्रम रहेछ तर सचिवले 'सात बजे नारायणगोपाललाई बोलाउनू' भन्ने आदेश दिएछन् । अर्का आदेश पालकले 'छ बजे' भनेछन् । नारायणगोपालकहाँ खबर गर्नेले त अझ 'पाँच बजे' भनेछन् । नारायणगोपाललाई लिन चार बजे नै गाडी गएछ । उनी चार बजे एक सेट तबला, एक जना तबल्ची र एउटा हार्मोनियम लिएर घरबाट हिँडेछन् ।

दरबारको कोठामा पाँच बजेदेखि कुरेछन्, राजा आएनन् । उनलाई छ बजेपछि त दुई-चार पेग लिनुपर्ने, तलतल लागेर असाध्यै गाह्रो भएछ । सात बजेसम्म कुर्दा पनि राजा आएनन् । अनि त उनले त्यहाँ उभिइरहेको सिपाहीलाई बोलाएर भनेछन्– "ए भाइ ! अहिले राजा आउनुभयो भने नारायणगोपाल पाँच बजेदेखि सात बजेसम्म कुऱ्यो अनि घर गयो भनिदिनू है ।"

त्यसपछि उनी हिँडेछन् ।

उनी गीत गाउन मात्र जन्मेको मान्छे । बानीबेहोरा भने असाध्यै कमजोर ।

उनलाई गीत गाउनबाहेक जिन्दगीमा अरू केही पनि आउँदैनथ्यो । नारायणगोपाल दाइलाई धेरैओटा रोगले छोइसकेको रहेछ । कारण उनी बोल्न पनि मुख नबार्ने, खान पनि ।

माइतीघरको टापुमा रहेको महसञ्चारमा नारायणगोपाल दाइ पोको बोकेर आउँथे । 'बङ्गुरको उसिनेको मासु खान्छौ ?' भन्थे । हामी 'खादैनौं दाइ' भन्थ्यौं । उनी क्वापक्वाप असनको भट्टीबाट ल्याएको उसिनेको मासु खान्थे ।

कहिले सालको पातमा बेरेको एक पाउ खुवा रत्नपार्कबाट ल्याएर क्वापक्वाप खान्थे ।

घरमा पेमला भाउजू 'शरीरका लागि जे पायो त्यो खानु हुँदैन' भन्नुहुँदो रहेछ । तर उनी खानाको सोखिन, बाहिरै खाएर भए पनि सोख पूरा गर्थे ।

२०४६ सालमा प्रजातन्त्र आयो । प्रजातन्त्रसँगसँगै नारायणगोपाल दाइ बिरामी पर्न थाले । गणेशमान सिंह, कृष्णप्रसाद भट्टराई अस्पतालमा नारायण दाइलाई भेट्न गए । रेडियो, टेलिभिजनले समाचारमा उनको स्वास्थ्यअवस्था प्रसारण गरे ।

त्यसपछि उनको स्वास्थ्यस्थिति झन्झन् बिग्रँदै गएछ । वीर अस्पतालबाट मिडियालाई प्रत्येक दिन मेडिकल बुलेटिन दिइन्थ्यो । त्यसअगि मिडियाले कुनै पनि कलाकार बिरामी पर्दा त्यस्तो महत्त्व दिएको थिएन ।

नारायणगोपालले केही महिनाअगि गर्नुभएको स्वर्णिम साँझलाई नेपाल टेलिभिजनले प्रत्यक्ष प्रसारण गरेको थियो । त्यस कार्यक्रमले नारायणगोपालको लोकप्रियता अझ माथि पुऱ्यायो ।

हामी 'लोभीपापी' फिल्मको सुटिङमा एक महिनादेखि बुटवलमा थियौं । उनको स्वास्थ्य बुलेटिन सुनेर 'कहिले काठमाडौं जान पाइएला र नारायण दाइलाई भेटिएला' जस्तो लागेको थियो । सुटिङ सकेर काठमाडौं आउनासाथ त्यही साँझ हामी अस्पताल पुग्यौं ।

नारायण दाइलाई डा. पुष्करराज सत्यालले छातीमा पम्प दिँदै थिए । वसन्त चौधरी पलङअगाडि उभिइरहेका थिए । नारायण दाइ बिरामी परेदेखि वसन्त चौधरीको बासै अस्पतालमा हुने गरेको रहेछ र छोराले बाबुलाई स्याहारे जस्तै उनी नारायणगोपाललाई स्याहार्दै छन् भन्ने सुनेका थियौं ।

पेमला भाउजू सुँकसुँक रून थालिन् । नारायण दाइका भाइ मनोहरगोपालले भाउजूलाई कोठाबाहिर लगे । डा. पुष्करराज सत्याल नारायण दाइलाई छातीमा अझ पम्प दिँदै थिए । नारायण दाइले आँखा पुलुक्क हेरे र सधैंका लागि चिम्ले । यो घटना हामी अस्पताल पुगेको एक मिनेटभित्र घटेको थियो ।

मान्छेले अन्तिम सास त्यागेको मैले जीवनमा कहिल्यै देखेको थिइनँ । खाली फिल्ममा पात्रहरूले अभिनय गरेको मात्र देखेको थिएँ । ठ्याक्कै फिल्म

जस्तै भयो त्यहाँ । फिल्ममा आफ्नो नजिकको मान्छेलाई देख्न पात्रले अन्तिम सास रोकिराखेको हुन्छ । जब भेट्न चाहेको मान्छे आइपुग्छ अनि उसले आफ्नो सास त्याग्छ, त्यस्तै भयो । पुलुक्क आँखा खोल्दा उनले हामीलाई देखे देखेनन्, थाहा भएन । तर नारायण दाइले आफ्नो अमर स्वर नेपालीलाई उपहार दिएर सधैंका लागि आँखा चिम्लेको हामीले देख्यौं ।

एक किसिमले आफूलाई भाग्यमानी पनि ठान्यौं । त्यस्ता अमर स्वरका धनी आदरणीय गायकले अन्तिम पटक आँखा चिम्लिएको देख्न पायौं । अर्को साह्रै दुःख लाग्दो कुरा, त्यस्ता महान् कलाकार, स्वरका धनीले त्यति चाँडै संसार छोडेर गए ।

एकछिनपछि विश्वम्भर प्याकुरेल, नगेन्द्र थापा, गोपाल योञ्जन दाइहरू आए । नारायण दाइको निधनको समाचार प्रसारण भयो । हेर्दाहेर्दै वीर अस्पतालमा पाइलो राख्ने ठाउँ पनि भएन मान्छेको भीडले ।

भोलिपल्ट नारायण दाइलाई श्रद्धाञ्जली दिन लाखौं मान्छे सडकमा ओर्ले । त्यस्तो भीड मैले बीपी कोइरालाको निधनमा मात्र देखेको थिएँ । अब सायद कुनै कलाकारको मृत्युमा पनि त्यत्रो भीडले श्रद्धाञ्जली दिएको देख्न पाइन्न ।

नारायण दाइ भाग्यमानी रहेछन् । उनी ठीक समयमा जन्मे र ठीक समयमा बिते । मान्छेको लोकप्रियता सधैं समान रहँदैन । केही वर्ष बाँचेका भए त्यति ठूलो श्रद्धाञ्जली नपाउन पनि सक्थे ।

मान्छेहरू अझै पनि भन्ने गर्छन्– 'मृत्यु त नारायणगोपालको जस्तो होस् !'

उनका टोलवासीले महाराजगन्ज चोकमा उनको सालिक बनाए र त्यो चोकको नामै नारायणगोपाल चोक राखे । पेमला भाउजूलाई झमझम पानी पर्दा लाग्थ्यो रे– नारायणगोपाललाई वर्षाले रूझाइरहेको होला, गएर छाता ओढाइदिन पाए पनि हुन्थ्यो ।

लेनिन, माओ त्से तुङ, किम इल सुङ र महजोडी

हामीलाई जीवा लामिछाने, डा. उपेन्द्र महतो र डा. जुगल भुर्तेलले रसियामा कार्यक्रम गर्न बोलाएका थिए । कार्यक्रमपछि अहिलेसम्म पनि सुरक्षित राखिएको कम्युनिस्ट नेता लेनिनको शव हेऱ्यौं । त्यतिपहिले मरेका लेनिनको शव देख्ता अचम्म लाग्यो– जिउँदै छन् जस्तो, जुरूक्क उठेर फेरि शासन गर्न आउलान् जस्तो ।

त्यही हप्ता हामी चीन पुग्यौं । बेजिङमा कम्युनिस्ट नेता माओ त्से तुङको शव पनि हेऱ्यौं । त्यसरी नै राखेको रहेछ, लेनिनको जस्तै ।

फेरि त्यही हप्ता हामी उत्तर कोरिया पुग्यौं । त्यहाँ कम्युनिस्ट नेता किम इल सुङको शव पनि हेऱ्यौं ।

कस्तो संयोग, एकै हप्ताभित्र विश्व कम्युनिस्ट आन्दोलनका प्रमुख तीन सफल कम्युनिस्ट नेताका शव हेर्नुपर्ने । हाम्रा लागि त्यो हप्ता 'कम्युनिस्ट शवदर्शन हप्ता' नै रहेछ ।

कुनै पनि प्रजातान्त्रिक नेताको शवलाई सुरक्षित गरेर राखिएको थाहा छैन । कम्युनिस्ट नेताहरूको शवलाई चाहिँ केही मुलुकले सुरक्षित गरेर राखेका छन् । कम्युनिस्टहरूलाई खाली ठाउँ देख्नै हुँदैन, कसै न कसैको सालिक बनाएर राखिहाल्छन् ।

सोभियत सङ्घ विघटनपछि लेनिनका हजारौं सालिक हटाइए रे । त्यस्तै उत्तर कोरियामा पनि किम इल सुङका ठूलठूला सालिक देख्न पाइन्छ । देख्न मात्र होइन, झुक्नु पनि पर्छ ।

मान्छेलाई घुम्न लाने भनेर लान्छन् । किम इल सुङका ठूलठूला सालिकअगाडि उनकै प्रार्थना गर्न लगाउँछन् । पाइन्टको खल्तीभित्र हात हालेका साथीहरूलाई गाइड केटीले 'खल्तीबाट हात झिक्न' लगाउँथिन् । मैले 'हामी त विदेशी हौं, हामीले खल्तीमा हात हाल्न पाउनुपर्छ' भन्दा उनले 'तपाईंहरूले खल्तीमा हात हालेर प्रार्थना गर्‍यो भने म कारबाहीमा पर्छु । मेरा लागि भए पनि खल्तीबाट हात झिकिदिनुस्' भनिन् ।

उत्तर कोरियामा टेलिभिजनका दुइटा मात्र च्यानल रहेछन्– एउटामा किम इल सुङको गीत मात्र आइरहँदो रहेछ, अर्को च्यानलमा जापान र अमेरिकासँग उत्तर कोरियाले लडाइँ गरेको फिल्म आउँदो रहेछ । हुन त बाहिर विश्वसँग जनतालाई पूरै अलग राखिएको रहेछ । तर कला, संस्कृति, नाचगान आदि त्यति राम्रो, त्यति निखारिएको प्रस्तुति संसारमा कहीँ पनि देखेको छैन मैले । ती कला, गीतमा पनि किम इल सुङ त हुन्छ, हुन्छ ।

किम इल सुङको जन्मजयन्तीलाई 'स्प्रिङ फेस्टिबल' मान्दा रहेछन् । संसारभरिका कलाकारको जमघट हुँदो रहेछ । किम इल सुङको जन्मस्थान हेर्न गयौं । त्यहाँ फूल ढकमक्क फुलिरहेका थिए ।

गाइड केटीले भनिन्– "यी फूलहरू यहाँ किन फुलेको थाहा छ ?" हामीले 'थाहा छैन' को सङ्केत गर्दै टाउको हल्लायौं । उनले भनिन्– "किम इल सुङ जन्मेको भएर खुसीले फुलेका ।" हामीले सोध्यौं– "फूल फुलेपछि किम इल सुङ जन्मनुभएको कि किम इल सुङ जन्मेर फूल फुलेको ?" उनले भनिन्– "किम इल सुङ जन्मेर फूल फुलेको ।" अर्काको देशमा गएका पाहुना हामी, 'होइन' भन्न मन लागेन । त्यसैले 'हो' भनिदियौं ।

हाम्रो पासपोर्टमा दक्षिण कोरिया गएको पनि छाप लगाएको थियो । त्यो देखेर हामीलाई प्रश्न गरियो– "दक्षिण कोरिया किन गएको ?" हामीले भन्यौं– "त्यहाँ नेपालीहरू काम गर्छन् । हामी सांस्कृतिक कार्यक्रम देखाउन गएको ।"

एउटा किम नाम गरेको गाइड केटो थियो । ऊ नेपालमा पनि धेरै बसेकाले नेपाली भाषा पूरा बोल्दो रहेछ । यतिसम्म कि मदन दाइ र मेरो पुख्र्यौली घर, श्रीमती र छोराछोरीको नाम पनि थाहा रहेछ उसलाई । हाम्रा प्रहसनहरू 'यमलोक', 'प्यारलाइसिस' का संवाद पनि धेरै आउँदो रहेछ । ऊ बेलाबेला प्रश्न गर्थ्यो– "उत्तर कोरिया राम्रो कि दक्षिण कोरिया ?" हामी कूटनीतिक तरिकाले जबाफ दिन्थ्यौं– "दुवै देश राम्रो ।" ऊ झर्केर भन्थ्यो– "दक्षिण कोरिया होइन, उत्तर कोरिया राम्रो ।"

नेपालमा माओवादी सशस्त्र विद्रोह सुरू भयो । मदन दाइ र मलाई भेट्न कृष्णध्वज खड्का भूमिगत रूपमै हाम्रो अफिसमा आए र भने– "तपाईंहरू पनि हाम्रो जनयुद्धलाई साथ दिनुस् । मलाई हाइकमान्डबाट तपाईंहरूको समर्थन लिनका लागि कुरा गर्न पठाइएको हो ।"

हामीले भन्यौं– "तपाईंहरूले नेपाललाई दक्षिण कोरिया जस्तो बनाउन खोज्नुभएको भए हाम्रो पूर्ण समर्थन छ तर नेपाललाई उत्तर कोरियाको मोडलमा लान खोज्दै हुनुहुन्छ, त्यसैले हामी समर्थन गर्न सक्तैनौं । किनभने हामी भर्खर उत्तर कोरियाबाट फर्केर आएका हौं । उत्तर र दक्षिण दुवै कोरिया देखेका छौं ।"

कालो पट्टी

२०४६ सालको आन्दोलन उत्कर्षमा पुगेको थियो । सुनेअनुसार राजा वीरेन्द्र पञ्चायतको भारी झिकेर बहुदलीय व्यवस्थाको भारी गणेशमान सिंहलाई बोकाउन चाहन्थे र अन्तर्राष्ट्रिय क्षेत्रबाट डेमोक्रेटिक किङको दर्जा पाउन लालायित थिए ।

तर राजाका पनि राजाहरू, जो राजालाई पनि राज गर्थे, उनीहरू डेमोक्रेसीको 'डे' पनि सुन्न चाहँदैनथे । हामी प्रजा त सडकमा ओर्लेका थियौं तर उनी आफ्नो परिवारविरूद्ध आवाज उठाउन सक्तैनथे । नारायणहिटी दरबारभित्रको सडकमा आवाज उठाएर त्यहाँभित्र एक्लै जुलुस निकालेर के गर्ने ? परिवारविरूद्ध आवाज उठाउन गाह्रो रहेछ भन्ने कुरा पछि उनको हत्या भएबाटै थाहा पाइन्छ ।

२०४६ सालको आन्दोलन अलि शिथिल हुँदै गएको थियो । नाटककार अशेष मल्ल गुनासो गर्न थाले– "आन्दोलन सेलाउन लाग्यो, फेरि चर्काउनुपर्‍यो । केही गरी यो आन्दोलन तुहियो भने तपाईं-हामीले त यो देशमै नबसे पनि हुन्छ । अब हामी कलाकार, साहित्यकारहरू मुखमा कालो पट्टी बाँधेर सडकमा बसौं र प्रजातन्त्रबिना अभिव्यक्ति स्वतन्त्रता हुँदैन भन्ने नारा दिउँ ।"

हाम्रो यही सल्लाह भयो । हामी सबैभन्दा पहिले सत्यमोहन जोशीकहाँ गयौं । उनले 'हुन्छ, म आउँछु' भने । हाम्रो हौसला बढिहाल्यो । त्यसपछि डायमनशमशेर राणाको घर गयौं । उनले भने– "मलाई त यो आन्दोलनमा

कसैले वास्तै गरेका थिएनन् । तपाईंहरू बोलाउन आउनुभयो, म आउँछु ।" कमलमणि दीक्षितले पनि आउँछु भने, हाम्रो हौसला अझ बढ्यो ।

मुखमा कालो पट्टी बाँध्ने दिनको भोलिपल्ट डायमनशमशेरलाई फ्रान्स जानु रहेछ । उनी आफ्नो कृति 'सेतो बाघ' अरू भाषामा छाप्नेबारे कुरा गर्न जान लागेका रहेछन् । उनले थपे– "होस्, म बरू समातेर थुने भने फ्रान्स जान्नँ तर आन्दोलनमा अवश्य आउँछु ।"

त्यस बखत धेरै लेखक आउन डराए । कमलमणि दीक्षित, यादव खरेल, पारिजात, युद्धप्रसाद मिश्र, आनन्ददेव भट्ट आदि पाका मान्छेहरू आइदिए । तुलसी भट्टराई, विष्णुविभू घिमिरे, शारदा शर्मा, रामेश, रायन, मञ्जुल आदि सबै सहभागी थिए ।

अगिल्लो दिन दरबारका दूतहरू आएर भने– "तपाईंहरू कालो पट्टी बाँधेर नबस्नुस् ।"

हामीले भन्यौं– "हैन, हामीले बाँध्नै पर्छ । हामीले आयोजना गरेको कार्यक्रममा हामी नै गएनौं भने के होला ? बरू हामीलाई नपठाउने हो भने एउटा उपाय छ ।"

"के उपाय ?"

"आजै हामीलाई समात्न लगाउनुस् पुलिसलाई ।"

"ओहो, तपाईंहरूलाई थुन्यो भने त आन्दोलनले झन् उग्र रूप लिन्छ ।"

भोलिपल्ट प्रज्ञाभवनमा भेला हुने कार्यक्रम थियो । त्यो थाहा पाएर अगिल्लै दिन प्रज्ञाभवनलाई सिल्ड गरेर वरिपरि प्रहरीले घेरेछ । तर पहिले नै हामीले प्रज्ञाभवनको विकल्प पनि सोचिसकेका थियौं, मुख्यमुख्य मान्छेलाई भनि पनि सकेका थियौं । घण्टाघरमुनि त्रिचन्द्र कलेजको कम्पाउन्डमा हामी सबै आइपुग्यौं । नटराज ट्राभल्सका प्रजापति प्रसाईंले हामीनजिकै आएर खुसुक्क भने– "मैले पुलिसले वाकीटकीमा कुरा गरेको रेडियोमा सुनेको, 'मदनकृष्ण र हरिवंशलाई समातेर महेन्द्र पुलिस क्लबमा ल्याउनू' भनेको छ । तपाईंहरू भाग्नुस्, के गर्छन् के गर्छन् यिनीहरूले ।"

हामीले 'हैन, हामी भाग्दैनौं' भन्यौं । थुनिन, जे पनि हुन तयारै भएर कालो पट्टी बाँधेको हो । नभन्दै एकैछिनमा प्रहरीको एक जत्थाले कलेजलाई घेऱ्यो र

भएजति सबै साहित्यकार, कलाकारलाई ट्रकमा राखेर लग्यो बग्गीखानातिर। पारिजातको अशक्तता देखेर उनलाई त्यहीँ छोडिदियो। पछि कसैले ट्याक्सी खोजेर उनलाई उनको डेरामा पुऱ्याइदिएछ।

पहिले त बग्गीखानाभित्र हामी सबैलाई एउटै हलभित्र राखिएको थियो। सबै हँसीमजाक, ठट्टा गर्दै बसिरहेका थियौं। एकछिनपछि प्रहरीले युद्धप्रसाद मिश्र, मदन दाइ र मलाई गाडीमा राखे। हामीलाई लिएर गएको देखेर सबै जना कराए तर प्रहरीले लग्यो।

प्रहरीले युद्धप्रसाद मिश्रलाई महेन्द्र पुलिस क्लबको चौरमा राख्यो। हामी दुई जनालाई चाहिँ माथि लिएर गयो र एउटा कोठाभित्र छिरायो। त्यहाँ डीआईजी अच्युतकृष्ण खरेल, काठमाडौंका सीडीओ र अरू प्रहरी थिए। अच्युत खरेलले 'के छ भाइहरू, बसौं' भन्दै हामीलाई सोफामा राखेर सोधे– "चिया खाने ?"

हामीले भन्यौं– "खाउँ न त।"

चिया आउँदै थियो। खरेलले कुरा सुरू गरे– "तपाईंहरूले मुखमा कालो पट्टी किन बाँध्नुभएको ?"

हामीले भन्यौं– "अभिव्यक्ति स्वतन्त्रताका लागि, वाक स्वतन्त्रताका लागि, प्रजातन्त्र प्राप्तिका लागि।"

खरेल सोध्दै गए– "नेपालमा तपाईंहरूलाई जस्तो बोल्ने छुट अरू कसलाई छ र ! अझ पुगेन ?"

हामीले भन्यौं– "हामीले मात्र बोल्न पाएर भएन नि, सबै नेपालीले बोल्न पाउनुपऱ्यो।"

त्यस बेला मान्छेहरू भन्ने गर्थे– "नेपालमा शरद्चन्द्र शाहलाई जे गर्न पनि छुट छ, मदनकृष्ण र हरिवंशलाई जे बोल्न पनि छुट छ।"

चिया खाएपछि 'लौ त, जानुस्' भने। हामीलाई फेरि गाडीमै राखेर बग्गीखानामै पुऱ्याइयो। हामी फिर्ता आएको देखेर सबै कलाकार, साहित्यकारले ताली पिटे। उनीहरू सबै चिन्तित रहेछन् हामीलाई केही गर्ला कि भनेर। हामीले सबै कुरा भन्यौं। साँझ परेपछि सबैलाई छोड्यो।

हामीलाई नछोडेको भए आन्दोलन झन् चर्कने डर रहेछ सरकारलाई।

छोडे पनि भोलिपल्टदेखि आन्दोलनले नयाँ उचाइ लियो । पत्रपत्रिकाले 'तपाईंहरूलाई महेन्द्र पुलिस क्लबमा लगेर के गऱ्यो' भनेर प्रश्न गरे । हामीले जे भएको थियो, त्यही भन्यौं– "हामीलाई केही गरेनन्, सोफामा राखेर चिया खुवाए अनि कुरा गरे ।"

अच्युतकृष्ण खरेलले भोलिपल्ट घरमा फोन गरेर भने– "ए भाइ, ल तपाईंहरूचाहिँ साँच्चिकै स्पष्ट कुरा गर्ने मान्छे हुनुहुँदो रहेछ । पुलिसले 'चिया खुवाएर सोफामा बसाएको कुरो' भनिदिनुभयो । यही कुरा अरूले भएको भए हामीलाई यस्तो यातना दिए आदिइत्यादि भनेर अन्तर्वार्ता दिन्थे । ल धन्यवाद है तपाईंहरूलाई !"

गोपाल चित्रकारले हामीले मुखमा कालो पट्टी बाँधेर बसेको फोटो सेटलाइटमार्फत विश्वभर छरिदिएर धेरै देशका पत्रपत्रिकाले छापे, जसले गर्दा आन्दोलनको उचाइ अझ बढ्यो ।

२०४६ सालको आन्दोलन सफल भयो । देशमा बहुदलीय व्यवस्था लागू भयो । केही योगदान दिन पाएकोमा गर्व लाग्छ तर त्यत्रो मान्छेको बलिदानबाट प्राप्त प्रजातन्त्र, बहुदलीय व्यवस्था दरबारबाट खोसेर 'ल बहुदलवादी नेताहो, तिमीहरू धेरै भोकाएका छौ, अब तिमीहरू पनि खाओ, धनी बन' भनेर दिएको जस्तो भयो जनताका लागि ।

हुन त सबै नेता त्यस्ता होइनन् । नेता भन्नेबित्तिकै 'खराब जात हो' भन्ने अर्थ नलागोस् । धेरै पीडित नेता, कार्यकर्ता पनि छन् विभिन्न पार्टीमा । तर जोजो सत्तामा उक्लन्छन्, जोजो झन्डा हल्लाउँछन्, जोजो झन्डाको वरिपरि भन्कन पाए, धेरैले खाए; राल चुहाए अनि त्यही झन्डाले राल पुछेर हिँडे ।

पञ्चहरूले दस खाए, बहुदलवादीहरूले सय खाए, गणतन्त्रवादीहरूले हजार खाए । जसले खाए, तिनले पचाए । कसले हिसाब माग्ने ? हिसाब माग्नेले पनि खाए, हिसाब बुझाउनेले पनि खाए । हिसाब बुझाउने र हिसाब माग्ने मिलेर खाएपछि कसले समाउने ?

राजा वीरेन्द्रका सपरिवार मारिए । कसरी मारिए ? तुरुन्तै पत्ता लाग्यो– गोलीद्वारा मारिए । गोली हान्ने पनि पत्ता लाग्यो, छोराले हानेको रहेछ । मान्छेहरू भन्छन्– "छोराले त छोराले नै हान्यो तर कसको छोराले हान्यो ?"

म पद्मसुन्दर लावतीको छोराको बिहेभोजमा बानेश्वरको एउटा रेस्टुराँमा गएको थिएँ । म पुग्नुअगि तत्कालीन युवराज दीपेन्द्र भर्खर त्यहाँबाट फर्केका रहेछन् अनि त्यहाँ एउटा भाइले भन्यो– "हत्तेरी दाइ, तपाईं एकैछिन ढिला आउनुभयो । अगि भर्खर यहाँ दीपेन्द्र सरकारले कस्तो कुरा गरिबक्स्यो !"

मैले सोधेँ– "कस्तो कुरा ?"

"सरकारले भनिबक्स्यो, 'यो देश बिग्रेकै मेरो बाबु लुरे भएर हो । साला ! म भएको भए एकएकलाई ठीक पारिदिन्थेँ ।"

यो कुराले के अन्दाज लगाउन सकिन्छ भने 'राजा वीरेन्द्र लुरे रहेछन्, उनलाई तह लगाउनुपर्छ' भन्ने मनस्थिति छोरामा पलाइसकेको थियो ।

राजा वीरेन्द्र मारिए । अर्थात् २४८ वर्ष पुरानो राजतन्त्र गोली लागेपछि कोमामा गयो । नारायणहिटी दरबारको अप्रेसन थिएटरभित्र राष्ट्रिय र अन्तर्राष्ट्रिय राजनीतिक डाक्टरहरूलाई छिर्नै दिइएन । ज्ञानेन्द्र आफै डाक्टर भएर राजतन्त्रको गोली झिक्न खोजे । ढङ्ग पुगेन, राजतन्त्रै ढल्यो ।

हामीले अभिनय गरेको चलचित्र 'बलिदान' मा मैले एउटा संवाद बोलेको छु– "प्रत्येक दस-दस वर्षमा नेपालमा एउटा-एउटा सानाठूला आन्दोलन भएका छन् । २००७ साल, २०१७ साल, २०३६ साल, २०४६ साल ।"

तर २०६२-०६३ को आन्दोलनमा त आधुनिक स्वचालित हतियार बोकेर आउने पार्टी पनि उदाइसकेको थियो । रगतको खोलो त्यो आन्दोलनअगिदेखि नै धेरै बगिसकेको थियो ।

जनता झस्के, 'प्रजातन्त्र जान लाग्यो, ज्ञानेन्द्रले प्रजातन्त्र खान लाग्यो' भनेर । बहुदलवादी नेताहरू भ्रष्टाचारी भएको, परिवारवादमा चुर्लुम्म डुबेको, नेताहरूसँग देश चलाउने ढङ्ग नभएको पनि जनताले बिर्सिदिए र फेरि एक पटक नेताहरूलाई साथ दिए ।

'नेता भ्रष्ट भए भने तिनीहरूलाई चुनावबाट हटाउन सकिन्छ तर राजा स्वेच्छाचारी भए भने त तिनलाई हटाउन युग कुर्नुपर्छ' भन्ने सोचेर जनता फेरि आन्दोलन गर्न सडकमा ओर्लिए ।

त्यस बखत जनताले प्रजातन्त्र मात्रै मागेका थिए । प्रजातन्त्र पनि नदिएपछि ब्याजसमेत थपेर गणतन्त्रै लिएर आन्दोलनबाट फर्किए । यो आन्दोलनमा हामीले एउटा छुट्टै भूमिका निभाउन पायौँ ।

पारिवारिक समस्या बढ्यो भने घर बर्बाद हुन्छ । जातीय, वर्गीय, धार्मिक, भाषिक, क्षेत्रीय समस्या बढ्यो भने देश बर्बाद हुन्छ । अहिले देशमा देखा परेका जातीय, वर्गीय, धार्मिक कुरालाई नेताहरूले कसरी सम्बोधन गर्ने हुन् ? देश भएर पनि पहिचान खोजिरहेकाहरूलाई पहिचान दिनै पर्छ । तर देशले एउटालाई पहिचान दिँदा अर्कोलाई समस्या नहोस् ।

यहाँ वर्गीय समस्या झन् ठूलो छ । ठकुरी भन्नासाथ सबै ठकुरी सम्पन्न र सम्मानित छैनन् । हुम्ला, जुम्लामा बस्ने कति ठकुरीहरू यो शताब्दीमा पनि निरक्षर छन् । गाडी देख्न पाएका छैनन् । मीठो के हो भन्ने थाहा पाएका छैनन् ।

मान्छे जन्मदा जाति, वर्ग, भाषा छानेर जन्मन पाउँदैन । मान्छे बन्ने भ्रूणको कुनै जात, भाषा, धर्म हुँदैन । जुन वर्ग, धर्म, भाषा बोल्नेको गर्भभित्र त्यो खस्छ, त्यो गर्भबाट बाहिर निस्केपछि उसका आमाबाबुले जे भाषा, धर्म, संस्कृति मान्छन्, त्यही कुरो उसले सिक्छ ।

सिस्नोका झ्याङमा भेटिएका अनाथ बालबालिकालाई जुन जातले लगेर पाल्छ, ती त्यही जातका हुन्छन् । नेपालबाट धर्मपुत्र, धर्मपुत्री बनाएर युरोप, अमेरिका लगिएका बालबालिका अङ्ग्रेजी, फ्रेन्च, जर्मन बोल्न थाल्छन् र चर्चमा प्रार्थना गर्छन् ।

म पनि ब्राह्मणको कोख छानेर जन्मेको होइन । ब्राह्मण हुन पाउँ भनेर प्रकृतिलाई दर्खास्त हालेको पनि होइन । त्यस्तै, देशमा लाखौं गरिब ब्राह्मण होलान्, क्षत्री र जनजाति होलान् । ब्राह्मणवाद, खसवादमा उनीहरूको केही भूमिका छैन । मधेसमा पिछडिएका कति वर्ग छन्, त्यस्ता पीडितलाई एउटै चस्मा लगाएर नहेरियोस् । ती गरिब ठकुरी, गरिब ब्राह्मणहरूले कसलाई शोषण गरे र राज्यमा तिनीहरूको कहिले पहुँच पुग्यो ? तिनीहरूलाई टेढा आँखाले हेर्‍यो भने अन्याय हुन्छ । हाम्रा नेताहरू हिटलर पनि भए । अब बुद्ध पनि हुन सिक्नुपर्छ । देशका सबै जातजाति, भाषाभाषीले 'म यो देशको नागरिक हुँ, मलाई नेपाली हुन पाएकोमा गर्व छ' भनेर बाँच्न पाऊन् ।

'मदनबहादुर हरिबहादुर' टेलिफिल्ममा मैले नकारात्मक भूमिका निभाएको छु । मलाई गाउँमा 'जातजातिमा फुट गराएको, जातभातको कुरा बढाएको'

भन्ने आरोपमा प्रहरीले नियन्त्रणमा लिन्छ । अनि म पनि आफू त्यहाँबाट उम्कनकै लागि प्रहरीलाई स्पष्टीकरण दिन्छु–

"हेर्नोस्, म जातभात, छुवाछुतमा पटक्कै विश्वास नगर्ने मान्छे । मेरा त आमा नै पाँचओटी हुनुहुन्छ, पाँचैओटी आमाले मिलेर जन्माएको मलाई ।"

"पाँच जना आमाले कसरी जन्माउँछन् तँलाई ?"

"मेरी बाहुनी आमाले मेरो खुट्टा जन्माउनुभएछ, गुरूङ्नी आमाले टाउको जन्माउनुभएछ, विश्वकर्मा आमाले मेरो ढाड जन्माउनुभएछ, मधेसी आमाले मेरो हात जन्माउनुभएछ । म त जन्मदाखेरि टुक्राटुक्रा भएर जन्मेको ।"

"अनि तँ कसरी जोडिइस् त ? फटाहा कुरा गर्छस् ?"

"हो, साँच्चै हो, फटा कुरा गऱ्या होइन । मेरो बाले मेरो हात, खुट्टा, ढाड, टाउको सबै थोक डोकोमा हालेर बाँसबारी छाला जुत्ता कारखानामा लगी सिलाएर मलाई सिङ्गै बनाउनुभएको रे ।"

"तँ सानो हुँदा बाँसबारी छाला जुत्ता कारखाना त स्थापना भएकै थिएन, फटाहा कुरो गर्छस् ?"

"हैन बाँसबारी छाला जुत्ता कारखानाबाहिर एक जना जुत्ता सिउने सार्की दाइ थिए रे, उनले सिलाइदिएको रे जुत्ता सिउने आरोले ।"

यी संवाद झ्वाट्ट सुन्दा हँस्यौलो लाग्छ तर गहिरिएर बुझ्दा मलाई कताकता राष्ट्रियताको भावना गाँसिएको जस्तो लाग्छ । हामी सबै नेपाल आमाका सन्तान हौं । नेपाल आमाले हामीलाई आफ्नो गर्भबाट जन्माइन् । नेपाल आमा हामी सबैकी आमा हुन् । यी आमाकी पनि आमाले जन्माएका सबै आमाहरू मेरी आफ्नै आमा जस्तो लाग्छ । मलाई जस्तै हरेक नेपालीलाई त्यही लाग्दो हो, केवल केही नेताहरू सबै आमाहरूका अनुहारमा आमा नदेखी जात देख्छन् होला ।

जनआन्दोलन प्राथमिक उपचार कोष

२०६२-०६३ को आन्दोलन जाग्दै थियो । आन्दोलनमा सरकारी गोली र लाठी बर्सियो । धेरै मान्छे घाइते भए । काठमाडौं मोडल अस्पतालमा घाइतेहरूको ताँती लाग्न थाल्यो । आन्दोलनमा घाइते भएर आउनेसँग 'पैसा छ कि छैन, उपचार गरेको पैसा देऊ' भनेर माग्न गाह्रो भयो । फेरि निःशुल्क उपचार गर्दागर्दा अस्पतालले थेग्नै नसक्ने भइसकेको थियो ।

त्यही अस्पतालको अध्यक्ष र उपाध्यक्ष भएको नाताले हामी टुलुटुलु हेरेर बस्न सकेनौं । मदन दाइ र म मिलेर 'जनआन्दोलन घाइते प्राथमिक उपचार कोष' भनी एक लाख रूपैयाँ राखेर एउटा कोष खडा गऱ्यौं । अस्पतालका डाक्टर र सञ्चालकहरूले पनि अर्को एक लाख थपिदिएपछि दुई लाखको कोष खडा भयो । कोष खडा भएको कुरा पत्रपत्रिका तथा रेडियो र टेलिभिजनहरूबाट प्रसारण भयो ।

कान्तिपुर टेलिभिजनले 'महजोडी' द्वारा 'जनआन्दोलन घाइते उपचार कोष' खोलेको समाचार स्क्रोल गरिदियो । टोलटोलमा रकम सङ्कलन गरेर कोषमा जम्मा गर्न थाले । कति साहुमहाजनहरूले पैसा दिए तर नाम प्रचार गर्नु पर्दैन भने । एउटा जोगी पनि आएर पाँच रूपैयाँ दिएर गयो । त्यो कोषमा पैसा जम्मा गरेर जनताले 'यो आन्दोलनमा हाम्रो पनि समर्थन छ' भनेर भोट दिएका हुन् । धेरै नेताहरूले फोन गरेर बधाई दिए ।

गिरिजाप्रसाद कोइरालाले पनि फोन गरेर भने– "तपाईंहरूलाई धन्यवाद ! तपाईंहरूको यो गुन म जिन्दगीभर बिर्सन्नँ ।" तर त्यसपछि उनीसँग कहिल्यै भेट भएन ।

पछि गिरिजाबाबुको निधनताका हामी उनकै गृहनगर विराटनगरमा 'सुगन्धपुर' टेलिचलचित्र सुटिङ गर्दै थियौं । हामी सुटिङ क्यान्सिल गरेर उनलाई श्रद्धाञ्जली दिन काठमाडौं आयौं ।

आन्दोलन झन् चर्किंदै थियो । जनताको आन्दोलन दबाउन शाही सरकारले कर्फ्यु लगायो ।

प्राथमिक उपचार कोषको काम पनि भइरहेको थियो । साहित्यकार, कलाकारहरू २०६२-०६३ को आन्दोलनमा पनि कर्फ्यु तोडेर सडकमा उत्रने निर्णय भयो । मदन दाइको घर धोबीधाराबाट गल्लीगल्ली हुँदै डिल्लीबजार निस्केर सेना र पुलिसलाई छल्दै हामी बानेश्वरको गुरूकुलमा भेला भयौं । त्यहाँबाट कर्फ्युमा पनि नाराबाजी गर्दै पुरानो बानेश्वर चोकमा गएर बस्यौं ।

करिब दुई सय जनाजतिको समूह चोकमा बसेको मात्र के थियो, गोली चल्न थाल्यो । हामी तितरबितर भयौं । पर्खाल नाघ्दै व्यक्तिव्यक्तिका घरभित्र छिर्‍यौं । नजिकबाट गोली गएको आवाज आइरहेको थियो । हामी एउटा अपरिचित व्यक्तिको छिँडीमा लुकिरह्यौं । प्रहरीले घरभित्र पसेर खोजेन, फर्केर गयो ।

एउटा भोजमा एक जना प्रहरी इन्सपेक्टर भेटेको थिएँ । उनले परिचय दिँदै भने– "तपाईंहरूले आन्दोलन गर्दा बानेश्वरमा गोली हान्ने मै थिएँ । गोली चलाउने आदेश थियो तर मैले तपाईंहरूलाई नलाग्ने गरी हावामा चलाएँ ।"

अस्पतालभरि बिरामी छन्, तिनीहरूलाई कसरी खुवाउने ? अझ अस्पतालमा बिरामीलाई कुर्ने कुरूवाहरू छन् । उनीहरू पनि भोकभोकै हुन्थे । उनीहरूलाई कसरी खुवाउने ?

त्यस बखत दिदीबहिनीहरूको संस्था 'टेवा' नेपालले 'केयर फर केयर गिभर' भन्ने सेवा दियो । त्यस संस्थाका सदस्य मेगी शाह, मीरा ज्योतिलाई सम्झन्छु, अरू दिदीबहिनीहरूको नाम सम्झना भएन । उनीहरूले मोडल अस्पताल, शिक्षण अस्पताल, वीर अस्पतालमा बिरामी कुरूवाहरूलाई खाना खुवाउने कुरामा ज्यान दिएर सहयोग गरे ।

कर्फ्युमा एम्बुलेन्ससमेत चल्न दिँदैनथ्यो । कर्मचारीहरू घर नगई अस्पतालमै सेवा दिइरहेका थिए । मारवाडी सेवा समाजले एम्बुलेन्समा हाल्ने पेट्रोल, डिजेल र कुरूवालाई खान चाउचाउ, चिउरा, पानी आदि ल्याइदिन्थे । राजेन्द्र खेतान धेरै खटेका थिए सेवा गर्न ।

सेना परिचालन भएको थियो । अस्पतालमा जुनसुकै बेला छापा मार्न सक्थ्यो । चन्दा सहयोग दिएको नोट चानचुन धेरै भएकाले गन्न पनि गाह्रो थियो । पैसा बोरामा कोचेर राखेका थियौं । केही गरी त्यो रकम जफत गरेर लगेको भए 'जनताको पैसा लुकाए होला' भन्ने ठूलो अपजस आउन सक्थ्यो हामीलाई । त्यो रकम रातभरि अस्पतालमै गनेर राख्थ्यौं ।

डिपोजिट लिन बैङ्कहरू मान्दैनथे । किनभने त्यो पैसा आन्दोलनलाई सहयोग गर्न जम्मा गरेको हो । केही गरी डिपोजिट लिएको प्रशासनले थाहा पायो भने बैङ्कलाई नै कारबाही गर्न सक्थ्यो । बल्लबल्ल एउटा बैङ्कले 'पैसा राखिदिन्छौं' भन्यो तर 'रिसिप्ट दिन मिल्दैन, आन्दोलनको पैसा भएकाले विश्वास गर्नुस्' भन्यो । हामीले त्यो पैसा लगेर बैङ्कमा राख्यौं । पछिसम्म गर्दा दुई करोड पचास लाख जम्मा भएको थियो ।

जनताबाट सङ्कलन गरेको पैसा कसरी पारदर्शी गराउने ? एउटाले प्याच्च 'दुरूपयोग भयो' भनिदियो भने दाग लाग्ने कुरा भयो । अनि त्यो कोष सञ्चालन गर्न पूर्वन्यायाधीश कृष्णजङ रायमाझीको अध्यक्षतामा एउटा समिति बनायौं, जसमा अधिवक्ता शम्भु थापा, पत्रकार सङ्घका अध्यक्ष विष्णु निष्ठुरी, पत्रकार कनकमणि दीक्षित, सुमन श्रेष्ठ, डा. भरत प्रधान, डा. सरोज धिताल, कोमल जोशी, इन्जिनियर भरत शर्मालगायत हामी दुई जना थियौं ।

मोडल अस्पताल, शिक्षण अस्पताल, वीर अस्पतालमा गरी पाँच हजारभन्दा बढी सानोदेखि लिएर ठूलो र चुनौतीपूर्ण घाइतेहरूको उपचार गरियो ।

घाइतेहरूमा कति जनाले ज्यादै मानसिक तनाव पनि दिन्थे– यो भएन, ऊ भएन, यसो गरेन, उसो गरेन भनेर । कुनैकुनै घाइते त त्यो सम्पूर्ण आन्दोलनै आफैले गरेको ठान्थे । एउटा घाइतेले अस्पतालकी नर्सलाई जिस्क्याइदिएछन् । नर्स स्टाफहरूले घाइतेविरूद्ध झन्डै आन्दोलन गर्नुपरेको थियो ।

अहिलेका जिउँदा सहिद मुकेश कायस्थलाई वीर अस्पतालमा यसै कोषले तीन लाख खर्च गरेर उपचार सुरू गरेको हो । आन्दोलन सकिएपछि मात्र सरकारले उनको उपचारखर्च बेहोर्न थाल्यो ।

भारतीय नागरिक मोहमद जाँगिर खाँलाई नेपालको आन्दोलनमा टाउकोमा गोली लागेको थियो । उनको उपचार क्रममा काठमाडौं मोडल अस्पतालमै निधन भयो ।

पेटमा गोली लागेका प्रद्युम्न खड्कालाई दिल्लीमा उपचार गराउन डा. वसन्त पन्त र हामी दुई भारतीय दूतावास गयौं । भारतीय दूतावासले दिल्लीबाट विशेष प्रकारको बिरामी सुताउन मिल्ने सिट जडेर हवाईजहाज ल्यायो र प्रद्युम्न खड्का आफ्ना ससाना छोराहरू, पत्नी र आफन्तलाई हात हल्लाउँदै मोडल अस्पतालको एम्बुलेन्सबाट एयरपोर्टतिर लागे । उनको दिल्लीमै निधन भयो ।

सहिद विष्णुलाल महर्जन काठमाडौं सतुङ्गलमा प्रजातन्त्र हरणविरूद्ध उर्लेको मानवसागरमा पौडी खेल्दै अगि बढेका थिए । चक्रपथमा मानवसागरमाथि प्रहरीले लाठी, अश्रुग्यास बर्साउन थाल्यो । विष्णुलाल महर्जन भुइँमा ढले । भागदौडको हुल उनको शरीर कुल्चँदै अगाडि बढ्यो । उनको मेरूदण्ड भाँचियो ।

काठमाडौं मोडल अस्पतालका चिकित्सकहरूले उनको धेरै सेवा गरे । दुई वर्षभन्दा बढी मोडल अस्पतालमा उपचार गरियो । उनको फोक्सोले राम्रोसँग काम गर्न सकेको थिएन । डा. वसन्त पन्तले जापानबाट डाक्टर साथी बोलाएर उनको फोक्सो चलाउन फोक्सोमा दुवैतिर पेसमेकर जडान गरे । मेरूदण्ड भाँचिएर चल्न नसक्ने शरीरलाई उनकी श्रीमती लक्ष्मी महर्जन, जसले प्रेम के हो, कर्तव्य के हो भनेर देखाइदिइन्, दुई वर्षभन्दा बढी अस्पतालमा कुरूवा भएर स्याहारिन् र एउटी महान् नारी बनिन् ।

विष्णुलाल महर्जन बोल्न सक्तैनथे तर अस्पतालबाट घर जाने इच्छा व्यक्त गरेको अनुहारमा देख्न पाइन्थ्यो । नेपाल सरकारको सहयोगले ह्विलचियर गुड्न सक्ने गरी उनका लागि नयाँ घर बनाइयो ।

घरमा मोडल अस्पतालका नर्सहरूले सेवा दिन्थे । सेवा दिन बेलाबेला डाक्टरहरू पनि पुग्थे । उनको स्वास्थ्य कुनै पनि बेला खराब हुन सक्थ्यो । दौडाएर अस्पताल लगिन्थ्यो । विष्णुलाल महर्जनका ससाना तीन छोराछोरी टुलुटुलु हेरिरहन्थे । लक्ष्मी महर्जनले अस्पतालमा गएर पतिको कुरूवा हुनुपर्थ्यो । छोराछोरीको पनि हेरबिचार गर्नुपर्थ्यो ।

विष्णुलाल महर्जनको उपचारका लागि मात्रै प्राथमिक उपचार कोषले पच्चीस लाखभन्दा बढी खर्च गरेको छ । तर विष्णुलाललाई डाक्टरहरूले चार वर्षभन्दा धेरै बचाउन सकेनन् । उनी जिउँदो सहिदबाट अमर सहिद भए ।

मधेसमा आन्दोलन भयो । मधेस आन्दोलन पनि नेपालभित्र नेपालीले नै गरेको आन्दोलन थियो । त्यो आन्दोलन पनि राज्यले गरेको विभेदविरूद्ध थियो । त्यो आन्दोलनमा 'पहाडेहरूको पनि समर्थन हुनुपर्छ' भनी मधेस आन्दोलनमा सहिद भएकाहरूलाई सम्मान प्रकट गर्दै, घाइतेको स्वास्थ्य उपचारका लागि जनआन्दोलन प्राथमिक उपचार कोषबाट पच्चीस लाख रूपैयाँ प्रदान गऱ्यौं । यो उपचार कोषबाट सहिद भएकाहरूका परिवारलाई एक-एक लाख रूपैयाँ र गम्भीर घाइते भई अङ्गभङ्ग भएका, दुवै आँखा गुमाएकाहरूलाई पचास हजारदेखि एक लाख रूपैयाँसम्म प्रदान गरियो ।

सधैं उपचार कोषको भारी बोकेर हिंड्न गाह्रो भयो । जनताबाट उठाएको पैसाको 'अपजस' आउला भन्ने हामीलाई डर लागिरहन्थ्यो । त्यसपछि सुनिता मानन्धर श्रेष्ठको अध्यक्षतामा उपचार कोष गठन गरी हामी त्यसको सल्लाहकार मात्र भएर बस्यौं । चोटपटक लागेका बिरामीहरू वर्षौंसम्म फलोअपमा आउँदै थिए ।

बाँकी रहेको पच्चीस लाख रूपैयाँ यस्तै किसिमको आन्दोलन भयो भने त्यसका लागि खर्च गर्ने, भएन भने दुई वर्षपछि मोडल अस्पतालको कोषमा जाने गरी प्राथमिक उपचार कोष विधिवत् रूपमा विघटन गरियो ।

त्यस कोषलाई काठमाडौं मोडल अस्पतालका चिकित्सक र कर्मचारीहरूले ठूलो सहयोग गरे । विशेष गरी आन्दोलनमा घाइतेहरूमा हड्डीको समस्या हुने भएकाले डा. रोसन श्रेष्ठले धेरै मेहनत गर्नुपऱ्यो । अनि घाइतेहरूसँग समन्वयन गर्नुपर्ने भएकाले डा. शम्भु उपाध्यायले ठूलो कसरत गर्नुपऱ्यो ।

संविधानसभाको चुनाव घोषणा भयो । आन्दोलन रोकियो । सदियौंदेखि शोषण गर्दै आएको एउटा वर्गलाई रिस उठ्नु स्वाभाविकै हो । आन्दोलन रोकिएपछि मेरा एक जना मित्रको छोराको व्रतबन्धको निमन्त्रणा मैले पनि पाएको थिएँ ।

म तारे होटलको त्यो भोजमा पुगें । जसरी एउटा टोलको कुकुर अर्को टोलमा पुग्दा पूरै टोलका कुकुरहरू उल्टेर त्यहाँ आएको नयाँ कुकुरलाई झम्टन्छन्, मेरो हाल पनि त्यस्तै भयो । सबैको एउटै घुर्की थियो, 'तिमीहरू राजाविरोधी हौ ।' मैले भनें– "हामी राजाविरोधी थिएनौं, राजा जनताविरोधी भए । यदि जनताको भावनाअनुसार राजा चलेको भए कसैले पनि विरोध गर्दैनथे ।"

त्यसमध्येमा एक जना प्रभावशाली पूर्वजरसाहेब थिए । उनले औंला ठड्याउँदै अङ्ग्रेजीमा भने– "वि विल सि यु ।"

माओ त्से तुङको तक्मा

पृथ्वीनारायण शाहले नेपाललाई एक सूत्रमा बाँधे । नयाँ नेपाल निर्माण गरे । नयाँ नेपाल त त्यतिखेरै बनेको हो । अहिले नयाँ नेपाल बनाउने भन्छन् । नेपाललाई कहाँ बढाउने र कहाँ घटाउने ठाउँ छ र नयाँ बनाउने ?

पृथ्वीनारायण शाहलाई सारा नेपालीले सम्मान गर्नै पर्छ– राष्ट्रनिर्माताको रूपमा । राष्ट्रनिर्माताका सन्तान राजाहरू देश बलियो बनाउनुभन्दा आफू बलियो र देशभन्दा आफू सम्पन्न हुनतिर लागे । पृथ्वीनारायण शाह महान् व्यक्ति थिए भन्दैमा उनका एघार-बाह्र पुस्ताले जे गरे पनि स्याबासी दिन सकिँदैन । मेरा बराजु असल थिए भन्दैमा म पनि त्यति नै असल छु भन्न कहाँ मिल्छ र !

हुन त राजा महेन्द्रले चीनसँग नेपालको बाटो नखोलिदिएका भए आज नेपाल नहुन पनि सक्थ्यो अथवा भए पनि भुटानले जस्तै 'सर ! मे आई गो टु ट्वाइलेट' भनेर भारतलाई सोध्नुपर्थ्यो । उनले गरेको सबैभन्दा राम्रो काम यही हो । उनले अरू पनि केही राम्रा काम गरे तर जनतासँग शासनको साझेदारी गर्न चाहेनन् । आफूले मात्र एकतन्त्री रूपमा शासन गर्न खोजे र प्रजातान्त्रिक शक्तिलाई कहिले जेल हाले, कहिले देशबाट खेदेर भारत पठाए ।

राजा महेन्द्रले भारत र चीन युद्धको फाइदा उठाई युद्ध जित्ने माओ त्से तुङसँग घनिष्ठता बढाए अनि 'माओ त्से तुङ रिसाउलान्' भनेर कम्युनिस्टहरूलाई आफ्नो शक्ति विस्तार गर्ने अवसर दिए । महेन्द्रले सबै कम्युनिस्टलाई 'रोयल

कम्युनिस्ट' बनाउन खोजे तर आधाजसो मात्र रोयल कम्युनिस्ट भए पनि अरूलाई बनाउन सकेनन् । तिनले सङ्गठन विस्तार गर्ने ठाउँ पाए ।

म सानो हुँदाखेरि बाटोमा रातो कपडाका पोकाहरू ठाउँठाउँमा भेट्टाइन्थ्यो । त्यसभित्र वरिपरि रातो, बीचमा सुनौलो, हेर्दाखेरि नै कमिजमा लगाउँलगाउँ जस्तो लाग्ने माओ त्से तुङको टाउको भएको तक्मा जताततै भेट्टाइन्थ्यो । नेपालभरि त्यो तक्मा धेरैले लगाए । मैले पनि त्यो तक्मा धेरै पटक लगाएर हिँडें ।

माओ त्से तुङको टाउको भएको तक्माको प्रभावले पछि नेपालका राजाहरूको टाउको भएको नोट छाप्ने शासनै बन्द भयो ।

एउटा मधेसी किसानको छोरो डा. रामवरण यादव नेपालका प्रथम राष्ट्रपति भए । उनले राष्ट्रिय एकताका लागि खेलेको भूमिका नेपालीले सम्झिरहेका छन् ।

केही तत्त्वले युगौंदेखि मधेसको माटोसँगै टाँसिएर बसेका पहाडी मूलका मधेसीलाई कौडीको मोलमा घरखेत बेची मधेस छोडेर हिँड्न बाध्य बनाए ।

मुखमा टक्क मिलेर बसेका दाँत ठाउँठाउँमा फुस्किए भने मुख कस्तो ह्वाङ्ग देखिन्छ ? मधेसबाट पहाडेहरू विस्थापित हुँदा मधेस पनि धेरै ठाउँमा त्यस्तै थोते भएको छ । आपराधिक मनस्थिति भएकाहरूबाहेक कुनै पनि मधेसीहरू पहाडे विस्थापित भएकोमा खुसी छैनन् । मधेसको अनुहारकै सौन्दर्य बिग्रिएको छ ।

पश्चिमा मुलुकहरूलाई आफ्नो मुलुकभन्दा हजारौं किलोमिटर पर रहेका कम्युनिस्टका कारण पनि उनीहरूको पेट पोल्न थाल्छ । उनीहरूले कम्युनिस्टको प्रभाव ओझेलमा पार्न जातजातिलाई मलजल गर्न थाले । भोटसमेत हाल्दा 'कम्युनिस्ट राजनीतिलाई भन्दा जातजातिलाई भोट हाल्नू' भनेर लगानी गर्न थाले ।

जातीय द्वन्द्व फैलाउन पाए चीन र भारतबीच रहेको नेपालमा आफ्नो स्वार्थ पूरा गर्न पाइन्थ्यो भन्ने दाउमा धेरै मुलुक छन् । तर यो कुरा थाहा पाएर पनि नेताहरू किन मौन छन् ?

हुन त सत्ता भनेको सत्तै हो । खान नपाएर बिरालोको जस्तो अनुहार भएका नेता सत्तामा पुगेपछि बाघ जस्ता देखिन थाले । खबटा जस्ता गाला मखमली फूल फुलेको गमला जस्ता देखिन थाले । अगाडिपछाडि साइरन बजाउँदै दौडने गाडी, यता फर्के पनि सलाम, उता फर्के पनि सलाम पाएपछि; प्रहरी, सेना, प्रशासनलाई गुलाम बनाउन पाएपछि; राष्ट्र बैङ्कलाई सिरानी राखेर अर्थमन्त्रालयको सिरक ओढेर, गृह मन्त्रालयलाई पाले राखेर सत्ताको भाले भई सुत्न पाएपछि; मृग, चित्तल, हरिण खाएर हग्न पाएपछि; देशीविदेशी रक्सी खाएर मुत्न पाएपछि को सत्ताबाट ओर्लन चाहन्छ ?

पञ्चायत ढाले देश बन्ला कि भनेर पञ्चायत ढाल्न लागियो । पञ्चायत ढल्यो तर देश उठेन । बहुदलीय प्रजातन्त्र आएपछि देशमा बहुरूपीहरू मात्र देख्न पाइयो तर वास्तविक बहुदलीय प्रजातन्त्र देख्न पाइएन । गणतन्त्रले देश बन्ला कि भन्ने ठानेको हो, गणतन्त्रले खुट्टै टेक्न सकेको छैन । संविधानसभाले देश बन्ला कि भन्ने ठानियो, नौ अर्ब रूपैयाँको पासो लगाएर संविधानसभालाई नै फाँसी दिइयो ।

नेपालमा भएका राजनीतिक परिवर्तनमा प्रत्यक्ष, परोक्ष रूपमा हाम्रो पनि सहभागिता भएको हो । यो असफलतामा लज्जाबोध हामीले पनि गर्नुपर्छ । देशसँग माफी माग्नुपर्छ ।

जाडो भएकाले मुतको न्यानोमा निदाउँछु भनेर एउटा मान्छेले ओछ्यान मुतेछ । एकछिन त तातो भएछ तर केही बेरपछि मुतले ओछ्यान ढाडिएर हिलो भएपछि सुत्नै सकेन । पछि त्यही मुतले उसलाई जाडो बनायो ।

हाम्रा नेताहरूले पनि जनतालाई आफूतिर तान्न क्षणिक आश्वासन दिए । केही हुल आकर्षित पनि भए । तर अहिले त्यो आश्वासन मुतको न्यानोले जिउ तताए जस्तै भयो । थाम्नै नसक्ने गरी थुप्रोथुप्रो ढुसी पर्न थाल्यो । नेताहरू दुर्गन्धित भएका छन् । त्यो दुर्गन्ध नेपाली जनताले सुँघ्दै सहनुपरेको छ । नेपालको अविकास भोग्नुपरेको छ ।

देश यस्तो भएको बेला हामीलाई नेपाल सरकारले तक्मा दियो, हामीले तक्मा लिएनौं । देश सम्मानित भएको बेला पो त तक्मा लिनु, देश अपमानित भएको बेलामा के तक्मा लिनु ? फेरि तक्मा सिफारिस गर्नेहरूले लाजै नमानी

आफूलाई दोस्रो, तेस्रो सिफारिस गरेर लिए, हामीलाई चाहिँ चौथो । एमालेको सरकार भएको बेला पनि गोरखा दक्षिणबाहु चौथो सिफारिस गरेको थियो । हामीले लिएनौं । सबैभन्दा ठूलो तक्मा भनेको नेपाली जनताले गरेको माया हो, त्यो पाएका छौं हामीले ।

जगदम्बा पुरस्कार, शुक्ला साहित्य पुरस्कार, राष्ट्रिय गौरव पुरस्कार, जेसिस पुरस्कार, अमेरिकाबाट पाएको ह्युमन राइट अवार्ड; आफ्नै विधाका पुरस्कारहरू– भैरव पुरस्कार, वासुदेव लुइँटेल पुरस्कार आदि जनस्तरबाट पाएका थुप्रै पुरस्कार र सम्मानहरू स्विकारेकै छौं ।

तक्मा त नेपालका प्रथम राष्ट्रपति डा. रामवरण यादवको हातबाट लिन मन थियो तर अहिले देश दुःखी छ । देशको अवस्था ठीक भएपछि राष्ट्रले दिएको सम्मान पक्कै लिऔंला ।

महको पुतला

कसैलाई कसैसँग रिस उठ्यो भने सक्तो श्राप गरिन्छ– त्यसको सत्यानाश होस् । त्यो त मरे पनि मासुभात खान्थें । त्यसलाई हरियो बाँसमा तन्काएर लग्न नपुग्या आदि । तर जसलाई सम्झेर सरापेको हो, जसको सत्यानाशको कामना गरिएको हो, न उसको सत्यानाश हुन्छ न त उसलाई पछाडि कसैले सरापिरहेको छ भन्ने नै थाहा हुन्छ ।

व्यक्तिलाई व्यक्तिसँग रिस उठ्यो भने सक्तो श्राप गरिन्छ भने नेतासँग रिस उठे उसको पुतला बनाएर जलाइन्छ । पुतला मन नपरेको नेतालाई सम्झेर बनाउने पराल, कपडा र काठको मानवस्वरूप हो ।

जो नेतालाई सम्झेर पुतला बनाइएको हुन्छ, त्यो पुतलाको अनुहार, लम्बाइ, चौडाइ एक अंश पनि मिलेको हुँदैन । त्यो नमिलेको नेताको प्रतीक पुतला जलाउँदा न त्यो नेतालाई पोल्छ, न त्यो नेतालाई दुख्छ । हामीले एउटा प्रहसनमा भनेका थियौं– "मेरो पुतला जलाएर के हुन्छ ? पुतला जलाउँदा मेरो त एउटा भुत्ला पनि जल्दैन ।"

मैले सम्झँदादेखि सूर्यबहादुर थापाका कैयौं पुतला जले, कीर्तिनिधि विष्ट, मरिचमान सिंह साथै अहिले आएर प्रचण्ड, बाबुरामका पनि जलेका छन् । उनीहरूको पुतला जलाउँदा पनि उनका शरीरको एउटा भुत्ला पनि जलेनन् ।

मे १, २०१० का दिनदेखि माओवादी पार्टीले प्रधानमन्त्री माधवकुमार नेपालको सरकारलाई रिस पोख्न अनिश्चितकालीन आमहडताल आह्वान गर्‍यो । देशभरिबाट हडताल र आमसभाका लागि हजारौं कार्यकर्ता काठमाडौंमा ल्याइयो । विद्यालय, उद्योग, कलकारखानाभरि कार्यकर्ता राखेर गाँसवासको व्यवस्था गरियो । हडतालको विरोध गर्नेहरूलाई 'केही सुकिलामुकिलाले विरोध गरे' भनेर प्रचण्डले नै गाली गरे । अझ कुनै नेताले त 'विरोध गर्नेको चिहान खनिदिन्छौं' पनि भने ।

सिङ्गै मुलुक जेलमय, सबै नेपाली माओवादीका बन्दी भए । विद्यार्थीले पढ्न पाएनन्, शिक्षकले पढाउन पाएनन्, ज्याला गरेर खानेले श्रम गर्न पाएनन्, बिरामीले ओखती गर्न पाएनन्, मृतकका आफन्तले मलामी जान पाएनन् ।

नेता भनेका जनताका अभिभावक हुनुपर्ने, जनताको आँसु पुछेर उनीहरूको दुःखमा आफू रूनुपर्ने तर नेपालका नेतालाई सत्ता, हडताल, बन्द र उपलब्धिहीन क्रान्तिबाहेक केही मन पर्दैन ।

माओवादीलाई बन्द फिर्ता लिन देशविदेश सबैतिरबाट दबाब आयो तर वास्ता गरेन । नेपाल उद्योग वाणिज्य महासङ्घलगायत थुप्रै सङ्घ-संस्था मिलेर मे ७ मा काठमाडौं वसन्तपुरबाट शान्तिर्‍याली निकाल्ने निर्णय भयो । आयोजकमध्ये हामी (महजोडी) पनि थियौं ।

शान्तिसभामा जानेहरूलाई माओवादीले आफ्नो विरोधी सम्झियो । शान्तिर्‍याली नगर्न ठूलो दबाब आयो तर जानै पर्ने थियो, बोल्नै पर्ने थियो । अत्याचार जसले गरे पनि त्यसको विरोध गर्नु नै थियो ।

पाँच दिनसम्म आयात नहुँदा काठमाडौंका दोकानहरू रित्तिन थालिसकेका थिए । मानिसहरू भोकभोकै हुने स्थिति आयो । अनि माओवादीप्रति मानिसको आक्रोश बढ्न थाल्यो । उसलाई नै भोट दिनेहरूले पनि उसको यो काममा समर्थन जनाएनन् ।

बाहिरबाट काठमाडौं आएका माओवादी कार्यकर्ताले टोलटोलमा गई बन्द गर्दा घरघरबाट त्यसको प्रतिरोध हुन थाल्यो । कति ठाउँमा त माओवादी कार्यकर्ताले कुटाइ पनि खान थाले ।

माओवादीलाई पनि यो अनिश्चितकालीन बन्द घाँडो हुन थालिसकेको थियो । 'यो बन्द अलि दिन लम्बिँदै गयो भने हामी पतनको बाटोमा पुग्छौँ' भन्ने महसुस नेताहरूलाई हुन थालिसकेको थियो ।

'शान्तिसभामा भाग लिन वसन्तपुर जाऔँ' भन्ने नारा हाम्रो फोटोसहित राखेर इन्टरनेट, फेसबुकहरूमा राखियो । एसएमएस, पत्रपत्रिकाहरूको पनि प्रचारप्रसारमा ठूलो भूमिका रह्यो ।

लाखौँ जनता सेतो सर्ट, सेतो टी-सर्ट लगाएर वसन्तपुर पुगे । हामी पनि बूढानीलकण्ठका छिमेकीहरू रामेश्वर केसी, मनोज शर्मा, जेबिन श्रेष्ठ, सन्तोष गौतम, क्याप्टेन महेश डङ्गोलसँगै हिँडेर वसन्तपुर पुग्यौँ र हिँडेरै फर्कियौँ । मलाई नेपाल बार एसोसिएसनका अध्यक्ष प्रेमबहादुर खड्काले 'बारको गाडीमा लगिदिन्छु' भनेका थिए तर उनी काङ्ग्रेस भएकाले 'फेरि काङ्ग्रेसले माओवादीविरूद्ध महलाई प्रयोग गऱ्यो भन्लान्' भनेर मानिनँ ।

त्यसपछि प्रहरीले पनि उसैको भ्यानमा पुऱ्याइदिन्छु भन्यो तर गइनँ ।

स्वतस्फूर्त रूपमा लाखौँ जनता शान्तिसभामा भाग लिन वसन्तपुर पुगे । त्यस भेलालाई राजनीतीकरण नहोस् भनेर नागरिक समाज, बुद्धिजीवीहरूलाई मात्र सम्बोधन गर्न दिइएको थियो । ठाउँठाउँमा सेतो टी-सर्ट लगाएर जानेलाई 'भिजिलान्ते' भनेर आक्रमण पनि भयो ।

मदन दाइले "यो बन्द भोलिसम्ममा फिर्ता लिनुपऱ्यो" भनेर सम्बोधन गरे । मैले "भोलिसम्म होइन, आजै फिर्ता लिनुपर्छ । हामी जनता भनेका मालिक हौँ, नेता भनेका नोकर हुन् । हामीले भनेको मानेनौ भने कान समातेर निकालिदिन्छौँ" भनेँ ।

संयोग त्यस्तै भयो, माओवादीले त्यसै दिन आन्दोलन फिर्ता लियो । प्रधानमन्त्रीदेखि सबै राजनीतिक पार्टीका नेताहरूले हामीलाई बधाई दिए । फोन उठाउँदा उठाउँदा हैरान ।

कसैकसैले त 'तपाईंहरूले जीवनमा गर्नुभएको सबैभन्दा ठूलो काम' पनि भनिदिए । वास्तवमा माओवादीका ठूला नेताहरूले पनि हामीलाई मनमनै धन्यवाद दिए होलान् । उनीहरूलाई नै घाँडो भइसकेको बन्दले सुरक्षित अवतरण हुने मौका पायो ।

उनीहरू हामीसँग रिसाएका छैनन् भन्ने मलाई थाहा छ । मलाई व्यक्तिगत दुःख पर्दा सबैभन्दा पहिले सहानुभूति दिन आउनेमा प्रचण्ड नै थिए ।

तर केही नयाँ माओवादी साथीहरूले 'हामीले युरोपियन युनियनको पैसा खायौं, माधव नेपालले दुई करोड दिए' भनेर भाषण पनि ठाउँठाउँमा गरेछन् । अनि महजोडीको पनि पुतला बनाएर ठाउँठाउँमा जलाएछन् ।

थ्याङ्क्युको मतलब

हामीलाई त्यस बखत धेरैले प्रश्न गर्थे— 'दरबारसँग तपाईंहरूको सम्बन्ध कस्तो छ ? राजाले तपाईंहरूलाई दर्शन भेट दिँदैनन् ?'

राजासँग हाम्रो रङ्गमञ्चमा मात्रै भेट हुन्थ्यो— उनीहरू दर्शक हामी प्रस्तोता ।

२०४२ साउन १८ गते जेठो छोरो जन्मिएर मीरा प्रसूतिगृहकै बेडमा थिइन् । नीर शाहले फोन गरे र भने— "तपाईंहरूलाई महाराजाधिराज सरकारले भेट्न खोजिबक्सेको छ, आज साँझ ।"

हामी कुमार खड्गविक्रम र शाहजादी शारदा शाहको घर कमलादीबाट नीर शाहकै गाडीमा बसेर गयौं । हामीलाई तल्लो तलाको वेटिङ रूममा राखियो । पञ्चायतविरोधी काम गर्ने भएकाले के भन्लान् भन्ने अप्ठ्यारो लागिरहेको थियो ।

जर्नेल शान्तबहादुर मल्ल, ताराबहादुर केसी, नीर शाह पनि हामीसँगै थिए । उनीहरूको पनि बाहिरिया मान्छेको अगाडि राजपरिवारको जमघटमा बस्ने हैसियत हुँदो रहेनछ ।

हामीलाई केही बेरपछि माथि बोलाइयो । राजपरिवारका धेरै सदस्यहरू बैठकमा थिए । सबैको हातमा गिलास थियो । मलाई पुत्रलाभ भएको उनीहरूलाई थाहा रहेछ । सबैले बधाई दिए । मैले कृतज्ञता प्रकट गरें ।

'हामीले केही प्रस्तुति गरेर हँसाउनुपर्छ होला' भनेर गएका थिएनौं तर त्यहाँ 'केही कुरा सुनाउन' भनियो । कोसिस गऱ्यौं तर सबै जना मात्रा अड्कलेर मात्र हाँस्तै थिए । दरबारका सदस्यहरू हाँस्ने, बोल्ने पनि ठाउँ हेरेर गर्दा रहेछन् । उनीहरूलाई मान्छे हेरेर 'कस्तो बेलामा कसरी बोल्नुपर्छ, हाँस्नुपर्छ' भन्ने थाहा हुन्छ रे ।

एक घण्टाजतिपछि राजा वीरेन्द्रले हामीलाई 'थ्याङ्क्यु' भने । त्यसको मतलब 'अब पुग्यो' भन्ने रहेछ । हामी फेरि तल पहिलेकै कोठामा पुग्यौं । जर्नेल शान्तबहादुर मल्लले हामीलाई दुई-दुई हजार रूपैयाँ दिँदै भने– "ल, यो तपाईंहरूलाई महाराजाधिराज सरकारले बक्सेको । यसलाई खर्च नगर्नोस् । सरकार असाध्यै खुसी भएर बक्सेको हो । सरकारले कसैलाई यसरी पैसा बक्सन्न, तपाईंहरूलाई मात्र बक्सेको हो । राजाले बक्सेको भनेर यी नोटलाई फ्रेममा हालेर राख्नुहोस् ।"

मैले मनमनै भनें– 'जाबो दुई हजार त राजाले मलाई दिनु पर्दैन । बरू मै राजालाई तीन हजार दिन सक्थें ।' तैपनि तिरस्कार गर्नु भएन । मैले भनें– "पैसा जस्तो कुरा, त्यसरी फ्रेम हालेर राख्यो भने त पैसाको अस्तित्व नै हुँदैन नि । घर बनाउँदै छु, यो पैसाको सिमेन्ट किनेर प्लास्टर गर्छु र सरकारले बक्सेको भनेर भित्ता हेरिरहन्छु ।"

शान्तबहादुर मल्ल खुब हाँसे र भने– "म यो कुरा सरकारलाई बिन्ती चढाउँछु ।"

राजारानी त्यहाँबाट गएछन् अनि हामीलाई फेरि अगिकै कोठामा बोलाइयो । अधिराजकुमार ज्ञानेन्द्रले भने– "दाइको सवारी भयो । अब हामी बसौं, अलिअलि पिउने होइन ?" उनले आफू बसेकै थ्रिसिटर सोफामा 'बस' भन्दा हामीलाई त्यस बखतका अधिराजकुमारसँग एउटै सोफामा बस्न अप्ठ्यारो लाग्यो । ज्ञानेन्द्रले हातमा समातेर भने– "बसौंबसौं, केही अप्ठ्यारो मान्नु पर्दैन ।"

हामीले ह्विस्की पनि खायौं । मैले अधिराजकुमार ज्ञानेन्द्रलाई भनें– "सरकारलाई एउटा कुरा बिन्ती चढाउँ ?"

सानैदेखि थापाहरूसँग सङ्गत भएकाले मलाई दरबारिया भाषा करिबकरिब आउँथ्यो । ज्ञानेन्द्रले भने– "भन न भन, के भन्न खोजेको ?"

मैले भनें– "सरकार त बाहिरबाट हेर्दा मात्र एकदम रिजर्भ जस्तो देखिबक्सन्छ तर यहाँ त कस्तो फ्रेन्ड्ली लाग्यो ।"

उनले हाँसेर भने– "ए हो ? म त्यस्तो देखिन्छु ? अरूले पनि त्यसै भन्छन् ।"

अलिअलि पारिवारिक कुराहरू भए । शाहजादी शारदा शाहले मासुको एउटा परिकार दिइन् । मैले सोधें– "सरकार, यो के हो ?"

उनले भनिन्– "यो मासुको बरी हो ।"

मैले पनि भनिहालें– "ए, यो बरी, मचाहिँ हरि ! हरिको मुखमा बरी ।"

म बोल्दा खुब हाँसो गुन्जियो । त्यसपछि दरबारका कुनै पनि सदस्यसँग फेरि भेट भएको थिएन ।

देशमा पञ्चायती शासन थियो । भैरहवा र बुटवलबीच 'को ठूलो' भन्ने ठूलै प्रतिस्पर्धा हुन्थ्यो । दुवै स्थान कोहीभन्दा कोही कम हुन चाहँदैनथे । हाम्रो सांस्कृतिक टोली कार्यक्रम गर्दै पोखराबाट बुटवलतर्फ लागेको थियो । भुलवश भैरहवा र बुटवलमा एकै दिन एकै समयमा कार्यक्रमको टिकट बिक्री भएको रहेछ । एकै दिन एकै समयमा दुई ठाउँमा कार्यक्रम प्रदर्शन गर्न सकिँदैनथ्यो । हामीले बुटवललाई कार्यक्रम एक दिन सार्न अनुरोध गऱ्यौं, बुटवलले मान्दै मानेन । भैरहवालाई पनि अनुरोध गऱ्यौं, एक इन्च पनि सरेन आफ्नो अडानबाट ।

'त्यही दिन दिउँसो एक ठाउँमा, साँझ अर्को ठाउँमा कार्यक्रम प्रदर्शन गर्छौं' भन्यौ । दुवै पक्ष 'साँझ छ बजे नै हाम्रो ठाउँमा गर्नुपर्छ' भन्छन् । हामी साह्रै सङ्कटमा परेका थियौं । एक जनाले 'यो समस्याको समाधान त्यस क्षेत्रका नेता दीपक बोहोराले मात्र गर्न सक्छन्, उनलाई भेट्नू' भने । हामी दीपक बोहोरालाई भेट्न भैरहवा गयौं । 'उनी लुम्बिनीतिर लागेका छन्, त्यहाँ राजा वीरेन्द्र र रानी ऐश्वर्य रेयुकाई नेपालको कार्यक्रममा आएका छन्' भन्ने थाहा भयो ।

हामी लुम्बिनी पुग्यौं । राजारानी मञ्चमा बसेका थिए । स्कुलका विद्यार्थी, ठाउँठाउँबाट आएका झाँकी, जुलुस, सर्वसाधारणले मञ्चअगाडिको चौर खचाखच थियो । हामी मञ्चमा राजारानीपछाडि मेचमा बसेका दीपक बोहोरालाई भेट्न

चौरको पछाडिबाट छिऱ्यौं । एक-दुई जनाले हामीलाई चिनेछन् । एउटाले अर्कोलाई 'ऊ महजोडी आए' भनेछ, अर्कोले अर्कोलाई भनेछ । चौरमा बसेका सारा मान्छे हामीलाई नै हेर्न थाले । स्कुलका विद्यार्थीहरू कागज ल्याउँदै 'अटोग्राफ' भन्न थाले । सबैको घाँटी हामीतिर फर्केको देखेर मञ्चमा बसेका राजारानी पनि ढाड तन्काईतन्काई 'किन सबै मान्छेले पछाडि हेरे' भनेर हेर्न थाले । हामीलाई एक जना प्रहरी अधिकृतले 'तपाईंहरू गइदिनुस् न ! राजारानीको कार्यक्रम नै बिथोलिन लाग्यो' भने । हाम्रो उद्देश्य राजारानीको कार्यक्रम बिथोल्नु थिएन अनि हामी हुलबाट हिँड्यौं । पछि दीपक बोहोराले कुरो मिलाइदिए– भैरहवामा दिउँसो एक बजेदेखि कार्यक्रम गऱ्यौं, बुटवलमा साँझ छ बजे नै ।

ज्ञानेन्द्र राजा भएपछि गोकर्णमा सामूहिक भेटमा हामीलाई पनि बोलाइएको थियो । त्यस बखत नारायण वाग्ले, प्रतीक प्रधानलगायत हामी पनि सँगै थियौं । मलाई राजा ज्ञानेन्द्रले सोधे– "छोरो कत्रो भयो ? के गर्छ ?"

बीस वर्षअगाडि गरेको कुराको पनि सम्झना रहेछ ।

राजनीतिक कुराको सन्दर्भमा चाहिँ मैले भनें– "सरकारले राजनीतिक पार्टीसँग कम्प्रोमाइज गर्नुपर्छ । उनीहरूलाई भेट्नुपर्छ ।"

राजाले टाउको हल्लाएर 'थ्याङ्क्यु' भने । थ्याङ्क्युको मतलब हो– भयो, जाऊ ।

सोखिन गायक

सानो छँदा पित्तलको गाग्रीभित्र मुख छिराएर धेरै बेर गाउँथें– मैले गाएको अरूले नसुनून् भनेर । गाउन मन लाग्थ्यो, अरूले सुन्लान् भन्ने लाज पनि लाग्थ्यो ।

अभिनय मेरो पेसा हो, गीत मेरो सोख । अभिनय मेरो रोजीरोटीसँग गाँसिएको छ । गीत नगाए पनि मेरो घर चल्न सक्छ, भाँडाकुँडा बज्न सक्छन् ।

मदनकृष्ण दाइ र मबीच मात्रै साझेदारी सफल हुन सकेको छ । महसञ्चार कार्यालय हाम्रो व्यावसायिक संस्था हो । हामीलाई यो संस्थाले व्यावसायिक सन्तुष्टि पनि दिएको छ तर यो संस्थाबाहेक जहाँ लगानी गरे पनि हाम्रो पैसा, सेयर, लगानीको सावाँब्याज डुबेको छ ।

मदन दाइको स्वर मेरोभन्दा धेरै राम्रो छ । उनले आफ्नो करिअर गीतबाटै सुरू गरेका हुन् । फुर्सद भयो कि उनी गीतमा ध्यान दिन्छन् । एकताका उनी फुर्सद भयो कि सिम्फोनिक रेकर्डिङ स्टुडियोमा पुगिहाल्थे । मदन दाइलाई सिम्फोनिक रेकर्डिङ स्टुडियोमा लगानी गर्न त्यहाँका 'तीन निकट महाविकट' पार्टनरले प्रस्ताव राखेछन् ।

२०५८ सालतिर सिम्फोनिकमा हामीले पनि चौध लाख रूपैयाँ लगानी गऱ्यौं । हाम्रो जग्गा धितो राखेर छ लाख रूपैयाँ ऋण पनि लिइदियौं ।

स्टुडियो डिजिटल भयो । नेपालको सबैभन्दा राम्रो, स्तरीय स्टुडियोमा नाम आउन थाल्यो । त्यहाँ अरूले गाएको देखेर मलाई पनि गीत गाउँगाउँ लाग्न थाल्यो । म सानो छँदा गीत गाउँथें तर अरूले नसुन्ने गरी ।

२०३३ सालतिर मैले राम थापा, जयनन्द लामासँग एक-दुईओटा लोकगीत गाएको थिएँ । खासै राम्रो भएको थिएन । त्यस बखत गीत गाउँदा बिग्रियो भने फेरि सुरूदेखि गाउनुपर्थ्यो, बजाउनुपर्थ्यो । तर हिजोआज पहिले गीतको म्युजिक ट्र्याक बनाइन्छ अनि गाउँदा जहाँ बिग्रियो, त्यहीँबाट गाउन सकिन्छ । यो प्रविधि ननिस्केको भए म गायक हुन सक्ने थिइनँ ।

आफ्नो पनि लगानी भएको हुनाले मलाई 'गीत गाउँछु' भन्न सजिलो भयो तर गीत कोसँग माग्ने, सङ्गीत कसलाई दिन लगाउने ? आफूलाई यो विषयको पटक्कै ज्ञान थिएन । कसैसँग सिक्न जान पनि लाज लाग्थ्यो ।

मैले हार्मोनियम किनेर ल्याएँ र घट्टेकुलोको घरको कौसीमा एउटा साउन्ड प्रुफ कोठा पनि आफ्नै नक्सामा बनाएँ । अनि सङ्गीतकार शिलाबहादुर मोक्तानको घरमा लाज दबाएर गएँ । म उनको घरमा जाँदा कुन्ती बहिनी पनि खुसी भइन् ।

मैले लाज मानीमानी भनें– "मलाई हार्मोनियम सिक्न रहर लाग्यो, सिकाइदिनुस् न ।" शिलाबहादुरजीले आश्चर्य मान्दै 'हुन्छ' भने । बिहानबिहान हप्ताको तीन दिन बोलाए । मैले उनीसँग सारेगम र हार्मोनियमका कर्ड अलिअलि सिकें अनि घरको साउन्ड प्रुफ कोठामा बिहान एक घण्टा हार्मोनियमसँग चल्न थालें ।

अच्युत दवाडी भाइसँग तबलाका तालहरूको ज्ञान लिएँ । उनी मेरो घरमै आएर मलाई सिकाइदिन थाले तर मेरो छिप्पिएको दिमागमा सजिलोसँग घुसेन । त्यही कुरो अलि बेलैमा सिकेको भए चाँडै जान्ने थिएँ होला । तैपनि अलिअलि काम चलाउ जानें । 'जे पर्लापर्ला' भनेर केही गीत आफै लेख्ने कोसिस गरें । सङ्गीत पनि आफैले राखें । भूपाल सिंहले राम्रो सङ्गीत संयोजन गरिदिए ।

चञ्चले चञ्चले गण्डकी अञ्चले...

हाम्री आमा सारै नै बाठी छन्...

साझा बसमा जो पनि चढ्दछ...

बराबर, तिम्रो मेरो माया बराबर...

केही आधुनिक गीतहरू पनि लेखें । सङ्गीत पनि आफैले भरें । आफ्नो गायकी त्यति बलियो नभएकाले मलाई कुनै सङ्गीतकारकहाँ गएर सङ्गीत भरिदेऊ भन्ने आँटै आएन । किनभने कुनै पनि गीतकार, सङ्गीतकारले आफूले रचना गरेको कृति चलोस्, खेर नजाओस् भन्ने कल्पना गर्छ । मैले गाएका आधुनिक गीत आफैले सुन्दा पनि राम्रो लागेन तर हाइस्केलमा गाएका गीत सुन्दा राम्रै सुनिंदो रहेछ ।

स्थापित गायिका सुकमित गुरूङसँग मैले गाएको 'चञ्चले चञ्चले गण्डकी अञ्चले...' गीत नेपाल टेलिभिजनबाट प्रसारण भयो । म रातारात गायकमा दर्ता भएँ । हिजोआजका गीतहरू सुन्ने मात्रै हुँदैनन्, हेर्ने पनि हुन्छन् ।

नेपाल टेलिभिजनका रोसनप्रताप राणाले 'चञ्चले चञ्चले', 'हाम्री आमा सारै नै बाठी' लाई म्युजिक भिडियो बनाइदिए । मेरो गीत झन् घन्किन थाल्यो ।

'हाम्री आमा साह्रै नै बाठी छन्...' भन्ने गीतमा मैले अधबैंसे आइमाई भएर अभिनय गरेको छु । त्यो गीत टेलिभिजनबाट प्रसारण हुँदा मेरी माइली दिदी गीता लाजले भुतुक्कै हुन्छिन् । अरूले भनेछन्– "त्यो गीतमा तपाईंको भाइ त ठ्याक्कै तपाईं जस्तै लाग्यो । तपाईं नै टिभीमा आए जस्तो लाग्छ ।"

त्यो गीत आएपछि लाजले दिदी त टिभी नै पो बन्द गर्न थालिछन् ।

'फिलिम' भन्ने फिल्ममा राखेको 'साझा बसमा जो पनि चढ्दछ...' नामको गीतले मलाई अझ स्थापित गराइदियो । यसबाट के थाहा पाएँ भने म राम्रो गायक नभए पनि ममा एउटा छुट्टै गाउनेपन रहेछ । 'तँ त साह्रै बिग्रिस् नि बद्री' चलचित्रमा मैले शम्भुजित बास्कोटाको सङ्गीतमा आफैले लेखेको गीत भारतीय गायिका सपना अवस्थीसँग गाएँ–

केटा *: धुँदा पनि गएन पखाल्दा नि भएन*

ओखतीले छोएन फुमन्तरले झरेन

काँडा बिझ्यो मुटुमा गाजलु

निचर्दा नि काँडा झऱ्यो कठै मुटु खिलै झरेन

केटी : *तिमी पऱ्यौ पिरेममा मादलु...*

पिरेम काँडा बिझाएछौ तिमीले आफ्नो मुटुमा

मुम्बैमा रेकर्ड गर्दा केटाले गाउने लाइनहरू एकदम हाइ स्केल देखेर अवस्थीले भनिन्– "कौन गा सक्ता हे ऐसे हाइ स्केलमे ?"

शम्भुजित बास्कोटाले मलाई देखाएर भने– "उसले गाउँछ यो स्केलमा ।"

सपना अवस्थीले 'यस्तो स्केलमा गाउने मान्छे कमै हुन्छन्' भनिन् ।

मैले गीत गाएर उत्तर कोरियाको स्प्रिङ फेस्टिबलमा कास्य पदक पाएको छु । मैले गीत गाएर पाएको यो मात्रै एउटा पुरस्कार हो ।

गीतमा आफ्नो मूल्याङ्कन गर्नुपऱ्यो भने म केही पनि नजानेको मान्छे हुँ । जसरी गाउँघरमा मेलापात जाँदा, गाई चराउन जाँदा गीत गाउँछन् गाउँलेहरूले र लोकभाका जन्मिन्छ तर तिनीहरूले कतै गएर कुनै तालिम लिएका हुँदैनन् । म पनि त्यस्तैत्यस्तै हुँ ।

सफल गायक हुन वर्षौं तपस्या गर्नुपर्छ । मैले जस्तो एक-दुई महिना तपस्या गरेर कहाँ हुन्छ र ! सानै उमेरदेखि केही रागहरू सिक्न सकेको भए अहिले राम्रै हुने रहेछ । त्यसैताका मदन दाइले पनि सिम्फोनिक रेकर्डिङ स्टुडियोमा आफैले लेखेर गीत रेकर्ड गराए–

अर्बौं मान्छेहरूमा तिमी एक मन पर्ने मान्छे...

खोलावारि खोलापारि...

मदन दाइ त गायनमा पहिले नै स्थापित भइसकेका थिए तर मलाई चाहिँ सिम्फोनिकले स्थापित गराइदियो । गायकमा स्थापित भएँ तर सिम्फोनिकले साझेदारी व्यापारबाट विस्थापित गराइदियो । साझेदारी व्यापारमा साथीहरूले इमानदारी देखाएनन् । पछि मुद्दामामिला भयो । हामीले आफ्नो लगानी फिर्ता लिन मुद्दामामिला नै गर्नुपऱ्यो ।

हामी जर्मनीमा कार्यक्रम देखाउन गएका थियौं । आयोजक खड्ग न्यौपानेले हामीलाई हिँड्ने बेला "लौ है सारङ्गी रेटौंला, मौका मिले फेरि भेटौंला" भने । मलाई यो हरफ खुब राम्रो लाग्यो । अनि मैले खड्गलाई

भनें– "मलाई यो हरफ मन पऱ्यो । गीत बनाएर गाउन अनुमति दिनोस् ।"
उनले 'हुन्छ' भने । काठमाडौं आएर पछाडिका शब्दहरू लेखेर सङ्गीत पनि
म आफैले भरें र लक्ष्मी न्यौपानेसँग गाएँ । मूल शब्द सारङ्गी रेटौंला, मौका
मिले फेरि भेटौंला– उनको भएकाले मैले रचनामा उनकै नाम खड्ग न्यौपाने
राखेको छु ।

सारङ्गी रेटौंला मौका मिले फेरि भेटौंला जस्तै मौका मिले एउटा-दुइटा
गीत गाउने रहर आज पनि लागिरहन्छ ।

चलचित्र र म

म पद्मोदय स्कुलमा पढ्दा हिन्दी चलचित्र 'फर्ज' काठमाडौंको जय नेपाल हलमा चलेको थियो । मैले त्यो फिल्म पहिलो दिनको पहिलो प्रदर्शनमै हेरें । हल छुट्यो, सबै बाहिर निस्किए, म निस्किनँ । सेकेन्ड क्लासको ढोकामा राखेको कालो पर्दापछाडि लुकेर बसें ।

हलमा मान्छे छोडेपछि सिटमा बसें । सिटमा टिकटवाला आयो, म अर्को सिटमा सरें । फेरि त्यहाँ मान्छे आयो, म अर्को सिटमा सरें । सिनेमा सुरू भयो । टोलका दादाहरू बिनाटिकट हलभित्र आएर उभिएर हेर्थे । हाम्रो घरमा दूध ल्याउनेको छोरो तीर्थ भन्ने थियो, म उसैसँग टाँसिएर उभिएँ र फिल्म हेरें । तेस्रो सो तीर्थले पनि हे-यो, मैले उसलाई छोड्दै छोडिनँ– तेस्रो सो पनि हेरें ।

चिनियाँलाई भिलेन बनाएको हुनाले चाइनिज एम्बेसीले भोलिपल्ट नेपाल सरकारलाई भनेर फिल्म ब्यान्ड गर्न लगायो । 'फर्ज' फिल्म हेर्नेहरूको स्कुलमा ठूलो इज्जत थियो । साथीहरू मलाई देखाएर 'यसले फर्ज हेरेको छ' भन्थे । म दस जना साथीहरूसँग दसदस पैसा उठाएर एक रूपैयाँ पु-याउँथें र पैसा लिएर फर्ज फिल्मको कथा सुनाउँथें । त्यस बखत मैले फर्जको कथा सुनाएरै तीस-चालीस रूपैयाँ कमाएँ होला ।

सिनेमा हेरेर अभिनय मात्र होइन, एक्सन पनि गर्न मन लाग्थ्यो । हामी पद्मोदय माध्यमिक विद्यालयमा पढ्दा नजिकै तीन तलाको वाल्मीकि क्याम्पस

बन्दै थियो । हामी त्यो तीनतले वाल्मीकि क्याम्पसको छतबाट 'ढिसिम...ढिसिम...' गर्दै बक्सिङ खाएर ढले जस्तो गरी तल भुँइमा थुपारिएको बालुवामा खस्थ्यौं । देख्नेहरू जिब्रो टोक्थे ।

एउटा धार्मिक फिल्ममा महादेवले आफ्नो वाहन साँढे चढेको देख्ता मलाई पनि महादेव जस्तै भएर साँढेमाथि चढ्ने रहर जाग्यो । म जन्मिएको टोल टङ्गाल गैरीधाराको घरको पर्खालमुनि एउटा च्यान्टेच्यान्टे साँढे शीतलमा उभिएर उघ्राइरहेको थियो । मलाई फिल्मको जस्तै महादेव बन्न असाध्यै इच्छा जाग्यो र पर्खालमाथि चढेर मुनि उभिइरहेको साँढेको जिउमा बिस्तारै हामफालेँ । साँढे अकस्मात् आफ्नो जिउमा मान्छे बसेको देखेर तर्सेर बेस्कन उफ्रियो अनि मैले त्यो च्यान्टेच्यान्टे साँढेको घाँटीमा च्याप्प समातेँ । साँढे बेस्कन उफ्रियो । टोलका मान्छेहरूले झ्यालबाट हेरेर गाली गरे । साँढेबाट ओर्लेर भागौं भने सिङले हानेर भुँडी प्वाल पारिदेला भन्ने डर । साँढे धेरै बेर उफ्रेपछि थाकेर होला, एकछिन चुप लाग्यो । म त्यही मौकामा साँढेबाट हाम फालेर भागें । साँढेमाथि बसेर महादेवको अभिनय गर्न सक्ने कुरै भएन, डरले होसहवास गुमिहाल्यो । अनुहारचाहिँ काली रिसाएर विष ओकल्दा विष नफैलियोस् भनेर कालीको मुखबाट खसेको विष खाइदिने महादेवको जस्तै नीलो भएको थियो डरले ।

तीर्थ दादासँग सङ्गत भएकाले मलाई जय नेपाल हलमा टिकट काट्नु पर्दैनथ्यो । सिट खाली भएको बेला सिटमै बस्थें । नभएको बेला उभिएर फिल्म हेर्थें ।

'ब्रह्मचारी' भन्ने हिन्दी फिल्म मैले बीस पटकभन्दा बढी हेरें होला । 'मनको बाँध' भन्ने नेपाली श्यामश्वेत चलचित्र मैले बाइस पटक हेरेको छु । वस्ताद भैरवबहादुर थापा, वसुन्धरा भुसाल र कुलदीप शेरचन तीनै जनाको अभिनय म पूरै गरेर देखाउँथें । वास्तवमा वस्ताद भैरवबहादुर थापाको एउटा आँखा साँच्चिकै सानो थियो । मैले 'कान्तिपुर' मा वडाध्यक्षको भूमिकामा उनकै आँखाको अभिनय गरेको हुँ ।

२०३०-०३१ सालतिर होला, शाही नेपाल चलचित्र संस्थानले 'मनको बाँध' फिल्मपछि पहिलो नेपाली रङ्गीन चलचित्र निर्माण गर्न तीनतिरबाट खिचेको

पोस्टकार्ड साइजको तस्बिर राखेर कलाकारको दर्खास्त आह्वान गरेको थियो। मैले पनि फोटा राखेर निवेदन दिएँ। अन्तर्वार्ताका लागि बोलाइयो। मैले अन्तर्वार्तामा 'मनको बाँध' फिल्ममा वस्ताद भैरवबहादुर थापा, वसुन्धरा भुसाल र कुलदीप शेरचनको अभिनय एक्लै गरेर देखाएँ। अन्तर्वार्तामा बस्ने मान्छेहरू खुब हाँसे।

अन्तर्वार्ताको रिजल्ट कहिले आउला भनेर म दिनहुँ बालाजुस्थित चलचित्र संस्थानमा पुग्थें। त्यस फिल्मका निर्देशक प्रेमबहादुर बस्नेतलाई देखिएला कि भनेर घण्टौं कुर्थें र नमस्कार गरेर फर्कन्थें। रिजल्ट भयो। मेरो नाम पहिलो लिस्टमै आयो। 'अब फिल्म खेल्न पाइने भयो' भनेर हर्षले गद्‌गद भएँ।

त्यस बखत फिल्ममा अभिनय गर्न प्रधानमन्त्रीदेखि दरबारसम्मको भनसुन चल्थ्यो। मलाई 'कुमारी' चलचित्रमा खलाँसीको रोल दिने निश्चित भएको थियो रे तर पछि 'ज्यादै कलिलो देखिएँ' भनेर त्यो रोल दिइएन।

अन्तर्वार्तामा पहिलो लिस्टमै नाम निकालेको र धाउन पनि दिनका दिन चलचित्र संस्थानको चौरमा गएर लम्पट कसेको हुनाले मलाई केही न केही रोल त दिनै पर्ने भयो।

रेस्टुराँमा जहिले पनि रक्सी खान जाने मान्छेले एक दिन पन्ध्र-सोह्र वर्षको छोरो पनि लिएर आउँछ अनि बाबुले जबरजस्ती छोरालाई पनि खुवाउँछ। छोराले रक्सी खाएर दलिन घुमेको देख्ने एक मिनेटको दृश्य मेरा लागि थपिएछ।

त्यतिखेर चलचित्र संस्थानका क्यामेराम्यान, एडिटर र अधिकृतहरू अरूलाई उल्लीबिल्ली पार्थे। मलाई पनि 'यो रक्सी खाने सिनमा त साँच्चिकै रक्सी खायो भने एकदम राम्रो हुन्छ' भनेर दुई पेगजति खुकुरी रम खुवाए। रक्सीको मात लागेर टेबलमै बान्ता गरें।

भोलिपल्ट रक्सी नखाईकन मेरो दृश्य खिचियो। क्यामेराम्यान, एडिटर र अरूहरू त त्यो दिन पनि 'खाऊखाऊ' भन्दै थिए तर निर्देशक प्रेमबहादुर बस्नेतले 'खानु पर्दैन' भने। मेरो एक मिनेटको भूमिका फिल्म हेर्दा कता बिलायो कता। तैपनि त्यस बखत नेपाली चलचित्र पाँच वर्षमा एउटा बन्ने भएकाले धेरैले हेर्थे र सानै भूमिका खेले पनि मान्छेले अलिअलि चिन्थे।

'कुमारी' चलचित्रबाट क्यामेराभित्र पसेको म प्रकाश थापाले निर्देशन गरेको 'सिन्दूर' मा पनि सुगा लिएर हात हेर्न बस्ने ज्योतिषीको दुई मिनेटको मात्र भूमिका दिए । निर्देशक थापा मदेखि निकै प्रभावित भएका थिए र अन्तर्वार्ताहरूमा मेरो खुब प्रशंसा गर्थे ।

पछि 'सिन्दूर' चलचित्र टिभीमा दिँदा हेरेर मीराले भनिन्– "त्यो बेला हजुरभन्दा त चङ्खे गोपालराज मैनाली ह्यान्डसम रहेछन् ।"

प्रकाश थापाकै निर्देशनमा बनेको 'जीवनरेखा' चलचित्रमा मलाई दुई सिन हजामको रोल दिए । सुटिङ भएको झन्डै तीन-चार वर्षपछि मात्र रिलिज भयो । रिलिज हुँदा हाम्रा 'यमलोक', 'अंशबन्डा' जस्ता क्यासेटहरू निस्किसकेका थिए । हामीलाई चिन्ने भएकाले 'जीवनरेखा' हेरेर 'के त्यस्तो जाबो दुई सिन खेलेको, त्यस्तो रोल तपाईं जस्तो मान्छेले खेल्नै नहुने' भनेर धेरैले भने । 'यो पहिले नै सुटिङ भएको हो' भनेर कति जनालाई भन्दै हिँड्नु !

हाम्रो लोकप्रियता बढ्दै थियो । नीर शाह शाही नेपाल चलचित्र संस्थानको डेपुटी जीएम छँदा टीका सिंह महाप्रबन्धक थिए । नीर शाहले मदन दाइ र मलाई 'एउटा चलचित्र बनाउनुपर्‍यो, कथा तपाईंहरू नै लेख्नुस्' भने । पछि त्यो टिममा गोपालराज मैनाली पनि थपिए । कथा लेख्तै गयौं । त्यसमा मुख्य नायकको भूमिका मलाई, नायिकाको बाबुको भूमिका मदन दाइलाई र नायककी बहिनीको श्रीमान् गोपालराजलाई दिने भन्ने भयो ।

नायकको चरित्र हास्यप्रधान थियो । चलचित्र संस्थानका मान्छेहरूले महाप्रबन्धक टीका सिंहलाई उकासिदिएछन्– 'यो चलचित्र बन्नुभन्दा पहिले नै फ्लप भयो । हिरो पनि कहीँ हास्यप्रधान हुन्छ ? फेरि हरिवंश भनेको हास्यकलाकार हो । हास्यकलाकारलाई हिरो बनाएपछि फिल्मले त जिरो नम्बर पाउँछ ।'

मलाई हिरोबाट भिलेन बनाउने निर्णय भयो तर त्यस बेलासम्म म अलिअलि मोटाएर राम्रै भइसकेको थिएँ । वास्तवमा हिरो बनाएको भए पनि म सुहाउने भइसकेको थिएँ । म भिलेन भएपछि हिरोको व्यापक खोजी हुन थाल्यो । हामीले हाम्रै साथी राजु भुजू हुन्छ कि भन्यौं । करिबकरिब भइसकेको थियो तर निर्देशक प्रदीप रिमालले गोरो, अग्लो, राम्रो पुरन जोशीलाई खोजेर

ल्याएछन् । फिल्म ठीकठीकै मात्रै भयो । तर त्यस बखत फाटफुट मात्रै बन्ने भएकाले नेपाली फिल्म जस्तो बनाए पनि चल्थ्यो । 'के घर के डेरा' फिल्म हिट भयो, पैसा पनि उठायो होला ।

नीर शाह र महाप्रबन्धकको ठ्याक मिलेन । दुवै जना त्यस बेलाका पावरदार । शाहजादीका देवर नीर शाहको पावरभन्दा महाप्रबन्धक टीका सिंहको पावर धेरै रहेछ । नीर शाहले चलचित्र संस्थान छोडेर विनोद चौधरीको लगानीमा ध्रुवचन्द्र गौतमको उपन्यास 'कट्टेल सरको चोटपटक' मा आधारित 'वासुदेव' चलचित्र बनाए । त्यसमा हाम्रो भूमिका राम्रै भयो तर आफूप्रधान फिल्ममा काम गर्ने रहरचाहिँ पूरा भएन ।

२०४६ सालको जनआन्दोलनपछि रामेश श्रेष्ठ दाइले एउटा बेजोड राजनीतिक चलचित्र बनाउने रहर गरेछन् । निरङ्कुशताविरूद्ध आवाज उठाउँदै आएका गीतहरू– 'गाउँगाउँबाट उठ...', 'कोही त भने जहाजमा हरर...', 'एक युगमा एक दिन एकपल्ट आउँछ...' आदि समावेश गरी मोदनाथ प्रश्रितको कथा, तुलसी घिमिरेको निर्देशन, श्याम सापकोटाको लगानीमा 'बलिदान' चलचित्र बन्ने भयो । उनीहरू नायकको खोजीमा लागे तर कल्पना गरे जस्तो नायक कतै पाएनछन् ।

रामेश दाइले मेरो अनुहारमा के देखे कुन्नि, उनलाई 'यसले गर्न सक्छ' भन्ने लागेछ । निर्देशक तुलसी घिमिरेले पनि सहमति जनाए । मदन दाइ र मलाई कथा सुनाए । मैले रङ्गमञ्चमा निर्वाह गर्दै आएको भूमिका र हामीमा लागेको हास्यकलाकारको छापभन्दा हामीले चलचित्रमा निभाउनुपर्ने भूमिका पूरै फरक थियो । त्यस भूमिकामा हास्यको 'हा' पनि थिएन । गम्भीर राजनीतिक चिन्तनमा डुबेको र कम्युनिस्ट आन्दोलनको साँच्चिकै नायकको भूमिका निभाउनुपर्ने थियो ।

धेरैले 'यस्तो गम्भीर भूमिका हरिवंशलाई सुहाउँदैन' भनेछन् । तर रामेश दाइ, तुलसी घिमिरे, श्याम सापकोटाले मलाई नै रोज्नुभयो । मलाई डर पनि लाग्यो– 'केही गरी मेरो कारणले चलचित्र फ्लप भयो र चलेन भने त म पनि डुब्छु, मसँगसँगै अरू पनि डुब्छन् ।'

तर, मेरो ह्रदयमा 'म यस्तो गम्भीर भूमिका पनि निभाउन सक्छु र हामीले निभाउनु पनि पर्छ, खालि हास्यकलाकारको छविमा बस्नु हुँदैन' भन्ने लाग्यो । म मेहनत गर्न थालें । ऐना हेरेर एक्लै कोठामा अभ्यास गर्न थालें ।

शरीर मोटो भइसकेको थियो । व्यायाम गरेर नौ किलो तौल घटाएँ । धेरै जसो सुटिङ धरानतिर भयो । म धरानको छाताचोकबाट दिनहुँ उकालैउकालो दौडेर फुस्रे पुग्थें । मसँगै दौडने साथी निर्माता तथा कलाकार केशव भट्टराई र शैलेस श्रेष्ठ पनि थिए ।

धरान नगरपालिकाभित्र अदालतको दृश्य छायाङ्कन भयो । इनरूवामा एउटा साँच्चिकै बनेर पनि प्रयोग नगरिएको जेल रहेछ । त्यहाँ जेलभित्रका दृश्यहरू छायाङ्कन भयो । निर्देशक, निर्माता र रामेश दाइ मेरो अभिनयबाट सन्तुष्ट भए । नीर शाहसँग जेलर र कैदीको दृश्य छायाङ्कन गर्दा ज्यादै आनन्द लाग्यो । नायिका अञ्जना श्रेष्ठले त बलिदानलाई ज्यान थपिदिएकी हुन् ।

तत्कालीन अञ्चलाधीशको रूपमा नीलकाजी शाक्यसँग गरेको अभिनय पनि आनन्द लाग्दो थियो । मदन दाइ भूतपूर्व सैनिक भएर गरेको अभिनय त झन् कुरै भएन ।

सुटिङ गर्न पनि ऋतु हुन्छ । वर्षा ऋतुमा आउटडोर सुटिङ अनुभवीहरूले गर्दैनन् । 'बलिदान' को आउटडोर सुटिङ ठ्याक्कै वर्षा ऋतुमा सुरू भयो । धरान छाताचोकबाट भेडेटारसम्म गयो, झमझम पानी परेकाले फर्केर आयो । अर्को दिन फेरि भेडेटार गयो, एक-दुईओटा सट सुरू हुन्छ, फेरि पानी पर्छ । फेरि फर्केर आयो ।

त्यसरी दुई महिनासम्म धरानमा बस्यौं । घरको न्यास्रो लाग्थ्यो, बच्चाहरू सम्झियो, श्रीमती सम्झियो, बस्यो ।

निर्माता श्याम सापकोटाको बीस लाख रूपैयाँ सकियो रे । त्यस बखत 'बलिदान' कम्युनिस्टहरूको फिल्म हो, यस फिल्ममा एमाले पार्टीले लगानी गरेको छ भन्ने हल्ला पनि भएको थियो । हो, त्यो फिल्मचाहिँ कम्युनिस्टपट्टि ढल्केको पक्कै हो तर लगानी भने पत्याउँदिनँ ।

'बलिदान' फिल्म माओवादी युद्धभन्दा जेठो हो । यसमा करिबकरिब माओवादी युद्धकै झल्को दिन खोजिएको छ तर माओवादी पार्टीसँग प्रभावित भएर होइन, बरू माओवादी 'बलिदान' फिल्मबाट प्रभावित भएको हुन सक्छ । फिल्म अनुशासित राजनीतिक सङ्घर्षमा आधारित छ । त्यस फिल्ममा 'फरक विचारधारा भएकालाई सिद्ध्याउनुपर्छ' भन्ने सन्देश छैन ।

श्याम सापकोटाले बीस लाख रूपैयाँ सकिएपछि बैङ्कमा घर धितो राखेर अर्को बीस-तीस लाख झिके क्यारे । त्यतिले पनि नपुगेर छत्तिस प्रतिशत ब्याज तिरेर व्यक्तिगत ऋण लिए । सावाँब्याज जोड्दै जाँदा झन्डै त्यस बेलाको एक करोड खर्च भयो । त्यो रकम बजारको तुलनामा धेरै बढी लगानी थियो ।

सार्थक फिल्म बन्यो, राम्ररी चल्यो । 'गाउँगाउँबाट उठ बस्तीबस्तीबाट उठ...' भने जस्तै गाउँबस्ती सबैतिरबाट उल्टेर आए फिल्म हेर्न ।

मेरो जीवनकै लागि एउटा सार्थक फिल्म भयो । यो फिल्ममा काम गरेर हामीले एक पैसा पनि पारिश्रमिक लिएनौं । किनकि श्याम सापकोटा चर्को ब्याजको ऋणमा चुर्लुम्म डुबेका थिए । जति आम्दानी फिल्मले गरे पनि श्याम सापकोटालाई ब्याज तिर्दैको हैरानी थियो ।

'फिप्टीफिप्टी', '१५ गते', 'घाँस काट्ने खुर्केर', 'लालपुर्जा', 'चिरञ्जीवी', 'वनपाले', 'कान्तिपुर', 'दसैं', 'असल लोग्ने' आदि टेलिफिल्म प्रसारण भएपछि टिभीमा हामी जम्यौं तर हलमा चल्ने फिल्म भने 'बलिदान' मात्रै सफल भयो ।

चलचित्र नशा जस्तै हुँदो रहेछ । हलमा चल्ने फिल्मलाई ठूलो पर्दा र टिभीमा प्रसारण हुनेलाई सानो पर्दा भनी परिभाषित गरिन्छ । वास्तवमा टिभीमा आउने फिल्म एकै पटकमा लाखौं दर्शकले हेर्छन् । हलमा चल्ने फिल्म देशैभरि को हिसाब गर्ने हो भने पनि एक दिनमा दस-बीस हजार मान्छेले मात्र हेर्छन् तर हामीले पहिलेदेखि नै फाइट, गीत, नाच भएको हिन्दी सिनेमा हेरिरहेको बानीले गर्दा हलमा चल्ने फिल्मलाई बढी नम्बर दिने चलन छ ।

कार्यक्रम लिएर रसिया जाँदा उपेन्द्र महतो, जीवा लामिछाने र जुगल भुर्तेलसँग आत्मीय सम्बन्ध बन्यो । जीवा लामिछाने मलाई नेपालीहरूमध्येमा

असल नेपाली लाग्छ । उनले भने– "तपाईंहरूसँग सहकार्य गरेर नेपाली चलचित्रमा म पनि योगदान दिन चाहन्छु ।" उनले त्यस बेलाको पैंतिस लाख रूपैयाँ एउटा कागज पनि नगरी हाम्रो हातमा राखिदिए । हामीले 'महजी फिल्मस्' भनेर नयाँ संस्था दर्ता गऱ्यौं ।

'बलिदान' चलचित्रमा खेलेर पाएको प्रशंसाले म चलचित्र निर्माण गर्ने काममा अलि हतारिएको थिएँ । मैले कथा पनि लेखें । यसैका कारण मदन दाइ मसँग अलि असन्तुष्ट भए । गीत दिनेश अधिकारीले लेखिदिए । सङ्गीत मदन दाइको छोरा यमन श्रेष्ठले गरेको थियो ।

म, मदन दाइ, सङ्गीता श्रेष्ठ, मदन दाइकी छोरी सराना श्रेष्ठले त्यस 'फिलिम' चलचित्रमा गीत गाएका थियौं । 'साझा बसमा जो पनि चढ्दछ...' बोलको गीत मैले लेखेर सङ्गीत गरेको थिएँ । त्यसलाई पनि फिल्ममा राखिएको छ ।

निर्देशन गर्ने हाम्रो ढङ्ग नपुगेर हो कि फिल्न नराम्रो भएर हो, 'फिलिम' ले राम्रो व्यापार गर्न सकेन । यसको सम्पूर्ण कमजोरीको दोष 'अलि जान्ने भएर हतारिएकाले' मैले नै लिनुपर्छ ।

फिल्म चल्नु, नचल्नुभन्दा पनि मलाई जीवा लामिछानेले त्यत्रो विश्वास गरेर दिएको पैंतिस लाख रूपैयाँ कसरी फर्काउने भन्ने चिन्ता थियो । बल्लबल्ल पैंतिस लाख जम्मा भयो । फिल्मले लगभग त्यति नै पैसा आम्दानी गऱ्यो । जीवा लामिछानेको पैसाको ब्याज र नाफा त तिर्न सकिएन तर सावाँसम्म तिर्न सकेकोमा साह्रै आनन्द लाग्यो ।

असाध्यै सरल स्वभावका जीवा लामिछानेले यसलाई सहज रूपमा लिए । अझ पनि उनीसँग सहकार्य गरेर एउटा उत्कृष्ट चलचित्र निर्माण गर्ने धोको छ । कहिलेकाहीँ हामीले निर्माण गरेको 'फिलिम' सिडीमा हेर्छु, सरर बगेको छ । त्यो फिल्म अहिले हेर्दा पनि राम्रै लाग्छ तर किन चलेन ? सायद दर्शकले हामीसँग अझ धेरै आशा गरेका थिए ।

'फिलिम' चलचित्रमा सफलता हात नलागेपछि मलाई एउटा सफल चलचित्र बनाएर देखाउने भूत चढ्न थाल्यो । मैले फेरि 'तँ त साह्रै बिग्रिस् नि बद्री' नामको चलचित्रको कथा लेखें । मैले एक्लैले कथा लेखेको हुनाले मदन दाइले मसँग मन दुखाए । महसञ्चारले फिल्म निर्माण नगर्ने भयो ।

कथा, पटकथा, संवाद सबै लेखेर तयार भइसकेको पाण्डुलिपि मैले त्यसै माया मार्न सकिनँ । मैले साथी किरण केसी, वितरक मनोज राठीसँग सहकार्य गरेर चलचित्र सुटिङ गर्न थालें । मदन दाइ एक्लै परे । पत्रपत्रिकाहरूले 'महजोडी छुट्टियो' भनेर लेख्नु पनि स्वाभाविकै हो । गल्ती, कमजोरी मेरै थियो ।

चलचित्र निर्माणले मलाई सुख दिएन । मलाई मदन दाइसँग सम्बन्ध बिग्रियो भने झन् बर्बाद हुन्छ, देशले नै चित्त दुखाउँछ भन्ने चिन्ता बढ्यो । त्यसै बेलादेखि मेरो रक्तचाप बढेर नियमित औषधि नै खानुपर्ने भयो । सुटिङमा जाँदा पनि मलाई पोलिरहन्थ्यो । म यहाँ सुटिङमा छु, मदन दाइ एक्लै के गर्दै होलान् भन्ने लाग्थ्यो ।

मदन दाइ एक्लै त्यसै घरमा बस्न सकेनन् । उनले पनि 'नगद पाँच लाख' भन्ने कार्यक्रम नेपाल टेलिभिजनबाट चलाउन थाले । त्यसपछि त झन् 'महजोडी' फुट्यो भनेर नेपाली चिन्तित हुन थाले ।

साथीहरूले फिल्म तयार गरी मुम्बैबाट लिएर आए । बालाजु गङ्गाहलमा हामीले फिल्म हेर्‍यौं; त म खङ्ग्रङ्गै भएँ । प्याकप्याकी मुख सुक्यो । फिल्म राम्रै हुनुपर्थ्यो तर ब्याकग्राउन्ड म्युजिक यति चर्को राखिएछ कि त्यो आवाजले गर्दा फिल्म हेर्नै नहुने, सुन्नै नहुने भयो ।

म रिमिक्सिङका लागि रिल बोकेर फेरि मुम्बै गएँ । मुम्बैमा रिमिक्सिङ गर्दाखेरि बीआर चोपडा स्टुडियोका सिनियर इन्जिनियर दादाजी नेपाली भाषा नबुझे पनि मरीमरी हाँस्थे र मिक्सिङ नै रोक्थे । कहाँ म्युजिक ठूलो गर्ने, कहाँ कम गर्ने जिम्मा उनले मलाई नै दिएका थिए । स्विच मैले आफै चलाएर मिक्सिङ गरें । त्यस बेलाको फिल्मको ट्रेन्डअनुसार लडाइँ, हिंसा आदि वितरक र निर्देशकको इच्छाले थपियो । मलाई चाहिँ ती दृश्य त्यति मन परेका थिएनन् ।

काठमाडौं आएर फेरि गङ्गाहलमा हामीले ट्रायल सो गर्‍यौं । सबै जना खुसी भए ।

फिल्म बनाएर मात्र हुँदैन, चलाउने काम बनाउनुभन्दा गाह्रो थियो । अहिले पनि गाह्रो छ । त्यस बखत काठमाडौंको मुटुमा रहेको एउटा चलचित्र हल–

'त्यो हलमा चलचित्र लगाउन पाएदेखि हुन्थ्यो' भन्ने सबैको इच्छा हुन्थ्यो । त्यो हलमा चलचित्र चलाउनका लागि वर्षौंसम्म पनि लाइन बस्नुपर्थ्यो ।

सुरूमा कुरा गर्न जाँदा नै एक बोतल रेड लेबल र एक लाख रूपैयाँ व्यवस्थापनलाई बुझाउनुपर्थ्यो । हलको व्यवस्थापनले यस्तो घुमाउँथ्यो कि कुमालेको चक्र के घुम्छ र त्यसरी !

त्यो हलको कौसीभरि निर्माताहरू बसेका हुन्थे । हलको व्यवस्थापकसँग सबैले चेपारो घसेर कुरा गर्थे । उनीहरूले गरेको कुरामा हाँसो नउठे पनि निर्माताहरू हाँसिदिन्थे, उनीहरूको कुरा मन नपरे पनि होहो भनिदिन्थे । हामीले पनि त्यही गर्नुपर्‍यो । चलचित्र 'तँ त साह्रै बिग्रिस् नि बद्री' रिलिज भयो । चलचित्रले राम्रो व्यापार गर्‍यो । सबैले तारिफ गरे ।

चलचित्रलाई एकाउन्न दिनसम्म चलाउन सकियो भने खुब ठूलो इज्जत हुन्थ्यो । चलचित्रको नाम 'तँ त साह्रै बिग्रिस् नि बद्री' भएकाले बद्री नाम गरेकाहरू हामीसँग रिसाएका थिए । बद्री नाम गरेकालाई फकाउनुपर्ने भयो । चलचित्रलाई एकाउन्न दिनसम्म टिकाउनु पनि थियो । त्यसैले बद्री नाम गरेकाहरूले आफ्नो परिचयपत्र लिएर आए भने एउटा टिकट निःशुल्क भनेर प्रचार गरियो । परिचयपत्र लिएर थुप्रै बद्रीहरू आए । त्यसमध्ये एउटी महिला पनि टिकट माग्न आइन् । उनको नाम बद्रीमाया रहेछ । उनले पनि टिकट पाइन् ।

फिल्म चलाउन हलहलमा कलाकारहरूको उपस्थिति हुन्थ्यो । बद्री चलाउन बुटवल पुगें । मध्यान्तरमा म हलमा उभिइरहेको थिएँ । दर्शकहरू अटोग्राफ भर्न कागज लिएर आए । हातै दुख्ने गरी साइन गरें । एउटी बूढी महिला पनि कागज लिएर आइन् । मैले साइन गरिदिएँ । उनले त्यो साइन गरेको कागज हेर्दै भनिन्– "यसको के पाइन्छ ?"

मैले रमाइलो पाराले भनें– "केही पनि पाइँदैन आमा, यो त कोठामा लगेर राख्ने ।"

ती बूढी महिलाले त्यो कागज त्यहीँ फालेर गइन् ।

'तँ त साह्रै बिग्रिस् नि बद्री' ले साठी लाख रूपैयाँ नाफा गर्‍यो । मेरो भागमा बीस लाख आयो । मैले त्यो पैसाले नयाँ बजार टाउन प्लानिङमा चार आना जग्गा किनें । पछि त्यहाँ घर बनाएर चार वर्ष बस्यौं ।

सडकको घर भएकाले बाटोमा हिंड्नेहरू 'यो हरिवंशको घर' भनेर देखाउँथे । एक दिन त एउटा मान्छे हाम्रो घर हेरेर मरीमरी हाँसिरहेको रहेछ । मीराले 'किन हाँस्नुभएको ?' भनेर सोध्दा त्यो मान्छे 'यो हरिवंशको घर हो' भनेर झन् मरीमरी हाँस्यो रे ।

मदन दाइसँगको धमिलिएको सम्बन्ध सुधार्न मैले उनीसँग माफी मागें । उमेरमा पनि मै सानो थिएँ । गल्ती पनि मेरै थियो । मदन दाइ र मेरो सम्बन्ध फेरि प्रगाढ बन्दै गयो । उनले 'तिम्रो काम गर्ने स्पिरिटलाई कायम राख' भने ।

पछि 'जे भो राम्रै भो' भन्ने चलचित्र निर्माण गर्‍यौं । त्यसमा मदन दाइले पनि अभिनय गरे । नेपाली चलचित्रमा एकछत्र रजाइँ गरिरहेका, जसको पोस्टरमा फोटो मात्र भए पनि चलचित्र हिट हुन्थ्यो, नायक राजेश हमालले पनि साथ दिए ।

नेपाली फिल्मको व्यापार ओरालो लाग्न थालेको र देशमा माओवादी समस्या चुलिएका कारण कुनै पनि फिल्मले राम्रो व्यापार गर्न सकेका थिएनन् । 'जे भो राम्रै भो' चलचित्रले पनि आठ लाख रूपैयाँ मात्र नाफा कमाउन सक्यो ।

'विज्ञापन' नाटकमा मैले कवि कलावरदेव घायलको भूमिका निभाएको छु । त्यसमा एउटा संवाद छ–

श्रीमती : तपाईंले लेख्नुभएको नाटकको नाम के हो ?

श्रीमान् : मैले लेखेको नाटकको नाम हो, मदनमुना ।

श्रीमती : मदनमुना कि मुनामदन ?

श्रीमान् : मदनमुना । लक्ष्मीप्रसाद देवकोटाले लेख्नुभएको नाटकचाहिँ मुनामदन । मुनामदनमा मदन पैसा कमाउन भोट (ल्हासा) जान्छन्, फर्केर आउँदा आमा मरिसकेकी हुन्छिन् । मैले लेखेको मदनमुनामा चाहिँ मदन पैसा कमाउन मुजफ्फरपुर (भारत) जान्छन् । फर्केर आउँदा बाबु मरिसकेका हुन्छन् । मुनामदनमा मदन पैसा कमाउन उत्तर जान्छन्, मेरो मदनमुनामा चाहिँ मदन पैसा कमाउन दक्षिणतिर जान्छन्– फरक छ, धेरै फरक छ, दिशा नै फरक छ । चोर्‍यो भनेर कसैले थाहा पाउँदैन ।

हिजोआज अधिकांश नेपाली चलचित्रको अवस्था त्यस्तै छ । दुई-चारओटा हिन्दी फिल्मको सिडी ल्यायो, हेर्यो, हिन्दी फिल्मको हिरोइनको भूमिका नेपाली चलचित्रमा हिरोलाई खेलाइदियो । हिरोको भूमिकामा हिरोइनलाई खेलाइदियो । चार-पाँचओटा हिन्दी फिल्मका टुक्राटाक्री मिसाएर नेपाली चलचित्र तयार पारिन्छ । करोडौं, अर्बौं रूपैयाँ खर्च गरेर तयार पारेको हिन्दी चलचित्रसँग चालीस-पचास लाखमा बनेको नेपाली चलचित्रले नेपालको बजारमा प्रतिस्पर्धा गर्नुपर्छ । त्यसैले उनीहरूकै टुक्राटाक्री मिसाएर बनाएको नेपाली चलचित्रले हिजोआज पानीसम्म पनि पिउन पाएन भन्ने समाचार पढ्नुपर्छ ।

नेपाली चलचित्र क्षेत्रमा केही नयाँ निर्देशकहरूको उदय भएको छ र धेरैजसोले कोरियन चलचित्रको हुबहु नेपाली चलचित्र बनाउने काम गरेका छन् । यस्ता चलचित्रले पनि प्रायः पानी पनि पिउन पाएका छैनन् । तर केही नयाँ निर्देशकले आफ्नो मौलिक कथामा निर्माण गरेको चलचित्रले साँच्चि नै राम्रो व्यापार गर्न, राम्रो छाप छोड्न सफल भएका छन् ।

एकपल्ट एउटा चलचित्रको शूभमुहूर्त समारोहमा एनआरएनका प्रथम अध्यक्ष डा. उपेन्द्र महतोले भनेका थिए— म नेपाली फिल्म निर्माताहरूलाई अनुरोध गर्छु, तपाईंहरू दर्शकले तीन घण्टा हलमा बसेर हेर्न नसक्ने फिल्म कृपया नबनाउनुहोला । तीन घण्टासम्म दर्शकले हलमा बसेर हेर्न सक्ने फिल्म मात्र बनाउनोस्, पक्कै नेपाली फिल्म चल्छ ।

रूप एक रङ्ग अनेक

हाम्रो पालामा अभिनय सिकाउने कुनै संस्था वा पाठशाला थिएनन् । रङ्गमञ्चमा नाटक प्रदर्शन गर्दा गरेको रिहर्सल नै हाम्रा पाठशाला अनि युनिभर्सिटी हुन् । हामीले जेजति गर्न सकेका छौं, त्यो पढेर सिकेका होइनौं, गरेर जानेका ।

रङ्गमञ्च एउटा सशक्त माध्यम हो । संसारमै रङ्गमञ्चबाट आएका कलाकारहरू निकै अगाडि बढेको देखिएको छ । रङ्गमञ्चमा नाटक गर्दा दर्शक अगाडि हुने भएकाले आफ्नो अभिनयको प्रतिक्रिया तुरून्तै पाइन्छ । प्रस्तुति खस्क्यो भने रङ्गमञ्चको एक मिनेट एक घण्टा जस्तो लामो हुन्छ, एक मिनेट टिक्न पनि गाह्रो पर्छ । गेट आउटको हुटिङ वा तालीको स्वागत, तुरून्तै सामना गर्नुपरिहाल्छ ।

गुरूकुलमा नाटक मञ्चन गर्नु र प्रज्ञाभवनमा नाटक मञ्चन गर्नु धेरै फरक हुन्छ । गुरूकुलमा हल सानो भएकाले कोको आएका छन्, कोको बोले, कोको रोए, कोको हाँसे त्यसै देखिन्छ र त्यहाँ टिकटको मूल्य पनि कम हुने भएकाले दर्शकमा अहम् पनि कम हुन्छ । त्यसैले दर्शक अनुशासित भएर बस्छन् ।

तर ठूला हलमा नाटक मञ्चन गर्दा दर्शक टाढा हुन्छन्, चिन्न गाह्रो हुन्छ र कोहीकोही त मादक पदार्थसमेत सेवन गरेर आएका हुन्छन् । टिकटका लागि पैसा पनि धेरै तिरेको हुन्छ । त्यसैले दर्शकको अहम् बढी नै हुन्छ र

त्यति अनुशासित पनि हुँदैनन् । एउटा छुच्चो दर्शक पऱ्यो भने उसले सारा दर्शकलाई डिस्टर्ब गरिरहेको हुन्छ । त्यस्तो परिस्थितिमा कलाकारले आफूलाई समाल्दै दर्शक जतिसुकै मात्तिए पनि नआत्तीकन कला प्रस्तुत गर्नुपर्छ ।

एक पटक भारतीय दूतावासको निमन्त्रणामा राष्ट्रिय सभागृहमा 'आधे अधुरे' हिन्दी नाटक प्रदर्शन गरिएको थियो । नाटकको बीचमा एक जना नेपाली दर्शक दर्शकदीर्घाबाट कराए । कलाकार तथा निर्देशक ओम पुरीले नाटक रोक्तै भने– "अच्छे नाटक देख्ने के लिए अच्छे दर्शक चाहिए । आपको हमारी नाटक पसन्द ना आएतो आप प्लिज बाहर जाइए ।"

ती हल्ला गर्ने दर्शक टाउको निहुराउँदै हलबाट बाहिर निस्किए । नाटक फेरि सुरू भयो । तर हामी हाम्रा दर्शकलाई त्यस्तो भन्ने हिम्मत गर्न सक्तैनौं ।

एक-दुई पटकचाहिँ रङ्गमञ्चमा 'हाम्रो कार्यक्रम गर्दा कृपया भिडियो नखिचिदिनुहोला' भन्दा नमानी जबरजस्ती खिचेकाले नाटक रोकी मैले भिडियो क्यामेरा खोसेर ल्याएको छु । नाटक गर्दागर्दै रङ्गमञ्चबाट 'भिडियो नखिच्नुस्' भनेर कराएको छु ।

दर्शकहरूसँग रमाउँदै र चुनौतीको सामना गर्दै अगाडि बढ्नुपर्ने भएकाले रङ्गमञ्चका कलाकारहरू निडर हुन्छन् । रङ्गमञ्चमा काम गर्दागर्दा नर्भसनेस पचाइसकेका हुन्छन् र क्यामेरामा पनि सजिलै घुलमिल हुन सक्छन् ।

हाम्रो अभिनययात्रा पनि रङ्गमञ्चबाटै सुरू भएको हो । आफूलाई जन्माउने रङ्गमञ्चको हामीलाई धेरै माया लाग्छ । तर सानो छउन्जेल मात्र छोराछोरी आमाबाबुसँगसँगै बस्छन् । ठूलो भएपछि घरमा मात्रै सीमित रहेर पुग्दैन । बाबुआमालाई भेट्न पनि कहिलेकाहीँ मात्र आउँछन् ।

हामी पनि कलाकार जन्माउने आमा रङ्गमञ्चसँग अलि टाढा भएर टेलिभिजनतिर आकर्षित भएका छौं । रङ्गमञ्चमा एक सोमा एक हजार मान्छेले कार्यक्रम हेर्छन् भने टेलिभिजनमा एकै पटक देशविदेशमा बस्ने लाखौं नेपालीले हेर्छन् । त्यसैले हिजोआज कलाकारहरू रङ्गमञ्चभन्दा टेलिभिजन सिनेमामा आकर्षित हुनु स्वाभाविकै हो र समयको खेल पनि हो ।

क्यामेरामा अभिनयको विविधता देखाउन सजिलो हुन्छ। नजिकै माइक हुने भएकाले बिस्तारै बोल्न पाइन्छ। साउन्डका लागि फेरि डब गरिन्छ। आवाजमा उतारचढाव ल्याउन सकिन्छ र हिजोआजका क्यामेराहरूको रिजोलुसन राम्रो भएकाले अनुहारमा भएको तिलजत्रो कोठी पनि छर्लङ्गै देखिन्छ। अभिनयमा अनुहारको भाव पनि प्रस्ट देखाउन सकिन्छ।

तर रङ्गमञ्चमा अलि ठूलो स्वरले बोल्नुपर्ने हुन्छ। अनुहारको एक्सप्रेसन पनि अलि बढी नै चाहिन्छ। कलाकारले दुःखको दृश्यमा अभिनय गर्दा साँच्चिकै दुःखी हुनुपर्छ। रून्नु पर्दा कतिले आँखामा ग्लिसिरिन नराखी अभिनयमा डुबेर साँच्चिकै आँसु निकाल्छन्। अनुहारको एक्सप्रेसन व्यक्त गर्नुपर्दा साँच्चिकै निधार खुम्च्याउनुपर्ने हुन्छ। नक्कली तनाव, नक्कली आँसु झार्नुपर्ने भएकाले रङ्गमञ्चका कलाकारहरूको ब्लडप्रेसर हाई हुने सम्भावना बढी हुन्छ। अनुहार अनावश्यक खुम्च्याउनुपर्दा चाँडै चाउरी पर्छ रे भनेर अनुसन्धानले देखाएको छ। त्यसैले कलाकारहरूले नियमित शारीरिक व्यायाम, ध्यान, योग गर्नुपर्छ भन्छन्। अझ महिला कलाकारहरू त सुन्दरता कायम राख्न फेसियल आदि पनि गर्छन्।

सुटिङ गर्दा कलाकारहरू मेकअप गर्छन्। मेकअप म्यानले विशेष प्रकारको मेकअप अनुहारमा लगाइदिन्छन्। त्यो क्रिमले अनुहारमा भएका ससाना दाग, खत, खाल्टाखुल्टी, चाउरी आदि छोपिदिन्छ र क्यामेराले खिच्दा उमेर ढल्केका कलाकारहरू पनि जवान देखिन्छन्।

मैले एउटा जोक सुनेको थिएँ– एक जना मान्छेले चलचित्रकी नायिकासँग बिहे गरेछन्। नायिकाले राति सुत्नुअगाडि मुख धोएर मुखमा लगाएको क्रिम, पाउडर पखालिछन्। मेकअप नहुँदा श्रीमान्ले नायिका श्रीमतीलाई चिन्नै नसकेर 'को मेरो कोठामा, किन आएको' भनेर कराएछन्। नायिकाले हत्तपत्त फेरि मेकअप गरेपछि मात्र श्रीमान्ले चिनेछन्। त्यसैले कलाकारहरू चलचित्रमा जस्तो देखिन्छन् त्यस्तो ठ्याक्कै नहुन पनि सक्छन्।

हामी रसिया जाँदा एउटा कुरा सुनेका थियौं– प्रसिद्ध गायक माइकल ज्याक्सन रसिया आएका बेला होटलमुनि क्यामेराम्यान र पत्रकारहरूको भीड थियो रे। माइकल ज्याक्सनले होटलको झ्यालबाट यसो चिहाएर हेरेका थिए

रे । एक जना फोटो पत्रकारले जुम गरेर उनको फोटो खिच्न भ्याएछन् । फोटो खिचेको देखेर माइकल ज्याक्सनले आफ्नो सेक्रेटरीलाई 'त्यो फोटो र क्यामेरा जति पैसा तिरेर भए पनि किनेर ल्याउनू' भनी पठाएछन् । ती फोटो पत्रकारको त्यो फोटो भएको साधारण क्यामेरा एक लाख डलरमा माइकल ज्याक्सनले किनेछन् ।

कारण के रहेछ भने माइकल ज्याक्सनले झ्यालबाट चिहाउँदा मेकअप गरेका रहेनछन् । त्यसैले मेकअप नगरेको फोटो पत्रिकामा छापिदेलान् र उनको सक्कली रूप अरूले थाहा पाउलान् भनेर त्यत्रो मूल्य तिरी क्यामेरासमेत किनेछन् ।

भारतका महानायक अमिताभ वच्चनको पनि टाउकोमा कपाल छैन रे । उनी एक पटक बिरामी पर्दा टाउकामा स्कार्फ बाँधेको फोटो सार्वजनिक भएको थियो । कलाकारहरूको एउटा बाध्यता पनि हो, आफ्नो पेसामा टिकिरहन उमेर लुकाउनुपर्ने हुन्छ । हुन त हिजोआज कलाकार मात्र होइन, अरू पेसाका मान्छे पनि आफ्नो सौन्दर्य कायम राख्न अनेक उपाय गर्छन् ।

मेरा एक जना मित्रको टाउकोमा एउटा पनि रौं रहेनछ । उनले बिहे गरेछन् र उनको टाउकोमा भएको कपाल नक्कली हो भनेर श्रीमतीले पनि धेरै पछि मात्र थाहा पाइछन् । श्रीमतीले थाहा पाउलिन् भनेर श्रीमती निदाएपछि मात्र आफू निदाउँदा रहेछन् । एक पटक राति नै श्रीमतीको निद्रा खुलेछ र बत्ती बालेर हेर्दाखेरि त घुरेर निदाइरहेका श्रीमान्को कपाल फुस्केको रहेछ । उनले खुइले टाउको देखिछन् ।

उनै साथी एक पटक मोटरसाइकलपछाडि बसेर गएका रहेछन् । मोटरसाइकल अर्को मोटरसाइकलसँग ठोक्किएर ढलेछ, उनी लडेछन् । टाउकोमा लगाएको कपाल पनि सडकमा खसेछ । लड्दाखेरि कतै ठोक्कियो होला तर त्यसको पर्बाह नगरी हत्तपत्त सडकबाट कपाल टिपेर टाउकोमा लगाएछन् । ऐना नहेरी लगाएको हुनाले कपालको सिउँदो त निधारमाथि हुनुपर्नेमा कानमाथि भइरहेको रहेछ ।

हिजोआज त नेपालमै राम्राराम्रा कपाल बन्न थालेका छन्– टाउकोमा टाँसिएपछि खस्दा पनि नखस्ने, हेर्दाखेरि पनि दुरूस्तै देखिने । हाम्रा एक जना सञ्चारकर्मी भाइले पनि त्यस्तै कपाल टाँसेका छन् ।

एउटा सानो तर रमाइलो जमघटमा हाँसोठट्टा चलिरहेको थियो । ती भाइ मेरो जोक गरेर अलिअलि उडाउँदै थिए । मैले 'हो, निहुँ खोज्या हो ? भुल्ल्याइदिउँ ?' भनेपछि धेरै बेर हाँसो गुन्जिरह्यो ।

हामीलाई सजिलो छ । चरित्र अभिनयमा स्थापित भएकाले दर्शकहरू हामीसँग ग्ल्यामरको आशा गर्दैनन् र मेकअप गरेर हिँड्नुपरेको छैन । तैपनि झरेर बाँकी रहेको पचास प्रतिशत कपालमा पनि पचास प्रतिशत सेतो भएको छ । मीरालाई मेरो एउटा रौं पनि सेतो हेर्न मन लाग्दैनथ्यो । आफै कालो बनाएर लगाइदिन्थिन् । अहिलेसम्म पनि त्यही बानी लागिरहेको छ ।

तन्दुरूस्त देखिन्छु कि भनेर बिहान एक घण्टा शरीरका लागि दिने गरेको छु । मैले आफ्ना लागि दिने समय त्यही मात्र हो । अरू समय सबै कामलाई र समाजलाई दिने गरेको छु ।

मान्छेले सिक्ने कुरा कहिल्यै सकिँदैन । जन्मेदेखि मर्ने दिनसम्म पनि सिकिरहिन्छ । कोही मान्छे पनि कुनै कुरामा कहिल्यै पूर्ण हुँदैन । म पनि अभिनयको एउटा विद्यार्थी हुँ, मलाई अभिनय सिकाउने गुरूहरू जताततै भेटिन्छन् ।

म सानो हुँदादेखि अहिलेसम्म चिनेका र अलि भिन्न किसिमका हाउभाउ भएका मान्छेहरूलाई नियालेर हेर्छु । सम्भन्छु, त्यस्ता चरित्रलाई अभिनयमा प्रस्तुत गर्छु । आफै लेख्ने भएकाले लेखी नसक्तै आफूले खेल्ने भूमिकामा डुबिसकेको हुन्छु र 'यो भूमिकामा म यसरी प्रस्तुत हुन्छु' भनेर मोटामोटी तय पनि गरिसकेको हुन्छु ।

म सानै हुँदा टङ्गाल गैरीधारामा हाम्रो छिमेकमा एउटी आमा थिइन् । उनलाई हामी बैठकी आमा भन्थ्यौं । उनका पति सायद कुनै राणाकहाँ बैठके काम गर्थे, त्यसैले उनलाई बैठकी आमा भनेको होला । कुप्रिएकी बैठकी आमा लट्ठी टेकेर हिँड्थिन् ।

हाम्रो पर्खाल जोडिएका छिमेकी शिवप्रसादजीका छोराछोरी ईश्वरी र गोकुल मेरा साथी थिए । शिवप्रसादकी पत्नी आफ्ना छोराछोरीलाई च्याँट्ठिएको स्वरले काम अराउँथिन्, गाली गर्थिन् । मैले त्यसै बेलादेखि उनको नक्कल गर्न थालेको थिएँ । म त्यो च्याँट्ठिएको स्वरमा बोल्ने मात्र होइन, गाउन पनि सक्थें ।

ती बैठकी आमाको कुप्र्याइ र शिवप्रसादजीकी पत्नीको स्वर मिसाएर एउटा चरित्र बनाएँ ।

मेरो उचाइ पाँच फिट नौ इन्च छ । आइमाईले लगाउने धोती लगाएर उभिँदाखेरि झन् ठूलो देखिने र नराम्रो हुने हुँदा उचाइ घटाउन जति धेरै निहुरियो उति राम्रो देखिने भएकाले म पूरै हँसिया आकारमा निहुरिन्थेँ । आधा घण्टासम्म निहुरिएर दोहोरी गीतमा नाच्नुपर्दा ढाड दुखेर फतक्कै हुन्थ्यो । म घर गएर ढाडको थेरापी गर्थें ।

त्यो कुप्र्याइ र स्वरलाई पहिले त हामीले गीतमा मात्र प्रस्तुत गरेका थियौं । पछि चलचित्रमा उतार्न मन लाग्यो ।

निर्वाचन आयोगले संविधानसभासम्बन्धी एउटा टेलिचलचित्र बनाउने प्रस्ताव ल्यायो । प्रत्यक्ष र समानुपातिक भनेर दुइटा मतपत्रमा दुइटा छाप लगाउनुपर्ने जटिल कुरा थियो । त्यही सन्देश राखेर मैले 'आमा' नामको टेलिफिल्म लेखें ।

त्यस बखतसम्म आइपुग्दा मदन दाइले 'तिम्रो काम गर्ने स्पिरिटलाई म कम गर्दिनँ । कथा, पटकथा तिमी लेख' भनेर मलाई छुट दिएका थिए ।

आमा टेलिचलचित्रमा म आमा हुन्छु, मर्छु, स्वर्ग पुग्छु र स्वर्गमै म विद्रोह गर्छु– 'नेपालमा पहिलो पटक संविधानसभाको चुनाव हुँदै छ, भोट खसाल्न जान पाउनुपर्छ ।' हिन्दू देवीदेवताहरू, जिजस क्राइस्ट, अल्लाह, बुद्धको निराकार ज्योति देखाइन्छ । मलाई देवीदेवताहरू सोध्छन्– "के हो संविधानसभा भनेको ? यो कसरी गरिन्छ ?"

म 'मेरो छोरो (मदन दाइ) लाई पनि अस्थायी रूपमा यहाँ बोलाउनुपर्छ' भन्ने माग गर्छु । छोरो पनि स्वर्गलोकमा प्रकट हुन्छ । हामी देवताहरूसँग शक्ति पनि माग्छौं । शक्ति पाएपछि हात यसो उठाउँछौं स्वर्गलोकमा नेपालको मतदान केन्द्र बन्छ र मान्छेहरू मतदान गर्न उभिएका हुन्छन् । दुइटा मतपत्रमध्ये एउटामा आफूलाई मन परेको राजनीतिक दललाई भोट दिने, अर्को मतपत्रमा आफूलाई मन परेको उम्मेदवारलाई भोट दिनुपर्छ ।

राजनीतिक दलले भाषा, धर्म, संस्कृति, जनजाति, दलित आदिको आवाज उठाउन संविधानसभामा प्रतिनिधि पठाउँछ । र, प्रत्यक्ष निर्वाचनमा चाहिँ

आफूलाई मन परेको उम्मेदवारलाई भोट हाल्ने भनेर सबै विधि देखाइदिन्छौं । देवताहरूले एउटै आवाजमा हामी आमाछोरालाई संविधानसभाको चुनावमा भोट हाल्न नेपाल फर्काइदिन्छन् ।

'आमा' टेलिफिल्म प्रसारण भएपछि संविधानसभाको चुनाव हुन धेरै मद्दत भयो भनेर निर्वाचन आयोगले उल्लेख गरेको थियो । त्यही बूढी आमा र छोराको चरित्रमा फेरि 'आमा दुई' बन्यो । त्यसमा जातीय सद्भाव, शान्तिसुरक्षा, हतियारको व्यवस्थापन जस्ता विषयमा सन्देश दिन खोजेका छौं ।

आमाको चरित्रमा धेरै बेर निहुरिएर अभिनय गर्नुपरेकाले मेरो ढाड दुखेर हलचल गर्नै गाह्रो भयो । पूरा शरीरको स्क्यानिङ गरेर हेर्दा हड्डीमा केही भएको त रहेनछ तर फिजियोथेरापीचाहिँ धेरै दिन गर्नुपर्‍यो ।

आफ्नो बा आफै

बा बित्नुहुँदा म छ वर्षको थिएँ । बाको अनुहार अलिअलि सम्झन्छु । फोटो हेरेपछि झन् सम्झन्छु । मलाई मेरै बाको जस्तै स्वरूपमा कुनै चलचित्रमा अभिनय गर्न मन लागिरहेको थियो । 'चिरञ्जीवी' टेलिचलचित्रमा त्यो मौका पाएँ र बा जस्तै भएँ ।

बाको चरित्रमा कसको आवाज राखूँ भनेर सोच्तै थिएँ । किनभने बाको आवाज मलाई सम्झना छैन । बाको आवाज सम्झेको भए बाकै आवाज राख्ने थिएँ ।

विश्वेश्वरप्रसाद कोइराला निर्वासित जीवनपछि नेपाल फर्केका थिए । म उनको भाषण सुन्न खुला मञ्च गएको थिएँ । उनको घाँटीमा क्यान्सर भएकाले राम्रोसँग आवाज निस्कँदैनथ्यो । मैले विश्वेश्वरप्रसाद कोइरालाको आवाज लगेर आफ्नै बाको चरित्रमा फिट गरें ।

मेकअप म्यान सन्तु तामाङले छाला चाउरी पारिदिए । त्यसमाथि मोतीबिन्दुको अप्रेसन गरेपछि बूढाबूढीले लगाउने आइग्लास जस्तो बाक्लो चस्मा लगाएँ । टिबी रोग लागेकाले गर्दा त्यो चरित्रले धेरै खोक्नुपर्ने थियो । चस्मा लगाएपछि टाउको भारी भएर आँखा तिरमिराउँथे र वाकवाकी लाग्थ्यो । मैले धेरै बूढाबूढीले छातीमा कफ अड्केर बडो कष्टपूर्वक खोकेको देखेको छु । त्यो पनि चिरञ्जीवी चरित्रमा मिसाएँ । आफ्नै बा, बीपी कोइराला र अशक्त बूढाबूढीहरूको फ्युजनबाट चिरञ्जीवी चरित्र तयार भयो ।

एक पटक कामविशेषले चारखाल अड्डा (मालपोत कार्यालय) गएको थिएँ । कतैबाट असाध्यै नमीठो कर्कश आवाज आइरहेको थियो । त्यो आवाजले मलाई तान्यो । नजिकै गएँ, एक जना दुब्लोपातलो ख्याउटे अनुहार भएको मानिस चारखाल अड्डाको चौरमा बसेर लेखनदासलाई नालिसको कागज लेख्ने काममा सहयोग गर्दै थिए । नालिस लेखाउनेले आफ्नै बालाई नालिस दिनुपर्ने रहेछ । कर्कश आवाज भएका व्यक्ति उकास्दै थिए– "बाउ भन्दैमा हुन्छ र ? मान्छेले देउतालाई त मुद्दा हाल्छन् । हइ हइ हइ... ।" र आफूले गरेको कुरोमा आफैले सही थापेर विचित्रसँग हाँस्तै थिए ।

मैले धेरै बेरसम्म उनलाई सुनिरहें, हेरिरहें । मैले त्यस्तो आवाज निकाल्न धेरै प्रयत्न गरें तर सकिनँ । हामी बोल्दाखेरि स्वर बाहिर फ्याँक्छौं । उल्टोबाट वा स्वरलाई भित्र तानेर बोल्दा ठ्याक्कै त्यही मान्छेले बोलेको जस्तो आवाज निस्कियो । तर धेरै बेर बोल्दा टाउको एकदम दुख्तो रहेछ, घाँटी खिऱ्याउँदो रहेछ ।

म 'कुनै दिन यो आवाज प्रयोग गर्छु' भनेर मौका हेरेर बसेको थिएँ । महेन्द्र प्रकृति संरक्षण कोषसँग वनसंरक्षणसम्बन्धी एउटा टेलिचलचित्र बनाउने निर्णय भयो । हामीले कथा लेख्यौं । कथा लेख्ता नै प्रायः नराम्रो, छुच्चो, फटाहा, बेमानको रोल मलाई पर्ने पक्का हुन्छ । लेख्तैखेरि मैले खेल्ने रोल र मदन दाइले खेल्ने रोल छुट्‌टिसकेको हुन्छ । मैले खेल्ने फटाहा, वनविनाश गर्ने रोलका लागि त्यही चारखाल अड्डामा नालिस लेखाउन उक्साउनेको कर्कश आवाज फिट गरें ।

चितवनको सौराहामा सुटिङ भएको थियो । हाम्रा साथी गङ्गाजङ थापाले खाने, बस्ने प्रबन्ध सौराहाकै रिसोर्टमा गरिदिएका थिए । उल्टो स्वरले बोल्दा म धेरै बेर बोल्न सक्तिनथें, टाउको दुखिहाल्थ्यो । अनि बिस्तारैबिस्तारै घाँटीको थकाइ मार्दैमार्दै सुटिङ गर्नुपरेको थियो ।

मैले त्यो चरित्र र आवाजबाट धेरै आशा गरेको थिएँ तर फिल्म टेलिकास्ट भएपछि बाटोमा हिँड्नै भएन । सबैले 'ओभर एक्टिङ गऱ्यो' भनेर गाली गरे । मैले 'एक्टिङ ओभर गरेको होइन, त्यो चरित्र नै ओभर हो' भनें । 'सबैले सधैं

नदेखेको, नसुनेको लाखौंमा एकको त्यस्तो आवाज र चरित्र हुन्छ' पनि भनें तर सबैलाई भनेर साध्यै भएन ।

जब दोस्रो पटक 'वनपाले' टेलिकास्ट भयो त्यसपछि भने मान्छेहरूलाई बानी परेछ । तेस्रो, चौथो पटक टिभीबाट 'वनपाले' देखाएपछि मान्छेहरू मैले निभाएको चरित्रको प्रशंसा गर्न थाले ।

धन्यवाद छ चारखाल अड्डामा भेटेका ती मान्छेलाई तर मलाई 'उनी को हुन् ? उनको नाम के हो ?' केही थाहा छैन । अहिलेसम्म पनि चारखाल अड्डातिर जाँदा ती स्वरदाता देखिन्छन् कि भनेर हेर्ने गर्छु ।

बच्चा तर्साउने फिल्म

नेपाल टेलिभिजनका लागि एउटा फिल्म बनाउने कुरा भयो । मदन दाइ र मैले 'एउटा तर्साउने फिल्म लेखौँ' भनेर सल्लाह गऱ्यौँ । कथा बनायौँ– भूतको रोल मेरो भागमा परिहाल्यो ।

भक्तपुर गएर नाचमा लगाउने लुगा मागेर ल्यायौँ । जुटको लुगा भएकाले एकदम भारी थियो । बच्चाको खेलौना किन्ने पसलमा गएर प्लास्टिकको नक्कली दाँत किनेर ल्यायौँ । नक्कली दाँत सक्कली दाँतभित्र छिराएर अड्याउनका लागि चुइगम चपाएर प्लास्टिकको दाँतको प्वालभित्र छिरायौँ र अड्यायौँ । मेकअप म्यान साम्भा डि पाटिलले मुखभरि कपास टाँसी रँगाएर भूत जस्तै बनाए ।

चलचित्रमा गीत गाएर तर्साउनुपर्ने भएकाले हामीलाई भूतले गाउने एउटा गीत आवश्यक पऱ्यो । 'कसको होला ?' हामी खोज्न थाल्यौँ । खोज्दै जाँदा बुद्धिकृष्ण लामिछानेले गाएको 'घाँस काट्ने खुर्केर...' गीत छान्यौँ र कलङ्कीका मदन सुवेदीको घरमा सुटिङ गऱ्यौँ । क्यामेराम्यान जयसिंह शाहले खुब मेहनत गरे ।

चिट्ठामा घर पर्ने फिल्मको कथा भएकाले चिट्ठा नम्बरबाट शीर्षक राख्ने सल्लाह भयो । हाम्रो अफिस महसञ्चारको टेलिफोन नम्बर २१६७७७ थियो । फिल्मको नाम त्यही नम्बरबाट राख्यौँ ।

फिल्म आउने दिन हामी पोखरा गएका थियौं । भोलिपल्ट काठमाडौं आएर अफिस गएको त घरपति आमाले कस्तो गाली गरिन्– "बाबुहरूले के गर्नुभएको त्यस्तो ? फिलिमको नाम राख्ता पनि अफिसको टेलिफोन नम्बर राख्न हुन्छ ? रातभरि फोनको घण्टी बजेर हामी त सुत्नै पाएका छैनौं ।"

त्यसपछि फोनमा प्लक हाल्यौं– चाहिने बेला जोड्ने नचाइने बेला छुटाउने । अलि दिनपछि हामीले टेलिफोन नम्बरै परिवर्तन गऱ्यौं । नत्र फोन उठायो कि 'गीत सुन्ने ?' भन्दै घाँस काट्ने खुर्केर... गाएर हामीलाई नै मान्छेहरूले हैरान बनाए ।

घाँस काट्ने खुर्केर... गीत वास्तवमा राम्रो भएर होइन, भूतले गाउँदा सुहाउँछ कि भनेर राखेको । हामीलाई गायक लामिछाने रिसाउने पो हुन् कि भन्ने डर पनि थियो । हामीले उनलाई नाम र आवाजले मात्र चिनेका थियौं ।

एक बिहान हाम्रो अफिसभित्र एक जना व्यक्ति छिरेर नाच्न थाले । खुब खुसी हुँदै ती मान्छेले भने– "ओहो दाइ, तपाईंहरूले मलाई कस्तो पपुलर बनाइदिनुभो मेरो गीत फिल्ममा राखेर । बुद्धिकृष्ण लामिछाने भनेको मै हुँ ।"

उनी खुसीले नाचिरहे, हामी ढुक्क भयौं । फिल्मको नाम '२१६७७७' कोहीकोही मात्र भन्थे । धेरैले त 'घाँस काट्ने खुर्केर' नै भन्थे ।

मेरो ठूलो छोरो त्रिलोक चार-पाँच वर्षको थियो । ज्वरो आएर डा. पुष्पराज शर्माकहाँ जँचाउन लगेको थिएँ । हामीभन्दा अगाडि एउटी महिला पनि बच्चा जँचाउन आएकी रहिछन् । डाक्टरले 'बच्चालाई के भयो' भनी सोध्दा ती महिलाले मलाई देखाउँदै झर्केर भनिन्– "ऊ, उहाँहरूको फिल्म हेरेर तर्सेको । त्यसपछि ज्वरो आयो अनि बेलाबेला तर्सिरहन्छ । कस्तो बच्चा तर्साउने फिलिम बनाको होला ?"

म टाउको निहुराएर बसिरहें ।

पाँच पैसाको मिश्री, दस पैसाको नरिवल

मैले बाइस पटक हेरेको 'मनको बाँध' का हास्य अभिनेता वस्ताद भैरवबहादुर थापाको एउटा आँखा चिम्सो थियो । मैले त्यस्तो आँखाको पनि नक्कल गरेको थिएँ ।

म पद्मोदय हाइस्कुलमा पढ्थें । वस्ताद भैरवबहादुर थापा रेडियो नेपालमा जागिरे भएकाले आउँदा-जाँदा पद्मोदय स्कुलकै बाटो हिंड्थे । उनी आउने बेला म पनि एउटा आँखा बन्द गरेर बाटोमा बसिरहन्थें । पहिलेपहिले त उनी 'एउटा आँखा बन्द गरेर गिज्याएको होला' भनेर मैले नमस्कार गर्दा पनि फर्काउँदैनथे । तर दिनहुँ एउटा आँखा बन्द गरेर बाटो हिंडेको देखेपछि उनले 'मेरो पनि आँखा त्यस्तै होला' भन्ठानेछन् । अनि हामी बाटोमा कुरा गर्दै सिंहदरबारभित्र रेडियो नेपालसम्मै जान्थ्यौं ।

म नक्सालमा बस्थें । नारायणहिटी दरबारको दक्षिण ढोकामाथि नारायणमन्दिर थियो । प्रत्येक एकादशीका दिन त्यहाँ भजन गाउन वस्ताद, गायकगायिकाहरू आउने गर्थे । राजारानीलाई प्रत्यक्ष भजन सुनाउन एउटा स्पिकर दरबारभित्र पनि लगिएको थियो रे । म पनि भजन सुन्न प्रत्येक एकादशीमा नारायणस्थानको सानो हलमा जाने गर्थें ।

वस्ताद साम्भदेवको हार्मोनियम र वस्ताद शम्भुप्रसाद मिश्रको तबलाको जुहारी हेर्न साह्रै आनन्द लाग्थ्यो । एक दिन म नारायणमन्दिरको हलभित्र बसेर भजन सुनिरहेको थिएँ । वस्ताद भैरवबहादुर थापा बाहिर उभिएर मलाई हेरिरहेका रहेछन् । उनी पक्का भएछन्– 'यसको एउटा आँखा सानो होइन,

मलाई सधैं जिस्क्याउँदो रहेछ' भनेर । अचानक हाम्रा आँखा जुधे, उनी रिसाएको थाहा पाएँ मैले । त्यसपछि म पनि सडकमा उनलाई भेट्न जानै छोडें ।

एउटा कामले मालपोत कार्यालय डिल्लीबजार गएको थिएँ । वस्ताद भैरवबहादुर थापा पनि त्यहाँ बसिरहेका रहेछन् । मैले 'मनको बाँध' फिल्मको संवाद 'ए साउजी, पाँच पैसाको मिश्री, दस पैसाको नरिवल दिनुस् त' भनेर आँखा उनको जस्तै बनाउँदै जिस्क्याएँ । उनले सुरूवालतिर देखाउँदै रिसाएर भने– "झुन्ड्या मिश्री लैजान्छस् ?"

'कान्तिपुर' टेलिचलचित्रमा एउटा सोझो, निष्कपट र केही काम गर्दा पनि ढङ्ग नपुऱ्याउने वडाध्यक्षको भूमिका निभाउनु थियो । मैले वस्ताद भैरवबहादुरलाई सम्झें र उनको हाउभाउ, बोल्ने तरिका, आँखा त्यो वडाध्यक्ष चरित्रमा फिट गरें । स्वभाव र चरित्र हामीलाई 'कान्तिपुर' टेलिचलचित्र बनाउन दिने तत्कालीन काठमाडौं महानगरपालिकाका मेयर पीएल सिंहकै थियो । उनी पनि असल, निष्कपट, काम गर्न खोज्ने तर टुङ्गोमा पुऱ्याउन नसक्ने खालका थिए ।

चलचित्र प्रसारण भएपछि सबैले मन पराए । पीएल सिंहले पनि नराम्रो भन्न सकेनन् । खुसी प्रकट गर्दै उनले थोरै रिस र अलिकति लाज मिसाएर भने– "ए बर्मु बाजे, क्या हो फिलिममा तिमीले गरेको क्यारेक्टर त सबैले मेरै हो भन्छन् नि ?"

मैले भनें– "हामीलाई पनि सबैले त्यसै भन्छन् ।"

उनले अलि घुर्क्याउँदै भने– "ए म्या..., फिलिम बनाउन मैले नै पैसा दिने अनि मेरै क्यारेक्टर गर्ने !"

उस-उस-उस

'लालपुर्जा' नामै सुन्दा सबैलाई मन पर्ने, सबैलाई चाहिने । लालपुर्जाकै लागि मान्छे भ्रष्टाचार गर्छन्, अरूलाई ठग्छन्, मान्छेले मान्छे मार्छन् । कतिलाई त लालपुर्जा नै कालपुर्जा पनि भएको छ । लालपुर्जाकै लागि अर्काको सम्पत्ति हडप्छन्, झन्डा गाड्छन् । लालपुर्जा उद्योगपति, व्यापारी, कर्मचारी, सर्वसाधारण सबैलाई चाहिने, सबैलाई मन पर्ने, प्राणप्यारो वस्तु भएको छ । लालपुर्जाको खोल पनि भूमिसुधार मन्त्रालयले रातै बनाएको छ । त्यसैले लालपुर्जा रातो कपडामा हँसियाहथौडा चिह्न भएको राजनीतिक दललाई पनि हिजोआज असाध्यै मन पर्न थालेको छ । मुखले लाल सलाम भने पनि मनले लालपुर्जा भन्छन् । चारतारे झन्डा भएको, रातो कपडामा सूर्य चिह्न भएको राजनीतिक दललाई पनि लालपुर्जा मन पर्दै आएको थियो अलि पहिलेदेखि । मधेस आन्दोलनबाट उदय भएका मधेसवादी दलकाहरू त लालपुर्जा जोड्न दस हजार पनि छाड्दैनन् रे ।

कति राजनीतिक व्यक्ति, व्यापारी, उद्योगपतिले त भारत, थाइल्यान्ड तथा पश्चिमा मुलुकमा समेत लालपुर्जा जोड्दै छन् भन्ने सुनिन्छ । हाम्रो देशमा शताब्दीऔंदेखि मधेसमा जङ्गल फाँडेर आँखाले समेत देख्न नभ्याउने हजारौं बिघाको लालपुर्जा निःशुल्क प्राप्त गरी पुस्तौंदेखि गरिबलाई दास बनाएर बसे केही मान्छे । सक्नेले पाटी, पौवा, पोखरी, चौर, पर्ती, तालको पनि आफ्नै

नाममा लालपुर्जा बनाइसके; तर नसक्नेले 'लालपुर्जा कस्तो हुन्छ ?' भन्नेसम्म देखेका छैनन् । उनीहरूसँग देश त छ तर एउटा खुट्टा राख्ने ठाउँको लालपुर्जासमेत छैन ।

कोही दुर्गन्ध सुँघेर खोलाको किनारमा बस्छन् । त्यो खोलाको किनारमा नसक्ने त छँदै छन्, सक्ने पनि मिसिन आउँछन् र ढलाने घर ठड्याउँछन्, अनि बहालमा समेत लगाउँछन् ।

साँच्चिकै सुकुम्बासीहरू खोलाको दुर्गन्धमा पनि बस्न पाउँदैनन्, रातारात लखेटिन्छन् । त्यस्ता नसक्नेहरूसँग जमिनको लालपुर्जा नभए पनि आकाशको अलिखित लालपुर्जा छ । पूरै आकाश उसकै हो । आकाशमा उसले खेती गर्छ, महल ठड्याउँछ तर मात्र कल्पनाको । उसलाई राति जाडो भयो भने ओढ्ने सिरक पनि त्यही आकाश हो, बर्साद भयो भने ओत लाग्ने छानो पनि त्यही आकाश ।

मोही भन्दैमा सबै गरिब हुँदैनन् र तल्सिङ भन्दैमा सबै धनी हुँदैनन् । साथी नरेन्द्र कंसाकारका मोही सेनाका जर्नेल थिए । मोहीसँग बाली लिन जाँदा घण्टौं कुर्नुपर्थ्यो, अनि मोही आएपछि उठेर दर्शन गर्नुपर्थ्यो । बाली पाउनु सट्टा उल्टो हप्कीदप्की खानुपर्थ्यो । त्यस्तै परे अजङ्गको कुकुरको टोकाइ खान पनि तयार हुनुपर्थ्यो । अनि उनले अमूल्य जग्गा कौडीको मोलमा टक्र्याएर आउनुपर्‍यो ।

'लालपुर्जा' टेलिचलचित्रमा त्यस्तै विकृति बोकेको मोही घनश्यामको भूमिका मदन दाइले निभाए । शोषित तल्सिङ्को भूमिका मैले निभाएँ । त्यो भूमिका निभाउन मलाई सजिलो भयो । धेरैजसो मेरा मोहीहरू सोझा भए पनि एक-दुई जनासँग धेरै कसरत र चाकडी गर्नुपर्थ्यो । त्यो अनुभवले पनि मलाई मद्दत गर्‍यो ।

पद्मोदय हाइस्कुलमा पढ्दा हाल पुतलीसडकको सेयर मार्केटमा गुठी संस्थानको कार्यालय थियो । गुठी संस्थानका एक कर्मचारी 'लालपुर्जा' को ध्रुवराम जस्तै अलिअलि भकभकाएर बोल्थे । हामी सडकको झ्यालबाट उनलाई जिस्क्याउँथ्यौं । उनी बाहिर निस्केर हामीलाई परसम्म लखेट्थे ।

अहिले सम्झँदा हामीले गर्न नहुने काम गर्‍यौं तर त्यस बेलाको अल्लारे बुद्धि, जिस्क्याउँदा अरूलाई मर्का पर्छ भन्ने ख्याल राख्तैनथ्यौं । उनको नाम, ठेगाना केही थाहा छैन तर 'लालपुर्जा' मा ध्रुवराम चरित्रमा उनकै छाया छ । सानैमा टङ्गाल गैरीधाराको मेरो गुच्चा खेल्ने साथी कृष्ण महर्जनको झगडा पर्‍यो कि उस-उस-उस गर्ने थेगो थियो । मैले त्यही उस-उस-उस थेगोलाई गुठी संस्थानको अज्ञात कर्मचारीको चरित्रमा मिसाएँ र ध्रुवरामको चरित्र बनाएँ ।

दुई जना कृष्णप्रसाद भट्टराई

कृष्णप्रसाद भट्टराई मलाई साह्रै मन पर्ने नेता हुन् । जे कुरालाई पनि हलुका तरिकाले लिनेबाहेक उनका अरू दुर्गुण केही छैनन् । सत्तामा गएर भ्रष्टाचार नगर्ने नेता उनी एक्लै पर्छन् सायद । उनीसँग सेन्स अफ ह्युमरको ठूलो गुण थियो । त्यसलाई हाम्रो कला, संस्कृतिको भाषामा 'सरस्वतीले वास गरेको अनुहार' भन्छन् ।

अनुहारमा सकारात्मक लक्षण नदेखिने मान्छेलाई नेवार भाषामा 'नासःमरूम्ह मनु' भन्छन् । नासमरूको अर्थ नाट्येश्वर नभएको अनुहार भनिन्छ । त्यसैले नेता होस् वा कलाकार, मुखमा सरस्वतीको वास हुनै पर्छ ।

कृष्णप्रसाद भट्टराईको अनुहारै सम्झदा पनि आफ्नो मुख हँसिलो हुन्छ । म प्रायः नेताहरूको नक्कल गर्दिनँ, किनभने धेरैजसो नेता दुर्गुणले भरिएका हुन्छन् ।

कृष्णप्रसाद भट्टराईका चाहिँ दुर्गुण कम भएकाले उनको नक्कल गरूँगरूँ लाग्यो । एक पटक काठमाडौं मोडल अस्पताललाई एउटा एम्बुलेन्स विदेशबाट उपहार आयो । त्यसको भन्सार मिनाहा गराउन मदन दाइ र म तत्कालीन अर्थमन्त्री महेश आचार्यकहाँ गयौं, काम भएन । त्यसपछि प्रधानमन्त्री गिरिजाप्रसाद कोइरालाकहाँ गयौं । त्यहाँबाट पनि काम भएन ।

अनि हामी 'कृष्णप्रसाद भट्टराईलाई एक पटक अनुरोध गरी हेरौं न' भनेर बिहान खुमलटार गयौं । अमिता कपालीसँग मेरो नक्सालदेखिकै नाता छ । उनी नक्साल टोलकी छोरी हुन् साथै कृष्णप्रसाद भट्टराईको सेवा गरेकामा हामी उनलाई झन् सम्मानले हेर्छौं । हामीले अमितालाई भट्टराईसँग भेटाइदिन अनुरोध गरेपछि उनले केही क्षण कुर्न भनिन् ।

एकछिनपछि कृष्णप्रसाद भट्टराई गीताका मन्त्र जप्तै आए । भित्र अरू केही नलगाई पातलो धोती मात्र बेरेकाले सबै आकारप्रकार प्रस्टै देखिन्थ्यो । हामीले उठेर नमस्कार गऱ्यौं । हामीलाई देख्नासाथ उनी जङ्गिन थाले– "तिमीहरू किन यहाँ ? जाओ, गेट आउट वाइयातहरू । बिहानैदेखि ढोकामा आउँछौ । लाज लाग्दैन, गेट आउट ।"

हामी छक्क पऱ्यौं । अमिता कपालीले भनिन्– "उहाँहरू त मदनकृष्ण र हरिवंश ! तपाईंलाई भेट्न आउनुभएको ।"

त्यसपछि बडो समालिएर भने– "ओहो ! माफ गर्नुहोला । मैले त तपाईंहरूलाई नेविसङ्घका विद्यार्थी भन्ठानेको । बस्नुस्बस्नुस्, कति कामले आउनुभयो मेरो घर पवित्र पारेर ?"

उनको स्वागतमा साँच्चिकै आत्मीयता झल्केको थियो । हामीले पनि भनिहाल्यौं– "मोडल अस्पतालले विदेशबाट एउटा एम्बुलेन्स गाडी उपहार पाएको छ । त्यसलाई भन्सार मिनाहा गर्न हामी अर्थमन्त्रीकहाँ गयौं, प्रधानमन्त्रीकहाँ पनि गयौं तर काम भएन । त्यसैले यहाँलाई अनुरोध गर्न आएका ।"

उनले हामीमाथि पूर्ण विश्वास गर्दै भने– "ओहो, तपाईंहरू त मान्छे जेनुन हुनुहुन्छ । तपाईंहरूले त्यसको गलत प्रयोग गर्नु हुन्न, मलाई थाहा छ ।"

उनले अर्थमन्त्रीलाई फोन गरे– "मदनकृष्ण र हरिवंश आचार्यबाट गलत काम हुँदैन । मलाई अरू कुरो थाहा छैन, तुरुन्तै उहाँहरूको काम गरिदिनुस् !"

त्यसपछि हामीतिर फर्केर भने– "बरू एम्बुलेन्स कहिलेकाहीँ मलाई पनि चाहिन्छ । बूढो भैसकें । अरूले पनि भन्देऊ भन्छन् । त्यस्तो बेलामा म तपाईंहरूलाई दुःख दिन्छु ।"

चिया खाँदै गर्दा त्यसै बखत एक जनाले भने– "किसुनजीले मदनकृष्ण, हरिवंशलाई पनि चुनावको टिकट मिलाउनुपर्‍यो ।"

भट्टराईले भने– "हेर्नोस् बाबु, कला भनेको सुन हो, राजनीति भनेको गुहु । तपैंहरू सुन सोहोर्न छोडेर गुहु सोहोर्न नआउनुस् । तैपनि तपैंहरूको इन्ट्रेस्ट छ भने म तपैंहरूका लागि पहल गरिदिन्छु ।"

हामीले भन्यौं– "हामी टिकट माग्न आएका होइनौं, एम्बुलेन्स माग्न आएका ।"

त्यसपछि सरासर अर्थमन्त्री महेश आचार्यकहाँ गयौं, उनले तत्काल काम गरिदिए । काठमाडौं मोडल अस्पताललाई कम्युनिस्टहरूको अस्पताल भन्छन् । त्यसैले काङ्ग्रेसी मन्त्री भएर पहिले नगरिदिएका होलान् । हो, काठमाडौं मोडल अस्पतालमा वामपन्थी विचारधारा बोक्नेहरू धेरै छन् तर अस्पतालै वामपन्थीचाहिँ होइन ।

दुई-चार पटक कसैलाई जरूरी पर्दा भट्टराईले फोन गरेर एम्बुलेन्स मगाएका थिए । उनले फोन गरेर जहाँको पनि एम्बुलेन्स मगाउन सक्थे तर हामीलाई फोन गरेर मगाउँदा उनलाई पनि हामी आफ्नो मान्छे जस्तो लाग्थ्यो होला ।

मैले 'नेपाल बन्द' प्रहसनमा कृष्णप्रसाद भट्टराईले नेपाल बन्द गरेको भूमिका निभाएको थिएँ । सो प्रहसन हेर्न कृष्णप्रसाद भट्टराई पनि आएका थिए । प्रहसन हेरेर खुसी हुँदै 'बधाई भनिदिनू' भनेर गएछन् । उनको नक्कल गर्न सजिलो पनि छ, गरौंगरौं लाग्ने पनि छ । त्यसैले म नेपाल बन्दमा उनको भूमिकामा देखा परें ।

समाचारपत्रले म रङ्गमञ्चको कृष्णप्रसाद भट्टराई र दर्शकदीर्घामा बसेर रङ्गमञ्चको आफूलाई हेरिरहेका कृष्णप्रसाद भट्टराई दुवैको फोटो छापेको थियो । पत्रिकामा दुई जना कृष्णप्रसाद भट्टराई देखिन्थे ।

प्रभाव र प्रहार

हामीले धेरैओटा चलचित्रमा धेरैओटा भूमिका निभाएका छौं । सबै भूमिका जोड्ने हो भने सयओटा जति हुन आउँछन् होला । त्यसमध्ये केही भने आफैलाई पनि चित्तबुझ्दो लाग्छ ।

बैङ्किङ प्रवर्द्धन समितिले निर्माण गरेको 'लक्ष्मी' टेलिचलचित्र टेलिभिजनबाट प्रसारण भयो । त्यसमा मैले बैङ्क ठग्ने ठगको भूमिका निभाएको छु । त्यसमा पैसाका लागि म सबैलाई ठग्छु । बैङ्क, समाज, स्वास्नी, छोराछोरी, सासूससुरा कसैलाई पनि बाँकी राख्तिनँ ।

बैङ्कमा सुन जाँच्ने जाँचकीकी बोल्न नसक्ने छोरीलाई बिहे गर्छु र बाध्य बनाएर सुनको सट्टा पित्तल बैङ्कमा धितो राखेर पैसा झिक्छु अनि जाँचकी ससुरालाई नै फसाएर जेल पठाइदिन्छु । त्यही तोडमा सासू हृदयघात भएर मर्छिन् । म बोल्न नसक्ने श्रीमतीलाई छोडेर बैङ्क मेनेजरकी छोरीसँग बिहे गर्छु र बैङ्क मेनेजरलाई पनि ठगेर आत्महत्या गर्न बाध्य बनाइदिन्छु ।

'ट्रक ड्राइभर' फिल्मको सुटिङ भइरहेको थियो । नायक शिव श्रेष्ठ र म गुह्येश्वरी मन्दिरको सिँढी चढ्दै थियौं । एउटी अधबैंसे महिलाले मलाई इँटको टुक्राले हानिन् । मैले छलें । उनले फेरि ढुङ्गाले हानिन् । शिव श्रेष्ठले मलाई बचाउँदै लगे । अरूले किन ढुङ्गाले हिर्काएको भनेर सोध्दा उनले नेवारी भाषामा भनिन्– "थुक्क ! यो कुलङ्गारले बोल्न नसक्ने लाटी केटीलाई कस्तो दुःख देको ? त्यस्तो अन्याय पनि गर्नु हुन्छ !"

मैले पनि नेवारी भाषामै भनें– "फिलिम र नाटकमा त जस्तो पनि गर्नुपर्छ । म त्यस्तो मान्छे काँ छु र ?"

उनले रिसाउँदै भनिन्– "फिलिम भनेर हुन्छ ? फिलिममा पनि त्यस्तो अन्याय गर्न पाइन्छ ?"

त्यहाँबाट त अरूले जोगाएर लिएर गए तर मलाई धेरै समयसम्म नमज्जा लागिरह्यो ।

पछि थाहा पाएँ, उनी गुह्येश्वरी मन्दिर परिसरमा फूल बेच्तिरहिछन् । उनकी पनि एउटी छोरी बोल्न नसक्ने रहिछन् । उनले आफ्नी छोरीलाई 'लक्ष्मी' टेलिचलचित्रकी लक्ष्मीसँग तुलना गरिछन् ।

त्यसपछि मलाई नकारात्मक भूमिका गर्न डर लाग्न थाल्यो । तर चलचित्रमा नकारात्मक र सकारात्मक भूमिका नराखी कथालाई उत्कर्षमा लैजान सकिँदैन । कसै न कसैले नकारात्मक भूमिका गर्नै पर्छ, त्यो भूमिका प्रायः मेरै भागमा पर्छ ।

मान्छेहरू सोध्छन्– "तपाईंहरूलाई आफ्नो सबैभन्दा मन पर्ने चलचित्र कुन हो ? आफूले गरेको सबैभन्दा चित्त बुझ्दो अभिनय केमा छ ?" सबै भिन्नाभिन्नै विषयवस्तु र भिन्नाभिन्नै चरित्र भएकाले 'यो राम्रो' भन्यो भने अर्कोलाई अन्याय पर्छ । बाबुआमालाई 'कुन छोराछोरीको माया धेरै लाग्छ' भनेर सोध्यो भने 'यो छोरा वा छोरीको' भनेर जबाफ दिन गाह्रो भए जस्तै हामीले प्रदर्शन गरेका टेलिचलचित्र र प्रहसनहरूका बाबुआमा हामी नै हौं । त्यसैले हामीलाई पनि जबाफ दिन गाह्रो छ ।

रङ्गमञ्च, टेलिचलचित्रमा धेरैओटा भूमिका निभाइयो । अब हिटलर र बुद्धको भूमिका गर्न पाए हुन्थ्यो । किनभने, हिटलर युद्धका प्रतीक, बुद्ध शान्तिका । तर फिल्म अङ्ग्रेजी भाषामा बनाउन पाए हुन्थ्यो । हामीले अहिलेसम्म जति गऱ्यौं, नेपालीले मात्र बुझ्न पाए । अङ्ग्रेजी भाषामा गर्न पाए संसारका मान्छेले बुझ्ने थिए ।

हामीले पढ्दा पढाइको स्तर त्यति राम्रो भएन । अहिलेको पुस्तालाई बाबुआमाले धेरै खर्च गरेर महँगामहँगा स्कुलमा पढाएका छन् । उनीहरूको अङ्ग्रेजी भाषा राम्रो हुँदै छ । अबको विश्व धेरै खुम्चिइसकेको छ । इन्टरनेट,

मोबाइल, फेसबुकले संसारका सबै मान्छे नजिक भएका छन् । हामीपछिका कलाकार, निर्देशकहरूले हाम्रो कला, संस्कृतिलाई संसारमा चिनाउनुपर्नेछ । त्यसबाट देशलाई पनि फाइदा हुन्छ । गर्न सक्यो भने 'मिलिनियर' बन्ने सम्भावना पनि छ । हामी यहाँ मात्रै सीमित भएर नबसौं ।

डेनड्राइट र बालकलाकार

एक पटक नपढेकालाई पनि हाम्रो टेलिफिल्ममा अभिनय गराइहेर्नुपऱ्यो भन्ने सोच आयो । प्लान नेपालले निर्माण गरेको जन्मदर्तासम्बन्धी 'सृष्टि' टेलिफिल्ममा बालश्रम शोषणका दृश्यमा सडक बालकलाई नै अभिनय गराउन पाए वास्तविकता झल्किन्थ्यो भनेर हामीले सडकमा पोलिथिनको झोलामा डेनड्राइट (जुत्ता टाँस्ने सुलोसन) हालेर सुँध्दै हिँड्ने करिब दस-बाह्र वर्षको बालक (उसको नाम बिर्सें) सँग अन्तर्वार्ता लियौं । अन्तर्वार्तामा उत्तीर्ण पनि भयो, दैनिक पाँच सय रूपैयाँ पारिश्रमिक दिने, ल्याउने-पुऱ्याउने, खाना, खाजा आदिको व्यवस्था गर्ने सर्तमा ऊसँग सम्झौता भयो ।

सुटिङ सुरू भयो । केही बढी मेहनत गर्नुपरे पनि त्यो बालकले राम्रै काम गऱ्यो । दुइटा सिन सुटिङ भइसकेका थिए । तीन बजेतिर त्यस बालकले हाम्रो प्रोडक्सन म्यानेजर कलाकार सुरेन्द्र केसीलाई अर्डर गरेछ– "ए दाइ, यता आउनुस् त । मलाई वाइवाई एक प्याकेट, कोक एक बोतल अनि एक बट्टा ५५५ चुरोट ल्याउनुस् त ।"

सुरेन्द्र केसीले चाउचाउ र कोक मगाइदिएर भनेछन्– "५५५ चुरोटचाहिँ ल्याउन सक्तिनँ । बच्चालाई चुरोट खान दियो भनेर मलाई दाइहरूले गाली गर्नुहुन्छ ।"

त्यो बालकले भनेछ– "चुरोट भएन भने म सुटिङ गर्न सक्तिनँ । म त जान्छु ।"

दुई सिन सुटिङ भइसक्यो हिँडिदियो भने दुई दिनको काम खेर जान्छ । त्यसैले ५५५ नै चाहिन्छ भनेकाले त्यही नै मगाइदिएछन् हामीलाई नभनी । एक घण्टापछि सुटिङ ब्रेक भयो । अनि उसले सुरेन्द्र केसीलाई फेरि भनेछ– "दाइ, मलाई भोड्का हाप ल्याइदिनुस् त ।"

"कहाँ भोड्का, तँ जस्तो दस-बाह्र वर्षको फुच्चेले हाफ भोड्का खानु हुन्छ ?" भनेर गाली गर्दा उल्टो भनेछ– "मेरो त अगि नै खाने बेला भइसकेको थियो । यतिन्जेल सहेर बसेको । म त अब नखाई कामै गर्न सक्तिनँ । खान नपाए त म हिँडिदिन्छु !"

सुरेन्द्र भाइले आएर हामीलाई दिउँसोदेखिका कुरा सुनाएर भने– "के गर्ने दाइ, फुच्चे हिँडिदियो भने त काम बर्बाद हुन्छ ।"

कुन नैतिकताले त्यो फुच्चेलाई भोड्का र चुरोट किनेर खान दिने ? सबैसँग हामीले सल्लाह गऱ्यौं । हामीले उसलाई भोड्का खान दिएनौं भने पनि त्यो गएर डेनड्राइट सुँघेर हल्लिन थालिहाल्छ । के गर्ने त ? तिनीहरूले जेसुकै गरेर फकाए पनि हामीले 'भोड्का किनिदेऊ' भन्न सकेनौं । सुरेन्द्र केसीले सुटिङ सकिएपछि भने– "दाइ, मैले भोड्का किनिदिएँ, नत्र टिक्नै सकिएन ।"

पहिले एक क्वाटर मात्र दिएको, रिसाएर ढोकामा पुगेछ । सुरेन्द्रले अर्को सिसी देखाएछन् अनि फर्केर आयो रे । राति ९ बजेतिर सुटिङ सक्यौं र उसलाई पुऱ्याउन गाडी मगायौं । जाने बेलामा उसले भन्यो– "मलाई भोलि ११ बजेतिर मात्रै लिन आउनू है ।"

मैले सोधें– "किन ?"

उसले भन्यो– "भोलि बिहान हाम्रो 'ग्याङ फाइट' छ । फाइट सकेर आउँदा अबेर हुन्छ ।"

हामीलाई अर्को पिर पऱ्यो । केही गरी ग्याङ फाइट भयो र उसको अनुहारमा घाउ लाग्यो भने, हातखुट्टा भाँचियो भने त सुटिङ नियमित गर्नै सकिँदैन । हामीले ग्याङ फाइट नगर्न अनुरोध गऱ्यौं । उसले त अङ्ग्रेजी शब्द पनि प्रयोग गर्दै भन्यो– 'हैन, यो सुटिङ भनेको त दुई-चार दिनको काम हो । पछि मेरा साथीहरूसँग मिसअन्डरस्ट्यान्डिङ हुन्छ ।"

भोलिपल्ट ऊ नआइन्जेल हामीलाई चिन्ता भइरह्यो– आएन भने के गर्ने ? घाइते भएर आयो भने के गर्ने ?

केही समयपछि आङ तान्दै गाडीबाट ओर्लियो । धन्न जस्तो गएको थियो त्यस्तै आयो । हामीले सोध्यौं– "ग्याङ फाइट भयो ?"

उसले विजयभावको मुद्रामा भन्यो– "सालेहरू, भागे हाम्रो ग्याङ देखेर ।"

त्यस दिन पनि उसको फर्माइस ५५५ चुरोट र हाफ बोतल भोड्का थियो रे । हामीले 'योसँग धेरै दिन काम गर्न सकिँदैन' भनेर उसको रोल छोट्यायौं र दुई दिनमै सकेर उसलाई भन्यौं– "ल, तिम्रो काम सकियो अब । भोलिदेखि नआए हुन्छ ।"

उसले प्रश्न गर्‍यो– "चार दिनलाई भनेर बोलाएको होइन ?"

हामीले भन्यौं– "चार दिन भने पनि तिमीले छिटो काम गर्न सक्यौ । त्यसैले दुई दिनमै सकियो ।" उसले अझ झोक्किएर भन्यो– "त्यसो भए पैसा चारै दिनको दिनुपर्छ ।"

चारै दिनको पैसा दुई हजार दियौं अनि हामीले पनि भोड्का र चुरोटको कुरा झिकेर गाली गर्‍यौं ।

करिब तीन हप्तापछि म ठमेलबाट फर्कंदै थिएँ । केशरमहलको ट्राफिकमा रातो बत्ती बल्यो । मैले गाडी रोकें । त्यही बालक डेनड्राइट सुँघेर सडकमा बसिरहेको रहेछ । मलाई देखेर गाडीतिर आयो । मैले गाडीको सिसा बन्द गरेको थिएँ । उसलाई दायाँतिर देखे पनि मैले नदेखे जस्तै गरेर अगाडि हेरिरहें । उसले झ्यालको ऐनामा ट्वाकट्वाक गर्दै भन्यो– "हरिवंशजी, ए हरिवंशजी ! खै सय रूपैयाँ दिनुस् त ।"

मैले नसुने जस्तो गरी देब्रेतिर मुन्टो फर्काएँ । ऊ फेरि देब्रेतिरै आयो । झ्यालमा ट्वाकट्वाक गर्दै भन्यो– "हरिवंशजी, ओ हरिवंशजी !"

मैले मुन्टो सिधा पारेर अगाडि हेरिरहें । ऊ अगाडि नै आयो र भन्न थाल्यो– "क्या हो, काम पर्दा गाडी लिईलिई लिन आउने । अहिले काम सकिएपछिचाहिँ बोलाउँदा पनि नबोल्ने ?"

मैले केही प्रतिक्रिया जनाइनँ । देखेको नदेखे जस्तै गरी बसिरहें । उसले फेरि बोलायो– "हरिवंशजी, ओ हरिवंशजी, ए हरिवंशे, ए साले हरिवंशे !"

हरियो बत्ती बल्यो । मैले उसलाई नहेरी गाडी अगाडि बढाएँ । उसले मेरो मारूती जिप्सी गाडीमा भ्वाक्क एक लात हान्यो ।

हामीले सडक बालबालिकालाई टेलिफिल्ममा अभिनय गर्न बोलाउँदा 'सडकका यस्ता बालबालिकालाई जम्मा पारेर एउटा कलाकार टोली नै बनाउन पाए पनि हुन्थ्यो' भन्ने कल्पना गरेका थियौं । तर उसको क्रियाकलाप देख्ता 'एउटालाई त नियन्त्रण गर्न सकिँदो रहेनछ. धेरैलाई कलाकार बनाउन त ज्यादै गाह्रो होला' जस्तो लाग्यो । तैपनि कुनै दिन सकिएछ भने यी कलिला बालबालिकालाई कलाकार बनाउने धोको मनमा रहिरहेको छ ।

जँड्याहा डाँडा

हामी टेलिफिल्महरूको सुटिङ गर्न गाउँघर खोज्दै हिँड्छौं । टेलिफिल्म बनाउने बजेटमा एकरूपता हुँदैन । त्यसैले पर्याप्त बजेट छ भने सुटिङ गर्न देशका रमणीय ठाउँहरूमा पनि पुग्छौं । बजेट थोरै छ भने यतै काठमाडौंकै वरिपरिका डाँडापाखा र गाउँघरतिर जान्छौं । तर काठमाडौंनजिकका मोटर जाने डाँडाहरूमा घरका नाममा सिमेन्ट र इँटको ढाँट उम्रिसकेको छ– न व्यवस्थित सहर भएको छ, न सुन्दर गाउँ नै बाँकी छ ।

ककनीदेखि सुन्दरीजल र नगरकोटसम्मका डाँडाका घरका आँगनको छेउबाट धुवाँ आइरहेको हुन्छ । त्यो भात पकाउने चुलोको होइन, बिजुलीपानी बनाउने अगेनाको धुवाँ हो, जसलाई 'स्वास्नी कुट्ने झोल' पनि भन्ने चलन छ हाम्रो गाउँघरतिर । अर्थात् लोग्नेले त्यो झोल खाएर स्वास्नीलाई थर्काउने भएकाले त्यसो भनिएको होला ।

तर काठमाडौंवरिपरिका डाँडामा यो झोल लोग्नेले मात्रै पिउँदैनन्, स्वास्नीले पनि ठाडोघाँटी लगाउँछन् । यी डाँडावरिपरिका घरहरूका प्रायः मान्छेको पेसा घरेलु रक्सी बनाउने हो र महिलाहरू नै प्रायः संलग्न हुन्छ । रक्सी बनाउँदा 'पानी पुग्यो कि पुगेन' भनेर पकाउने महिलाले बिहानैदेखि चाख्छन् । यसरी चाख्ताचाख्ता चाख्ने मात्र होइन, खाने आदतै बसिसकेको हुन्छन् । अनि पानी चाहिने महिलालाई बिहान उठ्नासाथ रक्सीको पानी पिउँपिउँ लाग्छ ।

त्यस्ता धेरै महिलाहरूको मुख रातो जलजल परेर सुन्निए जस्तो हुन्छ । साथै महिलाहरूले पनि पिएको सुरमा फोहर शब्द प्रयोग गर्छन् । ककनीदेखि त्यस्तो घरेलु रक्सी बालाजु आउँछ । बूढानीलकण्ठ डाँडाको रक्सी महाराजगन्जसम्मका भट्टीमा ओर्लिन्छ । सुन्दरीजलको डाँडाको रक्सी बौद्ध, गोकर्ण, जोरपाटीका चियापसलहरूलाई भट्टी बनाउन आइपुग्छ । नगरकोटका डाँडाहरूबाट पनि पहाडी खोला बगेझैं भक्तपुरतिरका भट्टीहरूमा रक्सी बग्छ ।

हामी 'महचौतारी' टेलिफिल्म सुटिङ गर्न नगरकोट पुग्यौं । सामाजिक विषयवस्तु 'सिनो जुन जातले पनि उठाउनु हुन्छ, सार्कीले मात्रै उठाउनुपर्छ भन्ने छैन' भन्ने त्यस टेलिफिल्मको मुख्य सन्देश छ ।

हामीलाई एउटा मरेको गोरू देखाउनु थियो । हामीसँग एक जना भेटनरी डाक्टर पनि थिए । चार हजार रूपैयाँ भाडा तिरेर नगरकोटकै एउटा घरबाट सुटिङका लागि गोरू ल्यायौं । गोरूलाई बेहोस पारेर मरेको जस्तै देखाउनुपर्ने थियो । डाक्टरले बेहोस बनाउने औषधि सिरिन्जमा राखेर गोरूलाई इन्जेक्सन दिए । सुटिङ गर्न क्यामेरा ठीक थियो तर गोरू बेहोसै भएन । डाक्टरले फेरि औषधि थपेर इन्जेक्सन दिए– गोरू सुतेको जस्तो भएको थियो, क्यामेरा खोल्नासाथ जुरूक्कै उठ्यो । अब अरू इन्जेक्सन थप्न डाक्टर मानेनन्, 'योभन्दा धेरै त दिन हुँदैन' भने । उनले छक्क पर्दै थपे– "यत्रो औषधिले त यो गोरू सुत्नुपर्ने हो ।"

किन सुतेन भन्ने कुरो एकैछिनमा पत्ता लाग्यो । जुन घरबाट गोरू भाडामा ल्याइएको थियो, त्यो घरमा घरेलु रक्सी बन्ने भएकाले रक्सी बनाएको जाँडको कट (छोक्रा) गोरूलाई खुवाइने रहेछ । त्यसैले त्यो गोरू पनि जँड्याहा रहेछ । जँड्याहालाई बेहोस बनाउन गाह्रो हुन्छ र रक्सी पचाउँदापचाउँदै उसले ट्र्याङ्कुलाइजर पनि पचाइदिन्छ । अन्ततः गोरू अलि लट्ठियो मात्रै, बेहोस भएन । हामीले फिल्ममा गोरूको अनुहार देखाएनौं, सुतेको जिउ मात्रै देखाएर सुटिङ पूरा गर्‍यौं ।

त्यो गोरू सम्झँदा मलाई लाग्छ– मदन दाइ र म पनि एक हल गोरू हौं । फरक यति हो, त्यो गोरूलाई उसको मालिकले जाँडको कट ख्वाईख्वाई,

लट्ठीले पिटीपिटी जोत्छ, हामी एक हल गोरूलाई चाहिँ हाम्रा मालिक नेपाली जनताले स्याबासी ख्वाईख्वाई, ताली पिटीपिटी जोत्छन् ।

अनि हामीले पनि पर्दापछाडि धेरैलाई जोतेका छौं । धेरै प्राविधिकहरू हाम्रा लागि जोतिएका छन् । नरेन्द्र कंसाकार महसञ्चारको प्रशासन धान्न वर्षौंदेखि जोतिएका छन् । गौरीशङ्कर धुंजू पनि क्यामेरा बोकेर हाम्रै लागि जोतिएका छन् । प्रदीप भट्टराई निर्देशनमा जोतिएका छन् । गणेश कँडेल सम्पादनमा जोतिएका छन् । राजाराम पौडेल, सावित्री शर्मा, किरण केसी, राजु भुजू, सविता गुरूङ आदि साथीहरू हामीसँगसँगै पर्दा र रङ्गमञ्चमा जोतिएका छन् ।

एक पटक दरबारमा गीत गाउन वरिष्ठ सङ्गीतकार तथा गायकहरूलाई बोलाइएको रहेछ । साङ्गीतिक कार्यक्रम सकिएपछि रानी ऐश्वर्यले 'टिमलाई' भनेर एक लाख रूपैयाँ दिइछन् । एक जना वरिष्ठ सङ्गीतकारले पैसा कसैलाई दिएनछन्, आफै राखेछन् । अरू गायकगायिकाले पैसा माग्दा भनेछन्– "यो पैसा त सरकारले 'तिमलाई' भनेर मलाई मात्र दिइबक्सेको हो ।"

गायकगायिकाहरूले भनेछन्– "हैन, टिमलाई दिएको हो ।"

सङ्गीतकारले जिद्दी गरेछन्– "हैन, तिमलाई भनेर मलाई दिएको हो ।" उनले पैसा कसैलाई दिएनछन् ।

तर दर्शक तथा श्रोताले हाम्लाई दिएको सफलता ती सङ्गीतकारझैँ हामी आफू मात्र लिँदैनौं, हामीसँगै जोतिने टिमसँग बाँड्छौं ।

हाँसोभन्दा आँसु जेठो

धार्मिक कुरा सुन्दा 'मरेपछि वैतरणी नदी पार गर्नुपर्छ । त्यस नदीमा ठूलठूला सर्प, गोहीहरू हुन्छन् । पानी होइन, रगत, मासु र पिप बगिरहेको हुन्छ । त्यो नदी तरेर स्वर्ग जानुपर्छ ।' मरेपछि तर्ने वैतरणी नदी जिउँदैमा तर्ने कोसिस गर्दै छु । वैतरणी नदी तर्नु भनेको यही जीवनलाई पार लगाउनु हो । वैतरणी नदीमा हुने गोही, सर्प भनेको सङ्घर्ष र चुनौती हुन् । अलिकति डगमगायो भने चुनौतीले निलिहाल्छ । रगत, मासु, पिप, मलमूत्र भनेका जीवनमा आइलाग्ने घिनलाग्दा कुरा हुन् र यिनीहरूसँग बच्तै अगाडि बढ्नु हो । प्रतीकात्मक रूपको वैतरणी नदी जिउँदैमा तरेर स्वर्ग जस्तो देश नेपालमा स्थापित हुन खोज्नु हो । म त्यही खोज्दै छु । हामी त्यही खोज्दै छौं ।

मैले एउटा गीत लेखेर गाएको थिएँ तर त्यति चलेन । सायद त्यो गीतको लय मेरो स्वरलाई नसुहाउने भयो तर यसको शब्द आफैले लेखेको भए पनि राम्रै लाग्छ ।

रून्दै जन्मेको मान्छे म
हाँस्न सिकें छ महिनामा
हाँसोभन्दा आँसु जेठो
अलिअलि हाँसो छ ओठमा
आँसुको त मुहानै आँखामा

मान्छे जन्मनेबित्तिकै रून्छ । जो रूँदैन उसलाई चिमोटेर, खुट्टा समाती उल्टो झुन्ड्याएर पैतालामा पिटेर भए पनि रूवाइन्छ । जन्मनासाथ रून्नै पर्ने भनेको जीवनमा जसले पनि रून्नु पर्ने सङ्केत हो । त्यसैले हाँसोभन्दा आँसु जेठो हो । मलाई लाग्छ, जसको पनि जीवनमा आँसुले हाँसोलाई जित्छजित्छ ।

गरिबलाई गरिबीले रूवाइरहेको छ, धनीलाई धनले रूवाइरहेको छ । अपराधी मन भएकाहरू धेरै मान्छे मार्न पाइनँ भन्ने पिरले रून्छन्, कोमल मन भएकाहरू कति धेरै मान्छे मर्दै छन् भनेर रून्छन् ।

मान्छेको हेराइमा म हँसाउने मान्छे हुँ । सोच्लान्, योसँग त हाँसोको खानी छ, यो त रूँदै रूँदैन । तर म पनि जन्मनासाथ रोएको थिएँ । धेरै बेरसम्म चिच्च्याईचिच्च्याई रोएको थिएँ होला । त्यसैले मसँग भएको हाँसोलाई आँसुले नराम्रोसँग जितेको छ ।

'बाल्यकालमा आमा नमरून्, बुढेसकालमा स्वास्नी नमरून्' भन्छन् । तर म एघार वर्षको हुँदा मेरी आमा बित्नुभयो, त्रिपन्न वर्षको हुँदा मेरी मीरा ।

छोरा त्रिलोक र मोहित मीरालाई 'मामु' भन्थे । म पनि उनलाई मामु नै भन्थें । 'मामु' भन्दा मलाई उनी आमा जस्तै लाग्थ्यो । मीरा मेरो अभिभावक पनि थिइन् ।

'नारीका रूप धेरै हुन्छन्' भन्ने सुनेको मात्र थिएँ तर मैले मीराको साथ पाएपछि आफैले अनुभव गरें । आमा, श्रीमती, अभिभावक, साथी आदि सबै भएर उनले मलाई साथ दिइन् । उनी मसँग नआएकी भए मेरो जीवन 'आबारा' को जस्तो हुन्थ्यो होला भन्ने लाग्छ ।

म उनलाई असाध्यै आदर गर्थें । मलाई सितिमिति कसैसँग पनि डर लाग्दैनथ्यो तर मीरासित म डराउँथें । उनले मलाई तर्साएर मेरो मनभित्र भय गाडिदिएकी होइनन्, उनले मेरो हृदयभित्र माया भरिदिएकी हुन् । गहिरो मायामा सबैभन्दा बढी भर र सबैभन्दा बढी डर दुवै हुँदो रहेछ ।

म तिमीलाई आफूभन्दा पृथक् ठान्दै ठान्दिनँ
हाम्रो प्राण अलग छ भनी भन्दै भन्दिनँ

म आफ्नो हत्केलाको आयुरेखा हेर्दै हेर्दिनँ

तिमी बाँचुन्जेलसम्म म पनि मर्दै मर्दिनँ

मैले यो गीत लेखेर मीरालाई सुनाएँ । उनी मेरो उध्रेको ट्राउजर सिलाउँदै थिइन् । गीत सुनेर उनले आँखाबाट बरर आँसु झारिन् । मैले सोधें– "मामु, किन यस्तो गरेको ? यो गीतमा तिम्रो मन दुखाउने केही त्यस्तो कुरा छ र ?"

उनले मलाई अँगाल्दै भनिन्– "बाबा, हजुर मलाई यस्तो माया गर्नुहुन्छ । कहिलेकाहीँ लाग्छ, म हजुरभन्दा पहिले मर्छु अनि हजुरले दुःख पाउनुहुन्छ !"

उनलाई आफ्नो मुटुमा राखेको यन्त्र (पेसमेकर) सम्झेर त्यस्तो लाग्दो रहेछ । उनले सानैमा चिना देखाउँदा '४७ वर्षको उमेरमा ठूलो खड्गो छ' भनेर ज्योतिषीले भनेको सुनेकी रहिछन् । त्यो ४७ वर्षको खड्गो उनको मनमा गढेको रहेछ ।

मैले सम्झाएँ– "हेर मामु, संसारभरिका कैयौं मान्छेले पेसमेकर जडेका छन् । विज्ञानलाई धन्यवाद छ, जसले त्यत्रा मान्छेलाई बँचाइरहेको छ । तिमी पनि ज्योतिषलाई भन्दा विज्ञानलाई बढी विश्वास गर ।"

पेसमेकर छाती चिरेर भित्र खल्ती जस्तो बनाएर जडान गरेको हुन्छ, बाहिरबाट त्यस्तो केही देखिन्न । हेर्दा मीरा पनि सामान्य देखिन्थिन् । मीठो स्वरले एफएममा कार्यक्रम सञ्चालन गर्थिन् । सबै उनको आवाजको प्रशंसा गर्थे । उनले पनि आफ्नो छुट्टै चिनारी बनाएकी थिइन् तर स्वास्थ्यले दुःख दिइरहन्थ्यो ।

मीराको स्वभाव साह्रै तीक्ष्ण थियो । अरूलाई नगनाएको गन्ध उनको नाकले थाहा पाउँथ्यो । हामीलाई साधारण लाग्ने आवाज उनलाई ठूलो लाग्थ्यो । सानो दुःखमा पनि उनलाई रातभर निद्रा लाग्दैनथ्यो ।

कहिलेकाहीँ राति सुतेको बेला उनको मुटु 'ढुकढुक' गरेको बाहिरै सुन्थें । म त्यो कुरा थाहा पाएर पनि उनलाई उठाएर भन्न सक्तिनथें । किनभने मैले भनेपछि आफ्नै बिरामी मुटुसँग डराएर उनको ढुकढुकी झन् बढ्न सक्थ्यो । उनलाई म निदाउन दिन्थें तर उनको मुटुको ढुकढुकी सुनेर मेरो पनि मुटु ढुकढुक गर्थ्यो र रातभरि निदाउन सक्तिनथें ।

काँचको सामानमा 'ह्यान्डल विथ केयर' अर्थात् जतन गरेर चलाऊ भनेर लेखेको हुन्छ । मीरा पनि काँचकै सामान जस्ती, जतन गरेर चलाउनुपर्ने । मैले डाक्टरसँग उनका यी बानीबारेमा सोध्दा डाक्टरले भने– "कुनैकुनै मान्छेको शरीरमा 'सेन्सिटिभिटी' महसुस गर्ने क्षमता बढी हुन्छ । उहाँमा पनि सेन्सिटिभिटी बढी भएको हो ।"

मीरा आफू पनि नम्र, उनीसँग सबैले नम्र भएरै बोल्नुपर्थ्यो । उनको मुखबाट कर्कश आवाज कहिल्यै सुनिएन । उनी साँच्चिकै दयालु थिइन् । आफ्नो, हाम्रो जन्मदिनमा वा विशेष चाडपर्वहरूमा अनाथ बालबालिकालाई लत्ताकपडा, जुत्ता बाँड्थिन् ।

ठूलो छोराले अमेरिकाबाट 'मेरो जीवनको पहिलो कमाइ' भनेर आमालाई एक हजार डलर पठायो । त्यसबाट बीस हजार रूपैयाँको लत्ताकपडा किनेर जय बालभोजनका बालबालिकालाई बाँडिछन् ।

मीराले कसैसँग वादविवाद गर्न रूचाइनन् । कसैले जिद्दी गरे उनी आफू हारिदिन्थिन् । उनी कहिल्यै कठोर बोल्दिनथिन् । उनी मेरो जीवनको पीपलको छहारी हुन् । उनी आएपछि मेरो जीवनै शीतल भयो । म पहिले अलि कठोर बोल्थें । उनको आगमनले म पनि नम्र हुँदै जान थालें ।

उनलाई मुटुको ढुकढुकीले अलि बढी दुःख दिन्थ्यो । रक्तचापको घटीबढीले पनि सताउँथ्यो बेलाबेला । जँचाउन अस्पतालमा धेरै गइरहनुपर्ने कारणले उनी ग्लानि महसुस गर्थिन् र फेरि त्यस्तै शब्द दोहोऱ्याउँथिन्– "मैले हजुरलाई कति धेरै दुःख दिएँ !"

मुटुमा जडेको पेसमेकरको ब्याट्री प्रत्येक आठ-दस वर्षमा सकिँदो रहेछ । ब्याट्री फेर्न फेरि अप्रेसन गर्नुपर्छ । एक पटक ब्याट्रीको तार चुँडिएछ, त्यो जोड्न पनि अप्रेसनै गर्नुपऱ्यो । पेसमेकर जडान गरेको बाइस वर्षमा तीन पटक अप्रेसन भयो ।

हाम्रो जिन्दगी काठमाडौंको सडक जस्तो भयो । टालटुल गऱ्यो, चिल्लो बनायो, फेरि अर्कोतिर उप्कन्छ । फेरि यता टाल्यो, उतातिर उप्कन्छ । काठमाडौंको बाटो त कमिसन र हेलचेक्र्याइँले गर्दा त्यस्तो हुन्छ । मीराको

उपचारमा मैले न कमिसन खाएको छु न त डाक्टरले नै हेलचेक्र्याइँ गरेका छन् तर पनि किन यस्तो हुन्छ ?

पेसमेकर जिन्दगी राख्ने भाँडो भयो, प्राकृतिक शरीरमा सधैं बोकेर हिँड्नुपर्ने घाँडो पनि भयो ।

मान्छे जतिसुकै धनी होस् वा गरिब, जत्रोसुकै दाता होस् वा माग्ने, जतिसुकै क्रूर होस् वा दयालु; सबैको पहिलो घर एउटै हुन्छ– पाठेघर । आफ्नी आमाको पाठेघर । पहिलो घरबाट निस्केपछिको घर भने फरकफरक हुन्छ । कोही महलमा जन्मन्छन्, कोही झुपडीमा; कोही बगरमा जन्मन्छन्, कोही सडकमा ।

समय आएपछि जतिसुकै शक्तिशाली मान्छे पनि यो संसारको घरमा बस्न नपाए जस्तै समय पुगेपछि जोसुकैले पनि आमाको पाठेघरमा बस्न पाउँदैन ।

मेरा छोराहरू त्रिलोक र मोहित पहिलो घर आमाको पाठेघर छोडेर सुविधासम्पन्न उनीहरूको जीवनको दोस्रो घर घट्टेकुलोमा जन्मे ।

पैंतालिस वसन्त र शिशिर पार गरेपछि मीराको त्यो पाठेघरमा ट्युमरले झन्डा गाडेर कब्जा गर्‍यो र जबरजस्ती बस्न थाल्यो । ती ट्युमरका गुरिल्लाहरूले पाठेघरका नसाहरू सबै कब्जा गरिसकेका रहेछन् । ती ट्युमरका गुरिल्लाहरूले कलेजो, फोक्सो जताततै कब्जा गर्ने चुनौती दिए ।

त्यसपछि डाक्टरले रोगका गुरिल्लाहरूले कब्जा गरेको घर नै सुरक्षित तरिकाले झिकेर फ्याँकिदिए । त्रिलोक र मोहितको पहिलो घर उनीहरूले छाडेको दुई दशकपछि उजाडियो ।

भाग्यले प्रहार गरेको ढुङ्गा मीराको पित्तथैलीमा गएर अड्केछ । 'त्यसलाई समयमै झिकिएन भने बमझैँ पड्केर जिन्दगी नै ध्वस्त हुन सक्छ । त्यसैले त्यसलाई पनि डिस्पोज गर्नुपर्छ' भनेका थिए डाक्टरले ।

आफ्नो शरीर जतिचोटि चिर्नुपरे पनि उनले दुःख महसुस गरिनन् । उनलाई एउटै मात्र ग्लानि थियो– 'मैले गर्दा हजुरलाई दुःख भयो !'

अस्पतालको क्याबिनमा कुरूवा सुत्ने ठाउँ सानो र साँगुरो हुन्छ– खुट्टा पूरा तन्काएर सुत्ता सानो खाटबाट बाहिर निस्कन्छ । यताउता चल्यो भने

आफ्नो ठूलो जिउ, खसिएला भन्ने डर । मीरा भन्थिन्– "मचाहिँ पलङमा आनन्दसँग सुत्ने, हजुरचाहिँ त्यस्तो साँगुरो ठाउँमा सुतेको म हेर्न सक्तिनँ ।"

"मामु, तिमी मलाई यति माया गर्छ्यौ, त्यसको बदलामा मैले तिमीलाई जति सेवा गरे पनि पुग्दैन ।"

म हतारमा जस्तो पायो त्यस्तै लुगा लगाएर निस्कन खोज्थें, उनी निषेध गर्दै लगाएको लुगा फुकाल्न लगाउँथिन् । भन्थिन्– "त्यस्तो लुगा लगायो भने मलाई मान्छेले के भन्लान् ? 'कस्ती रहिछे श्रीमती पनि, आफ्नो मान्छेको पटक्कै ध्यान नदिने' भन्दैनन् ?"

उनलाई मसँगसँगै आफै जोडिएको जस्तो लाग्थ्यो । त्यसैले मेरो आत्मबल दह्रो भएको ।

जुत्ता पालिस गरी टिलिक्क पारेर राखिदिन्थिन् । म घरबाट बाहिर निस्कँदा साँच्चिकै स्कुल जाने बच्चालाई आमाले लुगा मिलाइदिने, कपाल कोरिदिने, जुत्ता लगाइदिने गरे जस्तै उनी मलाई गर्थिन् । मीरा मलाई पनि छोरालाई जस्तै टिलिक्क, झिलिक्क पारेर पठाउँथिन् ।

म बाहिर जाँदा उनले चुम्बन गर्नै पर्थ्यो । मान्छे भए कोठामा लगेर भए पनि चुम्बन नगरी जान दिन्नथिन् । एक पटक 'नागरिक' पत्रिकामा अन्तर्वार्ता दिंदा मैले भनें– "बाहिर निस्कँदा श्रीमतीलाई चुम्बन नगरी निस्कन्नँ ।"

उनले पत्रिका पढेर बेस्कन गाली गरिन्– "लाजमर्दो, मान्छेले के भन्लान् ?"

मैले भनें– "संसारमा जति पतिपत्नी छन्, उनीहरू सबैले एकअर्कालाई चुम्बन गर्छन् भन्ने सबैलाई थाहा छ । केको लाजमर्दो नि ?"

"थाहा नभएको कुरा पो त अन्तर्वार्तामा भन्ने । सबैलाई थाहा भएको कुरा पनि भन्नुपर्छ त ?"

२०४१ सालतिर होला, भर्खर हाम्रो बिहे भएको थियो । मदन दाइ र म युनिसेफमा काम गर्ने स्कटल्यान्डका नागरिक जर्ज म्याबिनसँगै पाल्पाको हुङ्गी पुगेका थियौं । हामी पुग्दा त्यहाँका सबै विद्यालयहरू हाम्रो सम्मानमा बिदा भए । हामीले त्यहाँ झाडापखालासम्बन्धी सानो कठपुतली नाटक देखाएका थियौं ।

हुङ्गीमा एउटी विवाहित महिला घाँसको भारी बोकेर आइन् र झोलुङ्गे पुलको डिलमा बिसाइन् । उनलाई देखेर म छक्क परें । उनको अनुहार काटीकुटी (सायद नब्बे प्रतिशत) मीरासँग मिल्दोजुल्दो थियो । मलाई मीराले नै घाँसको भारी बोके जस्तो लाग्यो । ती महिलाका कुर्कुच्चा पटपट फुटेका थिए । मलाई मीराकै कुर्कुच्चा फुटे जस्तो लाग्यो । मीराले नै दुःख पाए जस्तो महसुस भयो । कताकता उनीप्रति माया लागेर आयो तर त्यो माया मीराकै लागि थियो । सायद मैले मीरालाई ती महिलामा आरोपित गरेर हेरेको थिएँ ।

काठमाडौं फर्केपछि मैले यो कुरा जस्ताको तस्तै मीरालाई सुनाएँ । तर उनी मेरो कुराले रूँदैरूँदै भन्न थालिन्– "हजुरलाई मेरो बाहेक अरू आइमाईको पनि माया लाग्दो रहेछ !"

मैले भनें– "तिमी जस्तै देखेर पो माया लागेको त । त्यो मायामा तिमी नै गाँसिएकी थियौ ।"

मेरो कुरा नपत्याएर होला, उनी धेरै बेर रोइरहिन् ।

मलाई सुटिङको सिलसिलामा वा हाम्रा कुनै फिल्म हेरेपछि केटीहरूले फोन गर्छन् तर मलाई कुनै केटीले फोन गरेको मीरालाई मन पर्दैनथ्यो । कुनै केटीले मलाई 'राम्रो लाग्छ' भनेको पनि उनलाई मन पर्दैनथ्यो । मैले साथीहरूसँग यो कुरा गर्दा उनीहरूले भने– "संसारका सबै आइमाईहरूलाई आफ्नो लोग्नेको तारिफ अरू कुनै केटीले गर्‍यो भने मन पर्दैन रे ।"

मान्छे धेरै बेफुर्सदी भयो भने चाँडै बूढो हुँदो रहेछ । व्यस्त भयो भने दिन गएको पत्तै हुँदैन ।

म ५२ वर्षको हुँदा मीरा ४६ पुग्न लागिन् । मीरालाई सन्चो भएन कि उनी भन्थिन्– "४७ वर्षमा मेरो खड्गो छ ।" यो '४७ वर्षको खड्गो' को भूतले मीरालाई कहिल्यै छोडेन ।

म 'मदनबहादुर हरिबहादुर' को सुटिङमा निकै व्यस्त थिएँ । मोहितले भन्यो– "मामुलाई अलि सन्चो छैन । हजुरलाई 'कानमा डिस्टर्ब हुन्छ' भनेर मामुले नभनेको !"

म झस्कें– "फेरि के भयो ?"

छोराले भन्यो– "मामुको पिसाबबाट रगत आउँदो रहेछ !"

मैले सुटिङ क्यान्सिल गरेर भोलिपल्टै युरोलोजिस्टकहाँ लिएर गएँ । स्क्यानिङ गरेर हे-यो । 'पिसाबथैलीमा अलि रातो देखिएको छ' भनेर पिसाब र रगत जाँच्न दिल्ली पठायो । पाँच दिनपछि दिल्लीबाट 'सब ठीक छ' भन्ने रिपोर्ट आयो । तैपनि रगत आउन कम भएन ।

आनी छोइङ डोल्माले किड्नीको रोगबाट आफ्नी आमाको मृत्यु भएकाले किड्नीसम्बन्धी काम गर्ने 'आरोग्य फाउन्डेसन' खोलेकी छन् । हामी पनि त्यसको सदस्य छौं ।

त्यस संस्थाका डा. पुकारलाई सबै कुरा भनें । उनले नेफ्रोलोजिस्ट डा. रजनी हाडाकहाँ पठाए । रगत र पिसाब जाँच्न दिल्लीको डाइग्नोसिस सेन्टरमा पठाइयो । 'क्यान्सर छ कि' भनेर हेर्न दिल्लीबाट किड्नीको 'बायप्सी स्याम्पल' मागियो ।

दशरथ रङ्गशालामा पार्किङ गरेको गाडीभित्र बसेर मलाई अँगाल्दै मीरा रोइन् । मैले भनें– "पिर नगर मामु, म तिमीलाई संसारको जुनसुकै ठाउँमा लगेर भए पनि ओखती गराउँछु । किड्नी फेर्नुपरे पनि म तिमीलाई आफ्नो एउटा किड्नी दिएर बचाउँछु ।"

उनले फेरि त्यही वाक्य दोहो-याइन्– "मैले हजुरलाई कत्ति दुःख दिनुपर्ने रहेछ । मेरो '४७ वर्षमा खड्गो छ' भन्छन् !"

एक हप्तापछि 'दिल्लीबाट रिपोर्ट आयो, लिन आउनू' भन्ने फोन आयो । मेरो मनमा ढ्याङ्ग्रो ठोक्न थाल्यो । निको हुने रोग हो कि होइन ? मैले कसरी गाडी चलाएर चाबहिलसम्म पुगें, आफैलाई थाहा भएन ।

म त्यति आस्तिक त होइन तर समस्यामा देवीदेवतालाई खुब गुहारें । सात दिनभित्र मैले काठमाडौंमा भएजति देवीदेवताको दर्शन गरें, भाकल गरें । मलाई 'साढेसातको दशा लागेको छ, पूजापाठ गर्नू' भनेर शनिको मन्त्र मीराले नै सिकाइदिएकी थिइन् । बिहान हामी बसेको कोलोनीमा 'मर्निङ वाक' गर्दा पनि म त्यही मन्त्र जप्तै एक घण्टा चक्कर लगाउँथें ।

त्यस दिन बायप्सीको रिपोर्ट लिन जाँदा बाटोभरि देवीदेवताका नाम लिँदै गाडी चलाएँ । रिपोर्ट लिने ठाउँमा खाम खोलेर हेरें । केही पनि बुझिनँ । रिपोर्ट दिनेलाई सोधें– "के लेखेको छ यसमा ?"

उनले भनिन्– "हामीलाई थाहा हुँदैन, डाक्टरलाई सोध्नुस् ।"

म फेरि देवीदेवताका नाम लिँदै डा. रजनीलाई भेट्न वीर अस्पताल पुगें र रिपोर्ट देखाएँ । मेरो मुख सुकेर प्याकप्याक भएको थियो । डाक्टरले लामो सास तान्दै भनिन्– "थ्याङ्क्स गड ! मलाई त क्यान्सर हो कि भन्ने डर लागेको थियो । क्युरेबल डिजिज रहेछ । यसलाई 'जियन भास्कुलर डिजिज' भन्छन् । कसैलाई दुइटाले नै ठीक हुन्छ, कसैलाई चारओटासम्म इन्जेक्सन दिनुपर्छ ।"

म देवीदेवताहरूसँग कृतज्ञ भएँ । मैले मनमनै 'साँच्चिकै देवीदेवताहरू हुँदा रहेछन् क्यारे ! अबदेखि म पनि पूर्ण रूपले आस्तिक हुन्छु, देवीदेवता छन् भन्ठान्छु' भनें । नत्र म पहिले देवीदेवता भनेको केही होइनन्, मेरा देवीदेवता भनेका नेपाली जनता हुन् । यिनै देवीदेवतारूपी नेपाली जनताले हामीलाई आशीर्वाद दिएर हामी यो स्थानमा पुग्यौं जस्तो लाग्थ्यो ।

इन्जेक्सन दिन मीरालाई अस्पतालमै भर्ना गर्नुपर्ने भयो । मलाई प्रत्येक पटक अस्पताल जाँदा एउटै समस्या हुन्छ– अस्पतालमा मेरा देवीदेवता भेट्नु नपरे हुन्थ्यो । त्यसैले जति पटक अस्पताल जाँदा पनि म टाउकोमा क्याप लगाएर निधारसम्म ढाक्छु । अनि नाकमा मास्क लगाउँछु– 'मलाई अस्पतालमा कसैले पनि नचिनून्' भनेर ।

अस्पतालमा पाइलैपिच्छे मान्छे भेटिन्छन्, अनि सबैले सहानुभूति राख्दै सोध्छन्– "के भएको, को राखेको ?"

एउटै कुरा सय जनालाई भन्नुपर्दा साह्रै गाह्रो हुन्छ । हिजोआज त सबैसँग क्यामेरा भएको मोबाइल हुन्छ । अस्पतालमै 'एउटा फोटो हानौं न' भन्छन् । कतिसँग फोटो खिच्दै हिँड्ने ? अस्पतालमा त्यसै पनि मन खिन्न भइरहेको हुन्छ । तर मानिसहरू 'रङ्गमञ्च र टेलिभिजनमा हामीले गरेको क्रियाकलाप सम्झिएर होला' मरीमरी हाँस्छन् ।

आफ्ना दर्शक, शुभचिन्तकसँग रिसाउन पाइँदैन । हाँस्नु, जिस्क्याउनु उनीहरूको अधिकार हो । सबैले चिन्ने मान्छे हुनुको पीडा यस्तै बेला हुँदो रहेछ । मनमनै भन्न मन लाग्छ– 'धिक्कार ! किन सबैले चिन्ने भएँछु । मेरो व्यक्तिगत जिन्दगी खै ?' यस्तो बेला गुनासो गर्न मन लाग्छ आफैसँग ।

एक पटक मेरो आफन्त बित्नुभएकाले म पशुपति आर्यघाटमा मलामी गएको थिएँ । घाटमा दागबत्ती दिने मान्छेले शरीरमा लगाएका लुगा फुकालेर त्यही खोलामा बगाउने चलन छ । त्यो बगाएको लुगा बटुलेर हिँड्ने पेसा भएका मान्छे पनि छन् । त्यस्तै पेसा भएको चौध-पन्ध्र वर्षको एउटा केटो थियो । दिनहुँ थुप्रै लास देख्तादेख्ता उसलाई बानी परिसकेको हुँदो रहेछ । मृतकका आफन्तहरूले छाती पिटीपिटी रोएको देखेर पनि ऊ भावुक हुँदैन ।

त्यो केटाले मलाई चिनेछ र मैले गाएका गीत मैले सुन्ने गरी एकएक गाउन थाल्यो । आफूले गाएको गीत अरूले गाउँदा गाउनेलाई त रमाइलो लाग्छ तर त्यो परिस्थितिमा आफूले गाएको गीत कसैले गाएर सुनाउँदा ज्यादै अप्ठ्यारो हुँदो रहेछ ।

मैले इसाराले 'गीत नगाऊ' भनें, आँखा पनि तरें तर उसले टेरेन । अलि पर गएर मैले टेलिफिल्ममा बोलेका संवादहरू ठूलठूलो स्वरले बोल्न थाल्यो । मलाई मात्र होइन, त्यहाँ उपस्थित सबैलाई अप्ठ्यारो महसुस भयो । त्यसैले 'तपाईं जानुहोस्' भनेर मलाई बिदा दिए । सबैले चिन्ने टेलिभिजन, रङ्गमञ्चमा गरेको अभिनय यस्तो बेलामा धेरै गह्रुङ्गो हुने गर्छ ।

मीरा कहिल्यै बूढी हुन्नन्

मीरालाई पहिलो डोज इन्जेक्सन दिएपछि हामी अस्पतालबाट डिस्चार्ज भएर घर आयौं । दोस्रो डोज पन्ध्र दिनपछि दिनुपर्ने थियो तर हाम्रो कार्यक्रम पहिले नै तय भइसकेको हुनाले मलेसिया जानै पर्थ्यो । मीरालाई ठीक नहुने रोग लागेको भए म कसरी जान्थें होला ? कसरी त्यहाँ गएर कार्यक्रममा भाग लिन्थें होला ? अब म ढुक्कले मलेसिया जान पाउने भएँ ।

एकै डोज इन्जेक्सनले मीराको अनुहार फरक भइसकेको थियो । फुलेको मुख घटेर पहिलेकै तुलनामा आइसकेको थियो । पिसाबबाट बग्ने रगत पनि बन्द भइसकेको थियो । डा. रजनी हाडा पनि निकै खुसी भइन् ।

वैशाख लागेपछि मीरा ४६ पूरा गरेर ४७ वर्षमा टेक्थिन् वर्षले । ४७ वर्षमा आउने उनको खड्गो 'रोग मात्रै लागेर टर्‍यो' भन्ने ठानिन् मीराले । उनी खुसी भइन्, हामी सबै खुसी भयौं ।

म मलेसियाबाट फर्केर आउँदा दोस्रो डोजको इन्जेक्सन दिन दुई दिन बाँकी थियो । २०६८ वैशाख ५ गते मोहित, म र मीरा बसेर कुरा गर्दै थियौं । मीराले कफी बनाएर हामीलाई खुवाइन् । भान्छामा सहयोग गर्ने दिदी भात पकाउँदै थिइन् । खाना खाएर मोहित र म सँगै एउटै गाडीमा काममा जाने सोचिरहेका थियौं ।

कफी खुवाएर मीरा अर्को कोठामा गइन् । दुई पटक हाच्छ्युँ गरिछन् । त्यसपछि अचानक उनको बोली लरबरिन थालेछ । शरीरको दायाँ अङ्ग चल्न छाडेछ । मोहितले देखेर करायो– "बुबा ! मामुलाई के भयो ?"

म आत्तिएँ, 'फेरि मेरी मीरालाई के भयो ? किन यस्तो दुःख दिएको होला हाम्रो भाग्यले ?' मोहितले गाडी स्टार्ट गऱ्यो । मैले मीरालाई बोकेर गाडीको पछाडि सिटमा राखें । उनको हात समाइरहेको थिएँ । मोहितले एमर्जेन्सी लाइट बालेर गङ्गालाल हृदय केन्द्रतिर दौडायो ।

दुई पटक शल्यक्रिया गरेर पेसमेकरको ब्याट्री फेरेको । नेपालको एक मात्र मुटु अस्पताल, त्यो अस्पताल सहिद गङ्गालालको नाम पाएर अझ प्रतिष्ठित भएको छ । तर त्यहाँ एउटा स्क्यानिङ मेसिनसमेत रहेनछ । 'के भएर मेरी मामु, मेरा छोराहरूकी मामुको शरीरको आधा भाग चलेनछ' भन्ने थाहा भएन ।

अनुहार अलिअलि बाङ्गो भएको थियो । डाक्टरहरूले हचुवाका भरमा 'अनुहारको कुनै नसा चुँडिए जस्तो छ, उहाँलाई न्युरोलोजिस्टलाई देखाउनुस्' भनेर त्यहाँबाट बिदा दिए । नजिकै भएको शिक्षण अस्पतालको स्क्यानिङ मेसिन पनि बिग्रिएको रहेछ ।

अब जुन अस्पतालसँग स्थापना कालदेखि नै मेरो जीवन जोडिएको छ, त्यही मोडल अस्पतालमा मीरालाई लगियो । कम्फर्ट हाउजिङका मेरा असल छिमेकी पनि गङ्गालाल अस्पतालदेखि हामीसँगै थिए ।

मोडल अस्पतालमा डा. राजेश जोशीले मीराको स्क्यानिङ गराए । सबै आफन्तहरू मीराको मुख टुलुटुलु हेरिरहेका थिए । मोहित र म टोलाइरहेका थियौं । सायद मोहित पनि आफ्नी मामुको स्वास्थ्यलाभको कामना गर्दै मैले जस्तै देवीदेवताहरू पुकारिरहेको थियो ।

मैले डाक्टरलाई सोधें– "मीराको अवस्था कस्तो छ, डाक्टर ?"

डाक्टरले भने– "उहाँको ब्रेनहृयामरेज भएको छ । दिमागको नसा चुडिएर रगत जमेको छ । यस्तो केसमा चौबीस घण्टाभित्र अर्को अट्याक पनि हुन सक्ने सम्भावना धेरै हुन्छ । हेरौं, अब लकको कुरा हो । यस्तो केसमा अमेरिकामा पनि शल्यक्रिया गऱ्यो भने दुई पर्सेन्ट मात्रै होप हुन्छ ।"

टेलिभिजनहरूले ब्रेकिङ न्युज दिन थालेछन्– "सञ्चारकर्मी मीरा आचार्य, हरिवंश आचार्यकी पत्नी मोडल अस्पतालमा । उनको अवस्था गम्भीर !"

आफन्त, इष्टमित्र, हामीलाई मन पराउनेहरू, मीराको स्वरका प्रशंसकहरूको अस्पतालमा भीड लाग्यो ।

अस्पतालको बाटो जाम हुन थाल्यो । ट्राफिकले सिटी फुकेको अस्पतालको माथि तल्लासम्म सुनिन्थ्यो । म र मोहित आईसीयूबाहिर स्तब्ध भएर बसेका थियौं । ठूलो छोरो त्रिलोकलाई अमेरिकाबाट बोलाउन मदन दाइले फोन गरे ।

मेरो रक्तचाप धेरै बढेको थियो । डाक्टरले मलाई प्रेसर घटाउने र निद्रा लाग्ने ओखती दिएर अस्पतालको क्याबिनमा सुताए । मेरो सहारा मोहित मसँगै बसिरहेको थियो ।

म राति उठ्तै आईसीयूको ढोकाबाहिर पुग्थें । राति १२ बजेपछि आईसीयूको ढोका बन्द गरे । मलाई भने मेरो जिन्दगीकै ढोका बन्द भए जस्तो लाग्यो ।

आईसीयूको ढोकामा सिसा लाएको सानो प्वालबाट हेरें । लाग्यो– ज्योतिषीले भाग्य हेरेझैं म आफ्नो अस्ताउँदो भाग्य हेरिरहेछु ।

आईसीयूमा मेसिनहरू चलिरहेको देखें– मीरा सुतिरहेकी छिन् । थाहा छैन, उनलाई कस्तो भइरहेको छ ?

बिहान छ बजे दूध लिएर म आईसीयूभित्र छिरें । मीराको अनुहार बाङ्गिएको थिएन । हिजोको तुलनामा धेरै राम्रो भएछ । हात समातें, नचल्ने हातमा पनि बल अलिअलि आएको रहेछ । मैले उनको शिरमा हातले सुमसुम्याउँदै भनें– "मामु !"

मीरा अति लजालु स्वभावकी । उनी २७ वर्षको वैवाहिक जीवनमा कसैका अगाडि कहिल्यै मसँग टाँसिएर बस्न आइनन् । कसैको अगाडि उनले मलाई चुम्बन गरेकी थिइनन् । तर त्यस दिन उनले मेरो हात समातेर धेरै पटक चुम्बन गरिन् । धेरै पटक अस्पतालको बेडमा सुतीसुती मेरो अनुहार हेरिरहिन् । मेरा आँखा रसाए । आँसु तपतप चुहिए । उनले पनि टाउको उता फर्काइन् र आँसु बगाउन थालिन् ।

'कान्ता दिदीलाई खबर गरिदिनू' भनिन् । कान्ता दिदी त्रिलोकको साथीकी आमा । दिदीसँग मीराको निकै मिल्ती थियो । पहिलेपहिले पनि मीरा अस्पताल भर्ना हुँदा बिरामी मीरा र म कुरूवालाई समेत खाना बनाएर कान्ता दिदी नै ल्याइदिन्थिन् ।

मैले मीरालाई 'कत्तिको होस छ' भनेर जाँच्नकै लागि 'कान्ता दिदीको नम्बर कति हो' भनेर सोधें । उनले कण्ठै भनिन् । बाङ्गिएको मुख पनि सिधा हुनु, हातका औंलामा पनि अलिकति बल बढ्नु र होस पनि हुनुले ममा आशा पलायो ।

'केही दिन अस्पताल राख्यो भने उनलाई ठीक हुन्छ अनि एक-दुई महिना फिजियोथेरापी गरेपछि त पूरै ठीक हुन्छ' भन्ने लाग्यो मलाई । मीरालाई हेर्न मोडल अस्पतालमा नभएका डाक्टरहरू पनि आएका थिए । डा. सन्दुक रूइत तिलगङ्गा नगई आईसीयूबाहिर दिनभरि बसिरहेका थिए ।

मेरा आशाहरूमा ठूलो पहिरो खस्यो । बिहान नौ बजेतिर मीराको टाउको अचानक बेस्कन दुख्न थाल्यो । उनी 'मलाई नदुख्ने इन्जेक्सन दिनू' भन्न थालिन् । पाँच मिनेटअगि टेलिफोन नम्बरसमेत कण्ठ थियो, अहिले होस हरायो । आईसीयू कक्षमै मेरा औंलामा अनगन्ती चुम्बन गर्ने ओठ बन्द भए ।

उनलाई फेरि स्क्यानिङ गर्न स्ट्रेचरमा राखेर तल लगियो । म फाँसी दिन लगेको मान्छे जस्तै पछिपछि लागें । स्क्यानिङ हेरेर डा. राजेशले भने– "नो होप, आई एम सरी ! तपाईंको ठूलो छोरा अमेरिकामा छ । उसलाई मुख देखाउने हो भने म भाउजूलाई भेन्टिलेटरमा राखिदिन्छु !"

मैले रूँदै भनें– "उनलाई कत्तिको दुख्छ ? दुख्छ भने एक मिनेट पनि नराख्नुस् !"

"ब्रेन डेथ भइसक्यो । अब उहाँलाई केही थाहा हुँदैन !"

छातीमा पेसमेकर राखेर बाइस वर्ष बाँचिन् । अब आफ्नो प्यारो छोरालाई अन्तिम पटक मुख देखाउन कृत्रिम श्वास दिने भेन्टिलेटरमा नदुख्ने गरी, थाहा नपाउने गरी मीरा सुतिरहिन् । अब उनी कसैलाई माया गर्न सक्तिनन्, केवल हामी उनलाई माया गर्न सक्छौं । तर त्यो माया पनि कतिन्जेल हो र ? हामीले गरेको माया पनि उनी अब कहिल्यै पाउँदिनन् । अब त माया पनि सम्झनामा मात्र बाँकी रहने भयो ।

यो वियोग संसारमा हुने सबैभन्दा ठूलो वियोग होला । यो जस्तो ठूलो वियोग अरू केही हुनै सक्तैन । सबैभन्दा ठूलो पीडा भनेको व्यक्तिगत पीडा हुँदो रहेछ ।

म जुरुक्क उठ्छु, आईसीयूमा पुग्छु, भेन्टिलेटरमा सुतिरहेकी मीराका खुट्टा समातेर फर्कन्छु । फेरि जान्छु, टाउको सुमसुम्याएर फर्कन्छु । कहिले जान्छु, ओठमा औंला राखेर फर्कन्छु । बहुला भएको पनि होइन, सद्दे पनि होइन । के भएँभएँ म !

क्याबिनमा मीराको भाइ मनोहर बसिरहेको थियो । एउटै दिदी, दिदीको एउटै भाइ । मनोहरको अनुहार हेर्दा मलाई ग्लानि भयो । मैले उसका आँखामा आँखा जुधाएर हेर्न सकिनँ । उसकी एउटै दिदीलाई मैले बचाउन सकिनँ । कताकता आफू युद्धअपराधी भएको भान भयो । आफ्नो अपराध स्वीकार गरेर आफैलाई आफैले मृत्युदण्डको सजायँ दिन मन लाग्यो ।

मदन दाइ मलाई सम्झाउँदै थिए– "तिमीले बचाउन धेरै कोसिस गर्‍यौ तर भगवान्ले गरेनन् । यसमा आफूलाई कुनै पक्षबाट दोष नदेऊ, हरि !"

मनोहरकी दिदीको बिहे मसँग नभएको भए सायद धेरै वर्ष बाँच्ने थिइन् होला । मेरो भाग्यको कारणले गर्दा मेरी मीरा बाँचिनन् जस्तो लाग्यो । अझ मेरा सासूससुरा पनि जिउँदै भएका भए वृद्धवृद्धा भइसकेका हुन्थे । अनि यो वियोग कसरी सहन्थे होला ? म उनीहरूका अगाडि कसरी उभिन्थें होला ?

म बूढो हुन्छु होला तर मीराले अब कहिल्यै बूढी हुनु पर्दैन । उनी अब सधैं सत्चालीस वर्षकी मात्र हुन्छिन्– सधैंसधैं ।

सौभाग्यवती

वैशाख ७ गते बिहान त्रिलोकलाई मदन दाइले एयरपोर्टबाट लिएर आउनुभयो । मैले उसलाई समातेर रूँदै भनें– "बाबु, मैले तिम्री मामुलाई बचाउन सकिनँ, मलाई माफ गर !"

त्रिलोकले नरोईकन भन्यो– "बुबा, हजुरले मामुलाई यत्रो वर्ष बचाउनुभयो । हजुरले केयर नगरेको भए, हजुर जस्तो मान्छेसँग मामुको बिहे नभएको भए मामु अहिलेसम्म कहाँ बाँच्नुहुन्थ्यो र !"

छोराहरू त्रिलोक, मोहित र म आईसीयूमा गयौं । त्रिलोकले धेरै बेरसम्म आफ्नी मामुलाई हेरिरह्यो । दुई वर्षअगि उसको ग्र्याजुएसनमा मीरा र म अमेरिका गएका थियौं । त्यसपछि उसले स्काइपमा मात्रै मामुलाई देखेको थियो ।

त्रिलोकले मामुलाई देख्यो तर कृत्रिम श्वास लिएर भेन्टिलेटरमा सुतिरहेकी मीराले उसलाई देखिनन् । डाक्टरले भेन्टिलेटरको कृत्रिम श्वासबाट छुटाउन हामीलाई बाहिर पठाए ।

२०४० माघ ९ गते सूर्यविनायक मन्दिरमा मदन दाइ र यशोदा भाउजूलाई साक्षी राखेर मैले मीराको सिउँदोमा सिन्दूर हालेको थिएँ । छब्बीस वर्षपछि काठमाडौं मोडल अस्पतालको आँगनमा थुप्रै टीभी च्यानलका क्यामेरा, फोटोग्राफर र सयौं शुभचिन्तकलाई साक्षी राखेर स्ट्रेचरमा चीर निद्रामा सुतिरहेकी मीरालाई फेरि मैले सिन्दूर हालें ।

पति जिउँदो हुँदै श्रीमती बितिन् भने उनलाई सौभाग्यवती भनिन्छ । हामी दसैंमा टीका लगाउन जाँदा धेरैले मलाई 'भाग्यमानी हुनू, अझ ख्याति कमाउनू' भनेर आशिष दिन्थे । मीरालाई 'सौभाग्यवती हुनू' भनेर आशीर्वाद दिन्थे ।

मैले यादै गरेको रहेनछु, सौभाग्यवती हुनु भनेको 'पतिभन्दा अगि नै बित्नु र पतिलाई पत्नीवियोगमा पार्नु' भनेको रहेछ । मीरा सौभाग्यवती भइन्, भाग्यमानी भइन् । उनले मैले जस्तो वियोग सहनु परेन ।

साथी ज्ञानेन्द्रलाल प्रधानले हामीलाई गाडीमा लिएर गए । गाडीमा म, मदन दाइ, मोहित, त्रिलोक र प्रदीप भट्टराई थियौं ।

अगिअगि फूलैफूलले सजाएको भ्यानमा मीरालाई राखिएको थियो । भाइ मुकुन्द अधिकारी, मीराको भाइ मनोहर फूलको बिछ्यौनामा निदाइरहेकी मीरासँगै थिए । मनोहर आफ्नी दिदीलाई एकटकले हेरिरहेको थियो । उसकी दुईवर्षे छोरी अनुज्ञा फुपू भनेपछि हुरूक्कै हुन्थिन् । उनले 'फुपू खै ? हाम्रो घरमा फुपू किन नआएको ? फुपूको घरमा जाउँ न' भन्ने अनेक प्रश्न गर्लिन् । 'अब के जबाफ दिने' भनेर ऊ सोचिरहेको थियो होला ।

सूर्यविनायकमा हामीले बिहे गरेर फर्कंदा ट्याक्सीमा 'प्रतीक्षा गर मेरी मायालु समयले मानिसलाई कहाँकहाँ पुऱ्याउँछ...' भन्ने गीत बजेको थियो । त्यही गीत सम्झँदै गाडीभित्र मसँगै बसेका मदन दाइलाई भनें– "दाइ, सूर्यविनायकमा बिहे गर्दा पनि तपाईं सँगै हुनुहुन्थ्यो, आज यस्तो दिनमा पनि तपाईं सँगै हुनुहुन्छ !" मदन दाइ गाडीमै बेस्कन रोए ।

आर्यघाटमा मीरालाई श्रद्धाञ्जली दिन आउने हजारौं मान्छेको भीड थियो ।

ज्ञानेन्द्रलाल प्रधानले चिता फूलैफूलले सजाउन लगाएका रहेछन् । लाउड स्पिकरमा भजन बजिरहेको थियो । हामीले पहिले नै आँखा दान गरिसकेकाले आर्यघाटमै मीराको आँखाको नानी झिकियो । अब उनले नदेखे पनि दुई जना आँखा नदेख्नेले संसार देख्न पाउँछन् उनको नानीबाट तर त्यो उनले हेरेको हुँदैन ।

फूलैफूलले सजाइएको चितामा मेरी मीरालाई सुताइयो । म चितामाथि उक्लेर उनको गालामा गाला राखेर बसें । मलाई आफन्तहरूले समातेर

छुटाएर लगे । त्रिलोक र मोहितले आफ्नी आमालाई कसरी दागबत्ती दिए, मैले देखिनँ । हेर्दाहेर्दै मीरा धुवाँ भएर बिलाइन् ।

एउटा सुन्दर गाउँमा, बस्थे हरिमीरा
हरि यहीँ छुटी गयो, तारा भइन् मीरा...

मीरा मलाई भन्थिन्– "हजुर श्रीमान्चाहिँ मेरो मात्रै हुनू तर मान्छेचाहिँ सबैको हुनू !"

मलाई सबैको मान्छे हुन सधैं मीराले प्रेरणा दिइन् । देशमा भएका आन्दोलनमा हामी जान्थ्यौं । उनले कहिल्यै 'नजानुस्' भनिनन् । राति घरमा पुलिस आएर समातेर लाँदाखेरि पनि 'जाडो होला' भनेर 'बाक्लो लुगा लगाएर जानुस्' भन्थिन् तर 'पुलिसले समात्ने काममा नजानुस्, नगर्नुस्' कहिल्यै भनिनन् । त्यसैले होला उनको अन्त्येष्टिमा श्रद्धाञ्जली दिन हजारौं मान्छे आएका ।

तेह्र दिनसम्म नेताहरूलगायत सर्वसाधारणसमेत गरी दिनको एघार सयबराबर मान्छे घरमा आउँथे । सायद म श्रीमान्चाहिँ मीराको मात्र थिएँ तर मान्छे सबैको भएको रहेछु ।

आएका सबै उत्तिकै महत्त्वपूर्ण थिए । जनआन्दोलनका सहिदका परिवार, सहिद विष्णुलाल महर्जनकी श्रीमती, जिउँदा सहिद मुकेश कायस्थकी आमा, सहिद प्रद्युम्न खड्काकी पत्नी, सहिद सगुन ताम्राकारकी आमा, सहिद तुलसी खत्रीका बाबु आएर भने– "तपाईंहरूले हामी सहिद परिवारलाई, घाइतेहरूलाई त्यत्रो गुन लगाउनुभयो । आज तपाईंलाई नै यस्तो आपत् आइपऱ्यो !"

मीराले घरलाई घर बनाइदिएर गइन् । घर इँटढुङ्गाको जोडाइले मात्र बन्दैन– माया, ममता, वात्सल्य, आनन्द सबै थोक मिसिएर बनेको हुन्छ । आफू कता गइन् कता, कहाँ बिलाइन् कहाँ ! अब घरका भित्ता, खाट, ऐना, थाल, कचौरा सबैमा उनको याद मात्रै छ । यो यादले जीवन कसरी चलाउने हो, सोच्नै सक्तिनँ ।

दैनिक धेरै मान्छे समवेदना प्रकट गर्न आउँथे । त्यत्रा मान्छेलाई दस-बाह्र दिनसम्म व्यवस्थापन गर्न कम गाह्रो थिएन । कम्फर्ट हाउजिङका मेरा असल छिमेकी रामेश्वर केसी, मनोज शर्मा, सन्तोष गौतम, उनका परिवार, कर्मचारी श्रीप्रसाद यादव र अरू छिमेकी इष्टमित्रले गरेको सहयोग म कहिल्यै बिर्सने छैन ।

नचिन्ने त रोए अरे, चिन्नेलाई के भो होला ?

साथीसँगी मुर्छा परे, म त कति मरें हुँला ?

नचिन्नेले त छाक छोडे, चिन्नेलाई के रूच्यो होला ?

सुन्नेलाई पहाड खस्यो, मलाई त केले थिच्यो होला ?

कस्तो जिन्दगी कस्तो हुँदो रहेछ । पलङमा गएर आँखा चिम्लेपछि एकै मिनेटमा भुसुक्क निदाउने मान्छे म, अब त 'निद्रा भन्ने कस्तो हुन्छ ?' जस्तो लाग्न थाल्यो । निदाउन त निदाउँछु तर छिनछिनमा झस्केर ब्युँझन्छु ।

मैले भगवान्‌लाई जहिले पनि जगेडा शक्तिको रूपमा हेरें । कुनै बेला आपत्‌विपत् पऱ्यो भने त्यो जगेडा शक्तिलाई गुहार्थें । मलाई कहिले समस्या टरी पनि हाल्थ्यो, कहिले टर्दैनथ्यो । कहिले भगवान् छन् जस्तो पनि लाग्छ, कहिले छैनन् जस्तो लाग्छ ।

मीरा बिरामी पर्दा मैले त्यो जगेडा शक्ति खुब प्रयोग गर्न खोजें, खुब गुहारें । तर आएनन्, हेरेनन् । अब मलाई 'भगवान् छैनन्' भन्ने लागेको छ । यदि रहेछन् भने पनि भगवान्‌हरू शोषक रहेछन्, हामीलाई रैती मान्ने । उनीहरू जमिनदार रहेछन्, हामी कमैया देख्ने । मलाई भगवान्‌सँग साह्रै रिस उठ्यो । मैले भगवान्‌सँग बदला लिने पनि कल्पना गरें ।

मलाई लाग्छ, देवताहरू पनि तानाशाही भए । जे मनमा लाग्छ त्यही गर्ने भए । अब देवताविरूद्ध पनि आन्दोलन गर्नुपर्छ । देवताहरू पनि अब परिवर्तन हुनुपर्छ । प्राणीको भावना नबुझ्ने अहिलेका सबै देवताहरू अवकाश हुनुपर्छ । अहिलेका यमराजको त तुरून्तै मृत्यु हुनुपर्छ । यिनीहरूको कार्यकाल राम्रो भएन । पापीहरूलाई मात्र फलिफाप भयो । तस्कर, कालाबजारिया, भ्रष्टाचारीको मात्र राज भयो, देवताहरू यिनीहरूसँगै बिकेका छन् ।

मान्छेले राम्राराम्रा मन्दिर बनाइदिएका छन् । थुप्रोका थुप्रो भेटी चढाइदिएका छन् । लाखौं, हजारौं वर्षदेखि यी देवताहरू सत्तामा बसेका छन् । त्यसैले यिनीहरूमा उन्माद चढेको छ । माया, ममता, दया, करूणा भन्ने यिनीहरूमा केही छैन । अब यी देवताहरूलाई परिवर्तन गर्नुपर्छ । युवा र स्वच्छ छवि भएका देवताहरू खोज्नुपर्छ ।

यदि प्राणी भगवान्‌को सृष्टि हो भने मीरा भगवान्‌ले गरेको उत्कृष्ट सृष्टि हुन् । कुनै पनि चित्रकारले एउटा राम्रो चित्र बनायो भने त्यो चित्र हेर्दै उसले

गर्व गर्छ तर भगवान्ले आफूले गरेको उत्कृष्ट सृजनालाई आफैले हेला गरे । माया र जतन गरेनन्, दुःख दिएर रूवाए, नष्ट गरे ।

म देश नभएर प्रवासमा बस्नुपरेको शरणार्थी जस्तो भएँ । परिवार भनेको देशभन्दा पनि ठूलो हो, देशको पनि देश हो । देशमा सङ्कट आइपऱ्यो भने मान्छे परिवार लिएर भाग्छ र अर्को देशमा शरणार्थी भएर बस्छ । त्यसैले मान्छेले पहिले परिवार रोज्छ, दोस्रोमा देश । मीरा मेरा लागि देशको पनि देश हुन्, नेपालको पनि नेपाल हुन् । नेपालमा हाम्रा विशेष गरी दुइटा अनुहार छन्– एउटा आर्यन र अर्को मङ्गोलियन । मीराको अनुहारमा आर्यन र मङ्गोलियन दुवैको सम्मिश्रण थियो ।

मृत्यु जस्तो ठूलो आतङ्ककारी कुरा अरू केही रहेनछ । मृत्युले मेरो घरको मान्छेलाई मात्र होइन, संसारभरिका घरका मान्छेलाई खाइसक्यो । एउटै पेटबाट जन्मेका दिदीहरू कतिलाई खाइसक्यो मृत्युले । थाहा छैन, कुन दिन मलाई पनि खान्छ । खान्छ मैले चिनेजानेका आफन्त, साथीभाइ सबैलाई । तर अहिलेसम्म मैले मृत्यु नै चिनेको रहेनछु । त्यत्रा आफन्त मर्दा पनि मैले मृत्यु देखेकै रहेनछु । मीरा नहुँदा मात्र मृत्युलाई राम्ररी, एकदमै नजिकबाट देखें ।

एक किसिमले मीरा भाग्यमानी हुन् । मैले उनको वियोग सहें तर मेरो वियोग उनले सहनु परेन । परेको भए कसरी सहन्थिन् होला ? कमसेकम पतिवियोगमा छटपटाउनु त परेन ।

यति गाह्रो, यति गाह्रो साह्रै गाह्रो रैछ
म पहिले मऱ्या भए त तिम्लाई पियारी औडाहा हुने रैछ

फलामको छातीमा त यस्तो पोल्दो रैछ
तिम्रो जस्तो फूलको मन त सबै डढ्ने रैछ

यति गाह्रो, यति गाह्रो चट्याङ लाग्ने रैछ
म पहिले मऱ्या भए त, तिम्लाई पियारी बज्र खस्ने रैछ

ढुङ्गाको मूर्तिलाई त फुटाइदिंदो रैछ
तिमी दिल भएकीलाई त, सुकाइदिने रैछ

यति गाह्रो, यति गाह्रो बाढी आउँदो रैछ
म पहिले मऱ्या भए त तिम्लाई पियारी बगाउने रैछ

मजस्तो आगोलाई त जलाउँदो रैछ
तिमीजस्ती शीतललाई त उमाल्ने नै रैछ

पन्ध्र वर्षजतिपछि म ६८ वर्षको हुनेछु, मीरा ६१ वर्षकी । उनी नभएपछि म पनि दुई-चार वर्षमा मरिहाल्थें, ठीकै हुन्थ्यो जस्तो लाग्थ्यो । तर कल्पना गरे जस्तो कहाँ हुन्छ र जीवन ! कस्तो अधकल्चो उमेर भयो । न बूढो न अधबैंसे, न जिन्दगी धेरै बाँकी छ न जिन्दगी धेरै छोटो नै छ । जिन्दगी अब आफै हिँड्न छोड्यो, घिच्याउनुपर्ने भयो जिन्दगीलाई ।

जहाँ हेर्छु त्यहीँ टोलाउँछु
छैनौ भन्ने थाहा छ तैपनि बोलाउँछु

सबथोक दुरूस्तै छन् तिमी मात्र छैनौ
हामी सबै यहीँ छौं तिमी मात्र भैनौ

जहाँ आँखा बसाउँछु त्यहीँ आँसु खसाउँछु
आउन्नौ भन्ने थाहा छ तैपनि कराउँछु

सधैं आउँछ नयाँ दिन, त्यो दिन आउन्न
अब तिमीलाई भेट्न कहिल्यै पनि पाउन्नँ

जहाँ खुट्टा टेक्छु त्यहीँ नै अडिन्छु
उठ्नै नसक्ने भई त्यहीँ नै गाडिन्छु

पाउन्नँ भन्ने थाहा छ तैपनि चिच्याउँछु
मन नलागीनलागी जिन्दगी घिच्याउँछु ।

डाको छोडेर रून मन लाग्छ तर म बाबु हुँ । अब यो घरको सबैभन्दा ठूलो मान्छे, म धेरै रोएँ भने छोराहरूले के गर्ने ? मोहित पनि ढोका थुनेर एक्लै रूँदो रहेछ । अनि आफूले आफैलाई सम्भाउँछु ।

गीतकार चाँदनी शाहले साँच्चिकै राम्रो गीत लेखेकी रहिछन्– 'एउटा मान्छेको मायाले कति फरक पर्दछ जिन्दगीमा...' एउटा मान्छे नहुँदा जिन्दगी कति फरक हुँदो रहेछ । मन मात्रै फरक होइन, मनबाट देख्ने प्रकृति पनि फरक हुँदो रहेछ ।

बूढानीलकण्ठको हामी बसेको घर संसारको सबैभन्दा राम्रो ठाउँ लाग्थ्यो । त्यहाँबाट देखिने हरिया डाँडापाखा, आफ्नो घरको बगैंचा साँच्चिकै राम्रो लाग्थ्यो । मनमनै भन्थें, 'म अब यो ठाउँ छोडेर कतै जान्नँ ।' तर आज त्यो घरभरि, बगैंचाभरि यादैयाद मात्र छ, सम्भनैसम्भना मात्र छ । शून्य छन्, सब थोक शून्य ।

घरको रङ पनि खुइलिए जस्तो, बगैंचामा फुल्ने फूलहरूको रङ पनि उडे जस्तो । मैले मात्र होइन; घर, बगैंचा, त्यहाँ आइरहने चराचुरूङ्गी पनि मीरालाई खोजिरहेछन् ।

आरू फुल्या छ हाँगै भुल्या छ
त्यो फूल तिम्लाई खोज्दै झ्यालमै पुग्या छ
असार लाग्या छ फूल फुल्या छ
त्यो असारे फूलले पनि झ्यालमै हेर्‍या छ

हामी फल्दा, हामी फुल्दा कस्तो खुसी हुने
यसपालि त झ्यालबाट नि च्याउनै नहुने

जुरेली र गौंथलीले केके कुरा सोध्छन्
घरको वरिपरि उड्दै तिमीलाई खोज्छन्

हामीले गीत गाउँदा तिमी कति खुसी हुने
हिजोआज हाम्रो गीत सुन्नै नआउने

बगैंचाका फूल हामी सबै दुब्लाएका
तिम्ले टेक्ने दूबो पनि पिरले ओइलाएका

किन तिम्ले यस्तरी हामीलाई भुलेको
मन परेन कि तिमीलाई हामी फुलेको ।

एक पटक बाथरूममा नुहाउन जाँदा देखें, प्रयोग भइसकेको साबुनमा मीराको कपालको रौं टाँसिएको रहेछ । मैले मीराको त्यो रौं हेरें । त्यो रौंलाई म्वाइँ खाएँ । त्यो रौंलाई हातमा लिएर धेरै बेर रोएँ । जुन रौं नालीमा गएर नाली टालिन्थ्यो; पम्प लगाएर, एसिड खन्याएर झिकेर फालिन्थ्यो । आज त्यही साबुनमा अड्केको रौं पनि कति प्यारो लाग्छ ।

मलाई मीराको लामो कपाल भएको टाउको समाउन मन लाग्छ, चुम्बन गर्न मन लाग्छ, मीरा भेट्न मन लाग्छ तर कसरी भेट्ने ? कहाँ भेट्ने ? केही उपाय छैन ।

दराज खोल्छु, उनका साडी, स्वेटर ह्याङ्गरमा झुन्डिएका छन् । चोलाहरू थपक्क पट्टिएर बसेका छन् । मलाई दराजभित्रै छिरेर मीराका साडीहरू ओढेर बस्न मन लाग्छ । आँखा चिम्म गर्छु, एकएक साडी लगाएकी मीरासँग हिँडेको, डुलेको याद आउँछ । ब्लाउजहरू लिन्छु र चुम्बन गर्छु । एकपल्ट मात्र लगाएर नधोएको ब्लाउजबाट आउने मीराको मन्दमन्द पसिनाको गन्ध पाउँदा मीरा पाए जस्तै हुन्छ । साडी, चोलाहरूलाई 'मीरा' भनेर बोलाउँछु, 'मामु' भनेर बोलाउँछु । तर कोही बोल्दैन, केवल म बोलिरहेको हुन्छु । जताततै यादैयाद छरिएका छन् । यी यादहरूमा बसिरहन मलाई गाह्रो हुन्छ ।

मैले बूढानीलकण्ठको घर बेच्ने निर्णय गरें । मलाई दुःख पर्दा अत्यन्त सहानुभूति राख्ने मेरा असल छिमेकीहरू रामेश्वर केसी, दिदी तारा केसी, मनोज शर्मा, अन्जु शर्मा, सन्तोष, रविना गौतम, नरेन्द्र श्रेष्ठ, सुमन श्रेष्ठ सबैको चित्त दुखाएर म घर, बगैंचा, चराचुरूङ्गी सबै छोडेर बसाइँ सरें । अहिले न बगैंचा छ, न मीरा । न चराचुरूङ्गी छन् न त्यो मनोरम वातावरण । मीराको याद मात्र बाँकी छ ।

नयाँ ठाउँ, नयाँ देश जाँदा मीरा पनि सँगै जान्थिन् । फेरि दोहोऱ्याएर त्यो देश जाँदा मीरा जान्नथिन्, 'घर हेर्नुपर्छ, खर्च पनि धेरै लाग्छ' भनेर । उनले हामीसँग झन्डै आधा पृथ्वी घुमेकी छन् । उनलाई संसार डुलाउन पाउँदा मलाई आनन्द लाग्थ्यो । उनी नजाँदा मसँग उनको फोटो हुन्थ्यो, त्यही फोटो जान्थ्यो ।

तर मीरा नभएपछि म उनको फोटो हेर्नै नसक्ने भएँ । फोटो हेरेर औडाहा हुन्छ, आफू पनि मर्न मन लाग्छ । पत्रपत्रिकाहरूमा हत्या भएका समाचार दिनहुँ देखिन्छन् । मलाई लाग्थ्यो, बरू त्यो मान्छेले मेरो हत्या गरिदिएको भए म कति खुसी हुन्थें । कुनै पेसेवर हत्यारा भेट्न पाए पनि पैसा दिएर आफ्नो हत्या गराउने थिएँ । बीभत्स नदेखिने गरी सजिलैसँग मर्ने कुनै तरिका पाए पनि हुन्थ्यो भन्ने सोच्थें ।

ठूलो छोरो त्रिलोक आफ्नो खुट्टामा उभिन सक्ने भइसकेको छ । उसले जीवनसाथी पनि रोजिसकेको छ तर कान्छो मोहित एक्लो छ । कुनै पेसा अँगालिसकेको पनि छैन । म मरिदिएँ भने उसको मनमा कति नराम्रो असर पर्ला भनी डराउँथें । मोहितको मायाले मलाई मरिहाल्न स्वीकृति दिएन ।

पत्रिकामा समवेदना छापिएको मरेको मान्छेको फोटो देखेर म डाहा गर्थें । त्यो फोटो मेरो भए पनि हुन्थ्यो, त्यो ठाउँमा म पुग्न पाए पनि हुन्थ्यो । कस्तो भाग्यमानी रहेछ, त्यसले मर्न पायो । म कस्तो अभागी, कहिल्यै त्यो सौभाग्य पाउन सकिनँ ।

डा. सरोज धिताल, डा. भरत प्रधान, डा. सुमन श्रेष्ठले मेरो भेट साइक्याट्रिक डाक्टर कपिलसँग गराइदिए । कोठामा डाक्टर कपिल र म एक घण्टा सँगै बस्यौं । उनले मसँग धेरै कुरा सोधे । मैले उनीसँग मीराको फोटो हेर्न नसकेको कुरा पनि भनें । उनले भने– "हेर्नुपर्छ, जबरजस्ती भए पनि हेर्ने बानी गर्नुस्, अनि ती फोटाहरू हेरेर उहाँसँग बिताएका राम्रा दिनहरू, राम्रा क्षणहरू याद गर्नुस् ।"

घरका भित्ताहरूमा मीराका फोटा राख्न थालें । रूँदैरूँदै हेर्न थालें । धेरै दिन एउटै फोटो हेर्दा त्यो फोटो हेर्ने बानी लाग्दो रहेछ । नयाँ फोटो हेऱ्यो भने पीडा हुन्छ । पीडा भए पनि एल्बमहरू पल्टाएर हेर्छु, अनि पुराना दिनहरूमा डुब्छु र फेरि आधा संसार मीरासँग डुल्न थाल्छु ।

कहाँ पुगेनम् कहाँ डुलेनम्
कहाँ उडेनम् कहाँ तरेनम्
हेर्छु म अहिले फोटाहरूमा
कहिले जिस्किदिन्थ्यौ कहिले ठुस्किदिन्थ्यौ
घर, बगैंचा अनि चोटाहरूमा

फूलसँगै बसी खिचेका फोटा
तिमी फूल हौ कि फूल फूल हो
चरा आउने गरी खिचेका फोटा
तिमी चरा हौ कि चरा चरा हो
कहाँ मरिएन, कहाँ बाँचिएन
कहाँ परिएन, कहाँ झरिएन
हेर्छु म अहिले फोटाहरूमा
कहिले उफ्रिदिन्छ्यौ, कहिले कुदिदिन्छ्यौ
टलपलिन्छन् आँखाहरूमा ।

मीठो सम्झना संसार डुलेको मात्र छैन, मीठो सम्झना सुखका दिनहरू मात्रै छैनन्, दुःखका दिनहरू पनि छन् मसँग मीराका । उनी बेलाबेला धेरै बिरामी पर्थिन् । काठमाडौंका अस्पतालदेखि दिल्लीका अस्पतालहरूमा उनीसँग बिताएका मीठा यादहरू पनि छन् ।

तिमी बिरामी पर्थ्यौ म कुरूवा हुन्थें
कति आनन्द लाग्थ्यो म सँगै बस्थें
हेरेर घडी खुवाउँथें ओखती
त्यो दिन सम्झँदा प्यारो लाग्छ अति

चक्कु चल्थ्यो तिमीमा मलाई दुख्थ्यो कति
म छटपटाएको देखेर निल्थ्यौ पीडाजति
त्यो दिन सम्झँदा प्यारो लाग्छ कति
बिरामीले कुरूवालाई माया गर्थिन् अति

घाउ तिम्रो पाक्थ्यो मेरो पोल्थ्यो छाती
कोल्टे फर्केर तिमी फाल्थ्यौ आँसुजति
ती दिन सम्झँदा प्यारो लाग्छ अति
मेरो हात समाई चुम्थ्यौ कतिकति

तिमी बिरामी पर्थ्यौ म कुरूवा हुन्थें
तिमी निदाएपछि म कत्ति रून्थें

मीठो मानी खान्थ्यौ त्यो तीतो ओखती
ती दिन सम्झँदा प्यारो लाग्छ अति ।

कतिपय मान्छेको अरूको कुरा नकाटी खाएको नपच्ने, अरूको पीडा नदेखी निद्रा नलाग्ने, अरूलाई टेकेर आफू माथि उक्लनुपर्ने बानी हुँदो रहेछ । मीराको सम्झनामा म रोएको देखेर, 'ओखती गर्न ब्याङ्कक लगेन, दिल्ली लगेन, भेलोर लगेन, अहिले रोएर के गर्ने' भनेर कुरा काटेको पनि थाहा पाएँ ।

त्यत्रो वर्ष मीरा बिरामी पर्दा आफूले केही कमी गरे जस्तो लाग्दैन । देशमा उपचार भई नै रहेको थियो । काठमाडौंमा उपचार सम्भव नभएको बेला दिल्लीमा पनि उपचार गराएकै हो । अचानक मस्तिष्कघात भयो । केही गर्ने मौकै पाइएन ।

ब्याङ्कक, भेलोर, दिल्ली लग्दैमा मान्छेलाई केही नहुने भए त्यहाँका अस्पतालमा उपचार गराउने कोही पनि मर्दैनथे होला, सबै अमर हुन्थे होला ।

म मानसिक रूपमा घाइते हुँदा केही मान्छेहरूले मलाई मानसिक रूपमै रेटे । मेरो कुरा काटेर कसैलाई मस्त निद्रा लाग्छ भने लागोस् । मैले रून छोडिनँ ।

मोहित मेरो एक्लो सहारा, मलाई सकेसम्म छोड्दैन । म उसको बाबु होइन, ऊ मेरो बाबु भएको छ । मेरो अभिभावक भएको छ ।

हामी बिरालोले गुँड सारे जस्तै गरी गुँड सार्दैसार्दै बूढानीलकण्ठबाट खुसिबु आयौं । नयाँ बजार खुसिबुमा पनि हाम्रो घर छ । हामीले सो घर बहालमा दिएर बूढानीलकण्ठ सरेका थियौं । म त्यो घरमा सरेपछि विष्णु पाठक भाइ र उनकी श्रीमती कृषिले हामीलाई दिनसम्म माया दिए । आफ्नो घर भए पनि हामी त्यहाँ पाहुना भएर बसेका थियौं ।

अमेरिकाबाट त्रिलोकले बुहारी जोई लेवेन्स्कीलाई पनि आफूसँगै नेपाल लिएर आउने भयो । 'सडकमै जोडिएको घर भएकाले त्यहाँ बस्न अमेरिकन बुहारीलाई अप्ठ्यारो होला' भनेर खुसिबुमा पाहुना भएर बस्न मन लागेन अनि बालकोटमा एउटा घर भाडामा लिएर बस्न थाल्यौं । खुसिबुबाट बालकोट सर्दा

कृषि बहिनी र विष्णु भाइ अत्यन्त दुःखी भए । एकदमै स्वार्थरहित विष्णु पाठक भाइ । त्यस्तो मान्छे जीवनमा भेट्न गाह्रै पर्छ । तर जहाँ गए पनि खप्पर सँगै भने जस्तै कतै गए पनि मन शान्त भएन ।

पर्यटन व्यवसायी मेरा भान्जा शिव ढकाललाई मैले सोधें– "मोहितलाई कुनै काममा लगाइदिन सकिन्छ, भान्जा बाबु ?"

उनले भने– "मोहितको जिम्मा मेरो भयो मामा । हामी दुई भएर ब्रिक्स क्याफे चलाउँछौं ।"

मोहितलाई पनि शिव भान्जाले क्याफेमा सहकर्मीका रूपमा सहभागी बनाए । ऊ व्यस्त हुन थालेपछि मेरो मन ढुक्क भयो । 'भान्जाभान्जी भगवान् हुन्' भन्छन् । मेरो भान्जा शिव पनि साँच्चिकै भगवान् भएर आए ।

छोरो त्रिलोक पनि अमेरिकाको राम्रो जागिर छोडेर बुहारी जोईसँगै नेपाल आयो । 'तिमीले त्यस्तो राम्रो काम छोडेर किन नेपाल आएको' भनेर सोध्दा 'म हजुरलाई मद्दत गर्न आएको । यस्तो बेलामा नआए कहिले आउने त ?' भन्यो ।

उनीहरू आउँदा एउटी अमेरिकी छोरी घरमा आए जस्तो लाग्यो । जोईलाई नेपाली परम्पराअनुसार बिहे गरेर बुहारी बनाई घर भित्र्याउने इच्छा थियो मीराको । त्यो इच्छा अब म एक्लैले पूरा गर्नुपर्नेछ । तर उताको चर्चको विधिचाहिँ पूरा भइसकेको छ । जोई यो घरकी बुहारी भइसकेकी छिन् ।

संसारमा को कसको नाता पर्छ, कोसँग कसको सम्बन्ध गाँसिन्छ ? केही थाहा हुँदो रहेनछ । मेरा नातिनातिनाको अनुहार अब अलिअलि एसियन जस्तो, अलिअलि अमेरिकन जस्तो हुनेछ । मलाई नेपालको जात मात्र होइन, संसारकै जात मिसिएको अनुहार मन पर्छ ।

असम्भव भन्ने कुरा केही हुँदैन । हुन सक्छ, कुनै दिन मीरा र मेरा नातिनातिना अमेरिका जस्तो विकसित देशको राष्ट्रपति बन्नेछन् ।

कति निराश हुनु आफ्नो कारणले– बाँच्नै पर्ने रहेछ, सहनै पर्ने रहेछ । बिस्तारैबिस्तारै आफूलाई घिच्याएर काम सुरू गर्नुपर्‍यो भनेर मदन दाइको घर जान थालें । महसञ्चारको कार्यालय जान थालें । दिउँसो कार्यालयमा सहायक निर्देशक भाइ प्रदीपसँग भेट हुन्छ । प्राविधिक काम गर्ने चलचित्र सम्पादक गणेश कँडेलसँग भेट हुन्छ ।

प्रदीप भट्टराई महसञ्चारको निर्देशनदेखि लिएर सम्पूर्ण प्राविधिक बोझ बोकिरहेका छन् । नरेन्द्र कंसाकारले प्रशासनिक, आर्थिक सम्पूर्ण अभिभारा पन्ध्र वर्षदेखि बोकिरहेका छन् । छायाकार गौरीशङ्कर धुँजू, जसले महसञ्चारले निर्माण गर्ने हरेक टेलिफिल्महरूको स्तर बढाइदिएका छन् । उनीहरूसँग मिटिङ हुन्छ, गफ हुन्छ, दिन बित्छ ।

दिन के हो, रात के हो

मोहित ब्रिक्स क्यापेमा मेहनत गर्दै छ । क्यापेको व्यापार, साँझ परेपछि बढ्छ । ऊ आउँदा रात बूढो भइसकेको हुन्छ । नेपालमा रात पर्दा अमेरिकामा दिन हुन्छ । नेपालमै बसेर अमेरिकी कम्पनीमा सफ्टवेरको काम गर्ने भएकाले राति पनि त्रिलोक ल्यापटप र फोनमै व्यस्त भइरहेको हुन्छ । अलिअलि समय बँच्यो भने पत्नी जोईलाई पनि दिनुपर्छ ।

म एक्लै कोठामा धुमधुमती बस्छु । अब घरमा निर्जीव वस्तुहरू मेरा साथी भए । भित्ता, दराज, तकियाहरूसँग एकोहोरो कति कुरा गर्ने ? जति कुरा गरे पनि जबाफ आउँदैन । उनीहरूको जबाफ पनि आफैले दिनुपर्ने हुन्छ । मैले निदाउन कहिल्यै ट्याब्लेट खानु पर्दैनथ्यो । ओछ्यानमा ढल्नासाथ निद्राले स्वागत गरिहाल्थ्यो । अब निद्रा लाग्ने औषधि पनि मेरो साथी भएको छ ।

एक्लै लट्ठिएपछि 'मीरा खाटको देब्रेपट्टि सुत्थिन्' भन्दै उनले ओढ्ने सिरक फिँजाउँछु । तकियामा एउटा कपडाको डल्लो राख्छु र त्यही डल्लोलाई पनि सिरकले छोप्छु । मीराको शरीर जस्तो बनाउँछु अनि मीरा पनि मसँगै सुतिरहेकी छन् भन्ने कल्पना गरेर निदाउँछु ।

कहिले दुई घण्टामा ब्युँझन्छु, कहिले तीन-चार घण्टामा । बिहानको चार कहिले बज्ला जस्तो हुन्छ । चार बजे ओछ्यान छोडेर हिँड्छु । 'सानो परिवार सुखी परिवार' भन्छन्, मेरा लागि त 'सानो परिवार दुःखी परिवार' भएको छ । घरमा आमाबाबु, दाजुभाउजूहरू भएका भए बोल्ने मान्छे धेरै हुन्थे । एक्लोपन

महसुस कम हुन्थ्यो होला । तर मान्छे एक्लै जन्मन्छ एक्लै मर्छ । उसको स्थायी साथी कोही हुँदैन ।

बुहारी अमेरिकी भएकीले उसलाई सधैं नेपाल बस्न साध्य पनि हुँदैन । मीराको वर्षदिनको कामपछि त्रिलोक र जोई पनि अमेरिका फर्किए ।

उनीहरू फर्केपछि झन् शून्यता थपियो । सानो हुँदा मुकेशले गाएको एउटा हिन्दी गीत गाउने गर्थें म– चल अकेला चल अकेला चल अकेला... हजारों मिल लम्बे रास्ते...

सानो छँदा गाएको यही गीत अहिले सधैं गाउनुपर्ने भएकाले त्यतिखेरदेखि नै अभ्यास गरेको पो रहेछु ।

अचेल मलाई कसैकहाँ जान मन नलाग्ने, कसैसँग बोल्न नपरे हुन्थ्यो जस्तो लाग्ने, कुनै जमघट वा समारोहमा जान मन नलाग्ने, गइहाले पनि जमिरहेको जमघट म गएपछि एकाएक नरमाइलो हुने, जमघटमा सबैको जोडी देख्ता त्यहाँ मेरा आँखाले पनि अनायासै मीरालाई खोज्ने गर्न थाले, जसले गर्दा मलाई त्यहीँ मुर्छा पर्छु जस्तो हुन थाल्यो ।

साथीहरूलाई पिर छ– मलाई डिप्रेसन होला भन्ने । कहिले राजु भुजूले बोलाउँछ । साँझमा ज्योति भुजूले 'हरिदाइ आउनुभयो' भनेर मीठोमीठो खुवाउँछिन् । कुनै साँझ गौरीशङ्कर धुँजू, कुनै साँझ नरेन्द्र कंसाकार, कुनै साँझ शिव भान्जाको घर गयो । बुहारी सोविताले बनाएको मीठो खाना खाएर फर्कियो ।

पेट्रोलियम पदार्थ व्यवसायी भाइ मुकुन्द अधिकारी सधैं भइरहने पेट्रोलको हाहाकारमा चिनापर्ची भएका साथी हुन् तर अहिले जीवनकै हाहाकारमा घनिष्ठता बढेको छ । उनको घरमा आमा, श्रीमती मन्दिरा, छोराबुहारीहरूले मलाई खाना मात्र होइन, मायाममता पनि दिएका छन् ।

मुकुन्द अधिकारी सायद मेरो पूर्वजन्मका भाइ रहेछन् । नत्र यो जुनीमा दिनरात किन मलाई यत्रो माया दिन्थे ? तर जति मायाममता पाए पनि यसरी हरेक साँझ अरूको घर गएर साध्य पनि भएन ।

मान्छेको सबैभन्दा प्यारो ठाउँ भनेको उसको ओछ्यान हो, जहाँ ऊ सबै दुःख, तनाव बिर्सेर पाँच-छ घण्टाका लागि मर्न पाओस् अनि मात्र बाँचेको

अनुभूति हुन्छ । तर कर्मले ठगेको एक्लो मान्छेलाई पायो भने बिछ्यौनाले पनि पोल्दो रहेछ, सिरकले पनि घाँटी थिच्तो रहेछ ।

फेरि एउटा अर्को दुःख थपियो महसञ्चारलाई । धुलिखेल अस्पतालका संस्थापक डा. रामकण्ठले 'महजोडी' लाई निरोगी राख्नुपर्‍यो भनेर स्वास्थ्य परीक्षण गर्न हामीलाई अस्पतालमा बोलाए । हामी गएका थिएनौं । धेरै पटक खबर आएपछि जानै पर्‍यो भनेर गएको त धुलिखेल अस्पताल देखेर छक्क पर्‍यौं । राजनीति र गुटबन्दीले रोगी भएका सरकारी अस्पतालहरूले यसबाट धेरै कुरा सिक्न सक्छन् ।

मदन दाइ र मेरो स्वास्थ्य सामान्य नै देखियो तर यशोदा भाउजूको स्वास्थ्यमा केही समस्या थपियो । उनको उपचार हुँदै छ । मन नलागीनलागी करले स्वास्थ्य परीक्षण गर्दा भाउजूको रोग पत्ता लगाइदिएर डा. रामकण्ठले ठूलो गुन लगाए ।

मीरा र रमिला

लोग्ने मान्छेकी श्रीमती बितेपछि घाटदेखि नै अर्को बिहे गर्ने कुरो चल्दो रहेछ । मेरो पनि चल्यो होला तर तेह्र दिनपछि मात्र कुरो चलेको सुन्न थालें । मेरा दिदीहरूको म एक्लो भाइ, एक्लो माइती, उनीहरूलाई मेरो पिर लाग्नु स्वाभाविकै हो । कसैले नचिन्ने मान्छे भएको भए केही मतलब हुँदैनथ्यो ।

संसारमा कति मान्छेको मृत्यु हुन्छ, कतिले पुनर्विवाह गर्छन् । आफन्तलाई बाहेक अरूलाई केही मतलब हुँदैन तर सबैले चिन्ने मान्छे भएकाले मेरो कुरा आफन्तमा मात्र सीमित रहेन । टेलिभिजनमा मेरो चित्र आयो कि 'यो मान्छेले अर्को बिहे गर्छ कि गर्दैन ?' भन्न थाले । नचिनेका व्यक्तिले पनि मुखै फोरेर भने– 'जीवन लामो छ, एक्लै बस्नु हुन्न, बुढेसकालमा कसले हेर्छ ? छोराछोरीहरू सबै आआफ्नै तालमा हुन्छन्, तातो पानी तताएर खान दिने मान्छे पनि हुँदैन ।'

डिपार्टमेन्टल स्टोरमा म तरकारी, दाल, तेल, बेसार किन्दै थिएँ । एउटा नचिनेको मान्छेले आएर भन्यो– "भान्छाको सामान तपाईं कति किन्नु हुन्छ ? तपाईंले गर्ने काम अर्कै हो । साथी खोज्नुस् एउटा, अनि तपाईं आफ्नै काम गर्न थाल्नुस् ।"

एउटा साथीले भन्यो– "हामी जस्तो भएको भए यसो बाहिरतिर लभसभ गरेर पनि हिँडे हुन्थ्यो । तिमीलाई त सबैले चिन्छन्, के गर्छौ ?"

मदन दाइ, जो मेरो साथी मात्र होइन, मभन्दा सात-आठ वर्ष जेठो भएकाले उनलाई दाइ भनेर सम्बोधन गर्छु । उनीहरू अहिले मेरा अभिभावक बनेका छन् । मदन दाइ र यशोदा भाउजू मेरा लागि साँच्चिकै आदरणीय छन् । एक दिन मदन दाइले भने– "अब तिमीले आफ्नो लागि पनि सोच्नुपर्छ । हाम्रो कामका लागि पनि सोच्नुपर्छ । तिमी यसरी झोक्राइरह्यौ भने डिप्रेसन हुन्छ । महसञ्चारलाई पनि घाटा हुन्छ । हामीले काम गर्न सकेनौं भने देशलाई पनि घाटा हुन्छ । ५३ वर्ष पुग्यौ । जीवन अझै लामो छ तिम्रो ।"

गीता भन्छ– 'मान्छे मरे पनि आत्मा मर्दैन । आत्माले देखिरहेको हुन्छ ।' मीरा मलाई भन्ने गर्थिन्– 'हजुर श्रीमान्‌चाहिँ मेरो मात्र हुनू, मान्छे सबैको हुनू !'

मीराले देखिरहने हो भने म कसरी उनको ठाउँमा अर्को मान्छे घरमा ल्याउँ ? के मीराले यो सबै पचाउन सक्लिन् ? यदि मीराको आत्मा छ भने उनी देखिरहेकी छन् । उनी पक्कै पनि मलाई भेट्न कुनै न कुनै तरिकाले आउँछिन् । म यस्तरी रोएको देखेर उनी पक्कै हावा भएर भए पनि मेरो छातीमा छुन आउँथिन् होला ।

म अँध्यारो कोठामा घण्टौं एक्लै बस्छु । घण्टौं बस्दा पनि मीराका चुरा बजेको सुनिँदैन, पाइला चाल्दा सन्याकसुरूक गरेको सुनिँदैन । ढोका खोलेको, लगाएको केही पनि सुनिँदैन । कतैबाट केही सङ्केतसम्म आउँदैन । मलाई लाग्छ, उनको आत्मा भनेको मै हुँ, जसलाई उनी आत्मैदेखि माया गर्थिन् ।

जीवन त पानीको फोका रहेछ । पानीमा फोका उठ्छ, फुट्छ अनि पानीमै बिलाउँछ । हावाको झोका जस्तो पनि रहेछ जीवन, एउटा झोका आउँछ अनि हावामै बिलाउँछ ।

उनको आत्मा भनेको हाम्रा दुई छोरा हुन्, जो उनकै शरीरबाट बाहिर निस्किए, जहाँ उनको र मेरो रगत छ, जुन अनन्त कालसम्म नासिने छैन । किनभने हाम्रा नातिनातिना हुनेछन् । तिनले पनि फेरि हाम्रा पनातिपनातिना जन्माउनेछन् । यो क्रम सृष्टि रहेसम्म चलिरहन्छ ।

हेरिरह्यो भने छोराहरूको आधा अनुहार मीरासँग आधा मेरो अनुहारसँग मिल्छ । छोराहरू आधा म जस्तो आधा मीरा जस्तो भएकाले मीरा र मेरो पनि

अनुहार मिल्छ । भनिन्छ, धेरै वर्षपछि लोग्नेस्वास्नीको अनुहार मिल्न थाल्छ, छोराछोरीका कारण ।

अमेरिकामा बसेको र त्यहाँको संस्कार देखेको हुनाले ठूलो छोराको सोचाइ अलि फरक छ । मलाई ठूलो छोराले भन्यो– "बुबाको जीवन अझ धेरै बाँकी छ । डिप्रेस भएर बस्नु हुँदैन । आफ्नो बारेमा पनि सोच्नुपर्छ हजुरले ।"

मोहित यो कुरा सुनेर सुरूमा झस्केको थियो । उसको झस्काइले मेरो मन कताकता चस्किन्छ ।

मीराको आगमनपछि मैले कहिल्यै पनि आफ्नो बारेमा सोचिनँ र सोच्नु पनि परेन, मीरा नै सोच्थिन् ।

५३ वर्षमा विवाह ! सुन्दैमा पनि गाह्रो लाग्छ । यो उमेरमा गर्ने विवाहलाई सम्झौता भने हुन्छ होला– जीवनसाथीको सम्झौता । मैले गरेको जीवनसाथीको सम्झौताले मेरा छोराहरू जीवनभर नठगिऊन्, जसमा मैले मीराको प्रतिरूप देखेको छु ।

मीरासँग मेरो जीवनका स्वर्ण दिनहरू बिते । ती दिनहरूमा म जवान थिएँ, अहिलेभन्दा फुर्तिलो थिएँ, अहोरात्र काम गर्न सक्थें । ती स्वर्ण दिनहरूको भोग गरेर मीरा गइन् । अबका दिनहरू गाह्रा हुनेछन् । उमेर घट्दै जान्छ, शरीरका अङ्गहरू गल्दै जान्छन् । यी दिनहरूमा साथीको जरूरत अझ धेरै पर्छ । सहारा र सहयात्रीको जरूरत पर्छ ।

मेरा आफन्तहरू मेरो विवाह गर्न खोजिरहेका थिए । म सम्झौता गर्न खोजिरहेको थिएँ । आफन्तहरू मीरासँग अलिअलि नमिलेको जात पनि परम्परागत विवाह गरेर मिलाउन खोज्दै थिए । म अझ फरक जात र फरक परिस्थितिसँग सम्झौता गर्न खोज्दै थिएँ । मेरा आफन्तहरू म विधुर भए पनि केटी कन्या होस्, म बिटुलो भए पनि केटी चोखी होस्, चाडपर्व, रीतिरिवाज, पितृ सबैलाई राम्रो होस् भन्ने चाहन्थे ।

म 'शरीर बलात्कारमा परेको पीडित भए पनि मन चोखो होस् तर पीडा दिने नहोस् । चाडपर्व, रीतिरिवाज, पितृकर्म शुद्ध मनले जसले गरे पनि हुन्छ' भनी सोच्तै थिएँ ।

धेरैतिरबाट कुरा आउन थाले । म एक सय रूपैयाँमा किन्न पाइने चिट्ठा जस्तै भएँ– पऱ्यो कि करोडपति ।

मलाई दुइटा चिन्ता थिए । एउटा, मेरा दर्शकहरूले, नेपाली दाजुभाइ दिदीबहिनीहरूले गलत काम गरेको नठानून् र मैले जीवनभर गरेको काममा दाग नलागोस् । अर्को, मेरा छोराहरूको मनमा घाउ नलागोस् ।

घाउ त लागिहाल्छ, आमाको ठाउँमा अर्को मान्छे आउँदा । तर त्यो घाउ यस्तो घाउ होस्, जुन अप्रेसन गर्दा डाक्टरले बिरामीको शरीर चिर्छ अनि बिरामीको शरीरभित्र भएको रोगलाई काटेर फालिदिन्छ । डाक्टरले अप्रेसन गर्दा बनेको घाउको खतलाई हामी सकारात्मक रूपमा लिन्छौं । मेरा छोराहरूको मनमा लागेको खत पनि त्यस्तै होस्, जसलाई उनीहरूले आफ्नो भताभुङ्ग लथालिङ्ग भएको घरको उपचार भएको छ भनी सम्झिदिऊन् ।

मदन दाइ र भाउजूसँग मैले सल्लाह गरें । उनीहरूले पनि 'तिमीले गर्ने पुनर्विवाह अरूको भन्दा फरक हुनुपर्छ' भने ।

रमिला पाठकका पति एघार वर्षअगि बितेका थिए । उनी एघार वर्षदेखि माइतीको संरक्षणमा आमाबाबु, दाजुभाइ, भतिजाभतिजी, छोरासँग बसेकी हुनाले आफूलाई एकल महिला भन्न रूचाउन्नन् । उनले छोरालाई हुर्काइन्, बढाइन्, शिक्षित बनाइन् । अब उनले पनि आफ्नो भविष्यबारे सोच्न पाउनुपर्छ ।

आमाबाबु, दाजुभाइ, दिदी, छोरा सबैले उनलाई पुनर्विवाह गर्न प्रोत्साहन गरे । एक्लो भएर छटपटाएर हिँडेको बाबुलाई जीवनसाथी खोजिदिन त छोराहरूलाई गाह्रो हुन्छ । गाह्रो भए पनि बाबु एक्लो भएको देखेर राजी भए । 'हाम्री आमाप्रति तपाईंले आफ्नो कर्तव्य पूरा गर्नुभयो । अब जीवनसाथीसँग बस्नुस्' भन्न सक्ने छोरा कति महान् होलान् ! सोचाइ कति फरक छ ।

रमिलाको सिउँदोमा मैले पुनः सिन्दूर भरें । उनले जिन्दगीमा भोगेका घटना, यत्रो वर्षसम्म सहेका पीडा, उनले गरेको कर्तव्यका अगाडि गर्दन झुकाएर उनको हातबाट माला थापें ।

'तिमी त्याग र ममताकी प्रतिमूर्ति, म तिमीलाई सधैं आदर गर्छु ।' मैले रमिलालाई मीरा देख्न थालेको छु, जुन मीरा मबाट कहिल्यै टाढा हुँदिनन् । उनले पनि मलाई जीवन देख्न थालेकी छन्, जो जीवन उनीबाट कहिल्यै टाढा हुन सक्तैन ।

भाग्यमा विश्वास नगरौं भन्छु, तैपनि कहिलेकाहीँ 'भाग्य' भन्ने चिज छ कि जस्तो लाग्छ । नत्र संसारमा अर्बौं महिला थिए, मेरो विवाह मीरासँगै हुनुपर्छ

भन्ने के थियो ! संसारमा सबैले प्रायः संयोग धेरै भोगेका छन् । मैले नै किन यति चाँडै वियोग सहनुपर्ने थियो र !

फेरि संसारमा कति महिला थिए, मेरो भत्किएको घर बनाउन रमिला नै आउनुपर्छ भन्ने के थियो र ! उनले मलाई नै स्विकार्नुपर्छ भन्ने के थियो र ! भन्छन्, 'जोडी भनेको भावीले नै मिलाइदिएको हुन्छ रे ।' सायद रमिला र मेरो जोडी मिलाउन भावीले आदरणीय वसुन्धरा भुसाल दिदीलाई अह्राएछन् क्यारे ।

वसुन्धरा दिदीलाई मैले २०३३ सालदेखि नै चिन्ने मौका पाएको थिएँ । राष्ट्रिय नाचघरमा काम गर्दा नै म उनको घरमा आउनेजाने गर्थें । उनका श्रीमान् चेतनारायण भुसाललाई भिनाजु भन्छु । उनका छोराछोरी मलाई मामा भनेर सम्बोधन गर्छन् ।

वसुन्धरा दिदी मेरो सुखदुःखकी दिदी हुन् । म मीराको वियोगमा टोलाएको देखेर उनले 'तिमी एक्लै नबस' भनिन् र केही महिनापछि मेरा लागि रमिला मागिदिइन् ।

रमिलाले मलाई पर्दामा देखेकी थिइन् । मैले उनलाई बिहे गर्नु चार महिनाअगि मात्र देखेको थिएँ र बोलेको पनि थिएँ । उनले मलाई स्वीकार गरिन्; मैले पनि उनलाई स्वीकार गरें ।

रमिला मेरो घरमा आउनुअगि र उनी घरमा आएपछि पनि मेरा इष्टमित्रहरूले भने– "अब मीरालाई सम्झेर धेरै रूनु हुँदैन; मीराको धेरै तारिफ, गुणगान पनि गर्नु हुँदैन । अब सम्झना पनि धेरैतिर झुन्ड्याएर राख्नु हुँदैन; रमिलाको मन दुख्छ ।"

तर रमिला र मैले उस्तै पीडा भोगेर आएका हुनाले हामीलाई धेरै सजिलो भएको छ । कहिलेकाहीँ हिक्कहिक्क रून्छु । रमिला नजिकै आउँछिन् र मलाई सम्झाउँदै भन्छिन्– "मलाई थाहा छ हजुरको पीडा । अब म दिज्यूकै छाया भएर यो घरमा आएकी छु । म हजुरलाई दिज्यूले जत्तिकै माया दिनेछु । मलाई हजुरले उहाँ नै सम्झेर हेरे हुन्छ, बोलाए हुन्छ ।"

म मीराको तारिफ गरिरहन्छु, उनको गुणगान गाइरहन्छु । रमिलाको अनुहारमा पटक्कै ईर्ष्या देखिँदैन, बरू भन्छिन्– "म पनि दिज्यू जस्तै हुने कोसिस गर्छु । म उहाँको फोटो हेरेर यही आशीर्वाद माग्छु ।"

मीरा र मेरो फोटो घरका भित्ताहरूमा जतातातै सजिएको छ । मीराको एउटा ठूलो फोटो मैले पत्रिकाले बेरेर थन्क्याएर राखेको थिएँ । रमिलाले 'दिज्यूको यो फोटो कस्तो राम्रो रहेछ, यसलाई राम्रो ठाउँमा सजाएर राख्नुपर्छ' भन्दै फेमिली लबीको एकातिर भित्तामा किला ठोकेर झुन्ड्याएकी छिन् । लेख्ता, बस्दा मेरो अधिकांश समय त्यही लबीमा बित्छ । उनी मीराका सम्झनाहरू खोजीखोजी राख्न थालेकी छिन् । हामी दुवैले एउटै पीडा बोकेर आएकाले उनले यो कुरा सहजै स्विकार्न सकिन् ।

एउटी अविवाहित कन्या केटी मैले घरमा भित्र्याएको भए यी कुराहरू सजिलै स्विकार्न गाह्रो हुन्थ्यो होला । विगतका सम्झना मनबाट जबरजस्ती हटाउन खोजेर सकिँदै सकिँदैन । ती अतीतलाई केही कम गर्न मात्र सकिन्छ ।

रमिलाले मलाई मीरा सम्झेर रून्ने स्वतन्त्रता दिएकी छन् । मैले पनि उनलाई विगत सम्झेर रून्ने स्वतन्त्रता दिएको छु । तर उनी मलाई सम्झाउँदै भन्छिन्– "म पहिले खुब रोएँ । आँसु मात्र आयो तर उनी फर्केर कहिल्यै आएनन् । जीवनको सबैभन्दा भयानक सत्य मृत्यु रहेछ, जसलाई सबैले स्विकार्नै पर्छ । अब हामी उहाँहरूलाई असल मानिस भनेर सम्झिरहन र श्रद्धा गरिरहन मात्र सक्छौं ।"

उनको भावनामा मेरो विगत र मीरासँगको प्रेमप्रति न ईर्ष्या छ न डाहा । मेरो धमिलिएको मनलाई उनी सधैं हिउँदको सफा र कञ्चन नदी बनाउन चाहन्छिन् ।

एउटा निजी घरको कोठामा पन्ध्र मिनेटको सिन्दूरपोते समारोहमा रमिला दुलही म दुलहा भएर खिचेको फोटोमा हामी त्यति प्रफुल्ल देखिँदैनौं । फोटो हेर्दा दुवैको अनुहारमा परिस्थिति पोखिएको छ ।

मान्छे एक पटक दुलहादुलही हुन त लजाउँछन् भने हामीले दुई पटक दुलहादुलही हुनुपऱ्यो । मान्छेले उमेरमा बिहे गर्दा त भविष्यप्रति चिन्तित देखिन्छन् भने हामीले उमेर ढल्कन सुरू भइसकेपछि पुनर्विवाह गर्नुपऱ्यो । यो पन्ध्र मिनेटको छोटो समारोह भए पनि दुई जनाको जीवन गाँसिएको समारोह हो ।

रमिला सबै थोक त्यागेर मेरो जीवनमा प्रवेश गरेकी छन् । मैले आफ्नो हृदयको भित्तामा उनलाई सजाएको छु, आफ्नो घरको इज्जत दिएको छु ।

'मचाहिँ सेलिब्रिटी, सबैको वाहवाह ! मैले चाहे सयौं रमिला पाउन सक्छु तर रमिला सामान्य मान्छे, मैले उनलाई पाउनु सामान्य कुरा हो । उनले मलाई पाउनु अनमोल प्राप्ति !' यो कुरा पटक्कै होइन ।

बाबु श्यामबहादुर पाठक र आमा ईश्वरीसँग सगोल परिवारमा बस्दै आएकी, एउटा राम्रो संस्कार पाएकी रमिला पनि संसारमा एउटी मात्रै छिन्, म पनि एउटै । रमिला मैले भाग्यले प्राप्त गरेको दोस्रो जीवनसाथी हुन् ।

उनी दुलही, म दुलहा भएर खिचेको फोटो दिनेश श्रेष्ठ र गौरीशङ्कर धुँजूले दुइटा बनाएर उपहार ल्याइदिए । मैले एउटा बैठक कोठा र अर्को बेडरूममा राख्ने विचार गरें । रमिलाले बेडरूममा मीरा र मेरो फोटोसँगै हामी दुईको फोटो राख्दै भनिन्– "अहिले फोटो बेडरूममा मात्रै राखौं, बैठक कोठामा पछि राखौंला । म भर्खर यो घरमा आएकी छु । छोराहरूलाई पनि बानी परोस् । मैले छोराहरूको मन पनि जित्नुपर्छ । उनीहरूले भित्रै मनबाट 'आमा' भनेर अवश्य स्विकार्नेछन् । त्यसपछि यो फोटो बैठकमा राखौंला नि, है ।"

रमिला मेरी श्रीमती मात्र होइन, छोराहरूकी आमा पनि हुने कोसिस गर्दै छिन् । ठूलो छोरो त्रिलोक र बुहारी जोईसँग रमिला फोनमा कुरा गर्छिन् । मोहितलाई पकाईतुल्याई खुवाउँछिन् । हेरचाह बढाउँदै लगेकी छन् । मोहितले पनि गाडीमा राखेर नयाँ र पुरानो मामाघर, सहरबजारतिर घुमाउन थालेको छ । दुवै जना कुरा गर्दै गाडी चढेर गएको म घरको झ्यालबाट हेरिरहन्छु ।

माया भन्ने चिज यस्तो रहेछ, जुन जति आवश्यक पर्‍यो उति उत्पादन गर्न सकिँदो रहेछ । एउटी आमाले दसओटा सन्तानलाई जन्म दिइन् भने मायाको एउटा पोको खोलेर दस जनालाई बाँड्नुपर्ने होइन रहेछ । उनी आफ्ना दसै सन्तानलाई आकाशजत्तिकै विशाल माया दिन सक्छिन् । उनी आफ्नो हृदयमा जतिओटा पनि मायाको आकाश बनाउन सक्छिन् ।

मैले मीरालाई दिएको माया कटौती गरेर रमिलालाई दिनुपर्ने होइन रहेछ । मीरालाई मैले दिएको माया जतिको तति नै छ । बरू अझ बढेको होला,

घटेको छैन । रमिलालाई दिने नयाँ माया हृदयबाट उत्पादन हुन थालेको छ । मैले एउटा चलचित्रमा गीत लेखेको थिएँ–

माया तिम्रो कति छ कति छ

हिमालमा हिउँ परेजति छ...

हरेक मान्छेको मनमा मायाको पनि कारखाना छ र घृणाको पनि । ईर्ष्या, द्वेष, लोभको पनि कारखाना छ, जुन असीमित उत्पादन हुन सक्छ । केवल हृदयमा भएको मायाको कारखाना सञ्चालन गर्ने कि घृणाको कारखाना, त्यो आफ्नो सोचाइमा भर पर्छ ।

मेरा प्रिय भाइ डा. रवीन्द्र समीरले भनेका थिए– "दाइ ! तपाईंको जीवन तपाईंको व्यक्तिगत जीवन मात्रै होइन । यो सम्पूर्ण नेपालीको साझा जीवन हो । कला र समाजसेवामार्फत देश र जनतालाई सकारात्मक सन्देश दिन तपाईंहरू सक्रिय र उत्साही हुनुपर्छ । तसर्थ यो कालरात्रिबाट उम्किन ढिला गर्नु हुँदैन ।"

विवाहपश्चात् पनि भाइ समीरले भनेका थिए– "दाइ ! समाज परिवर्तन गर्न ठूलठूला क्रान्ति र बलिदानले त मुस्किल पर्छ तर तपाईंले आफू जस्तै एकल महिलासँग बिहे गरेर सामाजिक क्रान्ति पनि गर्नुभयो । यो कदमले नैराश्यमा डुबेका एकल महिला तथा पुरूषलाई पनि प्रेरणा दिएको छ ।"

कोहीकोही भन्छन्– 'फरक आमाबाट जन्मेका छोराछोरी काँडासरह हुन्छन् ।' तर रमिलाले २६ र २३ वर्षका हाम्रा दुई छोरालाई स्विकारेकी छन् । मैले उनको २२ वर्षको एउटा छोरोलाई स्विकार्नु किन हुँदैन ? हाल ऊ आफ्नो मामाघरको संरक्षकत्वमा इन्जिनियरिङ अध्ययन गर्दै छ ।

छोराहरूको अनुहार हेर्दा कताकता 'म बाबु भएर पनि स्वार्थी त भइनँ' भन्ने लाग्छ । 'छोराहो ! मलाई माफ गर है' भनूँभनूँ लाग्छ । मीराका भाइबुहारी मनोहर र प्रतिमा देख्ता मलाई अलिअलि मीरा भेटे जस्तो लाग्छ । तर मनमनै उनीहरूसँग पनि भन्छु– 'मलाई माफ गरिदेओ, मैले अर्को बिहे गरें ।'

तर जीवन त नितान्त व्यक्तिगत पनि त हो । जसरी ठूलो छोराको आफ्नै संसार छ र ऊ आफ्नै संसारमा हराएको छ, त्यस्तै सानो छोराको पनि आफ्नै संसार हुनेछ र उसको पनि आफ्नै जीवनयात्रा हुनेछ । त्यो बेला म झन् बूढो भइसकेको हुनेछु । बूढो हुनुको पीडाले भन्दा मलाई त्यति बेला एक्लो हुनुको

पीडाले सताउनेछ । म ढल्कँदो घाम, जति ढिलो गऱ्यो उति चाँडै जिन्दगीमा साँझ पर्छ । मैले जीवनको घाम चहकिलो हुँदै निर्णय गर्नुपर्थ्यो, गरें ।

माथिल्लो गराको पानी तल्लो गरामा झर्छ तर तल्लो गराको पानी माथिल्लो गरामा उक्लँदैन भने जस्तै छोराहरूको पनि माया उनीहरूका श्रीमती, उनीहरूकै छोराछोरीतिर बग्छ होला । माथिल्लो गरामा उनीहरूको माया उक्लन गाह्रो हुन सक्छ । त्यसैले मलाई पनि साथी चाहिन्छ जस्तो लाग्यो ।

'फूलको आँखामा फूलै संसार, काँडाको आँखामा काँडै संसार...' कवि दुर्गालाल श्रेष्ठले लेखे जस्तै पढेलेखेका छोराछोरीले पक्कै पनि बाबुआमाको परिस्थिति बुझ्छन् । कस्तो परिस्थितिबाट यो सम्बन्ध स्थापना भएको हो, मूल्याङ्कन गर्छन् ।

रूढिवाद अझै निर्मूल हुन सकेको छैन । रूढिवादलाई धर्म ठान्नेहरूले कुरा काटे पनि समाज धेरै अगाडि बढेको रहेछ । रमिला र मेरो सम्बन्धलाई समाजले सकारात्मक सोचिदियो । नेपाली समाज धेरै फराकिलो भइसकेको रहेछ ।

आफन्त र साथीभाइहरू हामीलाई बधाई दिंदै नयाँ जीवनको स्वागतका लागि आफ्नो घरमा बोलाउँछन् । हामीलाई भ्याइनभ्याइ भएको छ । समाजले गरेको यो स्वागत देखेर मलाई गर्व लाग्छ ।

कसैकसैले समवेदना र बधाई सँगै दिंदै भन्छन्– "तपाईंको दुःखमा म आउन पाइनँ, समवेदना छ र नयाँ जीवनको शुभकामना !"

त्यसरी एकै पटक समवेदना र बधाई ग्रहण गर्दा कताकता मेरो मनमा ग्रहण लाग्छ । दिन भएको बेला रात हुँदैन, रात भएको बेलामा दिन हुँदैन तर यस्तो अवस्थामा मेरो जीवनमा दिन र रात एकैचोटि आए जस्तो लाग्छ ।

यसरी आफन्त र साथीभाइको निम्तामा जाने क्रममा ट्राफिक प्रहरीले राति ठाउँठाउँमा हाम्रो गाडी रोकेर 'मापसे चेक' गर्न थाले । पहिलेपहिले मलाई देखेपछि 'जानोस्' भन्थे । हिजोआज मापसे मेसिन नजिकै ल्याएर मलाई फुक्न लगाउँछन् तर आँखा भने रमिलातिर हुन्छ । 'हरिवंशले कस्ती स्वास्नी बिहे गरेको रहेछ' भनेर उनीहरूले उनीतिर हेरेका होलान् ।

घरगृहस्थी भनेकै दुःखको बोट रहेछ । त्यो रोप्यो कि दुःख फल्योफल्यो ।
विद्वान्हरूले भनेको सम्झन्छु– 'भविष्यको चिन्ता नगर, वर्तमानलाई राम्ररी
डोऱ्याऊ ।' म पनि वर्तमानलाई डोऱ्याउन खोज्दै छु, काम गर्ने कोसिस गर्दै
छु । यशोदा भाउजूको स्वास्थ्यलाभको कामना गर्छु । उनको आत्मबलले
रोगलाई परास्त गर्दै जीवनलाई जिताउँदै छ ।

मदन दाइसँग मित्रताको डोरी अझ बलियो बाट्ने कोसिस गर्दै छु । हाम्रो
मित्रताको डोरीका कच्चा पदार्थ बाबियो, जुट, प्लास्टिक आदि केही होइनन्,
काम हो । काम गरेरै बाट्नुपर्छ । 'नेपालको एउटा असल काम गर्ने जोडी
थियो' भनेर सबैले सम्झिरहून् भनेर नै हामी सहकार्य गर्छौं ।

एक दिन भाइ डा. समीरले मेरो ब्लडप्रेसर जाँच्दै भने– "दाइ, रमिला
भाउजू आएपछि तपाईंको अनुहारमा फेरि तेज आएको छ । अझ लेख्नोस्,
काम गर्नोस्, तपाईंहरूले धेरै काम गर्नुपर्छ ।"

कहिलेकाहीँ मनमा त्यसै त्रास उत्पन्न हुन्छ– मैले एक पटक जीवनसाथीको
वियोग भोगिसकेको छु । रमिलाले पनि भोगिसकिन् । अब रमिला र मेरो एकै
पटक त मृत्यु अवश्य पनि हुँदैन होला । अगिपछि त हुनै पर्ने रहेछ । फेरि
एक पटक दुई जनामा एक जनाको जीवनमा वियोगको पीडा दोहोरिएला ।
कति गाह्रो होला फेरि त्यो दिन ? अब भावीले के गरिदिन्छ, थाहा छैन । मर्नु
त अवश्य छ । जन्मेपछि को के हुन्छ, को कहाँ पुग्छ पक्का हुँदैन तर उसले
मर्नुपर्छ भन्नेचाहिँ पक्का छ ।

श्रीमती जीवित हुँदाहुँदै अर्की श्रीमती भित्र्यायो भने सौतेनी आमा हुन्छिन् ।
श्रीमतीको निधनपछि अर्की महिला विवाह गरेर घरमा आइन् भने सौतेनी आमा
भन्न मिल्दैन । उनी मेरा छोराहरूकी सौतेनी आमा होइनन्, देउतीनी आमा
हुनेछिन् । उनको व्यवहारले मलाई यही विश्वास दिलाएको छ ।

अब रमिला र मेरो मृत्यु सँगै होस् । एक घण्टाभन्दा बढी मृत्युको
अन्तर नहोस् । फेरि दुवैले वियोगको लामो पीडा सहनु नपरोस् ।

म मेरा छोराहरूसँग अनुरोध गर्छु– हामी दुवैको अस्तु मेरो पुर्ख्यौली
गाउँ काभ्रेको सङ्खुमा 'मीरा केयर सेन्टर' मा बनेको मीराको प्रतिमामुनि
गाडिदिनू !

आँसुको रङ

'एन्टेना फाउन्डेसन' र 'सेभ द चिल्ड्रेन' भन्ने संस्थाले 'मैले जे भोगें' नामक टेलिभिजन कार्यक्रम गर्ने निर्णय भयो र यसमा प्रस्तोताको भूमिका मैले गर्नुपर्ने प्रस्ताव आयो ।

'मैले जे भोगें' कार्यक्रम हामीले गरिरहे जस्तो अभिनयप्रधान होइन । वास्तविकतामा आधारित यस कार्यक्रममा नेपालका विकट ठाउँमा बालबालिकाले भोगेका कथाव्यथालाई टेलिभिजनबाट देखाउनुपर्ने र मैले बालबालिकाले भोगे का कथालाई अन्तर्वार्ताका माध्यमबाट प्रस्तुत गर्नुपर्ने भयो ।

विजयकुमार पाण्डे, इन्द्र लोहनी, भूषण दाहालले प्रस्तुत गरेका कार्यक्रमहरू हेरेर प्रभावित भएको छु । त्यसैले म कहिलेकाहीँ साथीहरूको जमघटमा विजयकुमार पाण्डेको नक्कल पनि गर्ने गर्थें ।

मैले कहिल्यै नगरेको टेलिभिजन अन्तर्वार्ता कार्यक्रम गर्न मलाई डर लाग्यो । नगरेको काम गर्दा कस्तो होला ? राम्रो भएन भने के गर्ने ? अनेक तर्कवितर्कमा मन डुबिरहँदा विशेष गरी विजयकुमार पाण्डेसँग म मनमनै डराएँ । उनको जस्तो ज्ञान, भाषा र बोलीको प्रखरता ममा छैन । मेरो क्षेत्रै फरक हो । मैले गर्न सक्तिनँ जस्तो लाग्यो । गर्नु नपरे हुन्थ्यो जस्तो पनि लाग्यो ।

सेभ द चिल्ड्रेनले पनि मैले नै गरिदिए हुन्थ्यो जस्तो गरेर विशेष गरी सीता घिमिरे बढी जोड दिन थालिन् । उनलाई भारतीय टेलिभिजन च्यानलमा

आउने 'सत्य मेव जयते' को ठूलो प्रभाव परेको रहेछ । त्यसैले मलाई आमीर खानको ठाउँमा देख्न चाहेकी रहिछन् ।

मलाई झन् डर लाग्यो । भारतीय च्यानलमा प्रसारण हुने 'सत्य मेव जयते' दुई वर्षसम्म सयौं मान्छेले रिसर्च गरेर तयार पारेको कार्यक्रम हो । त्यसमा आमीर खानले मात्र एउटा कार्यक्रमको तीन करोड भारतीय रूपैयाँ पारिश्रमिक लिँदा रहेछन् भने त्यसको कुल बजेट अझ कति होला ? त्यत्रो ठूलो साधनस्रोत भएको कार्यक्रमसँग हाम्रो जस्तो सानो बजार र कुल सात-आठ लाख बजेट भएको कार्यक्रमले कसरी प्रतिस्पर्धा गर्न सक्ला ?

हाम्रो कार्यक्रम प्रसारण भएपछि दर्शकले आमीरले सञ्चालन गरेको 'सत्य मेव जयते' सँगै 'मैले जे भोगें' कार्यक्रमलाई दाँजेर हेर्छन् नै । त्यो दर्शकको अधिकारको कुरा हो । दर्शकलाई त्यहाँको बजेट, साधनस्रोत र यहाँको बजेट, साधनस्रोतसँग मतलबै हुँदैन ।

यशोदा भाउजूको आत्मबल बलियो रहेछ । भाउजू 'किमोथेरापी' सँग लड्दै छिन् । मदन दाइ भाउजूलाई बचाउने युद्धमा लागिरहेछन् ।

मीराको वियोगपछि मैले करिब डेढ वर्ष कुनै कार्यक्रम गर्न सकिनँ । मदन दाइ अहिले भाउजूको उपचारमा व्यस्त छन् । त्यसैले दुई वर्षजति भयो, महसञ्चारले उल्लेख्य काम गर्न सकेको छैन । मदन दाइ पनि भाउजूको उपचारमा व्यस्त छन् । यो बेला त्यसै बस्नुभन्दा प्रस्ताव आएको 'मैले जे भोगें' कार्यक्रम गरौं कि जस्तो लाग्यो ।

एन्टेना फाउन्डेसनका साथीहरूले पनि 'हामी पछाडि छौं, गर्नुहोस् दाइ' भने । रमिलाले पनि 'गर्नुस्, तपाईं सक्नुहुन्छ' भनेर मीराले झैं हौसला दिइन् । कार्यक्रममा म अगाडि देखिने भए पनि पूरै मेरो जिम्मेवारी हुँदैन । यसका निर्देशक दीपक बज्राचार्य विजयकुमारलाई धेरैओटा कार्यक्रममा सघाएका परिपक्व मान्छे हुन् । अनि मैले निर्णय गरें– म 'मैले जे भोगें' कार्यक्रम गर्छु ।

कति नानीहरू पन्छी हुन्– पखेटा छैन,
कति नानीहरू फूल हुन्– सुवास छैन
कति नानीहरू घाम हुन्– उज्यालो छैन

तैपनि नानीहरूको ओठमा छ– एउटा मुस्कान

हरियोपन नगुमाएको दुबो जस्तो

जसले एक दिन फेरि

वसन्त फर्काएर ल्याउनेछ ।

मलाई आशा छ....

यी पङ्क्ति 'कर्नाली ब्लुज' का लेखक बुद्धिसागरले 'मैले जे भोगें' कार्यक्रमका लागि न्यारेसन लेखेका हुन् । उनी हाम्रो टोलीमा न्यारेसन लेख्नकै लागि सामेल भएका थिए ।

हाम्रो बलियो टोलीमा मेरी श्रीमती रमिला पनि मेरो अनुरोधमा थपिएकी थिइन् । सुदूरपश्चिम घुम्ने सौभाग्य जुरेको थिएन । यो कार्यक्रमले जुरायो ।

सधैं मान्छेलाई हँसाउने गरिन्थ्यो, यसपालि आफै रून गइयो । द्वन्द्वको परिणाम, कुपोषण, गरिबी, अभाव, असुरक्षा आदिमा चुर्लुम्म डुबेर लथालिङ्ग जिन्दगी बाँचेका नानीहरूका सुन्नै नसकिने कथाहरू नजिकबाट देखेर खप्नै गाह्रो भयो । ती भोग्नेहरूलाई कस्तो भयो होला ?

बुद्धिसागरकै न्यारेसनको लेखाइ जस्तै सुन्न पनि गाह्रो, सुनाउन पनि गाह्रो, सुनेर पत्याउन पनि गाह्रो कथा– बाबुले छोरीलाई बलात्कार गरेर जन्मेकी नानीको कथा; मीतबाले बलात्कार गरेर जन्मेकी अर्की नानीको कथा; एचआईभी सङ्क्रमणबाट आमाबाबु दुवै गुमाएका नाबालिका बहिनी, नाबालक दाइ नै अभिभावक भएको कथा; जति बच्चा जन्मे पनि कुपोषणले खाएका आमाहरूको कथा । बस खसेर एउटै गाउँका थुप्रै टुहुराटुहुरीहरू भएको कथा, छाउपडीका कथा ।

यी सब देखेर जिन्दगीको अर्को नाम नै दुःख रहेछ जस्तो पो लाग्यो । जतासुकै दुःख; त्यो ठाउँ दुखैदुःखको राजधानी जस्तो ।

बिस्तारैबिस्तारै नेत्रज्योति गुमाएर आफ्नै काखमा बसेको बच्चाको अनुहार नदेखेकी आमा । त्यस्ता अबोध छोराछोरीका आमाबाहरूलाई 'अब के गर्नुहुन्छ' भनी प्रश्न गर्दा 'भगवान्ले हेर्लान् नि' भन्ने जबाफ आउँछ ।

उनीहरूको सोचाइमा दुई थरी भगवान् छन्– एक थरी निराकार भगवान्, जसलाई आजसम्म कसैले देखेको छैन । छन् भन्ने प्रमाण पनि छैन । तैपनि

कतै छन् कि जस्तो लाग्दो रहेछ, उनले हेरिदेलान् जस्तो लाग्दो रहेछ । अर्का भगवान् भनेका नेताहरू । यी दुई थरी भगवान्ले समस्या समाधान गरिदेलान् भन्ने आशा रहेछ ती निरीहहरूमा ।

निराकार भगवान्, जसलाई कसैले देखेका छैनन् । नेतारूपी भगवान्, जसलाई जिउँदै फाट्टफुट्ट र भित्तामा हात जोडिरहेका फोटाहरूमा देख्तादेख्ता ती दिक्कै भए पनि आशा गुमाएका छैनन् । तर यी दुवै भगवान्ले उनीहरूलाई कहिल्यै हेरेनन्, सुनेनन्, देखेनन् ।

दुर्गम गाउँहरूमा रोजगारीका अवसरहरू कतै छैनन् । एक-दुई रोपनी जमिनमा कुटोकोदालो गर्‍यो, जीवन चलायो, सरकारले केही गर्नुपरेको छैन । कति ठाउँमा त सरकारको उपस्थितिको आभास पनि हुँदैन ।

रोजगारीका लागि निर्विकल्प देश भारत भएको छ । त्यहाँका बाबुआमाहरू आफ्ना छोराछोरी जन्मनासाथ भारत काम गर्न गएको सपना देख्न बाध्य छन् । यो नै उनीहरूको सबैभन्दा सुन्दर सपना रहेछ ।

सुन्ने गरिन्छ– नेपालमा पश्चिमबाट घाम उदाउन सक्छ । यसको मतलब हो, प्रकृतिले दिएको अतुलनीय वरदान प्राकृतिक स्रोतलाई उपभोग गर्न सकियो भने नेपालमा राति पनि बिजुली बत्ती बालेर काम गर्न सकिन्छ ।

भारतलाई गाली गरेर आफूलाई राष्ट्रवादी ठान्ने नेताहरूले प्रकृतिले दिएको वरदानको सदुपयोग गरेर नेपालीलाई भारतको गल्लीगल्लीमा ढोका ढकढक्याएर काम खोज्न जानुपर्ने बाध्यताबाट खोइ बचाउन सकेका ? बरू उनीहरू युवाहरूलाई बिदेसिन बाध्य बनाएर बाल र वृद्धवृद्धालाई मात्र शासन गर्न खोज्दै छन् । ती युवाहरूलाई बिदेसिनबाट बचाउनु पो राष्ट्रवाद ।

तराईको अपराध जतातत‍ै गुइँठा बलेर धुवाँले छोपिएको छ । जङ्गल फाँडिएर चारकोसे झाडी मरूभूमि जस्तो नाङ्गो हुन लागेको छ ।

देश अन्धकारमा डुबेको देख्ता कर्नाली नदी सुत्केरी आमाले बच्चालाई दूध चुसाउन नपाएर गानिए जस्तै भएकी छन् । देश अन्धकार देख्ता कर्नालीको छातीमा असहज पीडा हुन्छ ।

देशको दुःख देखेर मसँगै यात्रा गरिरहेकी रमिलाले भनिन्– "कस्तो दुःख रहेछ, हइ !"

मैले भनें— "हामी आफूलाई दुःखी ठान्थ्यौं । यी दुःखका अगाडि हाम्रा दुःख त कति साधारण रहेछन्, हइ ! अब हामी आफ्नो दुःखमा कहिल्यै दुःखी नहुने, है त ।"

दूबोलाई जति कुल्चे पनि अलिअलि हरियोपन बाँकी नै रहन्छ । लाग्यो, यी मानिसहरू दूबो हुन् । यिनमा अझै पनि हरियोपन छ । राजनीतिक मौसम राम्रो भए यी मानिसहरूको जीवनको बगैंचामा अवश्य वसन्त आउनेछ । उनीहरूको जीवनको दूबो मौलाउनेछ ।

एक पटक अमेरिकाको कनेक्टिकट राज्यमा हाम्रो कार्यक्रम हेरेर तारानाथ शर्माले गम्लङ्ग अँगालो मारेर भने— "भाइ, तिमी यो देशमा जन्मेको भए कहाँ पुग्ने थियौ !"

मैले भनें— "होइन दाइ, अमेरिकामा जन्मेको भए ठूलो घाटा पर्ने थियो । म अमेरिकामा जन्मेको भए मलाई तारानाथ शर्मा जस्ता मान्छेले यसरी अँगालो हाल्ने थिएनन् ।"

तारानाथ शर्माले 'कस्तो कूटनीतिक जबाफ दियौ तिमीले' भनेर फेरि अँगालो मारे । साँच्चिकै म नेपालमा जन्मेर नेपाली हुन पाएँ । नेपालमा जन्मेर होमञ्जय आचार्य र गणेशकुमारीको छोरो हुन पाएँ, मेरा दिदीहरूको भाइ हुन पाएँ, मीरा र रमिलाको श्रीमान् हुन पाएँ । त्रिलोक र मोहितको बाबु बन्न पाएँ, मदनकृष्ण श्रेष्ठको साथी हुन पाएँ । सबै नेपाली दाजुभाइ, दिदीबहिनीको एउटा कलाकार हुन पाएँ, नेपाल देशलाई आमा भन्न पाएँ ।

म नेपालमा जन्मन पाएकोमा गर्व गर्छु— जय नेपाल !

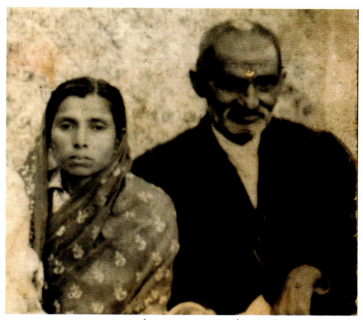

बाबु होमञ्जय र आमा गणेशकुमारी

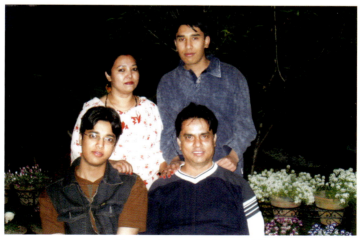

पत्नी मीरा र छोराहरू त्रिलोक र मोहित

दिदीहरू गायत्री, गीता, सत्यरूपा, जानदेवी र बिन्दु

२५ वर्षे जवानी

महजोडी

पत्नी रमिला पाठकसँग

गणेशमान सिंह र कृष्णप्रसाद भट्टराईसँग मह

स्वरसम्राट नारायणगोपालसँग

२०४६ सालको जनआन्दोलन, त्रिचन्द्र कलेज

२०४६ को जनआन्दोलन

टेलिचलचित्र लालपुर्जा

टेलिचलचित्र वनपाले

टेलिचलचित्र साझा पृथ्वी

टेलिचलचित्र जलपरी

चलचित्र बलिदान

टेलिचलचित्र १५ गते

टेलिचलचित्र १५ गते

टेलिचलचित्र मदनबहादुर हरिबहादुर

श्राद्ध प्रहसन

महजोडी, टेलिचलचित्र १५ गते

टेलिचलचित्र दसैं

टेलिचलचित्र सुरबेसुर

टेलिचलचित्र मदनबहादुर हरिबहादुर

टेलिचलचित्र वनपाले

टेलिचलचित्र आमा

टेलिचलचित्र राजमार्ग

सालिक प्रहसन

टेलिचलचित्र साझा पृथ्वी

टेलिचलचित्र २१६७७७

नीलो आँखा खैरो कपाल, दोहोरी गीत

टेलिचलचित्र मान्छे

महजोडी र कमल सिलवाल

टेलिचलचित्र टिकेको तीन मन्तर

विज्ञापन

टेलिचलचित्र एसएलसी

टेलिचलचित्र ढलमती

टेलिचलचित्र भाइरस

टेलिचलचित्र चिरञ्जीवी

विज्ञापन नाटक

टेलिचलचित्र कान्तिपुर